Murielle Bidault - Gabrielle Chort - Fanny Kablan - Frédérique Treffandier

Crédits photographiques et droits de reproduction

Agences :

Biosphoto : p. 195 © Antoine Lorgnier
Corbis : p. 8 © Tim Pannell ; p. 33 © Brooklyn Museum ; p. 49 © Irena Güttel ; p. 80 © Michel Setboun ; p. 100 © Alain Nogues, Sygma/Corbis ; p. 158 © John Van Hasselt ; p. 164 © Owen Franken
Gamma-Rapho : p. 12 © Marie-José Jarry et Jean-Trançois Tripleton/TOP ; p. 13 © Philippe BODY/ Hoa-Qui et Alain Denantes/GAMMA ; p. 16 © Stéphane Brugger/Firstlight/ Hoa-Qui ; p. 17 © Jean Heguy/Firstlight/Hoa-Qui ; p. 49 © Patrick Aventurier/GAMMA (b) et © Éric Travers/GAMMA (d) ; p. 50 © Eduardo Magalhaes/ITS PRESS/GAMMA ; p. 56 © Gilles Bassignac/GAMMA ; p 96 © Philippe Roy/Hoa-Qui ; p. 178 © Gilles Bassignac-RAID PLANETE POUSSI/GAMMA ; p. 194 © Ingo Arndt/JACANA
Getty : p. 36 © Mel Yates
Hémis : p. 13 © Stéphane Lemaire ; p. 38 © Gil Guiglio ; p. 65 © Maurizio Borgese ; p. 80 et 81 © Bertrand Rieger ; p. 87 © Romain Cintract ; p. 119, p. 124 et 125 © Jean-Pierre Degas ; p. 173 Jon Arnold
Photononstop : p. 73 © Vincent Leblic
Shutterstock : autres

Documents audio :

p. 29 extraits du programme : *Jeune Fille cherche appartement – La tendance de l'immobilier : très intime* d'Arte Radio ; p. 34 et p. 160 extraits de reportages de France Bienvenue http://francebienvenue1.wordpress.com/; p. 45 émission *Toute toute première fois* d'Augustin Trapenard avec Fanny Michaelis, août 2011 © Radio France/France Inter ; p. 72 extraits de *L'atelier radio France Info à la Cité des sciences* de Jean-Luc Grzeskowiak, mars 2011 © Auteur : Gérard Calvi. Arrangeur : Arnaud Rebotini, Éditeur/Coéditeur : Radio France. Producteur : Radio France ; p. 121 extraits de la chronique *Les Pourquoi : Pourquoi les chevaux de concours hippiques ne sautent-ils pas par-dessus leur enclos ?* de Philippe Vandel © Auteur : Gérard Calvi. Arrangeur : Arnaud Rebotini, Éditeur/Coéditeur : Radio France. Producteur : Radio France ; p. 192 : extrait de *Fiches de l'Espace Apprendre* sur canalacadémie.com, entretien avec Michel Serres.

Autres :

p. 70 Nuit Blanche 2011 © Mairie de Paris et Breakfast-included.com ; p. 71© Nuit Blanche à Montréal, Anne-Marie Bolduc ; p. 80 Tous à l'opéra ! © Opéra National de Bordeaux/Service Communication – photos : Gaëlle Hamalian-Testud ; p. 82 © Opéra National de Bordeaux/Service Communication – Gaëlle Hamalian-Testud ; p. 83 © RMN (Musée d'Orsay) / Hervé Lewandowski (*La Joconde*, Gauguin), *Fontaine* (Marcel Duchamp) © succession Marcel Duchamp / ADAGP ; p. 89 affiche *La Guerre des boutons* d'Yves Robert © Zazifilms ; p. 89 affiche *La Guerre des boutons* de Yann Samuell © production One World film 2011 ; p. 89 affiche *La Nouvelle Guerre des boutons* de Christophe Barratier © production La Petite Reine 2011 ; p. 90 *Sur les pas de Jules Verne* © Ville de Nantes – musée Jules Verne ; p. 94 affiche *Je l'aimais* de Zabou Breitman © production Babe Films, 2009 ; p. 94 couverture *Je l'aimais* de Ana Gavalda © Le Dilettante ; p. 102 Marie de Bayonne © Benoît Labarthe ; p. 105 affiche © Benjamin Bernard, Rafale.com, théâtre de Lenche, Marseille ; p. 111 photo et logo © Sol-Violette ; p. 141 photo © Frédéric Enjolet (temple de Phanung Rung) ; p. 160 © Martin Vidberg pour leMonde.fr ; p. 180 affiche *Semaine européenne de la Réduction des déchets* © ADEME / DDB ; p. 186 affiche *Fête de la science 2011* © Plan Créatif ; p. 190 © plan créatif (affiche *Fête de la science*) ; p. 197 © D. Bouzou http://bouzou.wordpress.com/; p. 196 affiches *Troubles musculosquelettiques* © DICOM ; p. 204 *Dans mon open-space de James* © éditions Dargaud ; p. 208 affiches VVA © Communauté d'agglomération Vichy Val d'Allier ; p. 212 *Quelqu'un d'autre* de Tonino Benacquista © éditions Gallimard.

Tous nos remerciements aux FrancoFolies de Montréal, Marie-Christine Blais, Guy Ferland, la Fondation Abbé Pierre pour le logement des défavorisés, Anne Ghanassia (www.francebienvenue.fr), SOS Amitié, La Mairie de Paris (Nuit Blanche), Laeticia Koch, Andréa Caro (Sol-Violette), Claudine Hermann (Femmes et Sciences), la COPAT pour l'extrait sonore issu du DVD Musée haut Musée Bas disponible dans la collection COPAT.

Nous avons fait tout notre possible pour obtenir les autorisations de reproduction des textes et documents publiés dans cet ouvrage. Dans le cas où des omissions ou des erreurs se seraient glissées dans nos références, nous y remédierions dans les éditions à venir.

Couverture : Nicolas Piroux
Maquette intérieure : Amarante, Anne-Danielle Naname
Adaptation maquette et mise en page : Anne-Danielle Naname et Adeline Calame
Secrétariat d'édition : Sarah Billecocq
Illustrations : Ëlodie/Colagène (pages d'ouverture et pages « À faire ») ;
Corinne Tarcelin (pages 14, 20, 30, 31, 39, 68, 98, 103, 104, 106, 144, 175, 178, 194, 198, 203, 210, 219) ;
Sylvain Girault (pages 152, 206).
Production sonore : Fréquence Prod

Tous nos remerciements à :
Anne Veillon Leroux pour la partie phonétique • **Nelly Mous** pour la partie DELF • **Le Cavilam** de Vichy

ISBN 978-2-01-155819-0

43, quai de Grenelle, F 75 905 Paris Cedex 15, France.
http://www.hachettefle.fr

Mode d'emploi

Au début de chaque semaine

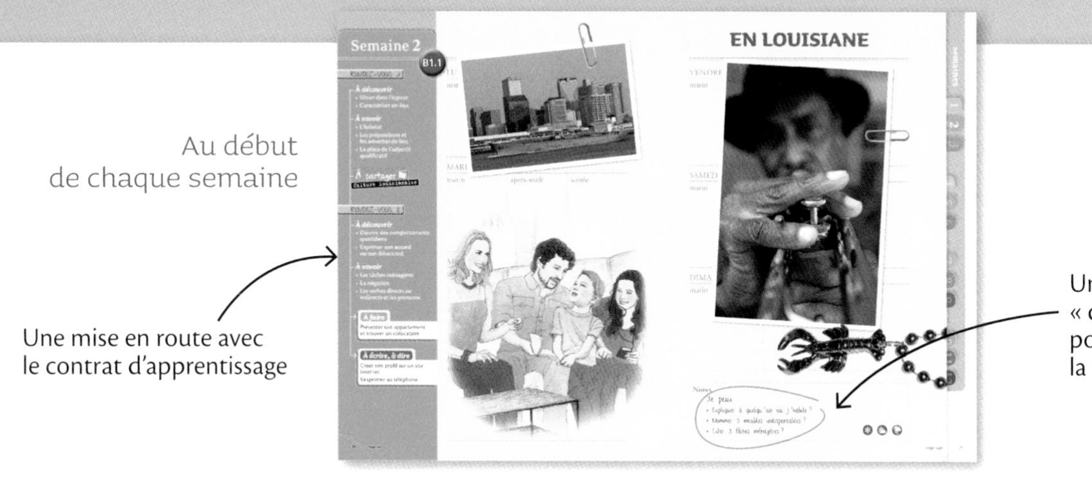

Une mise en route avec le contrat d'apprentissage

Une évaluation « diagnostic » pour commencer la semaine

2 Rendez-vous construits autour de documents déclencheurs oraux et écrits, suivis d'activités variées

Vidéo authentique

Données culturelles sur la destination de la semaine

Tâche collective

Pour finir, 2 pages de production écrite et orale

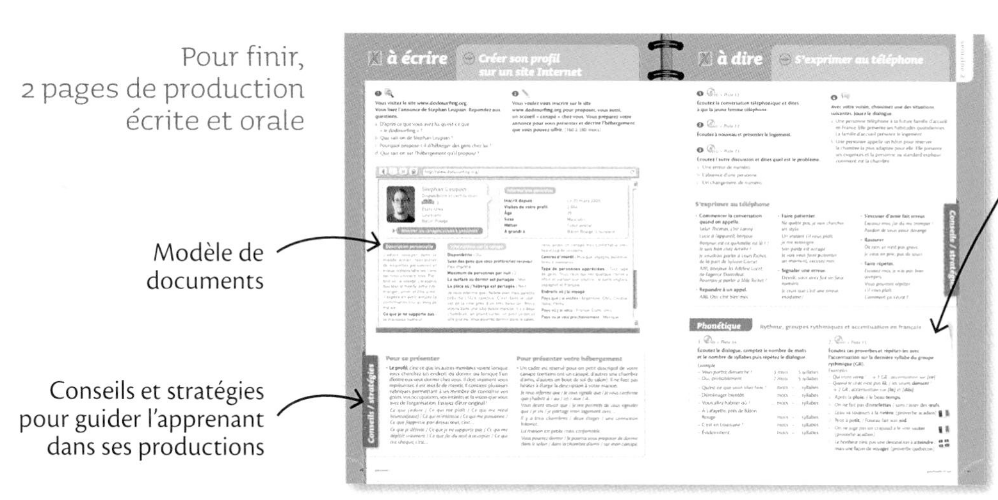

Modèle de documents

Conseils et stratégies pour guider l'apprenant dans ses productions

Une rubrique de « Phonétique » contextualisée

Que votre voyage avec *Agenda 3* soit fait de belles rencontres.

Les auteures

Tableau des contenus

Vocabulaire et grammaire	Culture	Production écrite	Production orale et phonétique
• Les modes de déplacement • Les difficultés du futur simple • Le comparatif avec *davantage, bien plus* • Le superlatif • *Bien* et *bon/bonne* • Les bagages • Les valeurs du conditionnel présent • L'impératif présent • La place des pronoms à l'impératif	• Montréal : ville des festivals	• Structurer son propos	• Exprimer son intérêt pour une chanson **Phonétique :** L'accent québécois
• L'habitat • Les prépositions et les adverbes de lieu • La place de l'adjectif qualificatif • Les tâches ménagères • La négation • Les verbes directs ou indirects et les pronoms	• Culture louisianaise	• Créer son profil sur un site Internet	• S'exprimer au téléphone **Phonétique :** Rythme, groupes rythmiques et accentuation
• Les relations familiales • L'utilisation des temps du passé • Les verbes acceptant *avoir* ou *être* aux temps composés • Les relations amicales • Les prépositions qui expriment le moment • Les prépositions qui expriment la durée	• La Guyane : portrait d'un département d'outre-mer	• Raconter un souvenir personnel	• Raconter la vie de quelqu'un **Phonétique :** Opposition entre voyelles fermées et voyelles ouvertes

• La télévision • Le gérondif • L'opposition et la concession • La radio et la presse • L'expression du but • L'interrogation	• Paris fait sa Nuit Blanche	• Réagir à un article de journal	• Interviewer et être interviewé **Phonétique :** Prononcer la voyelle [y] Distinguer la voyelle [y] et la voyelle [u]
• Les mots de l'art • La forme passive • Le pronom relatif *dont* • Autour du roman • Le subjonctif : formation et emplois	• Les marionnettes géantes à Nantes	• Rédiger une critique de film, de roman	• Critiquer une œuvre **Phonétique :** Les voyelles nasales [ɛ̃] – [ɑ̃] – [ɔ̃]
• Le monde associatif • Les pronoms *en* et *y* • Le discours indirect au présent • Les mots de la solidarité et du bénévolat • La place des doubles pronoms • Le conditionnel passé	• Les fêtes de Bayonne	• Rédiger un courriel de demande d'informations	• Exposer un projet **Phonétique :** Rythme et enchaînements

Semaine	Types de documents	Objectifs communicatifs	Tâche
Le domaine éducationnel			
7 À MAYOTTE > Allez, un peu d'exercice > Nés quelque part p. 118-133	• L'affiche • L'article de journal • La chronique radiophonique • La lettre formelle • Le débat	• Exprimer la cause • Expliquer un problème • Commenter un phénomène • Donner un exemple, apporter une précision	• Rédiger un manifeste
8 EN THAÏLANDE > Après le bac, la fac ? > Cité U, système D p. 134-149	• L'article de journal • L'émission de radio • L'essai argumentatif • L'exposé oral	• Parler de ses études • Exprimer une façon de faire • Exprimer l'antériorité dans le futur • Mettre ses idées en relief	• Réaliser une émission de radio
9 EN AUSTRALIE > Des mots, démocratie ! > J'en reviens pas ! p. 150-165	• L'affiche • L'article de presse • Le témoignage • L'extrait de livre	• Exprimer des rapports temporels entre des actions • Éviter les répétitions • Exprimer la déception, l'indignation, la colère • Exprimer l'espoir, la surprise, l'admiration	• Réaliser un dictionnaire amoureux
Évaluation p. 166-170 B1.2			
Le domaine professionnel			
10 AU COSTA RICA > Des métiers dans le vent ! > On se met au vert ! p. 172-187	• Le communiqué • La fiche métier • L'affiche • La charte • L'entretien d'embauche	• Proposer de rejoindre une équipe, de travailler ensemble • Faire valoir ses compétences • Proposer à quelqu'un d'agir • Comprendre / Présenter un phénomène de société	• Mener une campagne de sensibilisation
11 AU BRÉSIL > Vive la science ! > Le travail, c'est la santé ? p. 188-203	• L'interview • L'affiche • Le jeu • Le quiz • La lettre de réclamation	• Demander des précisions • Formuler des hypothèses • Parler de sa santé • Réconforter, rassurer	• Réaliser un quiz géant sur les sciences
12 EN TURQUIE > Et voilà le travail ! > Que du bonheur ! p. 204-219	• L'extrait de site • Le témoignage • La bande dessinée • L'affiche • L'extrait littéraire • Le discours • La lettre de motivation	• Exprimer le mécontentement, la désapprobation • Exprimer l'ignorance • Exprimer sa gratitude envers quelqu'un • Parler de discrimination	• Organiser un Forum des métiers
Évaluation p. 220-224 B1.2			

Vocabulaire et grammaire	Culture	Production écrite	Production orale et phonétique
• Le sport • L'expression de la cause • L'expression de la conséquence • Nationalité, administration et documents • Les indéfinis	• Mayotte, un nouveau département français	• Écrire une lettre formelle	• Gérer la prise de parole dans un débat **Phonétique :** L'accent créole
• Les études • L'accord du participe passé • Les adverbes en *-ment* • La vie étudiante • La mise en relief • Le futur antérieur	• Thaïlande : un village de pêcheurs cas particuliers	• Rédiger un essai argumentatif	• Faire un exposé **Phonétique :** La liaison
• La vie politique • L'expression de l'antériorité, de la simultanéité et de la postériorité • Les pronoms démonstratifs : synthèses des usages • Les mouvements sociaux • Structure des phrases avec le subjonctif, l'infinitif ou l'indicatif • La nominalisation des adjectifs	• L'Australie, le pays de la chance ?	• Écrire un article de journal	• Faire une intervention en public **Phonétique :** L'intonation expressive : l'expression des sentiments
• Les énergies renouvelables • Le discours indirect et la concordance des temps au passé • Le recyclage et les gestes écologiques • Les homophones grammaticaux • Les connecteurs logiques	• Des volontaires pour sauver les tortues luth	• Rédiger une charte	• Faire passer ses idées, exprimer ses convictions **Phonétique :** La consonne [ʀ]
• Les sciences • Le participe présent et l'adjectif verbal • Les phrases hypothétiques • Un mal, des maux • Les pronoms relatifs composés • Les termes de reprise	• L'hévéa, or blanc du Brésil	• Rédiger une lettre de réclamation	• Partager ses difficultés **Phonétique :** Les consonnes [s] – [z] – [ʃ] – [ʒ]
• Le monde du travail • Le subjonctif passé • Révisions : les pronoms • La recherche d'emploi • Le passé simple • Révisions : modes et temps du verbe	• Profession : serveur de thé dans le grand bazar	• Rédiger une lettre de motivation	• Passer et mener un entretien d'embauche **Phonétique :** La disparition des sons dans le français familier

Les personnages et leurs itinéraires

la famille Lemercier
Les Lemercier, Simon, Madeleine et Julien, ainsi que Claude se sont inscrits sur : http://www.forumvoyageurs.com pour entrer en contact avec d'autres voyageurs ou amateurs de pays lointains.
http://www.forumvoyageurs.com
Bonjour ! Nous sommes une f
de Montréal et nous partons e
sur notre bateau Le Grand Ble
Louisiane et la Guyane. Nous a
avoir des conseils pour faire u
Vous les retrouverez sur ce forum, dans les pages « à faire » pour des échanges sympas et utiles avec eux !
Québec
Louisiane
Guyane
Timothée (le fils)
Lola (la fille)
Souad (la mère)
Léonard (le père)
Paris
Nantes
Bayonne
Simon

JEUDI
matin
après-midi
soirée
Le domaine personnel
• la vie privée
• les relations familiales, amicales
• les pratiques sociales individuelles
semaines
1
2
3

Semaine 1

B1.1

RENDEZ-VOUS 1

À découvrir
- Faire des projets, parler de l'avenir
- Comparer

À savoir
- Les modes de déplacement
- Les difficultés du futur simple
- Le comparatif avec *davantage, bien plus*
- *Bien* et *bon/bonne*
- Le superlatif

RENDEZ-VOUS 2

À découvrir
- Demander et donner des conseils
- Donner des instructions

À savoir
- Les bagages
- Les valeurs du conditionnel présent
- L'impératif présent pour conseiller et interdire
- La place des pronoms à l'impératif

À faire

Choisir le duo de voyageurs responsables de l'année

À écrire, à dire

Structurer son propos

Exprimer son intérêt pour une chanson

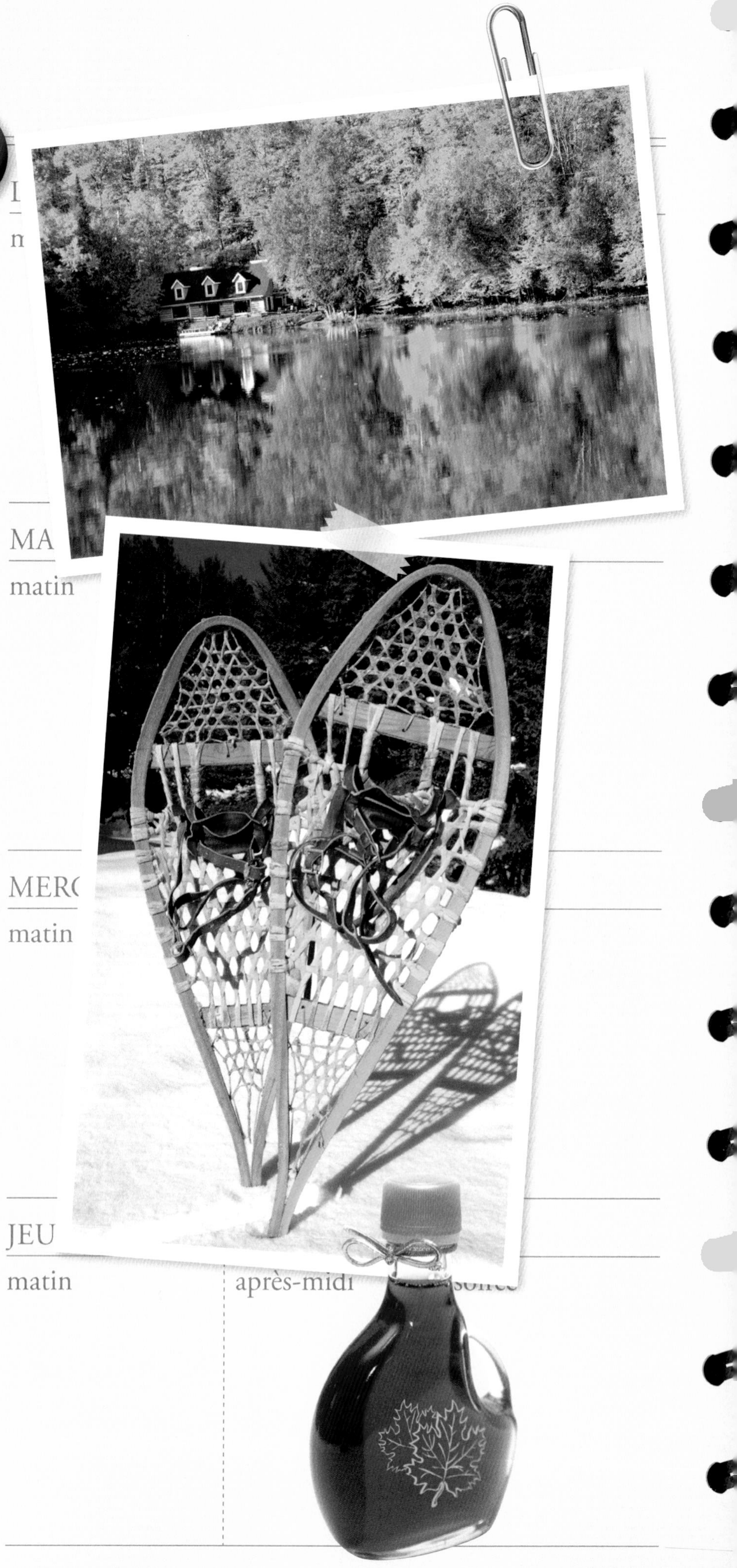

MA
matin

MERC
matin

JEU
matin | après-midi

AU QUÉBEC

VENDREDI

matin | après-midi

SAMEDI

Notes

Je peux :

- Citer 3 modes de transports et 2 bagages différents ?
- Demander un conseil à propos d'un projet ?
- Comparer 2 villes que je connais ?

semaines 1 2 3 4 5 6 7 8 9 10 11 12

La Loire à vélo

Une expérience unique en découvertes et émotions !

L'itinéraire « La Loire à vélo » vous permettra de découvrir, de l'océan Atlantique à Nevers, les plus beaux paysages de la Loire : le fleuve autant que les jardins, les villes comme les châteaux les plus prestigieux, les vignobles les plus célèbres et les espaces naturels les mieux préservés.

Aujourd'hui, plus de 700 km de l'itinéraire sont aménagés sur les 800 qu'offrira bientôt « La Loire à vélo ». Les balades sont adaptées à une pratique familiale et sans difficulté.

Voici quelques balades thématiques le long de la Loire.

Toutes les informations pratiques sur www.loire-a-velo.fr.

2 ESTUAIRE NANTES/SAINT-NAZAIRE

Estuaire est une aventure artistique qui durera jusqu'en 2012. Des artistes réalisent des œuvres en extérieur, à Nantes, Saint-Nazaire et sur les 60 kilomètres de l'estuaire de la Loire. Vous ferez une balade aussi belle que peu ordinaire !

St-Nazaire — Nantes — Ancenis

1 OCÉAN ATLANTIQUE

Un des meilleurs moments du parcours ! Ici, la Loire rejoint l'océan. Vous pourrez continuer le circuit plus au nord ou plus au sud et découvrir les plus longues plages de sable fin de la côte !

FAIRE DES PROJETS, PARLER DE L'AVENIR

En groupe, faites la liste des éléments indispensables pour réussir un voyage puis comparez avec les autres groupes.

  > *Piste 02*

Écoutez le document et dites quel est son objectif.

a. Présenter un projet original.
b. Faire connaître des pays lointains.
c. Parler des problèmes écologiques du futur.

  > *Piste 02*

Écoutez à nouveau et dites si les affirmations sont vraies ou fausses.

a. Les deux garçons vont faire un tour d'Europe.
b. Ils sont cousins.
c. Le sport les intéresse.
d. Ils se préparent depuis trois ans.
e. Ils vont faire 30 000 kilomètres.
f. Leur voyage aura un aspect écologique.

Lisez le message d'Alexia et trouvez les réponses à ses questions dans le document audio.

Salut !
J'ai appris que deux Suisses vont faire le tour du monde à vélo. J'ai un projet similaire et j'ai besoin d'informations. Quels continents vont-ils visiter ? Dans quels pays vont-ils aller ? Donnez-moi deux ou trois exemples !
Pour quelle raison ont-ils choisi le vélo ? Donnez une raison !
Quel est leur objectif ? Quelles études font-ils ?
Vous avez des informations ? D'avance, merci !
Alexia

Présentez un de vos projets pour l'avenir à votre voisin. Puis, il vous présentera le sien.

Exprimer son intention de faire quelque chose

Un jour, je changerai de vie.
Je vais partir là-bas.
Je pense quitter mon travail.
J'ai décidé de déménager.
J'envisage d'acheter un vélo.
J'ai l'intention de travailler à l'étranger.

3 **LE MONDE DES TROGLODYTES***

Pendant votre balade dans la région de Saumur, vous entrerez dans le monde aussi secret que fascinant des troglodytes*. Vous traverserez certains passages très anciens sans descendre de vélo. Vous profiterez de ces lieux aujourd'hui aménagés en caves à vin ou à champignons, ou mieux, en hôtels ou restaurants gastronomiques…

* maisons, constructions faites sous terre ou dans une montagne

Angers – Saumur – Tours – Amboise – Blois – Orléans – Sancerre – Nevers

4 **LE PAYS DES CHÂTEAUX À VÉLO**

Vous aurez le choix parmi 12 circuits thématiques autour des châteaux les plus anciens et les plus magnifiques : Chambord, le plus impressionnant, Chenonceau, le plus élégant, Blois et Cheverny, aussi beaux l'un que l'autre mais très différents, et Chaumont et son Festival des jardins, moins connu mais non moins intéressant.

COMPARER

  > *Piste 02*

Écoutez à nouveau le reportage et relevez les expressions pour comparer quelque chose avec un ensemble.

a. Ushuaïa et le Cap Nord
b. Le vélo comme moyen de découvrir le monde
c. Ce qui caractérise le vélo

Lisez le document ci-dessus puis répondez.

a. Quel type de document est-ce ?
   1. Un livre de géographie.
   2. Une brochure touristique.
   3. Un programme de fêtes et festivals.
b. Quel est le point de départ de l'itinéraire proposé ?
   1. La ville de Nevers.
   2. L'océan Atlantique.
   3. La source de la Loire.
c. Cet itinéraire est idéal pour les…
   1. cyclistes entraînés.
   2. cyclistes assez sportifs.
   3. cyclistes amateurs.
d. Bientôt, l'itinéraire sera…
   1. plus facile.
   2. plus long.
   3. plus sauvage.
e. Ce document permet…
   1. de réserver des vacances organisées.
   2. de comprendre l'histoire de la région.
   3. d'organiser des balades à thèmes.

Lisez les envies des trois vacanciers puis trouvez une solution à leur problème.

Alex Je suis aussi curieux que les autres. Moi, je m'intéresse surtout à l'histoire et au vin ! ;-)

Ida
Moi, j'aime l'art et l'architecture plus que tout. Je veux voir des bâtiments, autant des constructions anciennes que des bâtiments spéciaux, originaux.

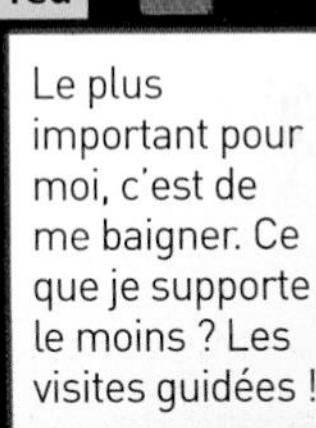

Fred
Le plus important pour moi, c'est de me baigner. Ce que je supporte le moins ? Les visites guidées !

Leur problème : Ces trois amis n'ont pas beaucoup de temps, ils veulent faire une seule balade mais ils ont des goûts différents. Choisissez le parcours qui satisfera le plus chaque personne.

Expliquez à votre voisin votre opinion sur ces quatre balades et précisez celle que vous préférez.

Exprimer la similitude (=) et la différence (≠)

=	≠
C'est pareil !	*Ça n'a aucun lien.*
Ces deux châteaux se ressemblent.	*Ça n'a rien à voir !*
C'est identique.	*Ça n'a aucun rapport.*
Ça revient au même.	*La France ne ressemble pas à la Belgique.*
C'est la même chose.	

Vocabulaire

Les modes de déplacement

1. 

Associez les mots aux parties et accessoires du vélo.

a. une roue
b. le guidon
c. la selle
d. le frein
e. une remorque
f. un porte-bagages
g. une sacoche
h. la chaîne
i. un antivol
j. une pédale

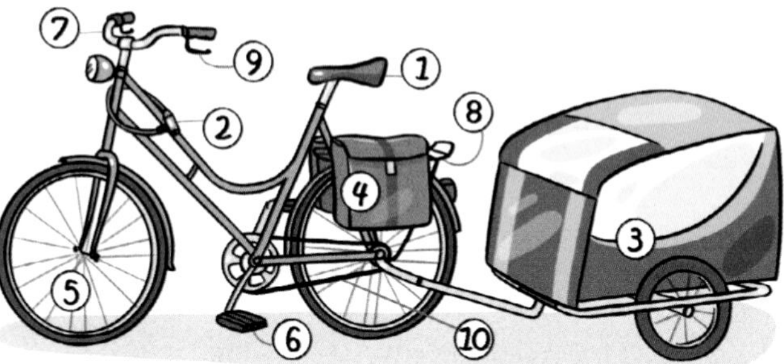

2.

Associez les actions aux images.

a. Elle pédale.
b. Elle fait une chute.
c. Elle a crevé.
d. Elle répare son vélo.

3.

Complétez avec les expressions proposées au futur.

marcher – prendre le train – prendre l'avion – faire du covoiturage – circuler à vélo

> Salut Laura ! Je vais déménager à Montréal ! Bien sûr, je ... pour y aller. Là-bas, je n'aurai pas de voiture. Alors, je ... (j'adore pédaler !) ou bien je ..., c'est bon pour la santé ! Quand je partirai en week-end, je ... : j'aime bien regarder les paysages qui défilent, assise dans un compartiment confortable. Mais si c'est trop cher, je ... c'est plus économique et ça permet de rencontrer des gens.
>
> Bises. Jennifer

Grammaire

Les difficultés du futur simple

On ira où tu voudras.

- Il y a des formes irrégulières au **futur simple.**
  Tu verras des paysages différents. (voir)
  Ils feront la Loire à vélo. (faire)
- Les verbes en « -ier » ont une prononciation spéciale.
  Ils étudieront leurs itinéraires.
  Prononciation = [etydirɔ̃]
- Les verbes en « -ayer » ont deux formes possibles, comme au présent.
  Je paierai. / Je payerai.
- Le « y » des verbes en « -ier » se transforme en « i ».
  S'ennuyer : *Ils ne s'ennuieront pas !*
  Sauf envoyer : *J'enverrai le message.*
- Les formes avec accents ou doubles lettres à la première personne du présent se retrouvent à toutes les personnes du futur simple.
  J'achète → Nous achèterons
  J'appelle → Il appellera
  Je me lève → Elle se lèvera

1. 

Écrivez l'infinitif de ces verbes.

Je voudrai → vouloir

tu sauras / je viendrai / elle fera / nous pourrons / ils seront / ils auront / il faudra / vous irez / ils mourront / tu enverras / nous courrons / il pleuvra / vous devrez / tu jetteras / il emmènera / elles nettoieront

2. 

Mettez les verbes entre parenthèses au futur simple.

VOIX EXPRESS

Nous avons posé cette question à nos lecteurs : « De quoi aurez-vous besoin pour passer d'excellentes vacances ? »

Thomas, 35 ans, disquaire à Vichy

Tout d'abord, j'espère qu'il (faire) beau tous les jours. J'en ai assez de la pluie ! Mais je suis optimiste : il ne (pleuvoir) pas ! Enfin, je (voir) bien, parce que je (être) en Bretagne ! Je (courir) tous les matins, j' (essayer) de rencontrer des Bretons, j' (aller) dans des crêperies. On (boire) du cidre avec les gens que je (rencontrer).

Cécile, 25 ans, étudiante, La Rochelle

Un job ! Eh oui, je suis étudiante : il (falloir) que je gagne un peu d'argent. Je (partir) en Irlande, j'y ai déjà des contacts. Je (loger) chez une copine qui travaille là-bas. Je (faire) le tour des bars, des restos : je (savoir) bien me débrouiller pour trouver du boulot ! Comme ça, je (connaître) mieux l'anglais et j' (avoir) de l'argent de poche pour l'année.

3. 

À votre tour, répondez à la question sur le site du journal. (entre 50 et 60 mots)

4. 

Un ami étranger voudrait visiter votre pays. Expliquez-lui ce que vous ferez ensemble. Jouez la scène avec votre voisin.

Le comparatif avec *davantage, bien plus*

- Avec les noms ou les verbes, *plus* peut avoir un synonyme : ***davantage***.
  – Ton frère voyage plus que toi ?
  – Ah oui ! Il voyage davantage !
- Pour insister sur la comparaison, on peut utiliser *bien, beaucoup, vraiment.*
  Ce livre est bien plus réussi que son adaptation en film.

5. 

Choisissez une destination de vacances et complétez la fiche. Puis comparez avec votre voisin.

- Destination : ____________
- Nombre de sites à visiter : ____________
- Possibilités de faire la fête : ____________
- Lieux culturels : ____________
- Climat : ____________
- Gastronomie : ____________
- Dynamisme : ____________

Bien et *bon / bonne*

Il faut faire la différence entre *bien* (adverbe) et *bon / bonne* (adjectif) après le verbe *être*.
C'est bon et *C'est bien* ont des significations différentes :

- **C'est bien.** = un jugement, une opinion
  Tu comprends, c'est bien. Si tu parles, c'est mieux.
- **C'est bon.** = une appréciation (de goût)
  J'aime ça. C'est très bon. Mais ce sera meilleur ce soir.
- *C'est bon* est aussi employé à l'oral pour dire que ça va, que c'est fini ou compris.
  – C'est bon, vous êtes prêts à partir ?
  – Oui, c'est bon, on a fini de se préparer !

Attention !
On ne dit pas *plus bien* mais ***mieux***, ni *plus bon(ne)* mais ***meilleur(e)***.

6. 

Complétez le dialogue avec *bien, bon(ne), mieux* ou *meilleur(e)*.

– Salut Caroline, tu vas … ?
– Très … ! Je vais partir en vacances. Je suis sûre que je vais passer de très … moments.
– Oh, c'est … ça ! Tu vas où ?
– Mon copain a eu une … idée : on va peut-être faire du camping vers La Rochelle.
– Du camping ? Mais c'est une mauvaise idée ! Tu vas mal dormir ! Moi, j'ai une … idée : va à l'hôtel, c'est … plus confortable.
– Ah non, le camping, c'est moins cher, on va économiser de l'argent et on pourra aller dans de … restaurants. Les fruits de mer, c'est … que les sandwiches !
– Bof ! Et vous êtes prêts à partir ?
– Oui, c'est … , on a fini de préparer nos bagages.
– … vacances, alors ! Et … courage !

Le superlatif

Rappel : Le superlatif permet de comparer une chose ou une personne avec un ensemble.

- ***Le plus / Le moins* + adjectif + nom**
  Chenonceau est le plus joli château de la Loire.
- **Nom + *le plus / le moins* + adjectif + nom**
  Chenonceau est le plus joli des châteaux de la Loire.
- ***Le plus / Le moins* + adverbe**
  La Suisse est le pays que je visite le plus souvent.
  C'est Lucas qui se débrouille le moins bien en anglais.
- **Verbe + *le plus / le moins***
  C'est Axel qui mange le plus.
  C'est Etienne qui parle le moins.
- ***Le plus de / Le moins de* + nom**
  C'est le jour du départ qu'il y aura le plus de monde.
  C'est en 2011 qu'ils ont pris le moins de vacances.

7. 

Mettez les mots dans l'ordre. Puis répondez aux questions.

a. est / ville / Quelle / pays / belle / plus / la / de / ton / ?
b. pays / est / monument / le / plus / de / Quel / beau / ton / ?
c. langue / mieux / Quelle / la / parles / que / tu / est / le / ?
d. dans / ta / le / famille / travaille / moins / Qui / ?
e. passes / quel / de / le / plus / tu / ami / temps / Avec / ?
f. cours / tu / quel / apprends / Dans / le / de / moins / choses / ?

8. 

Le jeu des records.
En équipes, rédigez des devinettes avec des superlatifs et posez-les aux autres équipes.
« Quelle est la plus haute montagne de France ? »

À partager

Montréal, ville des festivals

Regardez.

1 *De quoi s'agit-il ?*

Observez les affiches et répondez aux questions.

a. De quel événement s'agit-il ?
b. Où et quel mois a-t-il lieu ?
c. C'est un festival de :
   1. cinéma.
   2. cirque.
   3. musique.
d. Quels éléments de l'affiche vous ont aidés à répondre à la question c ?
e. Pourquoi l'événement porte-t-il ce nom ?

Montréal est la deuxième plus grande ville francophone du monde après Paris. En 2010, la ville de Montréal comptait 1 692 080 habitants et son agglomération en compte environ 4 millions de plus. Près de 53 % des Montréalais sont bilingues français et anglais, 29 % des gens parlent uniquement le français et 13 % des Montréalais parlent seulement l'anglais.

Entouré d'un environnement unilingue anglophone, le français québécois a toujours été une langue menacée de disparition. Cependant, les pressions et les revendications des francophones, dès les années 1970, ont amené le gouvernement fédéral du Canada à développer des politiques de bilinguisme. Quant au gouvernement du Québec, il s'est donné une Charte de la langue française (couramment appelée « Loi 101 ») dès 1977 qui déclare le français langue officielle du Québec, au travail, dans l'affichage commercial et dans l'éducation des immigrants. Ce fut un réel tournant pour la protection de la langue.

Regardez.

2 *Artistes.*

Lisez l'article ci-dessous.

a. Relevez le nom des artistes.
b. Classez-les dans les catégories suivantes :
   – Artistes des années 80
   – Poètes
   – Jeunes artistes
   – Artistes issus de la francophonie
   – Artistes de rap
c. Relevez le point commun de tous ces artistes.

LA PRESSE

Marie-Christine Blais

Les FrancoFolies de Montréal ont témoigné de la diversité de la chanson francophone. Hommages, performances d'artistes de la francophonie internationale (Alpha Blondy, Habib Koité...), spectacles autour de la poésie (Daho et Moreau chantant Jean Genet...), shows de rap majeur (Akhénaton et Faf Larage...), retours d'artistes marquants des années 80 (Charlélie Couture, Catherine Ringer, Daran, etc.), les Francos ont offert de tout. Y compris des dizaines et des dizaines de spectacles de jeunes artistes : Jimmy Hunt, Galaxie, Bernard Adamus, Jérôme Minière et bien d'autres... Dans tous les cas, ça chantait en français. Et ça fera de même l'an prochain, du 8 au 16 juin 2012.

Regardez.

3 Découverte

a. Comment s'appelle la chanteuse ?
b. Quel est le titre de la chanson ?
c. Décrivez la chanteuse. La connaissez-vous ?
d. Que fait-elle ? Où est-elle ?
e. Décrivez les autres personnages. Comment sont-ils habillés ? Que font-ils ?

Exprimez-vous.

4 Paroles et musique

a. Que pensez-vous de cette chanson ?
b. Connaissez-vous d'autres chansons ou artistes québécois ?
c. Y a-t-il, dans votre pays des chanteurs/chanteuses qui sont connus à l'étranger ?

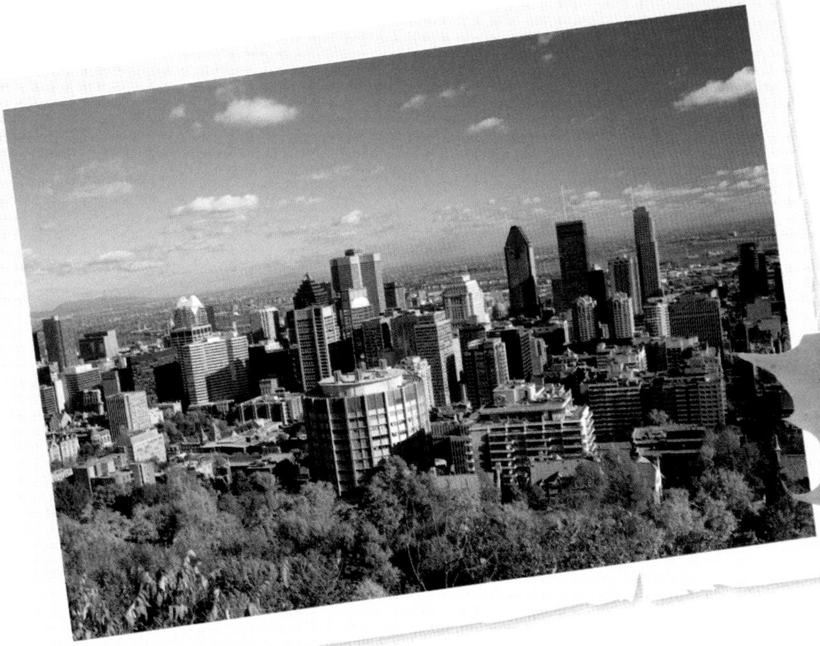

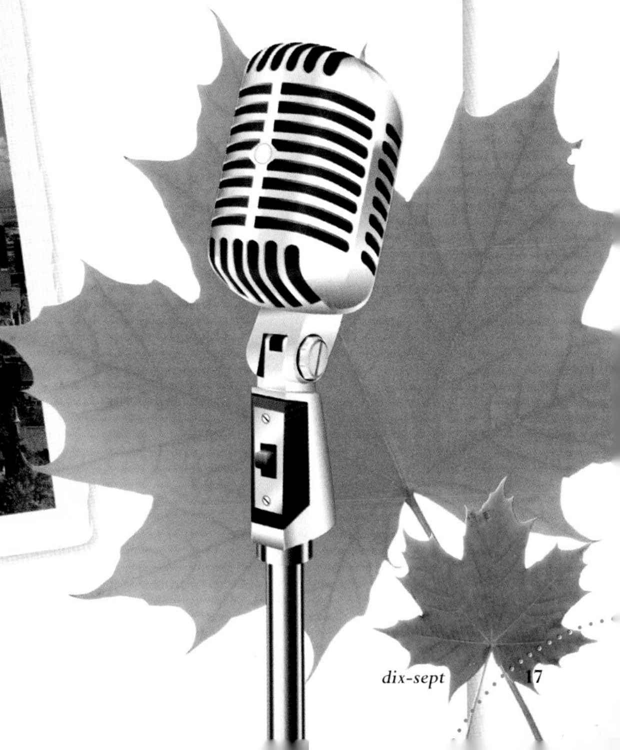

DEMANDER ET DONNER DES CONSEILS

http://www.tourdumonde.org/

Communauté → Forums de voyage → Forum Tour du monde

FORUM TOUR DU MONDE

Préparatifs tour du monde

Posté par Léanne le 17 août 2011 à 20:09 dans Formalités

Bonjour à tous,
J'envisage de faire un tour du monde en solitaire (sac à dos et grande motivation) ; départ de Paris d'ici 6-9 mois pour visiter 4 continents :
– l'Amérique d'abord avec le Canada, les États-Unis, le Mexique et l'Équateur ;
– l'Afrique ensuite avec l'Afrique du sud, le Mozambique, Madagascar et les Seychelles ;
– l'Asie avec l'Inde, le Népal, la Chine, le Cambodge et la Thaïlande ;
– et pour finir l'Océanie bien sûr avec l'Australie et la Nouvelle-Zélande.
Périple d'un an avec possibilité de le prolonger d'1 ou 2 mois et de le modifier au gré du voyage. J'aimerais avoir des conseils de tourdumondistes pour ne rien oublier et pour tout ce qui est visas et démarches médicales avant le départ... Pourriez-vous m'envoyer tous vos trucs et astuces pour réaliser mon rêve ?
Merci d'avance à tous les routards.

1 **Lisez cette page de forum Internet et notez :**

a. le nom du forum et la date du message.
b. le projet de Léanne.
c. la durée de son voyage.
d. ce qu'elle demande.
e. les destinataires de son message.

2 **Lisez les réponses reçues par Léanne et trouvez les quatre façons de conseiller dans les deux documents.**

3 **Lisez à nouveau et classez les expressions utilisées pour :**

a. demander des conseils.
b. donner des conseils.

Pour demander des conseils à quelqu'un

Je ne sais pas quoi faire. Qu'est-ce que tu me conseilles de faire ?

Qu'est-ce que je pourrais faire ?

Je ne sais pas comment faire. Qu'est-ce que tu ferais à ma place ?

Est-ce que tu penses / vous pensez que je devrais... ?

FUTUR TDM* Posté par L'escargot le 6 septembre 2011 à 19:38

Bon, c'est très simple. Pour commencer, tu pourrais regarder, pour le côté administratif, sur le site : http://www.diplomatie.gouv.fr/fr/conseils-aux-voyageurs_909/index.html.
Pour chaque pays, il y a entrée/sortie, sécurité, santé...
Ensuite, tu devrais visiter ce site pour te renseigner sur le climat : http://www.aroundtheworlds.com/francais/saisons.php.
Puis, il vaudrait mieux estimer plus précisément la durée de ton voyage. Pourquoi ne pas préparer ton itinéraire avec un agent de voyage ?
Bonne route !

FINANCEMENT Posté par Super Voyageur le 23 septembre 2011 à 12:28

Bonjour,
Il est aussi important de penser à la partie budget ! Pour cela, tu pourrais peut-être trouver un sponsor, ce qui serait un bon moyen de financement. Jette un œil sur les sites qui proposent une aide matérielle et financière aux voyageurs. Tu pourras y trouver d'autres astuces de voyageurs et d'autres idées de destinations. Bonne chance pour ton TDM !

* tourdumondiste

Avec votre voisin, donnez d'autres conseils à Léanne pour l'aider à préparer son tour du monde.

– Salut Léanne, tu pourrais consulter des livres sur les pays qui t'intéressent à la bibliothèque.

– Oui et pourquoi ne pas demander conseil à ton libraire sur les meilleurs guides de voyage ?

– ...

Conseiller quelque chose à quelqu'un

Tu pourrais peut-être visiter.../ J'achèterais...
Je te conseille / Je te recommande de visiter...
Tu devrais visiter...
Vous feriez mieux de visiter...
C'est mieux si tu achètes...
Pourquoi est-ce que tu ne visites pas... ?
Pourquoi ne pas visiter... ?
À ta place, je visiterais...

Écrivez à Léanne sur le forum pour lui donner quelques conseils pour visiter votre pays.

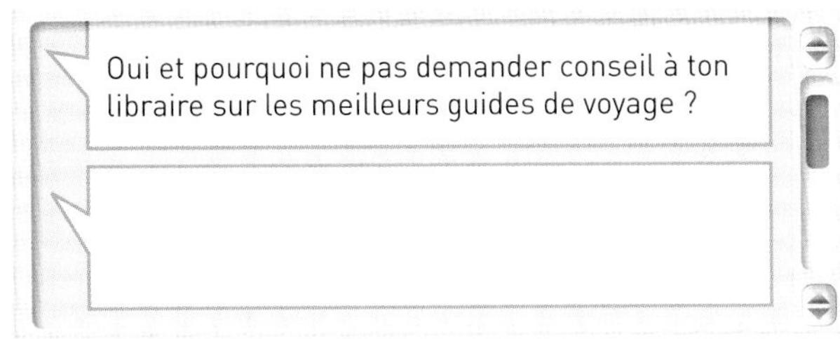
Oui et pourquoi ne pas demander conseil à ton libraire sur les meilleurs guides de voyage ?

DONNER DES INSTRUCTIONS

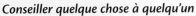

  > *Piste 03*

Écoutez l'interview de Jean-Pierre Armand et répondez aux questions.

a. Quel est le type de voyage évoqué par Jean-Pierre Armand ?
b. Quel est l'un de ses premiers voyages ?
c. Combien de temps a-t-il duré ?
d. Quel est le prix de ce type de voyage ?
e. Quel est l'avantage du moyen de transport ?

  > *Piste 03*

Écoutez à nouveau et relevez « les règles » et les conseils donnés par Jean-Pierre Armand.

Écrivez de nouveau à Léanne à propos de l'interview que vous venez d'écouter. Expliquez les règles d'un voyage en cargo. Donnez des instructions.

Interdire / ordonner à quelqu'un de faire quelque chose

Renseigne-toi auprès des agences de voyage !
Consultez les forums de vacances !
Je vous interdis de déranger l'équipage.
Prends une petite trousse à pharmacie !
Ne soyez jamais en retard !
Tu ne peux pas tout visiter sur un bateau !

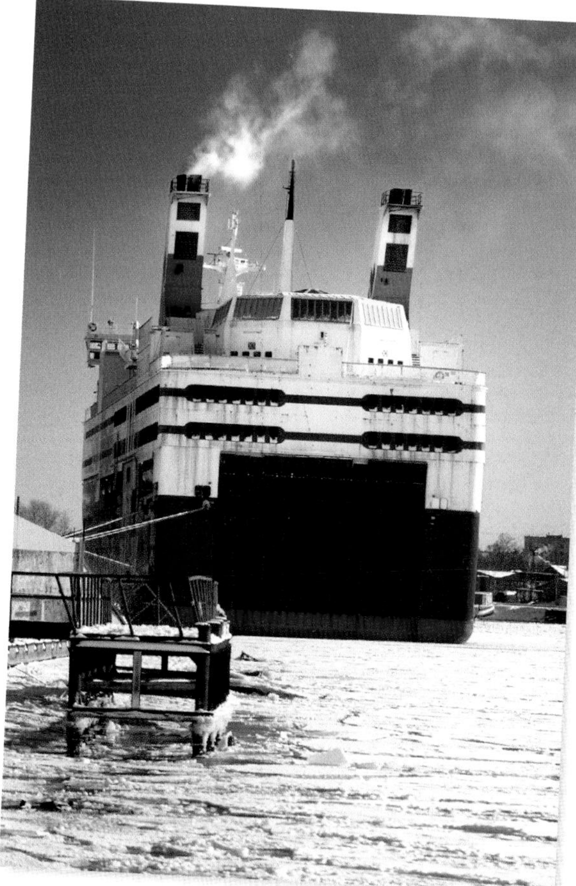

Vocabulaire

Les bagages

1. 

Associez les dessins aux mots.

a. une brosse à dents
b. un tube de dentifrice
c. un gel douche
d. un shampoing
e. des cotons-tiges
f. un peigne
g. une brosse
h. un rasoir
i. un déodorant
j. du parfum

2. 

Quand vous partez en voyage, que mettez-vous dans votre trousse de toilette ? Faites la liste.

3. 

Avec votre voisin, vous devez partir en week-end mais votre sac est trop lourd. Vous choisissez seulement huit objets et vous dîtes pourquoi.

a. un sac de couchage
b. une trousse de couture (fil et aiguilles)
c. une lampe de poche
d. un couteau suisse
e. un appareil photo
f. des lunettes de soleil
g. un briquet
h. un bagage à main
i. un peigne
j. un réveil
k. un dictionnaire ou un guide de conversation

Grammaire

Les valeurs du conditionnel présent

J'aimerais faire un tour du monde.
Je voudrais connaître vos trucs pour organiser un tour du monde.

• On utilise le conditionnel présent pour :
– demander poliment.
Auriez-vous encore des billets pour le train de 18 h 30 ?
– exprimer un désir, un souhait.
Vous souhaiteriez partir seul ?
– suggérer, proposer ou conseiller quelque chose à quelqu'un.
Tu devrais demander quelles sont les vaccinations nécessaires.

• **Formation** (rappel)
Le conditionnel se forme avec le radical du futur simple + les terminaisons de l'imparfait.
Futur : je devrai / Conditionnel : je devrais

1. 

Complétez le dialogue avec les verbes au conditionnel.
avoir – trouver – faire – mettre – devoir – proposer – partir

Lucas : Gaston, j'ai un problème, j'ai des vacances mais je ne sais pas où aller ni avec qui. Qu'est-ce que tu ... à ma place ?
Gaston : Est-ce que tu as parlé à Charlotte ? Moi, je lui ... de m'accompagner !
Lucas : Non, je n'oserai jamais, tu n' ... pas une meilleure idée ?
Gaston : Alors, tu ... partir avec ton frère, c'est un vrai aventurier !
Lucas : Ah non, malheureusement, il n'a plus de congé pour cette année !
Gaston : À ta place, je ... seul ou je ... une annonce pour trouver un compagnon.
Lucas : Oui, pourquoi pas et pour la destination ?
Gaston : Quoi !!?? Si j'étais toi, je ... un autre copain aussi patient que moi !

2. 

À l'oral, donnez quatre conseils à chacune des personnes.

a. Faustine veut visiter Paris.
b. Charles héberge cinq amis ce soir.
c. Rita prend l'avion demain matin.
d. Leila aimerait trouver un compagnon de voyage.

3. 

Le jeu du problème.

J'ai un problème. Je l'écris sur un papier puis je le fais tourner dans la classe. Chacun y écrit ensuite ses conseils pour le résoudre.

L'impératif présent pour conseiller et interdire

Éteignez vos téléphones portables, s'il vous plaît.

- On utilise l'impératif présent pour exprimer un **ordre**, une **interdiction**, une **demande** ou un **conseil**. L'impératif a les mêmes formes que le présent de l'indicatif mais sans le pronom sujet.

(ne) parle (pas) !	(ne) prends (pas) !
(ne) parlons (pas) !	(ne) prenons (pas) !
(ne) parlez (pas) !	(ne) prenez (pas) !

(ne) finis (pas) !
(ne) finissons (pas) !
(ne) finissez (pas) !

- Les verbes qui se terminent par « -es » à la deuxième personne du singulier et le verbe *aller* perdent le « s ».

Danse ! Chante ! Ouvre ! Va !

- *Être*, *avoir*, *vouloir* et *savoir* sont irréguliers.

être : sois – soyons – soyez
avoir : aies – ayons – ayez
savoir : sache – sachons – sachez
vouloir : veuillez**

** Seule forme du verbe *vouloir*, elle est surtout utilisée dans les lettres formelles (formules de politesse).

4. 

Transformez ces règles pour bien voyager à Paris en mettant les verbes soulignés à la deuxième personne du pluriel de l'impératif.

a. À Paris, j'évite de visiter les musées le premier dimanche du mois, il y a trop de monde !
→ *À Paris, ne visitez pas les musées…*
b. Je choisis des restaurants dans des quartiers moins touristiques que le Quartier latin.
c. Je viens à Paris au printemps car c'est la meilleure saison pour visiter la ville.
d. J'achète un pass Navigo* et j'utilise le métro.
* carte qui permet de se déplacer à paris (métro, tram, bus)
e. Je n'oublie pas de me promener dans les parcs et les jardins.
f. J'essaie de me loger chez l'habitant, c'est plus sympathique.
g. Je prends un parapluie… on ne sait jamais.

5. 

Votre voisin n'a pas beaucoup d'argent pour voyager. Conseillez-le.

La place des pronoms à l'impératif

Renseigne-toi !	*Ne te renseigne pas !*
Écris-moi !	*Ne m'écris pas !*

- À l'impératif affirmatif, les pronoms se placent **après** le verbe. Ils sont précédés d'un trait d'union.
Sers-la ! Prends-en !

Attention !
À l'impératif négatif, le pronom se trouve **avant** le verbe.
Ne la sers pas ! N'en prends pas !

Attention !
Me et *te* deviennent *moi* et *toi* à la forme affirmative de l'impératif.

6.

Mettez les mots dans l'ordre pour faire des phrases.

a. de / leur / Ne / tout / répondez / suite / pas / .
b. dès / arrivée / moi / - / Écrivez / votre / .
c. retard / jamais / N' / en / arrivez / .
d. la / y / jusqu'à / fin / - / Restez / semaine / de / la / .
e. que / Prends / tu / en / veux / - / autant / .
f. dans / oublions / les / le / train / Ne / pas / .

7. 

À l'oral, transformez ces conseils en ordres ou en interdictions.

a. Des valises, tu ferais mieux de ne pas trop en prendre.
b. Tes amis, à ta place, je leur enverrais des cartes postales.
c. Madrid, je vous conseille d'y séjourner au moins une semaine.
d. Vos plantes, il vaudrait mieux les arroser avant de partir.
e. Ton chien, tu n'as qu'à le confier à tes voisins.
f. Des souvenirs, si j'étais vous, je n'en achèterais pas trop.

☒ à faire

➔ Faire des recommandations

http://www.forumvoyageurs.com

Bonjour ! Nous sommes une famille de Montréal et nous partons en voyage sur notre bateau Le Grand Bleu vers la Louisiane et la Guyane. Nous aimerions avoir des conseils pour faire un voyage qui respecte la planète. Savez-vous où nous pourrions avoir des renseignements sur ce type de voyages ?
Nous attendons vos réponses / expériences. Merci ! Les Lemercier.

VOTRE VOYAGE COMMENCE ICI !

SALON INTERNATIONAL DU **TOURISME ET DU VOYAGE DE MONTRÉAL**

22, 23 et 24 septembre
PLACE DES ARTS

Plus de 100 destinations !

Achetez vos billets d'entrée dès maintenant sur le site et économisez 3 $.

1. Partez à la découverte d'une multitude de destinations exotiques.
2. Trouvez des idées de voyages durables et respectueux de l'environnement sur un des stands.
3. Choisissez parmi plus de 50 conférences par jour (consultez les horaires détaillés sur le site Internet) : agences de voyages, écrivains-voyageurs (salles au premier étage)...
4. Venez écouter des lectures de récits de voyages.
5. Découvrez des modes de déplacement originaux (bateau à voile, cheval, vélo...) dans le hall B.
6. Assistez à des spectacles du monde entier dans l'espace animations.
7. Réservez votre voyage sur place.
8. Participez au concours du voyageur responsable de l'année.
9. Gagnez de nombreux prix chaque jour : crédit voyages d'une valeur de 3 000 $, valises Roulard, guides de voyages...

Admission : de 6 $ à 12 $ par personne en fonction de l'âge (détails sur le site)

1 

Je regarde le document et je note dans un SMS à l'attention des Lemercier :

a. le lieu.
b. le type d'événement.
c. le prix de l'entrée.
d. l'utilité de l'événement pour un visiteur.

AU QUÉBEC

J'attribue une activité du salon à chaque membre de la famille.

- Souad : « Voyager, c'est être en harmonie avec la nature. »
- Léonard : « Dans l'avenir, nous n'utiliserons plus les moyens de transport classiques, de masse. »
- Lola : « J'aimerais bien rencontrer et écouter Sylvain Tesson. J'ai lu tous ses livres, ses aventures me font trop rêver… »
- Timothée : « J'adore le Brésil : les spectacles de capoeira, les matchs de football de rue… »

Je téléphone à Léonard ou Souad et je leur présente les avantages de ce Salon du tourisme. Je joue la scène avec mon voisin.

Je lis et je classe les commandements en trois catégories.

a. Lieu et personnes

b. Machines et véhicules

c. Protection de la nature

Je choisis un des commandements et je l'explique sur le forum à la famille Lemercier.

« Tes déchets tu n'abandonneras pas. »

→ *Vous n'abandonnerez pas vos déchets dans la mer. Vous les garderez avec vous sur le bateau et vous les mettrez dans une poubelle quand vous ferez une escale. Vous n'utiliserez pas beaucoup d'emballages en plastique, vous ferez attention…*

Je téléphone à Timothée ou Lola et je leur donne des conseils pour réussir leur futur voyage en bateau. Je joue la scène avec mon voisin.

Les 9 commandements du touriste vert et durable

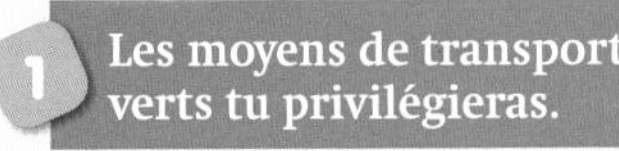

1 Les moyens de transport verts tu privilégieras.

2 Ta destination, avec soin tu choisiras.

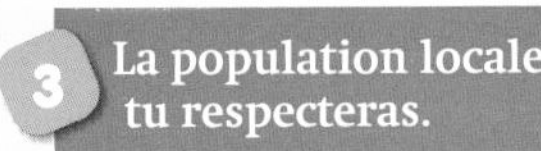

3 La population locale tu respecteras.

4 Tes déchets tu n'abandonneras pas.

5 Les ressources naturelles tu respecteras.

6 Les commerçants locaux tu favoriseras.

7 La biodiversité tu préserveras.

8 Les animaux tu respecteras.

9 Des équipements non-polluants tu utiliseras.

Choisir le duo de voyageurs responsables de l'année.

Étape 1 : Par deux, on choisit les caractéristiques de notre prochain voyage « durable » (lieu, durée, moyens de transports utilisés, principes retenus pour préserver l'environnement).

Étape 2 : On présente oralement nos idées et on justifie nos choix.

Étape 3 : Ensemble, on écoute toutes les présentations.

Étape 4 : Par deux, on choisit un projet et on explique pourquoi.

Étape 5 : Ensemble, on nomme le duo de voyageurs responsables de l'année.

X à écrire

Structurer son propos

http://www.lequebec.org/

VOTRE POINT DE VUE

QUE FAUT-IL FAIRE, SELON VOUS, POUR RENDRE LES VOYAGES AU QUÉBEC PLUS ATTRAYANTS ?

Guy Ferland
Enseignant de philosophie

LE PLAISIR FRANÇAIS EN AMÉRIQUE

Le charme du Québec vient principalement du caractère français de sa population vivant dans un lieu nord-américain. Pour attirer les touristes, il faudrait promouvoir les charmes de la culture francophone dans un milieu moderne et dynamique rempli de festivals et de festivités de toutes sortes. Finis les grands espaces vierges pour faire la publicité de la Belle Province ! Parlons de l'aspect moderne des villes et de l'ouverture à l'autre des Québécois. L'accueil chaleureux et la générosité des gens d'ici devraient être célébrés dans des campagnes publicitaires attrayantes ! Soulignons le nouvel art de vivre des Québécois, faisons la promotion des produits locaux originaux comme les fromages fins, les cidres de glace, les bières artisanales, les produits de l'érable, etc. Surtout, soyons fiers de nos réalisations culturelles et parions sur les troupes de théâtre, les compagnies de danse, les musiciens, les amuseurs publics, les chefs cuisiniers, etc. qui ont une signature québécoise. La différence québécoise de culture, de langue et de manière d'être doit se voir dans tous les messages touristiques. Le Québec, c'est un dépaysement garanti dans une atmosphère hospitalière.

Lisez le document et retrouvez les quatre parties du texte.

a. L'introduction : de... à...
b. Ce qu'il ne faut pas faire : de... à...
c. Ce qu'il faut faire : de... à...
d. La conclusion : de... à...

Pensez à l'orthographe ! Trouvez dans le texte de Guy Ferland :

a. comment il écrit les noms et les adjectifs de nationalité : avec ou sans majuscules ?
b. quand il utilise des virgules.

Réécrivez le texte avec des majuscules et des signes de ponctuation.

salut maman je suis bien arrivée à montréal en ce moment il fait très beau ce n'est pas encore l'hiver les montréalais sont des gens charmants j'ai rencontré deux filles qui s'appellent ariane et marie-hélène on a fait plein de choses ensemble du vélo de la course à pied du « magasinage » de la cuisine j'adore cette ville gros bisous zoé

Que faut-il faire pour attirer les touristes étrangers dans votre ville ? Écrivez un texte en quatre étapes pour conseiller le comité touristique. (160 mots)

Conseils / stratégies

Structurer un texte

- **Pour introduire le texte → une phrase qui présente le sujet ou le problème.**
  On observe de plus en plus... / Il existe... / Il y a...
- **Pour expliquer ce qu'il ne faut pas faire → participe passé + nom / verbe à l'impératif.**
  Finis les... / Arrêtons de... / Ne faisons plus de...
- **Pour expliquer ce qu'il faut faire → « pour » + verbe à l'infinitif / verbe à l'impératif / verbe « devoir ».**
  Pour faire la promotion... / Parlons de l'aspect moderne... / Nous devons...
- **Pour conclure → une phrase qui résume votre avis.**
  Le Québec, c'est... / Ainsi, il y aura... / On pourra donc...

La ponctuation et les majuscules

- On met des **virgules** après des indications de temps, après des éléments qu'on veut mettre en valeur, quand ils sont placés en début de phrase. Les virgules permettent aussi de séparer les éléments d'une liste.
- On utilise les **deux points** avant une liste ou pour introduire une explication.
- On trouve les **majuscules** en début de phrase, après les points, les points d'interrogation ou d'exclamation.
  *C'est une belle région ? **O**ui ? **A**lors, j'irai la visiter.*
  – Les noms propres (personnes, lieux, monuments...) prennent une majuscule.
  *Le **S**aint-**L**aurent est un fleuve qui traverse **M**ontréal.*
  – Les noms de nationalité prennent une majuscule, mais pas les adjectifs de nationalité ni les noms de langue.

Exprimer son intérêt pour une chanson

Ariane Moffatt est une auteure, compositrice et interprète québécoise née le 26 avril 1979 dans le quartier Saint-Romuald de Lévis. Elle s'est fait connaître par plusieurs chansons telles que *Je veux tout*, *Poussière d'ange*, *Point de mire*, *Fracture du crâne* et *Montréal*.

© André Bergeron

1  DVD > *Piste 04*

Écoutez les commentaires des auditeurs de Radio... à propos de la chanson d'Ariane Moffatt *Je veux tout* sur le répondeur de l'émission « Nouvel album » et répondez aux questions.

a. Lesquelles de ces personnes apprécient la chanson d'Ariane Moffatt ?

b. Qu'est-ce qu'elles aiment ?

c. Qui n'aime pas la chanson et pourquoi ?

Conseils / stratégies

Parler d'une chanson

C'est une chanson composée par... / écrite par... / interprétée par... / chantée par... /

Le style de cette chanson est plutôt rap / classique / pop / rock / soul / reggae / blues / techno.

Elle parle de... / Elle raconte l'histoire de... / Dans cette chanson, il s'agit de...

J'aime la mélodie / le rythme / la musicalité / la voix de l'interprète...

J'aime cette chanson parce que... / C'est une chanson que j'adore / que j'apprécie parce que...

C'est une chanson mélancolique / dynamique / légère / émouvante / qui fait du bien / qui réconforte / qui réveille / qui me met de bonne humeur.

2 

Choisissez une chanson que vous aimez et présentez-la à votre voisin (chanteur, style, mélodie, etc.). Dites pourquoi vous l'aimez.

Phonétique

Accents du monde : l'accent québécois

1.  DVD > *Piste 05*

Écoutez le dialogue. Observez les différences de prononciation des trois mots en gras.

À l'office de tourisme de Blois. Un touriste québécois et une employée française.

– Bonjour monsieur, je peux vous aider ?

– Oui, je fais du cyclotourisme avec ma femme. On vient d'arriver à Blois *à matin*. On aimerait bien rester un peu *icitte* et visiter des attractions cette *fin de semaine*, enfin ce week-end, comme vous dites, *vous autres* ! Qu'est-ce qu'il y a d'**intéressant** à faire et à voir ? *Nous autres*, on adore l'histoire de la France.

– Alors, ce qui serait très **intéressant**, c'est d'aller voir la cité de Beaugency. Vous verrez, il y a un magnifique donjon qui date du XIe siècle et un jardin médiéval.

– Très bien, c'est parfait. Pouvez-vous me **dire** s'il y a des chambres d'hôtes près du donjon ?

– Bien sûr, je vais vous **dire** ça. Attendez un instant, je regarde. Oui, il y en a deux à côté du château.

– Vous ne savez **pas** si on pourra *souper* chez eux ?

– Non, ça je ne sais **pas** s'ils font aussi table d'hôtes. Voici leurs coordonnées. Vous pouvez les appeler.

– Merci beaucoup pour votre aide, madame.

– Au revoir monsieur, et bon séjour chez nous.

– *Bonjour.*

• Intéress**ant** :

On prononce « an » proche du [ɛ̃], la bouche souriante.

On prononce cette voyelle [ɑ̃], la bouche arrondie.

• **Dire** :

On prononce le « d » du mot « dire » avec la consonne [z] → [dz].

On prononce seulement la consonne [d].

• **Pas** :

On prononce le mot « pas » avec la voyelle [a] qui ressemble à la voyelle [ɔ], la bouche un peu arrondie.

On prononce cette voyelle [a], la bouche souriante.

2. **Traduisez en français ces expressions québécoises.**

a. à matin : ...

b. icitte : ...

c. fin de semaine : ...

d. vous / nous autres : ...

e. souper : ...

f. bonjour : ...

Semaine 2

B1.1

RENDEZ-VOUS 1

À découvrir
- Situer dans l'espace
- Caractériser un lieu

À savoir
- L'habitat
- Les prépositions et les adverbes de lieu
- La place de l'adjectif qualificatif

RENDEZ-VOUS 2

À découvrir
- Décrire des comportements quotidiens
- Exprimer son accord ou son désaccord

À savoir
- Les tâches ménagères
- La négation
- Les verbes directs ou indirects et les pronoms

À faire
Présenter son appartement et trouver un colocataire

À écrire, à dire
Créer son profil sur un site Internet

S'exprimer au téléphone

matin | après-midi | soirée

EN LOUISIANE

VENDRE

matin

SAMED

matin

DIMA

matin

semaines

1 2 3

Notes

Je peux :

- Expliquer à quelqu'un où j'habite ?
- Nommer 5 meubles indispensables ?
- Citer 3 tâches ménagères ?

Rendez-vous 1 à découvrir

12M² POUR
UNE AFFICHE,
C'EST NORMAL,
MAIS POUR
UNE FAMILLE ?
AGISSONS.

Fondation
Abbé Pierre
pour le logement
des défavorisés

SITUER DANS L'ESPACE

Observez le document et indiquez :

a. le type de document.
b. la taille du document.
c. le nom de la fondation qui le diffuse.
d. le slogan.

Observez les personnes, les meubles et les objets sur l'affiche.
Avec votre voisin, décrivez :

a. la composition de la famille et l'attitude de chaque membre.
b. les meubles et les objets que vous voyez dans la pièce.

Associez le nom des meubles sur l'affiche (activité 2.b.) avec les pièces d'un appartement classique.

a. la chambre des parents
b. la chambre des enfants
c. la cuisine
d. le séjour

Avec votre voisin, comparez vos réponses de l'activité 3 et relisez le slogan.
Répondez à la question suivante.
À votre avis, quel est le problème évoqué par cette affiche ?

Localisez précisément un objet sur l'affiche ; votre voisin doit deviner ce que c'est. Puis échangez les rôles.
- C'est en bas, à gauche, dans le coin.
- C'est le lit du petit garçon.

Pour décrire un lieu et situer dans l'espace
Dans cette pièce, il y a / on peut voir...
Le lit se trouve / est situé / est placé...
Il y a une table devant / derrière / au-dessus de / au-dessous de / au centre de / au fond de / contre...
On peut voir une chaise dans le coin de la pièce / entre les deux lits / au milieu de la pièce...

CARACTÉRISER UN LIEU

 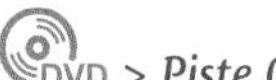
DVD > *Piste 06*

Écoutez le document et identifiez :
a. les bruits que vous entendez.
b. le type de lieu.
c. la personne qui parle et ce qu'elle fait.

DVD > *Piste 06*

Écoutez à nouveau et prenez des notes.
Relevez les noms d'objets et les différentes parties de l'appartement.

DVD > *Piste 06*

Écoutez à nouveau le document et associez.
Comparez avec votre voisin.

a. Le studio	1. Agréable
b. Le balcon	2. Petit
c. La vue	3. Joli
d. Les doubles vitrages	4. Efficace
e. Le chauffage	5. Suffisant
f. Les papiers peints	6. Coquet
g. La pièce	7. Propre

Dessinez le plan de votre logement ou du logement idéal. Placez-y les pièces et les meubles. Montrez votre plan à votre voisin et faites une visite guidée de votre logement.

Pour caractériser un appartement ou une maison
C'est une jolie / grande / petite maison confortable.
C'est spacieux / lumineux / ensoleillé / propre / agréable / en bon état / moderne / joli « comme tout »...
C'est bien (mal) décoré / bien (mal) aménagé / bien (mal) équipé.
C'est sombre / sale / moche (familier) */ vieux / en mauvais état...*

À quel endroit ?

Vous décrivez précisément à votre voisin comment vous avez meublé et décoré votre salon (couleurs, meubles, etc). Il essaie de dessiner la pièce avec les meubles au fur et à mesure de l'explication.

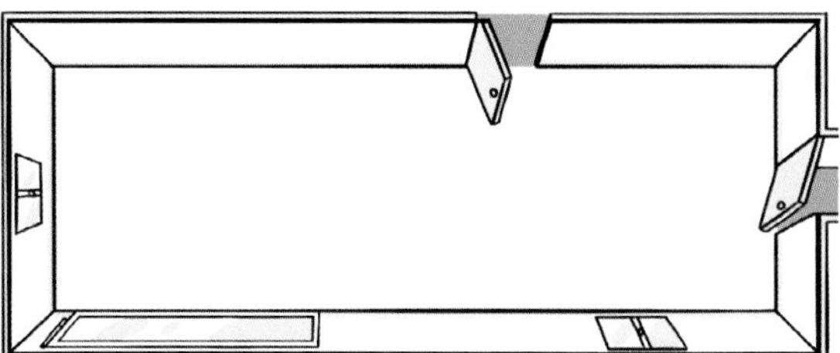

Rendez-vous 1 X à savoir

Vocabulaire

L'habitat

1. 

La grand-mère de Jeanne a renversé du café sur la lettre de sa petite-fille, aidez-la à retrouver les mots effacés.

a. peinture
b. terrasse
c. emménage
d. code
e. meublé
f. parking
g. loyer
h. cave
i. deux-pièces
j. garage
k. propriétaire
l. balcon
m. placards
n. papiers peints
o. surface
p. lumineux
q. baignoire

Coucou mamie,

Ouf ! J'ai enfin trouvé l'appartement de mes rêves mais ça n'a pas été facile du tout. Je t'ai déjà expliqué ce qu'il me fallait absolument : un ou une pour pouvoir mettre mes plantes au soleil, un ou au moins un pour la voiture, une pour stocker toutes les affaires de Sacha (eh oui, il est toujours au Canada !), beaucoup de pour tout ranger et surtout il fallait qu'il soit car je n'ai pas de meubles. Bref, ce n'était pas gagné !

J'ai finalement trouvé tout ça mais bien plus encore. D'abord, il est très bien situé, près du métro Charonne exactement. Il est au rez-de-chaussée mais très . La est de 45 m², ce qui est pas mal pour un . La salle de bains est propre et il y a même une ! Tout a été refait : les et la . En plus le est super sympa et le très abordable : 980 euros. Normalement, j' le 5 août.

Je te donne ma nouvelle adresse :
153 boulevard Voltaire
75011 Paris

Passe me voir. Le est 75A23.

Bisou,

Jeanne

Grammaire

Les prépositions et les adverbes de lieu

Quand tu entres dans la maison, tout de suite à droite, il y a le salon et, en face de la porte d'entrée, c'est ma chambre !

• Pour **décrire un lieu, se situer dans l'espace ou situer quelque chose,** on utilise des prépositions et des adverbes de lieu.

• Entre : >●<   contre : I●<
au milieu/centre de : ◉
autour de : ⁘

Attention !
Dans est toujours suivi d'un nom.
Dedans se place en fin de phrase.
Il est dans la chambre. Il est dedans.
Sur/dessus, sous/dessous s'emploient de la même façon.

Attention !
de + le → **du**   de + les → **des**

1. 

Choisissez une des expressions de lieu proposées pour compléter.

a. *Dans* ou *dedans* ?
– Je ne trouve pas mes lunettes ! J'ai regardé partout ! … tous les tiroirs !
– Même … celui de la table de nuit ?
– Oui et il n'y a rien … !

b. *Sur*, *dessus* ou *au-dessus* ?
D'habitude, le chat adore dormir … le canapé mais hier il a passé la nuit … de l'armoire. Il avait fait tomber tout ce qu'il y avait … pour pouvoir s'installer !

c. *Sous*, *dessous* ou *au-dessous* ?
Hier, la fête que j'ai organisée a tourné à la catastrophe. Les gens ont cassé plusieurs verres, il y en avait … tous les meubles. J'ai retrouvé le chat, ce matin, qui avait eu très peur, … du lit. Il avait passé la nuit … !

2.

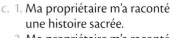

Observez le plan et décrivez cet appartement. Indiquez précisément où se trouvent les meubles dans chaque pièce.

La place de l'adjectif qualificatif

C'est une armoire rectangulaire en bois rouge.
C'est un petit studio avec un joli balcon.

- La plupart des adjectifs se placent **après** le nom. Les adjectifs de forme et de couleur sont toujours **après** le nom.
- Les adjectifs courts (une ou deux syllabes) se placent **avant** le nom.

Il s'agit de : *grand, petit, dernier, nouveau, beau, joli, mauvais, bon, gros, haut, long, jeune* et *vieux*.

Attention !
Beau, nouveau et **vieux** changent de forme au masculin singulier lorsqu'ils sont placés avant le nom et suivis d'une voyelle ou d'un « h » muet.
un bel appartement – un nouvel aspirateur – un vieil hôtel

Attention !
- Certains adjectifs changent de sens en fonction de leur place, surtout lorsqu'ils sont appliqués à des êtres humains. S'ils sont avant le nom, ils sont plus subjectifs, affectifs. S'ils sont après le nom, ils sont plus descriptifs, objectifs.

Après les vacances, j'étais contente de retrouver mon cher appartement !
→ J'aime cet appartement, il m'a manqué.

C'est une maison très chère, je ne peux pas l'acheter.
→ Il s'agit du prix, la maison est coûteuse.

3.

Choisissez le sens des adjectifs dans les phrases.

a. J'ai revu la photo de notre ancienne maison.
b. Ma sœur habite dans une maison très ancienne.
1 = celle d'avant – 2 = vieille
c. Nous avons visité de drôles d'appartements.
d. Mon colocataire me raconte toujours plein d'histoires drôles.
1 = amusantes – 2 = bizarres, surprenants
e. En face de chez moi, habite une femme seule.
f. Une seule dame est venue me saluer depuis mon arrivée dans l'immeuble.
1 = qui vit seule – 2 = seulement une
g. C'est mon dernier mois dans ce logement, je l'ai annoncé à mon propriétaire.
h. Marion a déménagé le mois dernier.
1 = après, je dois partir – 2 = le mois d'avant
i. Ses meubles sont tous différents : son salon est de toutes les couleurs.
j. Je possède différents meubles rapportés de tous mes voyages.
1 = plusieurs – 2 = pas les mêmes
k. Mon voisin est un homme très grand...
l. ...mais ce n'est pas un grand homme.
1 = illustre, connu – 2 = de grande taille

4. 

Regardez les dessins et choisissez la bonne proposition.

a. 1. Ma voisine est une chic fille.
2. Ma voisine est une fille chic.

b. 1. Mon voisin est un pauvre homme.
2. Mon voisin est un homme pauvre.

c. 1. Ma propriétaire m'a raconté une histoire sacrée.
2. Ma propriétaire m'a raconté une sacrée histoire.

d. 1. En bas de chez moi, un sale type attend.
2. En bas de chez moi, un type sale attend.

5. 

Avec votre voisin, utilisez dans des phrases les expressions de l'activité 4 que vous n'avez pas choisies.

Une chic fille est une fille sympa, agréable, gentille.

À partager
Culture louisianaise

Regardez la vidéo. 

1 *Comment ça se passe ?*

Décrivez les gens, leurs actions, leurs attitudes.

Regarder encore et écoutez. 

2 *Comment est-ce organisé ?*

Répondez aux questions.

a. Comment s'appelle cette fête ?
b. Dans quelle ville se passe cette fête ?
c. Quel jour débutent les festivités ?
d. Combien y a-t-il de visiteurs à cette occasion ?
e. Combien y a-t-il de fêtes comme celle-ci chaque année dans cet État ?
f. Citez une des animations de cette fête.
g. Depuis janvier, combien de parades ont défilé ?

LES ORIGINES DU CARNAVAL

Avant d'être américaine, la Louisiane a été française. Les premiers migrants français ont apporté leurs traditions de Mardi-Gras, une fête d'origine religieuse. Pour les Chrétiens, c'est une façon de faire la fête avant la période de restrictions du « Carême ». Les habitants de la Nouvelle-Orléans ont sans doute commencé à fêter le carnaval au milieu du XVIIIe siècle avec de plus en plus de parades, de personnes costumées. Depuis 1875, Mardi-Gras est un jour férié. Des chars pleins de couleurs défilent dans les rues mais, depuis 1972, ils n'entrent plus dans le quartier français où les rues sont trop étroites. Certains événements dramatiques (guerres, ouragan Katrina, marée noire de 2010) ont fait baisser l'activité mais le carnaval reste toujours une grande fête populaire.

PETITE HISTOIRE DES LOUISIANAIS ET DE LA LANGUE FRANÇAISE

À l'origine, la Louisiane était peuplée d'Amérindiens, comme les Houmas, par exemple. Au XVIIe siècle, des Français ont colonisé la région et lui ont donné le nom de « Louisiane » en l'honneur du roi français Louis XIV. La région était bien plus vaste que maintenant, elle allait jusqu'au nord des États-Unis actuels. Au XVIIIe siècle, lors de guerres de territoires, la région a été cédée en partie à l'Angleterre et à l'Espagne. Des esclaves noirs ont été amenés en Louisiane. Puis, en 1765, les Acadiens, francophones, chassés de leur territoire au Canada, s'installent en Louisiane. Cette déportation de population est appelé « le Grand Dérangement ». On les appelle les Cajuns. Beaucoup s'installent dans le bayou, grande région humide de rivières au sud de la Louisiane. En 1803, Napoléon vend la Louisiane aux États-Unis. De riches planteurs arrivent d'Haïti : les Créoles. Les Louisianais continuent à parler le français même si l'anglais prend de plus en plus de place. Mais, depuis quelques années, un organisme, le CODOFIL, cherche à redévelopper le français. En juin 2011, la Louisiane a adopté une loi pour développer l'utilisation du français dans les services administratifs.

Observez.

3 *Comment est-ce ?*

Associez les éléments caractéristiques de la Louisiane aux photos.

a. Le bayou.
b. L'accordéon.
c. La devise de l'État.
d. Le drapeau avec un pélican blanc.

Écoutez. DVD > *Piste 07*

4 *Quel est le sujet ?*

a) Identifiez le sujet principal du reportage.

1. Les relations parents-enfants.
2. Les problèmes dans les écoles.
3. La protection de la langue française.

b) Qui sont les deux personnes qui parlent ?

APPRENEZ UNE EXPRESSION CAJUN !

« Lâche pas la patate ! » (c'est-à-dire « Ne fais pas tomber la pomme de terre ») est une expression courante qu'on retrouve même dans les chansons cajuns. Elle veut dire, « N'abandonne pas », « Tiens bon », « Ne te décourage pas ». Cela se dit aussi au Québec. Mais d'où vient cette expression ? Peut-être du fait que si on fait cuire une pomme de terre au-dessus d'un feu, il ne faut pas la faire tomber, sinon elle va brûler. Donc il faut faire attention.

Écoutez. DVD > *Piste 07*

5 *Quelles informations apportent les personnes interviewées ?*

L'homme :

a. Selon lui, que veulent les jeunes parents ?
b. Que représente Internet, à son avis ?
c. Qui a-t-il rencontré dernièrement ?
d. Dans le passé, quelle était la situation du français et du cajun ?

La femme :

e. Quand est-elle arrivée en Louisiane ?
f. Qui enseigne le français en Louisiane généralement ?
g. Pourquoi le programme d'immersion est-il populaire ?
h. Qu'explique-t-elle sur son amie Annette ?
i. Qu'essayent de faire tous ces gens ?

Exprimez-vous.

6 *Échangez avec votre voisin.*

– Quelles sont les langues régionales de votre pays ?
– Sont-elles importantes pour vous ?
– Connaissez-vous des langues qui sont « en danger » ?
– Que faudrait-il faire pour les développer de nouveau ?

☒ à découvrir

DÉCRIRE DES COMPORTEMENTS QUOTIDIENS

  > *Piste 08*

Écoutez l'interview de Marion et répondez aux questions.

a. Où habite Marion ? Dans quel type de logement ?
b. Avec qui habite-t-elle ?
c. Depuis quand vit-elle avec ces personnes ?

 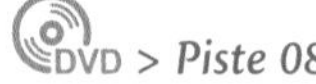 > *Piste 08*

Écoutez à nouveau et retrouvez les informations correctes sur l'organisation de la vie quotidienne.

a. Toutes les courses sont faites en commun.
b. Chacun met 50 euros dans la caisse commune chaque mois.
c. Ils font leurs courses au marché.
d. Chacun s'occupe de ses propres produits frais.
e. Ils cuisinent souvent pour le groupe.
f. Le garçon fait le ménage des parties communes.

3 

Avec votre voisin, expliquez l'organisation de vos tâches quotidiennes, là où vous habitez.

Décrire des comportements quotidiens
Bea s'occupera de l'entretien de la maison.
Julien fait les courses. Il achète des produits frais.
Laura fait la vaisselle et Robert fait le ménage.
Daniel repasse ses affaires.
Kelly mettra la table et la débarrassera.
Bénédicte ne passe pas le balai mais l'aspirateur.
Guillaume vit/est en colocation.
Annabelle partage les tâches ménagères avec moi.

EXPRIMER SON ACCORD OU SON DÉSACCORD

Êtes-vous pour un congé obligatoire pour les jeunes pères ?

En France, depuis 2002, tous les pères ont le droit de prendre 11 jours de congé à la naissance de leur enfant. Mais tous n'en profitent pas et il y a eu récemment des propositions de loi pour imposer ce congé paternité. L'opinion publique est très partagée à ce sujet.

Stéphane B., 34 ans / cadre à la SNCF

Tout à fait. C'est une bonne idée. Je suis d'accord pour l'imposer car si on n'impose pas les choses, il ne se passe rien. L'idée, c'est que les gens réalisent que l'éducation des enfants, ça se fait à deux. Dans un couple, on doit partager toutes les responsabilités.

Frédéric E., 40 ans / entrepreneur

Pas du tout. Un congé paternité obligatoire, c'est une erreur monumentale ! On a déjà suffisamment de congés. Franchement, je ne vois pas l'intérêt de pousser les gens à ne plus travailler. Un jour, on ne travaillera plus du tout ! Je ne veux ni que ce soit obligatoire, ni que la durée augmente.

Christelle S., 33 ans / comptable

Je suis pour. Mon mari et moi avons profité de nos congés. Mais je sais que ce n'est pas toujours bien considéré dans les entreprises, surtout lorsqu'un homme a des responsabilités.

Petra S., 48 ans / prof de sport

Pourquoi pas ? J'y suis plutôt favorable. On vit à une époque d'égalité entre hommes et femmes, il faut bien que l'homme fasse sa part ! Et puis, si on veut élever ses enfants, il faut savoir s'arrêter de travailler. Moi, j'enseigne le sport, il a bien fallu que je m'arrête un peu pour m'occuper de mes enfants. Pourtant, j'aurais adoré continuer à travailler.

Hubert C., 27 ans / musicien

Non. L'imposer, ce n'est pas la solution. Chacun doit être libre de faire ce qu'il veut. Mais le congé paternité, c'est une excellente idée. Ça va dans le sens de l'égalité des sexes. Moi, j'ai pris le mien récemment et je connais plein d'autres pères qui en ont profité. Ce qu'il faudrait changer, en fait, c'est sa durée. Aujourd'hui, il est trop court.

D'après *Le Parisien* | 18.03.2011

Lisez le début de l'article et expliquez le sujet du débat.

Lisez l'avis de chaque personne et dites si elles sont d'accord ou non pour rendre le congé paternité obligatoire.

Associez les opinions aux personnes interrogées.

a. C'est ridicule d'encourager les gens à arrêter de travailler.
b. Rendre les choses obligatoires fait progresser la société.
c. Les hommes sont parfois mal vus dans leur travail s'ils prennent ce congé.
d. C'est bien mais ça ne doit pas être obligatoire.
e. L'homme comme la femme doit s'arrêter de travailler.

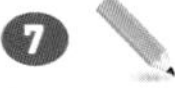

À votre tour, donnez votre opinion et écrivez au journal. (150 mots)

Faites une liste de quatre avantages et de quatre inconvénients du congé paternité obligatoire pour préparer un débat.

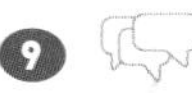

En groupe, débattez de cette proposition.

Pour exprimer son accord ☺ / son désaccord ☹
Je suis de ton avis. ☺ / J'ai un avis différent. ☹
Vous avez raison. ☺ / Vous avez tort. / Tu te trompes. ☹
Je suis favorable ☺ / opposé ☹ à cette idée.
Certainement ! Absolument ! ☺
Pas du tout ! = Absolument pas ! ☹

Vocabulaire

Les tâches ménagères

1. DVD > Piste 09

Écoutez le sondage sur la répartition des tâches ménagères dans une famille et complétez le tableau.

Tâches	Adulte 1 (père)	Adulte 2 (mère)	Enfant 1 (fille)	Enfant 2 (fils)
1. Aspirateur	☐	☐	☐	☐
2. Balai	☐	☐	☐	☐
3. Poussière	☐	☐	☐	☐
4. Lavage sols	☐	☐	☐	☐
5. Lavage vitres	☐	☐	☐	☐
6. Lavage linge	☐	☐	☐	☐
7. Remplissage sèche-linge	☐	☐	☐	☐
8. Repassage	☐	☐	☐	☐
9. Rangement linge	☐	☐	☐	☐
10. Courses	☐	☐	☐	☐
11. Préparation repas	☐	☐	☐	☐
12. Mettre la table	☐	☐	☐	☐
13. Débarrasser la table	☐	☐	☐	☐
14. Vaisselle	☐	☐	☐	☐
15. Bricolage et petits travaux	☐	☐	☐	☐

2.

Observez la bande dessinée et expliquez le jeu de mots entre « tâche » et « tache ». Puis donnez votre opinion à votre voisin.

Extrait de *Et vous, chat va ?*, P. Geluck/© Casterman

Grammaire

La négation

Je ne repasse jamais mes affaires.
Elle ne vit plus en colocation avec ses copines.

Ne... rien / Rien ne (≠ tout / quelque chose)
Elle ne fait rien à la maison.

Ne... personne / Personne ne (≠ tout le monde / quelqu'un) *Je n'invite personne.*

Ne... aucun(e) + nom (= pas un, pas une)
Je n'ai aucun animal chez moi.

Ne... ni... ni
Ils ne font ni le ménage, ni la vaisselle !

La place de la négation

- Avec l'infinitif :
On essaie de ne pas se salir.
- Pour les temps simples :
Il ne fait rien chez lui.
- Pour les temps composés :
Il n'a aidé personne. Il n'a pas aidé Léa.
- Pour les verbes modaux (futur proche + *pouvoir, devoir, savoir, vouloir*) :
Il ne va jamais comprendre.
- Pour les formes composées :
Je n'ai pas su répondre.

Attention !
À l'oral, on a tendance à oublier le « ne ».
Je ne sais pas. → *Je sais pas.*

1. 

Lisez et complétez le texte avec des négations.

Crise d'adolescence

Mercredi 24 mai

Notre fille de 16 ans vit à la maison comme à l'hôtel, elle ... fait ... du tout pour nous aider ! Elle ... participe ... aux préparations des repas, ... aux courses, ... au ménage ! En plus, elle ... range ... ses affaires, elle les laisse toujours traîner partout. Et quand nous ... lavons ... ses vêtements, elle s'énerve parce qu'elle ... peut ... porter sa tenue préférée. On a essayé de parler avec elle, on essaie de ... ... s'énerver. Mais ... ... marche ! Vous ... auriez ... une idée ?

2. 

Répondez aux questions et utilisez des négations.

– Oh, vous avez un garçon comme baby-sitter. C'est bizarre !
→ – Mais non, pas du tout, ce n'est pas bizarre !

a. – Vous avez beaucoup de problèmes avec lui, non ?
→ – Mais non, au contraire, nous...

b. – Il est maladroit, il casse des choses ?
→ – Pas du tout, il...

c. – Il s'énerve parfois contre les enfants ?
→ – Absolument pas ! Il est très patient, il...

d. – Il doit avoir des défauts... Il fume peut-être ?
→ – Tu te trompes. Il a arrêté : il...

e. – Mais tout va bien quand vous lui laissez les enfants ? Quelque chose vous inquiète ?
→ – Mais oui, tout va très bien. Et non, ...

3. 

Ni oui ni non.

Vous allez poser des questions aux autres et répondre à leurs questions sans jamais dire « oui » ou « non ». Trouvez d'autres stratégies (synonymes, expressions d'accord ou de désaccord, phrases avec négations...).

Les verbes directs ou indirects et les pronoms

Mes parents ? Je les aide. Je leur souris.

• Les **verbes directs** sont utilisés pour les choses et les personnes.

Quand le verbe est « direct » (sans « à »), on utilise **les pronoms COD**.

– Votre fils fait le ménage ? – Oui, il le fait. / Non, il ne le fait pas.

– Vous félicitez souvent votre fille ? – Oui, je la félicite souvent. / Non, je ne la félicite jamais.

– Vous appelez souvent vos parents ? – Je les appelle souvent. / Je ne les appelle pas souvent.

• Les **verbes indirects** sont utilisés seulement pour les personnes.

Quand le verbe est « indirect » (suivi de « à »), on utilise les **pronoms COI**. Ce sont souvent des verbes « de communication ».

– Vous allez parler à votre fils ? – Oui, je vais lui parler. /Non, je ne vais pas lui parler.

– Votre enfant téléphone à ses copains ? – Il leur téléphone souvent. / Il ne leur téléphone pas souvent.

Attention !

Au futur proche (comme avec les verbes *pouvoir, vouloir, savoir, devoir*), le pronom est placé avant le verbe à l'infinitif.

Je vais lui montrer où elle peut ranger ses affaires.

4. 

Écoutez les phrases et dites si les verbes sont directs ou indirects.

5. 

Mettez les mots dans l'ordre pour reconstituer les phrases de cet article.

La vie en colocation : quelques conseils

a. La cuisine.
régulièrement / laver / ranger / dois / vaisselle / Tu / la / et / les / courses / .

b. Tes amis.
l' / les / tu / si / Tu / dois / autorisation / veux / demander / inviter / , / .

c. Le ménage.
dois / aider / regarder / dois / Tu / tu / pas / ne / autres / les / les / mais / .

d. Pour organiser une fête.
permission / autres / colocataires / faut / prévenir / demander / Il / les / et / leur / la / .

6.

Répondez aux questions au sujet de la décoration d'intérieur. Remplacez les mots soulignés par des pronoms.

« Fans de déco » : ils cherchent des réponses.

a. Faut-il faire confiance aux professionnels ?

b. Dois-je ouvrir ma porte à un inconnu ?

c. Est-ce qu'on paye cher les décorateurs ?

d. Suis-je capable d'aider mon amie à refaire sa déco ?

7. 

Votre colocataire ne participe pas aux tâches ménagères. Vous n'êtes pas d'accord et vous lui expliquez votre point de vue. Jouez la scène avec votre voisin.

8.

Présentez l'organisation des tâches ménagères dans votre pays.

à faire

Décrire un type de logement

1 

Je lis le message envoyé par la famille Lemercier. Je réponds aux questions.

a. Où sont les Lemercier ?

b. Que cherchent-ils ?

2 

Je regarde les photos. Je compare ces divers types de logement avec mon voisin. On choisit la maison la plus adaptée aux exigences de la famille Lemercier.

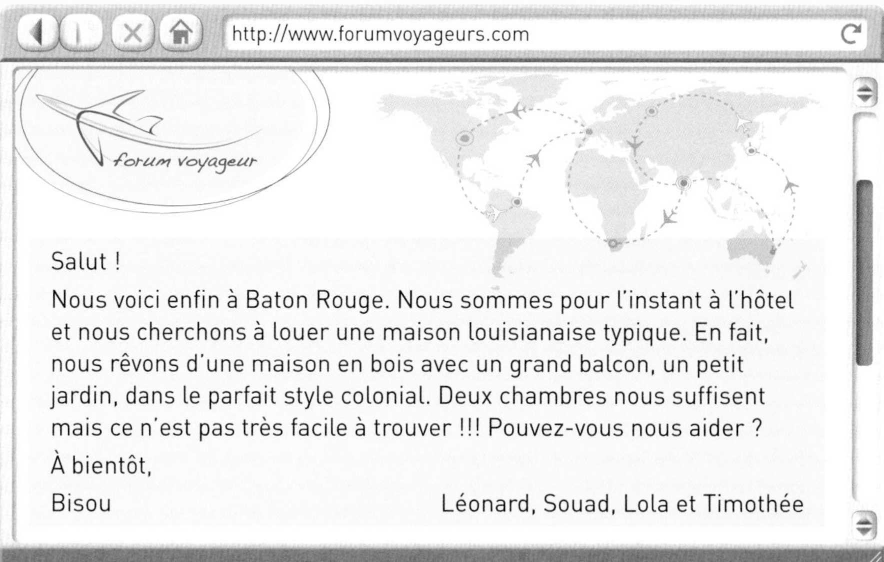

Salut !

Nous voici enfin à Baton Rouge. Nous sommes pour l'instant à l'hôtel et nous cherchons à louer une maison louisianaise typique. En fait, nous rêvons d'une maison en bois avec un grand balcon, un petit jardin, dans le parfait style colonial. Deux chambres nous suffisent mais ce n'est pas très facile à trouver !!! Pouvez-vous nous aider ?

À bientôt,

Bisou

Léonard, Souad, Lola et Timothée

1

2

3

3 

J'écris un message à la famille Lemercier pour lui présenter la maison et je décris l'intérieur.

EN LOUISIANE

Lire un plan

4  DVD > *Piste 11*

J'écoute le message que Lola a laissé sur mon répondeur et je regarde le plan. Je situe la maison des Lemercier à Baton Rouge.

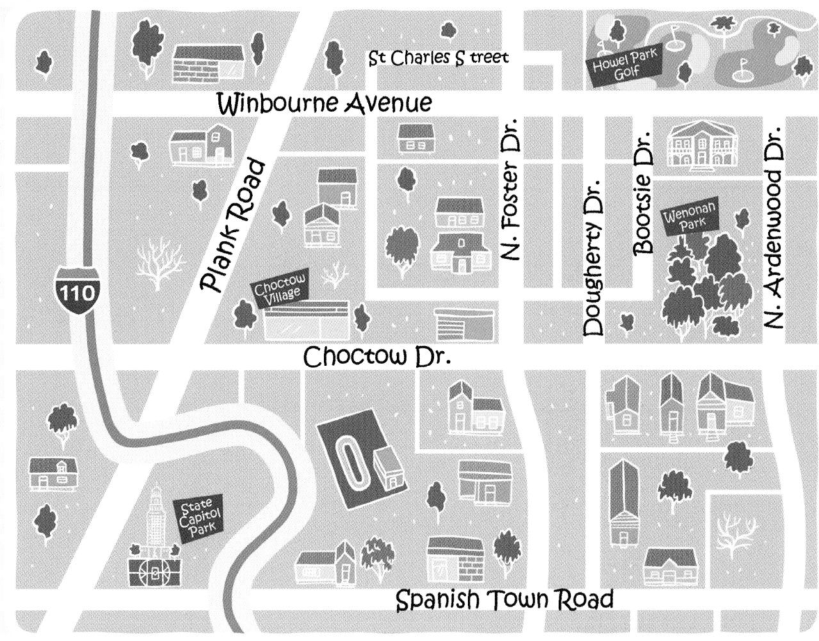

Dr. = drive = rue

5 

Je regarde encore le plan de Baton Rouge et je conseille des visites à Lola. Je lui explique par courriel où se trouvent...

a. le centre commercial de Choctow Village.

b. le parc de Wenonah.

c. le capitole de l'État de Louisiane.

Et comment y aller.

Présenter son appartement et trouver un colocataire.

Vous décidez de prendre une colocation à trois personnes et vous vous préparez à emménager dans l'appartement ci-dessous. Mais le loyer est cher et vous cherchez un quatrième colocataire.

Étape 1 : On décide ensemble de l'endroit où le colocataire va s'installer.

Étape 2 : Chacun choisit une chambre et fait une description de ce qu'il va mettre dedans. On peut compléter le plan avec nos noms et ceux des meubles qu'on installe.

Étape 3 : On décrit l'organisation de la colocation (tâches ménagères, courses, cuisine).

Étape 4 : On prépare les arguments pour plaire à notre futur(e) colocataire.

Étape 5 : Chaque groupe présente son projet à des colocataires potentiels et on le choisit ensemble.

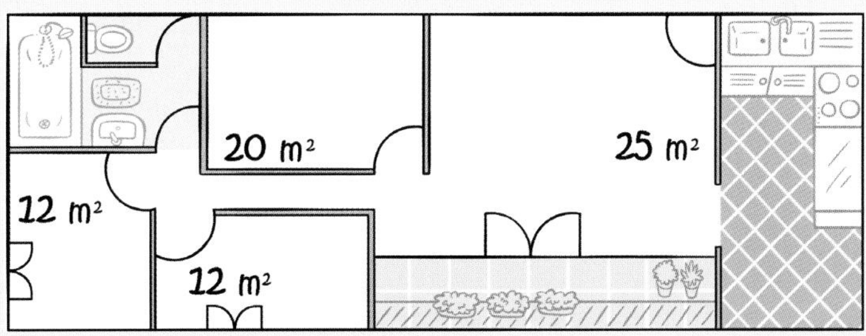

 à écrire

 Créer son profil sur un site Internet

1

Vous visitez le site www.dodosurfing.org.
Vous lisez l'annonce de Stephan Leupain. Répondez aux questions.

a. D'après ce que vous avez lu, qu'est-ce que « le dodosurfing » ?
b. Que sait-on de Stephan Leupain ?
c. Pourquoi propose-t-il d'héberger des gens chez lui ?
d. Que sait-on sur l'hébergement qu'il propose ?

2

Vous voulez vous inscrire sur le site www.dodosurfing.org pour proposer, vous aussi, un accueil « canapé » chez vous. Vous préparez votre annonce pour vous présenter et décrire l'hébergement que vous pouvez offrir. (160 à 180 mots)

http://www.dodosurfing.org/

Stephan Leupain
Disponibilité et certification
3
États-Unis
Louisiane
Baton Rouge

Montrer les canapés situés à proximité

Informations générales

Inscrit depuis	Le 20 mars 2006
Visites de votre profil	2 064
Âge	25
Sexe	Masculin
Métier	Futur avocat
A grandi à	Baton Rouge, Louisiane

Description personnelle

J'adore voyager dans le monde entier, rencontrer de nouvelles personnes et mieux comprendre les liens qui nous unissent tous. Partout où j'ai voyagé, j'ai appris que tout le monde aime rire, manger, aimer et être aimé. J'espère en avoir encore la confirmation tout au long de ma vie.

Ce que je ne supporte pas : la mauvaise humeur.

Informations sur le canapé

Disponibilité : Oui

Sexe des gens que vous préféreriez recevoir : Peu importe

Maximum de personnes par nuit : 2

La surface où dormir est partagée : Non

La pièce où j'héberge est partagée : Non

Je vous informe que j'habite avec mes parents près du LSU's campus. C'est dans le sud-est de la ville près d'un très beau lac. Nous vivons dans une jolie petite maison. Il y a deux chambres, un grand salon, un petit jardin et une piscine. Vous pourrez dormir dans le salon, nous avons un canapé très confortable avec beaucoup de coussins.

Centres d'intérêt : Musique, voyages, politique, films d'aventures.

Type de personnes appréciées : Tout type de gens. Tous ceux qui ont quelque chose à offrir et surtout leur sourire. Je parle anglais, espagnol et français.

Endroits où j'ai voyagé

Pays que j'ai visités : Argentine, Chili, Croatie, Italie, Pérou

Pays où j'ai vécu : France, États-Unis

Pays où je vais prochainement : Mexique

Conseils / stratégies

Pour se présenter

- **Le profil**, c'est ce que les autres membres voient lorsque vous cherchez un endroit où dormir ou lorsque l'un d'entre eux veut dormir chez vous. Il doit vraiment vous représenter, il est inutile de mentir. Il contient plusieurs rubriques permettant à un membre de connaître vos goûts, vos occupations, vos intérêts et la vision que vous avez de l'organisation. Essayez d'être original !

  Ce que j'adore / Ce qui me plaît / Ce qui me rend heureux(euse) / Ce qui m'intéresse / Ce qui me passionne / Ce que j'apprécie par-dessus tout, c'est...

  Ce que je déteste / Ce que je ne supporte pas / Ce qui me déplaît vraiment / Ce que j'ai du mal à accepter / Ce qui me choque, c'est...

Pour présenter votre hébergement

- Un cadre est réservé pour un petit descriptif de votre canapé (certains ont un canapé, d'autres une chambre d'amis, d'autres un bout de sol du salon). Il ne faut pas hésiter à élargir la description à votre maison.

  Je vous informe que / Je vous signale que / Je vous confirme que j'habite à / au / en / aux / à...

  Vous devez savoir que / Je me permets de vous signaler que / je vis / je partage mon logement avec...

  Il y a trois chambres / deux étages / une connexion Internet...

  La maison est petite mais confortable.

  Vous pourrez dormir / Je pourrai vous proposer de dormir dans le salon / dans la chambre d'amis / sur mon canapé.

à dire

S'exprimer au téléphone

1   DVD > *Piste 12*

Écoutez la conversation téléphonique et dites à qui la jeune femme téléphone.

2   DVD > *Piste 12*

Écoutez à nouveau et présentez le logement.

3   DVD > *Piste 13*

Écoutez l'autre discussion et dites quel est le problème.

a. Une erreur de numéro.
b. L'absence d'une personne.
c. Un changement de numéro.

4 

Avec votre voisin, choisissez une des situations suivantes. Jouez le dialogue.

a. Une personne téléphone à sa future famille d'accueil en France. Elle présente ses habitudes quotidiennes. La famille d'accueil présente le logement.
b. Une personne appelle un hôtel pour réserver la chambre la plus adaptée pour elle. Elle présente ses exigences et la personne au standard explique comment est la chambre.

S'exprimer au téléphone

Conseils / stratégies

- **Commencer la conversation quand on appelle.**
  Salut Thomas, c'est Fanny.
  Lucie à l'appareil, bonjour.
  Bonjour, est-ce qu'Amélie est là ? / Je suis bien chez Amélie ?
  Je voudrais parler à Louis Richet, de la part de Sylvain Garcet.
  Allô, bonjour. Ici Adeline Lucet, de l'agence Domideal. Pourrais-je parler à Mlle Richet ?
- **Répondre à un appel.**
  Allô. Oui, c'est bien moi.
- **Faire patienter.**
  Ne quitte pas, je vais chercher un stylo.
  Un instant s'il vous plaît, je me renseigne.
  Son poste est occupé. Je vais vous faire patienter un moment, excusez-moi.
- **Signaler une erreur.**
  Désolé, vous avez fait un faux numéro.
  Je crois que c'est une erreur, madame !
- **S'excuser d'avoir fait erreur.**
  Excusez-moi, j'ai dû me tromper !
  Pardon de vous avoir dérangé.
- **Rassurer.**
  De rien, ce n'est pas grave.
  Je vous en prie, pas de souci.
- **Faire répéter.**
  Excusez-moi, je n'ai pas bien compris.
  Vous pourriez répéter, s'il vous plaît.
  Comment ça s'écrit ?

Phonétique

Rythme, groupes rythmiques et accentuation en français

1.  DVD > *Piste 14*

Écoutez le dialogue, comptez le nombre de mots et le nombre de syllabes puis répétez le dialogue.

Exemple :

– *Vous partez dimanche ?*	*3 mots*	*5 syllabes*
– *Oui, probablement.*	*2 mots*	*5 syllabes*
– Qu'est-ce que vous allez faire ?	... mots	– ... syllabes
– Déménager bientôt.	... mots	– ... syllabes
– Vous allez habiter où ?	... mots	– ... syllabes
– À Lafayette, près de Bâton Rouge.	... mots	– ... syllabes
– C'est en Louisiane ?	... mots	– ... syllabes
– Évidemment.	... mots	– ... syllabes

2. DVD > *Piste 15*

Écoutez ces proverbes et répétez-les avec l'accentuation sur la dernière syllabe du groupe rythmique (GR).

Exemples :
– *Qui vivra* ***verra*** *!* → *1 GR ; accentuation sur* ***[ra]***
– *Quand le chat n'est pas* ***là****, / les souris* ***dansent*** *!*
→ *2 GR ; accentuation sur* ***[la]*** *et* ***[dɑ̃s]***

a. Après la **pluie**, / le beau **temps**.
b. On ne fait pas d'ome**lettes** / sans casser des **œufs**.
c. L'eau va toujours à la ri**vière**. (proverbe acadien) 
d. Petit à **petit**, / l'oiseau fait son **nid**.
e. On ne juge pas un crapaud à le voir sau**ter**. (proverbe acadien)
f. Le bonheur n'est pas une destination à at**teindre** / mais une façon de voya**ger**. (proverbe québécois) 

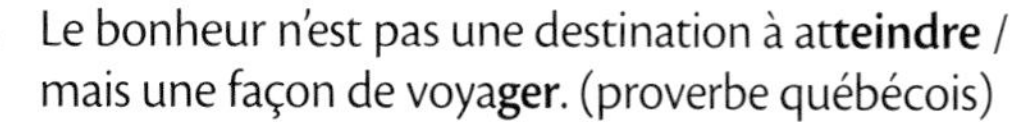

Semaine 3

B1

RENDEZ-VOUS 1

À découvrir
- Raconter au passé

À savoir
- Les relations familiales
- L'utilisation des temps du passé
- Les verbes acceptant *avoir* ou *être* aux temps composés

À partager
La Guyane : portrait d'un département d'outre-mer

RENDEZ-VOUS 2

À découvrir
- Indiquer l'origine et la durée d'une action
- Situer un événement dans le temps

À savoir
- Les relations amicales et associatives
- Les prépositions qui expriment le moment
- Les prépositions qui expriment la durée

À faire
Organiser une soirée d'hommage

À écrire, à dire
Raconter un souvenir personnel
Raconter la vie de quelqu'un

LUND
matin

MA
mati

M
matin

JEUDI
matin

EN GUYANE

semaines

1 2 3 4 5 6 7 8 9 10 11 12

VENDREDI

matin

SAMEDI

matin

DIMANCHE

matin | après-midi | soirée

Notes

Je peux :

- Raconter mon dernier week-end ?
- Présenter un bon souvenir de famille ?
- Parler de la vie de mon meilleur ami ?

RACONTER AU PASSÉ

VACANCES

JE SUIS NUL EN HISTOIRE. À L'ÉCOLE C'ÉTAIT LA MATIÈRE QUI M'INTÉRESSAIT LE MOINS.

FRANÇOIS 1ER AFFRONTE ALORS LES MERCENAIRES SUISSES AU SERVICE DU DUCHÉ DE MILAN...

JE N'ARRIVAIS PAS À AVOIR LA MOINDRE IMAGE MENTALE. J'ENTENDAIS JUSTE UNE SUITE DE NOMS DE ROIS ABSTRAITS. LES ÉVÉNEMENTS SONNAIENT COMME LE RÉSUMÉ DE SANTA BARBARA DANS TÉLÉZ

MONICA, ÉPOUSE-MOI ET TU AURAS L'ANJOU

NON JOSH, JE... J'AIME PETER, ET IL M'OFFRE L'AQUITAINE !

LES TRUCS LES PLUS INTÉRESSANTS ME SEMBLAIENT ENGLOUTIS DANS UN FLOT DE DATES ET DE LIEUX.

AU XIXe SIÈCLE, L'APPARITION DES VOIES FERRÉES VA PROGRESSIVEMENT AIDER AU TRANSPORT DES MARCHANDISES ET...

HU ? DES TRAINS ?

COMMENT ILS ÉTAIENT ?

COMMENT ÇA A COMMENCÉ ?

QUI A INVENTÉ ÇA ?

BREF JE ME FOUS DE SAVOIR QUI TENAIT L'ANJOU EN 1400. JE ME FOUS MÊME DE QUI ÉTAIT ROI À L'ÉPOQUE. JE ME DEMANDE JUSTE COMMENT C'ÉTAIT DE VIVRE À PARIS ?

OÙ ALLAIT-ON FAIRE SES COURSES ? À QUOI RESSEMBLAIENT LES RUES ?

SANS CE RAPPORT ÉMOTIONNEL, C'EST COMME SI ON ÉVOQUAIT LE XXIe SIÈCLE AUX ENFANTS DU FUTUR EN DISANT :

CHIRAC SUCCÈDE ALORS À MITTERRAND. EN MÊME TEMPS L'APPARITION D'INTERNET VA PROGRESSIVEMENT AIDER L'INFORMATION ET...

HU ? INTERNET ?

COMMENT C'ÉTAIT À L'ÉPOQUE ?

À QUOI RÊVAIENT-ILS ? À QUOI RESSEMBLAIT LEUR INTÉRIEUR ? DE QUOI DISCUTAIENT-ILS, QU'EST-CE QUI LES FAISAIT RIRE, RÉFLÉCHIR ?

CHEZ MES PARENTS, C'EST UNE ANCIENNE FERME, DATANT DU XVIe SIÈCLE. ELLE A DÛ ÉVIDEMMENT BEAUCOUP CHANGER.

DÉJÀ, RIEN QUE LE TEMPS QUE J'Y GRANDISSE, ELLE A BEAUCOUP CHANGÉ...

IL Y A DÛ Y AVOIR DES GENS, DES COUPLES, DES ENFANTS, DES VIEILLARDS... J'AIMERAIS POUVOIR CONNAÎTRE LEUR VIE CHEZ MOI, SAVOIR CE QUI S'EST PASSÉ LÀ. QUI Y EST NÉ. QUI Y EST MORT

Lisez l'histoire imaginée par le dessinateur Boulet et répondez aux questions.

a. Quel moment représente chaque dessin : un passé ancien, le passé récent ou le futur ?
b. Comment Boulet symbolise-t-il les différentes époques ?

Complétez les phrases pour résumer les différents moments de l'histoire.

a. Quand il était enfant, le dessinateur...
b. Parfois, il pense aux gens du futur et se dit...
c. Quand il pense au Moyen Âge, il aimerait savoir...
d. Lorsqu'il pense à l'histoire de la maison de ses parents, il se demande...

Je me souviens

Exprimez votre point de vue.

a. Que pensez-vous de l'opinion de Boulet sur les événements historiques ?

b. Quels sont les événements historiques les plus importants pour vous ?

c. Comment imaginez-vous la vie quotidienne dans votre ville il y a 200 ans ?

Parler d'habitudes ou de situations passées
Autrefois, les gens vivaient...
Dans le passé, c'était...
À cette époque-là...
Habituellement...

Parler d'événements précis
Un jour, j'ai découvert...
À (un) moment donné, nous avons vu...
Cette année-là, ...
Une fois, ...

Identifiez la valeur des temps du passé dans ces phrases (habitude / changement / situation / état d'esprit / évènement).

a. La maison **a** beaucoup **changé**.

b. J'aimerais savoir qui y **est né**.

c. Où **allait**-on faire ses courses en 1400 ?

d. Je me demande juste comment c'**était** de vivre à Paris.

e. À l'école, l'histoire est la matière qui m'**intéressait** le moins.

Pour que les gens du futur imaginent mieux la vie au XXIe siècle, racontez-leur votre enfance.

 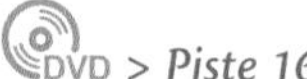 > *Piste 16*

Écoutez le document et identifiez :

a. le type de document dont il s'agit.

b. le nom et l'activité de la jeune femme.

c. le métier des parents de cette personne.

  > *Piste 16*

Écoutez à nouveau le document et répondez.

a. D'abord, le journaliste interroge la jeune femme. Que veut-il savoir ?

b. Que demande-t-il à la jeune femme de raconter ?

  > *Piste 16*

Vrai ou faux ? Écoutez à nouveau. Avec votre voisin, répondez et justifiez votre réponse.

a. Toute petite, elle pouvait dessiner sur les murs de sa chambre.

b. Elle avait le droit de dessiner dans le reste de la maison.

c. Pour elle, la première fois, c'est toujours la meilleure.

d. Elle a participé à un spectacle de sa mère.

e. Elle devait danser dans ce spectacle.

f. Elle avait très peur sur scène.

   > *Piste 16*

Écoutez à nouveau la dernière partie du document et retrouvez ce que la jeune femme a dit.

Je me souviens [...] d'une fois, la première fois que (je suis montée / je montais) sur scène [...], (j'avais / j'avais eu) 5 ans et demi et (on m'a demandé / on m'avait demandé) de monter sur scène, de finir le spectacle, en dessinant face au public.

Vrai ou faux ? Justifiez votre réponse.

a. Elle avait l'habitude de monter sur scène quand elle était enfant.

b. On lui a demandé de dessiner avant de monter sur scène.

c. On lui a demandé de dessiner quand elle était sur scène.

Exprimer le fait de se souvenir
Je me souviens de... = Je me rappelle (de)...
Je me souviens que...
J'ai beaucoup de souvenirs de cette époque.
Je n'ai pas oublié que...

Présentez à votre voisin une « toute première fois » qui a été marquante pour vous. Puis, votre voisin vous raconte son souvenir.

☒ à savoir

Vocabulaire

Les relations familiales

1. 

Répondez à ce sondage.

A Quel est pour vous le modèle de famille idéal ?

- ☐ 1. Une famille nombreuse.
- ☐ 2. Une famille recomposée.
- ☐ 3. Un foyer avec les deux parents.
- ☐ 4. Un autre type de famille. Précisez : ....

B Quel genre de relation entretenez-vous avec votre famille ?

- ☐ 1. Je m'entends très bien avec tout le monde.
- ☐ 2. J'ai de bonnes relations avec quelques membres de ma famille.
- ☐ 3. Je m'entends très mal avec toutes les personnes de ma famille.
- ☐ 4. J'ai de mauvaises relations avec quelques membres de ma famille.

C Quel est le membre de votre famille avec qui vous vous entendez le mieux ?

- ☐ 1. Un de mes parents.
- ☐ 2. Mon frère ou ma sœur.
- ☐ 3. Un cousin ou une cousine.
- ☐ 4. Aucun membre de ma famille !
- ☐ 5. Autre. Précisez : ....

D Quel est le membre de votre famille avec qui vous vous entendez le moins bien ?

- ☐ 1. Mon père ou ma mère.
- ☐ 2. Un cousin ou une cousine.
- ☐ 3. Un de mes frères ou sœurs.
- ☐ 4. Personne : je les aime tous !
- ☐ 5. Autre. Précisez : ....

2.

Associez les personnes qui ont des situations similaires.

Leur famille n'est pas comme les autres : ils témoignent dans *Famille magazine*.

a. J'ai grandi dans une famille monoparentale. Je m'entends très bien avec ma mère.
Aurélie, 30 ans.

b. Ma famille, c'est une famille recomposée. Je m'entends à merveille avec mes demi-frères et sœurs et avec ma belle-mère.
Karim, 18 ans.

c. Je suis l'aîné de 4 enfants. Je m'entends comme chien et chat avec mes petites sœurs.
Nicolas, 14 ans.

d. Ma sœur et moi, nous sommes jumelles. Nous sommes très complices. Elle vient d'avoir une petite fille : ma nièce est très mignonne.
Aya, 42 ans.

e. Je ne vis pas avec mes parents biologiques. Mais mes parents d'accueil sont très gentils.
Daria, 12 ans.

Ils sont dans la même situation, ils leur répondent.

1. Moi aussi, je vis dans une famille d'accueil que j'aime beaucoup.
Tranh, 14 ans.

2. Je suis né 10 minutes avant mon frère jumeau. Nous avons une relation très forte ! Il a deux garçons, j'adore mes neveux.
Hugues, 36 ans.

3. Moi, c'est pareil ! Mes parents sont divorcés et remariés. Ils ont eu d'autres enfants que j'aime beaucoup.
Christophe, 24 ans.

4. J'ai été élevée par mon père seulement. Il s'est toujours très bien occupé de moi.
Delphine, 31 ans.

5. C'est la même chose pour moi. Je suis la plus vieille ; j'ai 3 petits frères. La vie n'est pas facile dans une famille nombreuse. On se dispute souvent.
Sabrina, 15 ans.

3. 

Choisissez une personne de votre famille et décrivez l'évolution de vos relations (avant / maintenant).

4. 

Lisez le texte de votre voisin (activité 3) et comparez avec votre famille.

Grammaire

L'utilisation des temps du passé

Enfant, j'adorais dessiner. Un jour, mon père m'a emmené dans un musée : j'ai adoré ça parce que je n'avais jamais vu autant de tableaux !

- Pour décrire une situation passée ou une **habitude** passée, on utilise l'imparfait.
Quand Fanny était enfant, elle dessinait tout le temps.
- Pour parler d'une **action faite à un moment** précis, d'un **événement** ou bien pour faire le **bilan** d'une expérience (parfois longue), on utilise le passé composé.
Un jour, il a vu un film sur la Guyane et il a commencé à aimer l'histoire.
En 2010, il a vécu à Cayenne pendant une année.
- Pour préciser un souvenir **(action, événement) qui s'est passé avant ce dont on a déjà parlé**, on utilise le plus-que-parfait.
Je n'ai pas visité ce musée avec mes amis parce que j'y étais déjà allé deux fois.

Attention !
Au passé composé et au plus-que-parfait, les adverbes sont placés entre l'auxiliaire (*avoir* ou *être*) et le participe passé.
J'ai bien compris la leçon !

1.  > *Piste 17*

Révisez les participes passés. Écoutez les phrases et écrivez les participes passés entendus.
1. *eu*

2. 

Comparez vos réponses de l'activité 1 avec votre voisin et trouvez l'infinitif de ces verbes.
1. *eu = le verbe* avoir

3.

Mettez les verbes au passé composé ou à l'imparfait.

Racontez vos petits problèmes !

Hier, il (être) minuit et demi et je (dormir) quand ma télé (s'allumer) toute seule. Quand je (se lever) et que je (s'approcher), elle (s'éteindre). Le mystère ? Ma sœur (découvrir) que la télécommande (marcher) à travers la porte fermée. Allumée, éteinte, allumée, éteinte... Ma vie est dure !

4. 

Avec votre voisin, inventez une petite histoire sur le modèle de l'activité 3.

Les verbes acceptant *avoir* ou *être* aux temps composés

- Certains verbes (*sortir, monter, descendre, (r)entrer, retourner, passer*) peuvent se construire avec *avoir* ou avec *être*. La signification des phrases change selon l'auxiliaire.
Thomas a sorti sa poubelle dans la rue. → Après le verbe, il y a un complément direct : je choisis *avoir* (= Thomas a mis sa poubelle dans la rue).
Pascal est sorti dans la rue. → Après le verbe, ce n'est pas un complément direct : je choisis *être* (= Pascal est sorti lui-même dans la rue).

Attention !
- Avec *être*, **passer** exprime une idée de mouvement et avec *avoir*, une idée de temps.
Léo est passé devant la librairie.
Léo a passé une demi-heure dans la librairie.
- Avec *être*, **retourner** exprime une idée de retour au lieu d'origine et avec *avoir*, l'idée de mettre dans l'autre sens.
Léa est retournée chez elle : elle avait oublié ses clés.
Léa a retourné le papier et a lu le message au verso.

5. 

Complétez les phrases avec *être* ou *avoir* conjugué.
a. Il ... passé devant la maison de son enfance.
b. Il ... entré par la porte du jardin.
c. Il ... passé une semaine chez ses parents.
d. Il ... entré son mot de passe pour ouvrir sa boîte mail.
e. Il ... monté ses valises dans sa chambre.
f. Il ... monté au dernier étage.

6.

Mettez les verbes au passé composé, à l'imparfait ou au plus-que-parfait.

Hier, j' (avoir) rendez-vous avec mon mari sur le parking de mon travail. Il m' (téléphoner) très énervé : « Tu es où ? Ça fait dix minutes que je t'attends ! »
En fait, il m'(attendre) sur le parking de mon ancien travail. Il (oublier) que ça fait six mois que j'ai un nouveau travail. Ma vie est dure !

À partager

La Guyane : portrait d'un département d'outre-mer

Regardez. 

1 Connaissez-vous la Guyane ?

Regardez la vidéo et répondez aux questions.

a. Où se trouve la Guyane ?
b. Quels sont ses pays frontaliers ? Quel océan la borde ?
c. Quels types de paysages voyez-vous ?

Écoutez.

2 Qu'avez-vous appris sur la Guyane ?

Écoutez et complétez la carte d'identité de la Guyane.

Écoutez.

3 Que savez-vous sur l'exploitation de l'or ?

Vrai ou faux ? Écoutez encore le document et répondez.

a. Il y a beaucoup d'or en Guyane.
b. L'exploitation de cette ressource est très facile.
c. Une partie de la forêt amazonienne est en Guyane.
d. La Guyane exporte 7 tonnes d'or par an.

GUYANE

Administration

Pays :

Démographie

Population :

Géographie

Taille :

Forêts (%) :

Frontière avec le Brésil (km) :

PRÉSENTATION DE LA GUYANE

La Guyane Française constitue un cas à part parmi les départements et territoires d'outre-mer français : alors que tous les autres sont insulaires, la Guyane se situe sur le continent sud-américain. La Guyane est située à 7 000 km de Paris. Avec ses 83 534 km² (1/6 de la France métropolitaine), la Guyane est le plus grand département français. Un climat équatorial humide règne en Guyane. Il n'y a que deux saisons : une saison sèche de juillet à décembre et une saison humide, de janvier à juin. La Guyane a une population de 250 000 habitants, composée d'une mosaïque d'ethnies : Créoles (38 %), Métropolitains (10 %), Noirs Marrons (6 %), Amérindiens (5 %), H'mongs (1 %), Antillais (4 %), Étrangers (32 %) : Chinois, Haïtiens, Surinamiens, Brésiliens... La langue officielle est le français. Mais on rencontre de nombreuses autres langues très pratiquées dans le département : créole guyanais, dialectes amérindiens... Les habitants de la Guyane se trouvent essentiellement sur le littoral, formant ainsi les villes les plus importantes : Cayenne, Rémire-Montjoly, Kourou, Sinnamary et Saint-Laurent-du-Maroni.

Regardez.

4 Que peut-on faire en Guyane ?

Regardez ces photos et décrivez ce que vous voyez.

Regardez.

5 À quoi ces images correspondent-elles ?

Associez ces photos aux textes qui leur correspondent.

LA GUYANE EST CONNUE POUR :

a *Son carnaval, l'un des événements majeurs de la vie guyanaise. Cette fête appartient essentiellement à la culture créole guyanaise bien que les communautés métropolitaines, brésiliennes et asiatiques y prennent part. Il a une durée variable fixée par les fêtes religieuses de janvier ; il est sans doute le plus long du monde, avec 5 à 8 semaines de festivités.*

b *Son bagne où 90 000 prisonniers ont été déportés entre 1792 et 1938. On a coutume de ne parler que d'un seul bagne de la Guyane française (où « bagne guyanais ») mais il se composait de plusieurs camps et pénitenciers dont ceux de Cayenne et des Îles du Salut. Les bagnards étaient employés soit dans les travaux publics, soit au service des particuliers. Les conditions sanitaires y étaient déplorables ; un taux de mortalité important y était enregistré et l'espérance de vie moyenne n'y dépassait pas 3 à 5 ans.*

c *Son centre spatial et la fusée Ariane. Le Centre spatial de Guyane (CSG) est une base de lancement française et européenne, située près de Kourou en Guyane française, qui a été mise en service en 1973. Les fusées européennes Ariane, utilisées principalement pour le lancement des satellites de télécommunications, sont tirées depuis cette base.*

Exprimez-vous.

6 Que feriez-vous ?

a. **Qu'est-ce qui vous intéresserait de visiter en Guyane et pourquoi ?**

b. **Avez-vous participé à un carnaval ? Lequel ?**

INDIQUER L'ORIGINE ET LA DURÉE D'UNE ACTION

Ellen Mac Arthur

Navigatrice, présidente de la fondation « Re-penser »

Je ne serais pas arrivée là si...

... si deux moments-clés n'avaient [...] pas changé ma vie [...]. La première fois, il y a dix-huit ans, j'étais malade et je devais rester couchée. Chez ma grand-mère, j'ai regardé une émission sur la Whitebread, la course autour du monde en équipage. En une seconde, j'ai pris la décision, moi qui vivais dans une ferme, dans un coin de l'Angleterre très éloigné de la côte, de faire ma vie en mer et de me préparer pour le tour du monde à la voile. Jusqu'alors, ce n'était qu'un rêve que j'avais depuis l'âge de quatre ans. Soudain, ce rêve devenait un objectif [...]. En dix jours, j'étais guérie.

Et le second moment ?

Treize ans plus tard, je suis partie en Géorgie du Sud pour quelques jours. Dans cette île britannique à l'est du Cap Horn, j'ai remarqué d'anciennes stations baleinières qui semblaient avoir été désertées la veille. Des églises, cinémas, dortoirs qui avaient accueilli, jusque dans les années 1950, des milliers d'employés venus exploiter l'huile de baleine avant qu'on ne se concentre sur le pétrole [...]. Et cette idée de disparition des ressources – pétrole, gaz, cuivre, titane – est devenue une obsession.

Que vouliez-vous faire ?

Je l'ignorais. Je savais seulement qu'il y avait un défi. Je savais aussi que j'avais une voix. Et que travailler avec des entreprises ne m'était pas étranger puisque je le faisais depuis des années avec mes sponsors et partenaires de voile. Mais, avant d'agir, il me fallait apprendre. Alors, pendant trois ans, j'ai mené des recherches, étudié, rencontré des ingénieurs, des agriculteurs, des hommes politiques... J'ai pris conscience qu'il fallait totalement changer de système et inciter les jeunes à construire un avenir positif. C'est le but de la fondation que j'ai créée.

D'après *Le Monde magazine* du 9 avril 2011

1 

Lisez l'article et répondez aux questions.

a. Qui est Ellen Mac Arthur ?

b. Que raconte-t-elle ?

c. Qu'est-ce qui lui a donné l'envie d'exercer ce métier ?

d. Qu'est-ce qui l'a poussée à créer sa fondation ?

e. Qu'a-t-elle fait pour s'y préparer ?

2 

Relevez les indicateurs de temps ou de durée et aussi les informations sur la vie d'Ellen Mac Arthur.

a. Indicateurs de temps : *il y a dix-huit ans, ...*

b. Informations : *elle était malade, ...*

3  

Vous revoyez votre voisin dans 10 ans. Il a créé une association pour aider les étudiants. Interrogez-le sur l'origine de cette idée et sa mise en place.

En quelle année as-tu créé ton association ?

Pour indiquer l'origine et la durée d'une action

J'ai pris cette décision ***en 2007 / le 12 mai 2007 / un lundi.***

À quel moment *avez-vous décidé d'agir ?*

J'ai recruté dix membres ***en un trimestre.***

4 

Avec votre voisin, posez-vous des questions pour mieux vous connaître (enfance, études, etc.).

SITUER UN ÉVÉNEMENT DANS LE TEMPS

Une heure pour la terre

Démontrez votre engagement dans la lutte contre les changements climatiques

5 **Avec votre voisin, regardez le document, lisez le slogan et imaginez le type d'événement dont il s'agit.**

 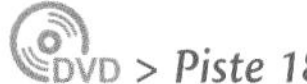

6 DVD > *Piste 18*

Écoutez l'annonce et répondez aux questions.

a. Comment s'appelle cet événement et qui l'organise ?
b. Que faut-il faire pour y participer ?
c. Quel est l'objectif de cet événement ?

 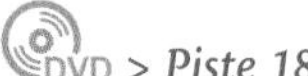

7 DVD > *Piste 18*

Écoutez à nouveau et complétez les phrases.

a. Seule, une personne peut changer ... , mais tous ensemble , nous pouvons changer ... .
b. Éteignez vos lumières ... .
c. Nous pouvons le faire ... , alors qu'attendons-nous pour agir ... ?

8 **Choisissez un événement que vous connaissez bien (festival, fête, exposition, conférence, salon...) et parlez-en à votre voisin. Précisez l'origine et la date de cette manifestation.**

> ***Pour situer un événement dans le temps***
> *Ce festival a lieu* ***chaque année / tous les ans****.*
> *C'est* ***du 20 au 25 août****.*
> *J'y ai participé* ***l'année dernière*** *et je compte bien y retourner* ***l'an prochain*** *!*

9 **Faisons tourner les petits papiers !**

Sur des petits papiers, écrivez deux questions pour que les autres racontent des souvenirs.
Qu'est-ce que tu as fait pour ton dernier anniversaire ?
Ensuite, échangez par deux et changez régulièrement d'interlocuteur.

Vocabulaire

Les relations amicales et associatives

1. 

Observez le dessin et répondez aux questions.

a. À qui téléphone Pépé ?
b. Pourquoi ?
c. Quel est le problème dénoncé par ce dessin ?
d. À votre avis qu'est-ce que « SOS amitié » ?

2. 

Écrivez à Pépé sur « Facebouque » pour lui proposer d'être son ami(e). Complétez le texte avec les verbes proposés à la forme correcte.

estimer – aimer bien – faire connaissance – se fâcher – bien s'entendre – tenir compagnie – rendre visite

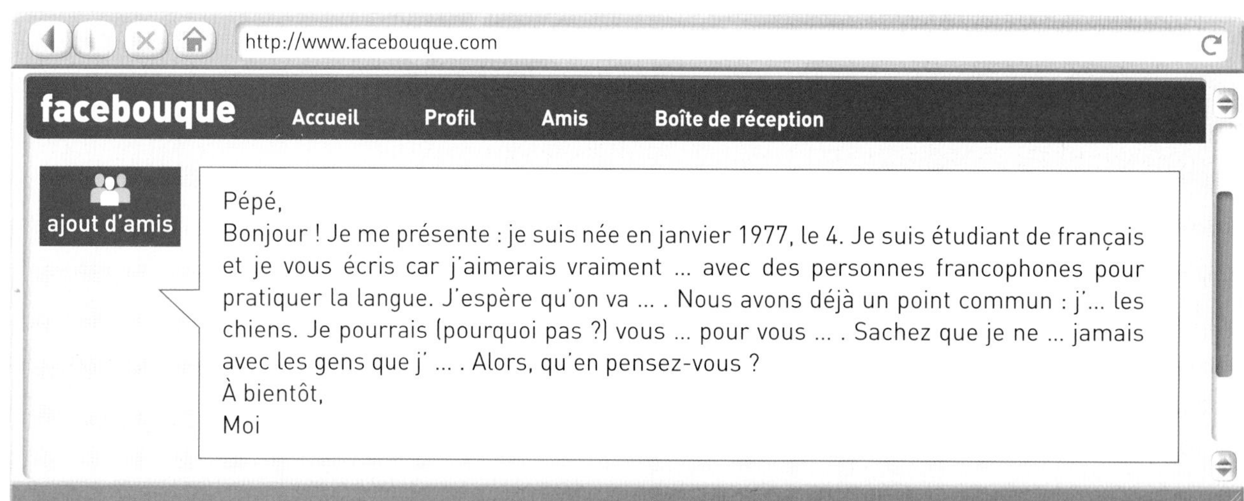

http://www.facebouque.com

facebouque | Accueil | Profil | Amis | Boîte de réception

ajout d'amis

Pépé,
Bonjour ! Je me présente : je suis née en janvier 1977, le 4. Je suis étudiant de français et je vous écris car j'aimerais vraiment ... avec des personnes francophones pour pratiquer la langue. J'espère qu'on va ... . Nous avons déjà un point commun : j'... les chiens. Je pourrais (pourquoi pas ?) vous ... pour vous ... . Sachez que je ne ... jamais avec les gens que j' ... . Alors, qu'en pensez-vous ?
À bientôt,
Moi

3. 

Observez le document et répondez aux questions.

a. Comment va le personnage de l'image au début et à la fin ?
b. Qu'a-t-il fait ?
c. Quel est le but de cette publicité ?

Les prépositions qui expriment le moment

• Pour exprimer la notion d'heure, on utilise les prépositions **à** (formule précise) ou **vers** (formule imprécise).
Avec mes amis, nous nous retrouvons à 18 h et en général, nous nous quittons vers 20 h.

• Avec le mois ou l'année, on utilise la préposition **en**. Avec les mois, on peut aussi employer **au mois de**.
Avec Marius, nous avons fait connaissance en octobre. Je crois me souvenir que c'était en 2008.

• Avec les saisons, on utilise les prépositions **au** et **en**.
En été, SOS amitié ne prend pas de vacances mais il y a moins d'écoutants qu'en automne, en hiver ou au printemps.

Attention ! **An et année**

• Si l'on évoque un repère chronologique (l'an 2040) ou si l'on compte, on utilise *an* (un an, cinq ans).
C'est le jour de l'an.
Il a 15 ans.

• Pour exprimer la durée, on utilise *année*. On l'emploie souvent avec des adjectifs ou des nombres ordinaux (première année, cinquième année...).
Bonne année !
Il a passé 15 longues années en prison.

1.  DVD > *Piste 19*

Écoutez l'émission. Relevez les indicateurs de temps et les activités d'Antoine Hernandez.

Indicateurs de temps	Activités d'Antoine Hernandez et de sa famille
...	...

2.

Avec votre voisin, parlez de ce que vous faites généralement en fin de week-end.

3.

Complétez les phrases avec *an(s)* ou *année(s)*.
a. Il y a trois ... que je n'ai pas vu cet ami, j'espère qu'il va bien !
b. J'espère que 2012 sera une bonne ... !
c. Je donne à la SPA deux fois par ... .
d. C'est la septième ... que je suis adhérente de cette association.
e. Notre revue a vingt ..., cette ... .

Les prépositions qui expriment la durée

Il a habité à Paris pendant six mois.

• On utilise **pendant** pour exprimer une durée ferme, effective. **Pour** exprime plutôt une durée prévue, programmée.
Ma meilleure amie est restée chez moi pendant trois jours. La prochaine fois, elle viendra pour une semaine.

• On utilise **il y a** pour dater un événement passé en indiquant la durée qui le sépare d'aujourd'hui. **Depuis** indique une durée non-terminée, qui se poursuit jusqu'au présent.
Cette association a été créée il y a 3 ans et j'y travaille depuis plus d'un an.

• **En** permet d'exprimer le temps nécessaire pour réaliser une action. On utilise **dans** pour dater un événement futur en indiquant la durée qui le sépare d'aujourd'hui.
En deux mois, mon amie Sandrine a perdu 10 kilos !
Le conseil d'administration se réunit dans 4 jours.

4. 

Choisissez la bonne réponse.
a. Pendant / il y a / depuis
Je suis au téléphone avec ma meilleure amie ... une heure par jour.
b. Depuis / il y a / en
J'ai rencontré Marek ... quatre ans.
c. Pendant / depuis / il y a
Nous sommes amis ... un an.
d. Pendant / depuis / pour
Avec ma copine, nous partons en Italie ... six jours.
e. Pour / depuis / pendant
J'ai essayé de retrouver Marie sur le site « copains d'avant » ... deux jours sans succès.

5. 

Transformez les phrases en utilisant *dans* ou *en*.
Il faut seulement 3 heures pour faire Paris-Marseille en TGV.
→ *On peut faire Paris-Marseille* ***en*** *3 heures seulement.*
a. Le matin, j'ai besoin d'une heure pour me préparer.
b. Cette fondation a réussi à recruter 5 000 membres entre juin et décembre.
c. Nous sommes lundi. C'est vendredi que nous partons en vacances avec Sofia.
d. En 2015, il y aura 200 membres de plus dans cette organisation.
e. Ne bouge pas de chez toi, j'arrive après-demain !
f. Ils ont mis deux ans pour fonder ce mouvement !

à faire

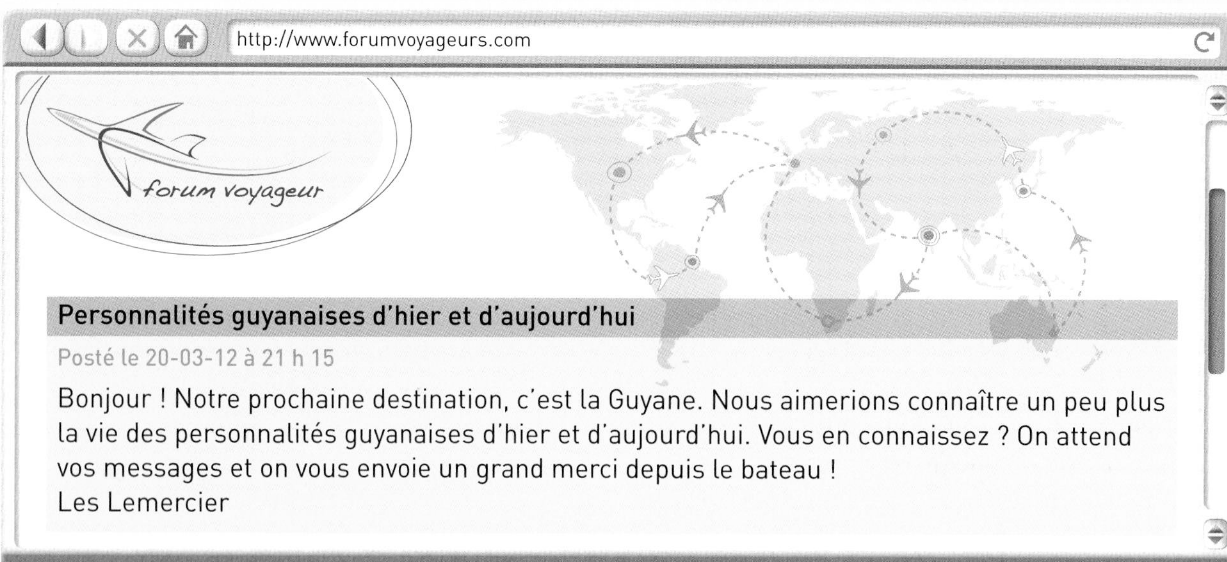

Personnalités guyanaises d'hier et d'aujourd'hui

Posté le 20-03-12 à 21 h 15

Bonjour ! Notre prochaine destination, c'est la Guyane. Nous aimerions connaître un peu plus la vie des personnalités guyanaises d'hier et d'aujourd'hui. Vous en connaissez ? On attend vos messages et on vous envoie un grand merci depuis le bateau !
Les Lemercier

Faire le portrait d'une personne

1 DVD > *Piste 20*

J'écoute l'émission de radio sur le chanteur Henri Salvador et je prends des notes.

a. Ce qui marque chez lui
b. Date de sa mort
c. Âge à sa mort
d. Date du début de sa célébrité
e. Conséquence de ses passages à la télé
f. Caractéristique de son rire
g. Activité une semaine avant sa mort

2

J'écris à la famille Lemercier et je leur résume la vie d'Henri Salvador. (150 mots)

Exprimer son admiration

3

Timothée aime le football. Je lis les commentaires des fans du footballeur Florent Malouda sur Facebook (p. 55) et je retrouve qui dit quoi.

a. Il / Elle veut un autre autographe de lui.
b. Il / Elle se souvient de lui à ses débuts.
c. Il / Elle trouve qu'il est beau et qu'il joue très bien.
d. Il / Elle l'encourage car il/elle vient de la même région que lui.
e. Il / Elle voudrait être en relation avec lui sur le réseau social.
f. Il / Elle dit qu'il joue très bien même s'il y a des gens qui parlent mal de lui.

EN GUYANE

Fans de Florent Malouda

Alexandre Jeannot
Je te vois encore jouer dans ton premier club : tu es tout simplement le joueur que j'admire le plus !

Carole Beausoleil
Coucou, je suis en admiration devant ta façon de jouer : tu es simplement un des meilleurs. J'aimerais que tu m'acceptes comme amie !

Pauline Maloudinette
F. Malouda, celui que j'admire plus que n'importe qui ! Sans parler de son physique magnifique, le joueur est fabuleux !

Tom Lesix
C'est le meilleur, c'est mon idole ! J'ai déjà une photo dédicacée de toi, j'en veux une autre !

Louis-Marie Delmas
Florent, tous les Guyanais sont avec toi. Continue à nous faire plaisir sur le terrain !

Mathilde Le Harpeur
Mais franchement, il mérite plus de fans parce que, malgré toutes les critiques, ça reste un super joueur !!!

Timothée veut écrire un commentaire admiratif sur la page de Florent Malouda. Je l'aide à le rédiger avec les informations suivantes.

- Il trouve que c'est le meilleur joueur de Chelsea.
- Il admire sa technique au football.
- Il voudrait le rencontrer en Guyane.

Au téléphone, je présente à Timothée un sportif que j'admire et je lui explique pourquoi. Je joue la scène avec mon voisin.

Organiser une soirée d'hommage.

Étape 1 : On fait des groupes de deux personnes. On décide quel groupe va animer la soirée.

Étape 2 : Par deux, on choisit une personne célèbre qui a marqué sa génération. On fait des recherches sur sa vie et on prépare notre texte d'hommage. Si c'est possible, on prépare aussi des photos, des documents audio ou vidéo.

Étape 3 : Les deux animateurs préparent l'animation de la soirée et les transitions entre les hommages. Ils préparent aussi une affiche pour inviter des spectateurs.

Étape 4 : Le jour où la soirée a lieu, les animateurs présentent la soirée : tous les duos se succèdent sur la scène, le public pose des questions et... applaudit !

à écrire

Raconter un souvenir personnel

JOUR DE FÊTE EN BANLIEUE

Publié par Tom le 27/10/2012 – 1 commentaire(s)

Tout le monde se souvient de la date du 12 juillet 1998, jour de la victoire de l'équipe de France de football en finale de la Coupe du monde.

Dans mon quartier de banlieue, le maire de la ville avait décidé d'installer un écran géant. Je crois que jamais de ma vie je n'oublierai ce soir-là. Entre parenthèses, j'ai grandi avec la grande équipe des verts de Saint-Étienne ; enfant, je rejouais leurs matchs dans la cour de l'école. Mais revenons à ce jour de fête.

Il y avait l'épicier tunisien, ami de tous, Giovanni l'Italien qui quelques jours plus tôt pleurait l'élimination de son équipe favorite ; pour l'occasion, même les policiers se promenaient avec une écharpe tricolore autour du cou et pariaient sur le résultat de la finale quand soudain, on a entendu la Marseillaise : on a commencé à chanter.

Lorsque Zidane a marqué le premier but, ça a été une explosion de joie pour tous les spectateurs, grands comme petits, noirs comme blancs. Je crois que ce soir-là a été une fête pour tous car toute la France attendait ça depuis longtemps.

Voilà comment j'ai vécu cette finale. Je ne vais pas vous donner le résultat du match car vous le connaissez tous. Mais je retiens ce moment de fraternité qu'a entraîné ce jour magique.

Tom

COMMENTAIRES

Le 04/11/12 Paul a écrit :

Une chose est sûre : tout cela fait partie de notre mémoire collective ! Nous avons tous des souvenirs de cette Coupe du monde et, cette année-là, tout le monde a aimé le foot, grâce à cette fraternité.

Comment Tom raconte-t-il son souvenir ? Retrouvez les différentes parties de son histoire.

a. Il présente le contexte de l'histoire.
b. Il explique à quoi correspond la date.
c. Il résume l'importance de l'événement pour lui.
d. Il raconte les événements importants de ce jour-là.
e. Il fait une digression (il parle d'un souvenir différent).

Conseils / stratégies

Structurer un récit au passé pour situer dans le temps

- Dans un récit, précisez les moments que vous évoquez. Utilisez des indicateurs de temps.
  - Tout à coup... = Soudain... = À un moment...

  Attention : les indicateurs de temps du présent changent au passé !
  - Hier → La veille – Demain → Le lendemain
  - Aujourd'hui → Ce jour-là – Ce soir → Ce soir-là
  - En ce moment → À ce moment-là
  - Il y a quelques jours → Quelques jours plus tôt

Préciser l'aspect inoubliable

- Rendez votre texte expressif !

C'était inoubliable.
Je m'en souviendrai jusqu'à la fin de ma vie.

Faire des digressions

Une digression, c'est quand on sort du sujet pour parler d'autre chose. Il ne faut pas en faire trop !

- **Ouvrir une digression.**

À propos... = Au fait... = Entre parenthèses
Cet après-midi, j'ai pris un café avec Laura. Oh, à propos, vous savez qu'elle a un nouveau petit ami ?

- **Fermer une digression.**
  - Je continue. = Je reprends.
  Elle l'a rencontré pendant son voyage en Tunisie. Mais bon, pardon, je reprends. Après le café, je suis allée faire des courses.
  - Je ferme la parenthèse.
  Mais excusez-moi, je ferme la parenthèse. Après l'avoir vu, je suis sorti.
  - Pour revenir à... / Revenons à...
  Revenons à notre sujet, je finis de vous expliquer.

Racontez comment vous avez vécu un événement historique important. (160 mots)

à dire

Raconter la vie de quelqu'un

 DVD > *Piste 21*

Écoutez l'émission de radio et dites de qui l'on parle.

a. prénom et nom b. profession

 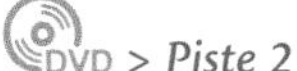 DVD > *Piste 21*

Écoutez à nouveau et prenez des notes sur la vie de la personne et sur sa personnalité.

Classez vos notes de l'activité 2 selon les critères suivants.

a. caractère, personnalité
b. événements de la vie privée
c. événements de la carrière

  DVD > *Piste 21*

Écoutez à nouveau et complétez les phrases suivantes.

Juste après la sortie des *Demoiselles de Rochefort*, sa sœur aînée Françoise Dorléac ... sur la route. Catherine Deneuve ... 23 ans, sa beauté ... déjà le cinéma mais désormais, elle ... toute seule à écrire son fabuleux destin [...]
Les années qui ... ... florissantes, Catherine Deneuve ... épouser son temps et même parfois le devancer.

Que remarquez-vous dans le choix des temps verbaux ? Quel effet cela produit-il ?

Choisissez une personne que vous admirez et racontez sa vie à votre voisin.

Conseils / stratégies

Raconter la vie de quelqu'un

- **J'explique pourquoi j'ai choisi cette personne en la caractérisant.**
  C'est une femme merveilleuse / admirable / fabuleuse.
  C'est un homme extraordinaire / sensationnel.
  C'est une personne qui ne ressemble à aucune autre / dont il est difficile d'énumérer toutes les qualités...
- **Je choisis les informations les plus importantes pour parler de sa vie et je les classe.**
  Lieu et date de naissance, famille, enfance, études, rencontres, succès, œuvres, enfants, prix et récompenses...
- **Je raconte sa vie en utilisant le présent et le futur pour rendre le portrait vivant.**
  Il / Elle naît... Il / Elle rencontre... Il / Elle a...
  Il / Elle va être... Il / Elle fera ...

Phonétique

Opposition entre voyelles fermées et voyelles ouvertes

Voyelles fermées :	Voyelles ouvertes :
[ø]	[œ]
[o]	[ɔ]
[e]	[ɛ]

1. DVD > *Piste 22*

Écoutez, notez le symbole phonétique ([...]) et répétez les mots.

a. il peut [...] / ils peuvent [...]
un chœur [...] / un vœu [...]
b. vos clés [...] / votre clé [...]
une photo [...] [...] importante [...]
c. j'étais [...] [...] / l'été [...] [...]
passé [...] / je passais [...]

2.  DVD > *Piste 23*

Écoutez et notez si les voyelles en gras sont prononcées ouvertes (O) ou fermées (F). Puis répétez le dialogue.

– Tu connais [...] « 1 heure [...] pour la planète [...] » ?
– Oui, c'est [...] la nouvelle [...] activité [...] de notre [...] association [...].
– C'est [...] une très [...] bonne [...] idée [...]. C'est [...] quand ?
– Alors [...], c'est [...] tous les [...] samedis.
– À quel [...] âge on peut [...] mettre [...] nos [...] enfants ?
– Il faut [...] seulement [...] avoir 6 ans.
– Et [...] qu'est-ce [...] qu'on y fait [...] au [...] juste ?
– On parle de l'environnement [...] et [...] on propose [...] [...] des [...] idées [...] pour changer [...] les [...] choses [...] dans la vie quotidienne [...] [...].

Évaluation B1.1

COMPRÉHENSION DE L'ORAL — 10 points

Activité 1  DVD > *Piste 24* — 4 points

Objectif : Comprendre une annonce.

Vous entendez cette annonce à la gare. Lisez les questions. Écoutez le document puis répondez.

1. Que devez-vous mettre sur vos bagages ? — 1 point

a. 

b. 

c. 

2. Quelles informations doivent figurer sur vos bagages ? (2 réponses attendues) — 1 point
3. Qu'est-il interdit de faire ? — 1 point
   a. pousser les autres
   b. fumer
   c. bloquer l'accès au train avec ses valises
4. Vous pouvez monter dans le train au plus tard combien de temps avant son départ ? — 1 point

Activité 2 — 6 points

Objectif : Comprendre un message oral (répondeur).

Vous écoutez ce message sur votre répondeur. Lisez les questions. Écoutez le document puis répondez.

1. Justine Blanchet vous appelle parce qu'elle : — 1 point
   a. souhaite devenir votre colocataire.
   b. veut des informations sur votre appartement.
   c. vous propose ses services de femme de ménage.
2. Quel âge Justine a-t-elle ? — 1 point
3. Justine : — 1 point
   a. travaille.
   b. étudie à la l'université.
   c. est la recherche d'un emploi.
4. Qu'est-ce Justine aime particulièrement faire ? — 1 point
   a. Regarder la télévision.
   b. Faire la cuisine.
   c. Étudier dans sa chambre.
5. Quelle est sa principale qualité ? — 1 point
6. À quel numéro pouvez-vous la joindre ? — 1 point
   06 …… …… …… …… .

COMPRÉHENSION DES ÉCRITS 10 points

Activité 1 5 points

Objectif : Comprendre une lettre.

Vous avez reçu ce courrier. Lisez et répondez aux questions.

N° carte de fidélité : 234571004933827
Référence dossier : 89445-AGBT-RRIC-4J
(À rappeler pour toute correspondance)
Suivi des réclamations : 098556778 code 34
(n° non surtaxé)

Cergy-Pontoise, le 24 septembre 2012

Madame, Monsieur,

Par votre lettre du 2 septembre, vous demandez le remboursement de votre billet de train pour le trajet Aéroport Charles-de-Gaulle–Lille du 30 août.

J'ai le regret de vous informer que ce remboursement n'est pas possible. En effet, votre billet n'est ni échangeable ni remboursable car ce n'est pas un billet flexi-prime.

Par ailleurs, au moment de la validation d'une future commande par Internet, je vous conseille de vérifier que vous avez bien donné toutes les informations nécessaires. En effet, la SNCF ne peut pas être tenue pour responsable d'une erreur de votre part. Vous pouvez modifiez votre billet flexi-prime jusqu'à 1 heure avant le départ du train.

Vous pouvez retrouver toutes les informations sur ce programme sur www.grand-voyageur-sncf.com.

Je vous remercie de votre fidélité et vous prie de croire, Madame, Monsieur, en l'expression de mes sincères salutations.

Émilie Gendron

Émilie Gendron
Votre chargée de clientèle.

1. Cette lettre fait référence à votre courrier du 2 septembre.
Quelle était votre demande ? 1 point

2. Dans ce courrier : 1 point
a. on vous demande des précisions.
b. on vous annonce une bonne nouvelle.
c. on vous donne une réponse négative.

3. Quel conseil vous donne E. Gendron ? 1 point

4. Pour avoir plus d'informations, E. Gendron vous indique : 1 point
a. une adresse postale.
b. une adresse électronique.
c. un site Internet.

5. Vous souhaitez répondre par courrier à Mme Gendron.
Quelle information devez-vous lui rappeler ? 1 point

Activité 2 — 5 points

Objectif : Comprendre un article de journal.

Vous lisez cet article dans un journal. Répondez aux questions.

Des idées lumineuses pour l'éclairage* de nuit

Demain soir, Rennes éteindra l'éclairage de ses plus gros bâtiments et monuments dans le cadre de l'opération « Le jour de la nuit », qui a pour objectif de réduire la pollution lumineuse. Une tendance qui se retrouve dans les villes de son agglomération. « À Cesson-Sévigné, la décision d'éclairage permanent datait des années 1990. Aujourd'hui, nous devons penser à l'économie et à l'écologie » précise Claude Gérard, en charge du développement durable de la ville. Depuis plus d'un an, cette ville a décidé de suspendre l'éclairage public de 1 heure à 5 heures, ce qui a fait baisser la facture de 32 000 €.

Plus de délinquance* ?

Un bilan dont s'inspire la municipalité de Chantepie (en périphérie de Rennes), qui a lancé un groupe de travail pour mener cette réflexion. « 50 % de la facture énergétique de la ville provient de l'éclairage public. On veut économiser de l'énergie mais sans que ça engendre des problèmes », prévient Jean-Yves Gommelet, adjoint aux infrastructures. Car l'obscurité fait souvent craindre une augmentation des cambriolages*. « Nous n'avons pas constaté de recrudescence de la délinquance. On a même un effet positif sur le tapage nocturne* », confie Claude Gérard. À Rennes, l'argument sécuritaire* reste et éteindre les lumières la nuit ne se fera pas tout de suite. « Nous en discutons. J'ai bon espoir que cela se fasse un jour. Pour cela, il faudrait faire un essai dans un quartier éteint », témoigne Jean-Luc Daubaire, adjoint à l'écologie. Par contre, la ville a promis de changer tous les vieux lampadaires* « pour réduire la consommation et l'impact visuel ». Un travail quasiment terminé.

D'après 20 minutes, 30 septembre 2011

* **un éclairage :** une lumière, une illumination publique (rues, monuments, magasins, etc.)
* **la délinquance :** la criminalité
* **un cambriolage :** un vol dans une maison
* **le tapage nocturne :** les bruits que font les gens la nuit (par exemple à la sortie d'une discothèque)
* **sécuritaire :** qui est sûr (la sécurité)
* **un lampadaire :** des lumières de rues

1. Cet article informe sur : — 1 point
   a. les monuments culturels de la ville de Rennes.
   b. une prise de décision écologique de la ville de Rennes.
   c. l'augmentation de la délinquance dans la ville de Rennes.

2. Vrai ou faux ? Cochez la bonne réponse et recopiez la phrase ou la partie du texte qui justifie votre réponse. — 1 point

	VRAI	FAUX
a. À Cesson-Sévigné, il n'y a pas de lumières dans les rues la nuit. Justification :	☐	☐
b. La ville de Cesson-Sévigné a fait d'importantes économies financières. Justification :	☐	☐

3. La municipalité de Chantepie veut bien faire des économies d'énergie mais elle veut éviter quels problèmes ? — 1 point

4. Pour quelle raison la ville de Rennes n'éteint pas les lumières publiques la nuit ? — 1 point

5. La ville de Rennes s'engage à : — 1 point
   a. éteindre ses lumières la nuit.
   b. réfléchir à faire des économies d'énergie.
   c. remplacer les lumières actuelles de ses rues.

PRODUCTION ÉCRITE 10 points

Activité 1 5 points

Objectif : Écrire un courriel.

Vous rentrez d'un séjour d'une semaine à l'étranger. Vous écrivez à un ami français pour lui raconter cette expérience. Vous exprimez vos impressions sur les gens que vous avez rencontrés, le paysage et la culture du pays que vous avez découvert. (60 à 80 mots)

Activité 2 5 points

Objectif : Répondre à un courriel.

Vous recevez ce courriel de votre ami Matthieu.

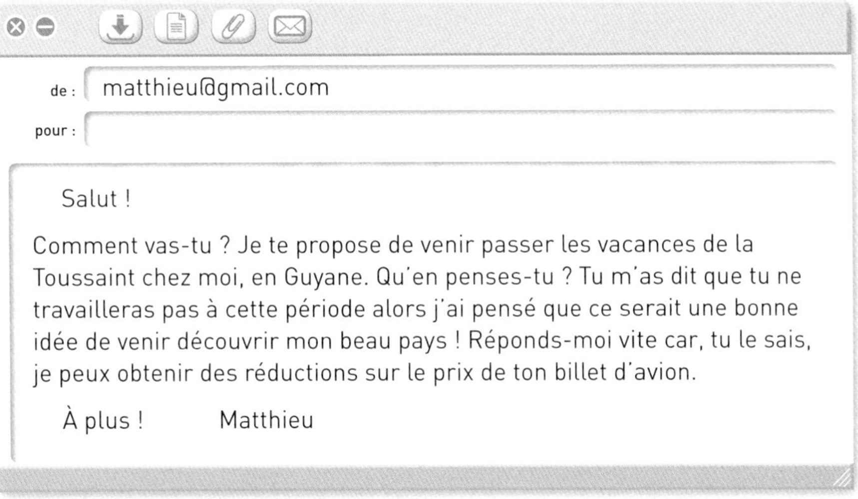

de : matthieu@gmail.com

pour :

Salut !

Comment vas-tu ? Je te propose de venir passer les vacances de la Toussaint chez moi, en Guyane. Qu'en penses-tu ? Tu m'as dit que tu ne travailleras pas à cette période alors j'ai pensé que ce serait une bonne idée de venir découvrir mon beau pays ! Réponds-moi vite car, tu le sais, je peux obtenir des réductions sur le prix de ton billet d'avion.

À plus ! Matthieu

Vous répondez à Matthieu. Vous acceptez son invitation et le remerciez. Vous lui demandez les dates exactes du séjour. Vous lui posez des questions sur le voyage (nombre d'heures de vol, tarif, horaires). Vous voulez aussi connaître la météo sur place pour savoir quoi mettre dans votre valise. Enfin, vous lui demandez si vous serez accueilli à votre arrivée à l'aéroport. (60 à 80 mots)

PRODUCTION ORALE 15 points

L'épreuve comporte 3 parties. Elle dure de 6 à 8 minutes. La première partie se déroule sans préparation. Vous avez 10 minutes pour préparer les parties 2 et 3 (monologue suivi et exercice en interaction). Les 3 parties s'enchaînent.

Activité 1 : Entretien dirigé (1 minutes 30 environ)

Objectif : Se présenter.

Après avoir salué votre examinateur, vous vous présentez (vous parlez de vous, de votre famille, de vos amis, de vos études, de vos goûts, des animaux que vous aimez, etc.). L'examinateur vous posera des questions complémentaires.

Activité 2 : Monologue suivi (2 minutes environ)

Objectif : Parler de ses expériences, de ses projets, de ses ami(e)s.

Vous tirez au sort 2 sujets et vous en choisissez 1. Vous vous exprimez sur le sujet.
L'examinateur peut ensuite vous poser des questions pour vous aider.

SUJET 1 :
Racontez votre dernier voyage. C'était où ? Quand ? Avec qui ? Qu'est-ce que vous avez fait ?

SUJET 2 :
Parlez de vos projets. Comment voyez-vous l'avenir ?

SUJET 3 :
Où vivez-vous ? Décrivez en détail votre logement.

SUJET 4 :
Décrivez une personne que vous aimez beaucoup. Expliquez qui elle est et pourquoi vous l'aimez beaucoup.

Activité 3 : Exercice en interaction (3 ou 4 minutes)

Vous tirez au sort 2 sujets et vous en choisissez 1.
Vous devez simuler un dialogue avec l'examinateur afin de résoudre une situation de la vie quotidienne. Vous montrez que vous êtes capable de saluer et d'utiliser des règles de politesse. Dans certains sujets, le genre masculin est utilisé pour alléger le texte. Vous pouvez naturellement adapter la situation en adoptant le genre féminin.

SUJET 1 :
Vous êtes en France. Avec un ami français, vous souhaitez passer un week-end dans une région que vous ne connaissez pas. Vous décidez ensemble où vous allez passer le week-end et les activités que vous allez faire.
L'examinateur joue le rôle de l'ami français.

SUJET 2 :
Vous êtes en France et chercher à partager un appartement. Vous rencontrez une personne qui pourrait être votre future colocataire. Vous lui posez des questions pour savoir où se trouve l'appartement et comment il est.
L'examinateur joue le rôle du futur colocataire.

SUJET 3 :
Vous avez trouvé un colocataire français et venez d'emménager. Vous vous mettez d'accord tous les deux sur la répartition des tâches ménagères et des habitudes quotidiennes que vous devez prendre.
L'examinateur joue le rôle du colocataire.

SUJET 4 :
Vous rencontrez par hasard un ami français que vous n'avez pas vu depuis longtemps. Il ne se souvient pas de vous. Vous lui racontez des moments passés ensemble pour qu'il se rappelle qui vous êtes.
L'examinateur joue le rôle de l'ami français.

MERCREDI
matin
après-midi
soirée
Le domaine public
• Les relations aux médias
• Les activités culturelles et de loisirs dans les lieux publics
• Le citoyen engagé dans des organisations publiques
semaines
4
5
6

Semaine 4

B1.1

RENDEZ-VOUS 1

À découvrir
- Exprimer son opinion
- Commenter des données chiffrées

À savoir
- La télévision
- Le gérondif
- L'opposition et la concession

À partager
Paris fait sa Nuit Blanche

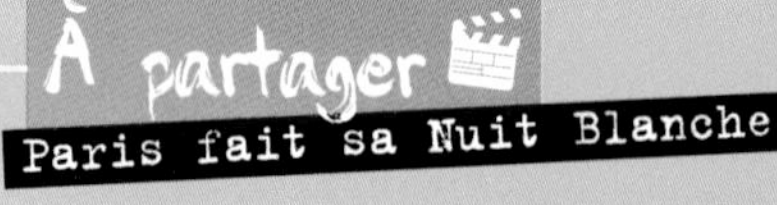

RENDEZ-VOUS 2

À découvrir
- Présenter des informations
- S'informer

À savoir
- La radio et la presse
- L'expression du but
- L'interrogation

À faire
Réaliser une enquête, un sondage

À écrire, à dire
Réagir à un article de journal
Interviewer et être interviewé

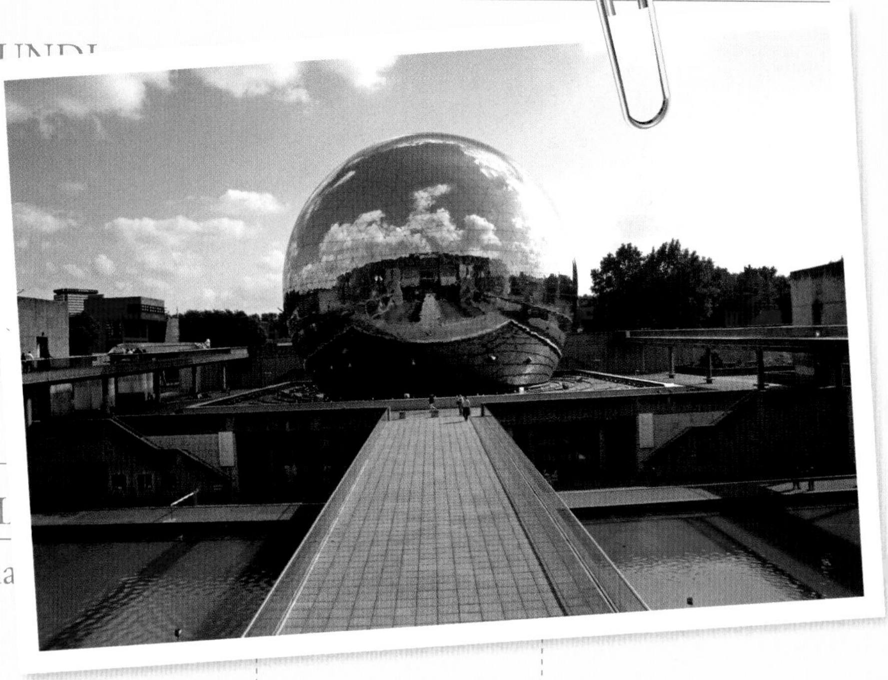

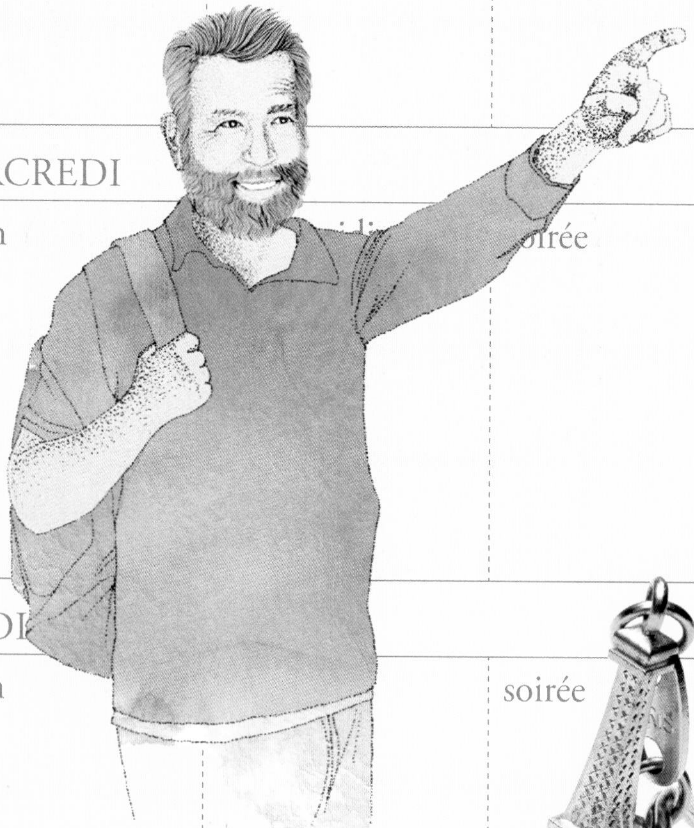

MERCREDI
matin soirée

JEUDI
matin soirée

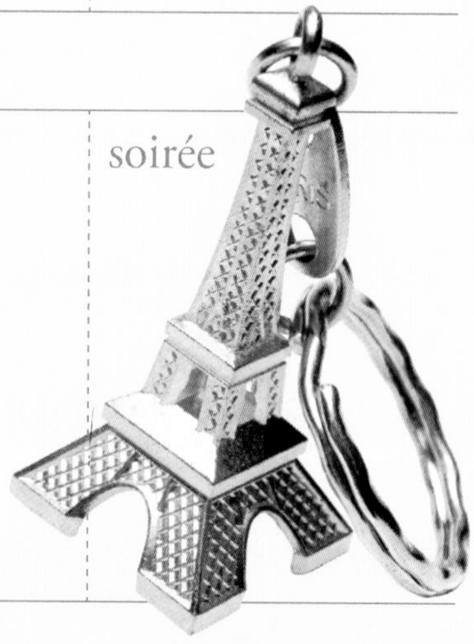

À PARIS

VENDREDI

matin

SAMEDI

matin

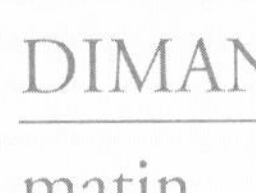

DIMAN

matin

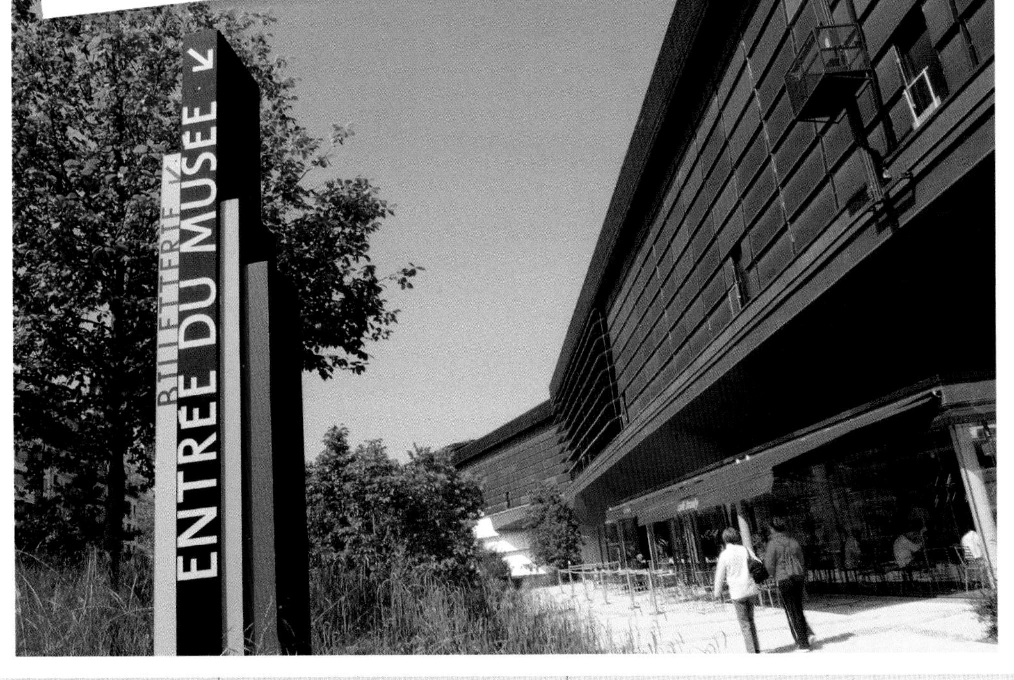

Notes

Je peux :

- Parler de ma relation aux médias ?
- Expliquer pourquoi et comment je m'informe ?
- Interagir pour m'informer ?

EXPRIMER UNE OPINION

 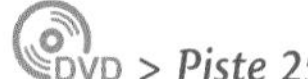 > Piste 25

Écoutez le document et répondez aux questions.

a. Quel est le thème du micro-trottoir ?
b. Combien de personnes ont répondu aux questions ? Combien d'hommes ? De femmes ?
c. Quelles sont les deux questions posées aux passants ?
d. Quelles chaînes de télévision sont citées ?

 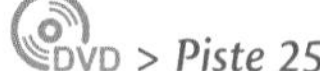 > Piste 25

Écoutez à nouveau et associez chaque caractéristique à une chaîne.

TF1 – France 2 – France 3 – ARTE – M6 – BFM TV

a. Ça permet d'avoir des nouvelles de l'Allemagne.
b. C'est rapide.
c. C'est le mieux.
d. Ils font trop de sensationnel.
e. Il manque peut-être de synthèse.
f. Les titres passent en boucle.
g. Les présentateurs présentent bien le journal.

 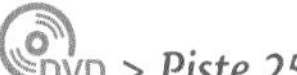 > Piste 25

Écoutez à nouveau et retrouvez les expressions utilisées par les passants pour donner leur opinion.

L'expression de l'opinion
– selon moi / à mon avis / pour moi / personnellement
– en ce qui me concerne / de mon point de vue
Le journal de France 3 est le plus intéressant, selon moi.
Nous pensons / trouvons / croyons que cette chaîne diffuse trop de sujets politiques.

Donnez votre avis. Répondez à la deuxième question du micro-trottoir.

COMMENTER DES DONNÉES CHIFFRÉES

Les Français ont-ils confiance dans les médias ?

Les Français veulent s'informer

Avec un score de 71 % et malgré une légère baisse par rapport à l'an dernier, les citoyens se déclarent majoritairement très ou assez intéressés par les nouvelles dispensées dans les différents médias. Seul un quart d'entre eux avoue un intérêt assez faible et 3 % un intérêt très faible.

C'est parmi les lecteurs réguliers de presse écrite et les personnes les plus diplômées que ce goût dépasse largement la moyenne.

La radio toujours championne de la confiance

Est-ce son « ancienneté » dans le paysage médiatique, la proximité des voix, la forte identité des radios de service public... ? Chaque année, la radio arrive en tête des médias quant à la crédibilité de l'information qu'elle délivre sur ses ondes. Avec un score de 60 %, elle gagne même 2 points par rapport à l'an dernier. C'est parmi les plus jeunes qu'elle enregistre ses meilleurs résultats : 61 % de confiance auprès des 18-24 ans et 64 % auprès des 25-34 ans.

La presse écrite prend la deuxième place avec 55 % des Français qui lui accordent leur confiance alors qu'ils ne sont que 48 % à reconnaître une crédibilité à l'information télévisée. De manière assez logique la méfiance envers la télévision croît avec le niveau de diplôme. Quant à Internet, il se partage entre « confiants » (35 %), « méfiants » (30 %) et « sans opinion » (35 %).

S'informer d'abord à la télévision

Interrogés sur les médias qu'ils privilégient pour s'informer, les Français répondent se tourner principalement vers la télévision (80 %). Un comportement qui vient largement devant les autres médias (48 % pour la radio, 37 % pour la presse écrite et 23 % pour Internet). Cette préférence s'accentue selon les catégories sociales : 89 % des plus modestes la sélectionnent contre 61 % des cadres.

La surprise vient aussi d'Internet. Il est le dernier canal d'information des Français (seuls 23 % l'utilisent en priorité) alors qu'aux États-Unis le web est, après la télévision, le deuxième média privilégié pour s'informer.

La presse écrite en danger

La télé a de beaux jours devant elle mais l'avenir de la presse écrite payante est bien sombre, si l'on en croit les Français. Ils sont 60 % à penser qu'on l'utilisera moins dans dix ans qu'aujourd'hui. Cependant, un plus bel avenir est pronostiqué pour Internet : 77 % imaginent qu'on l'utilisera davantage dans le futur.

Les médias et moi

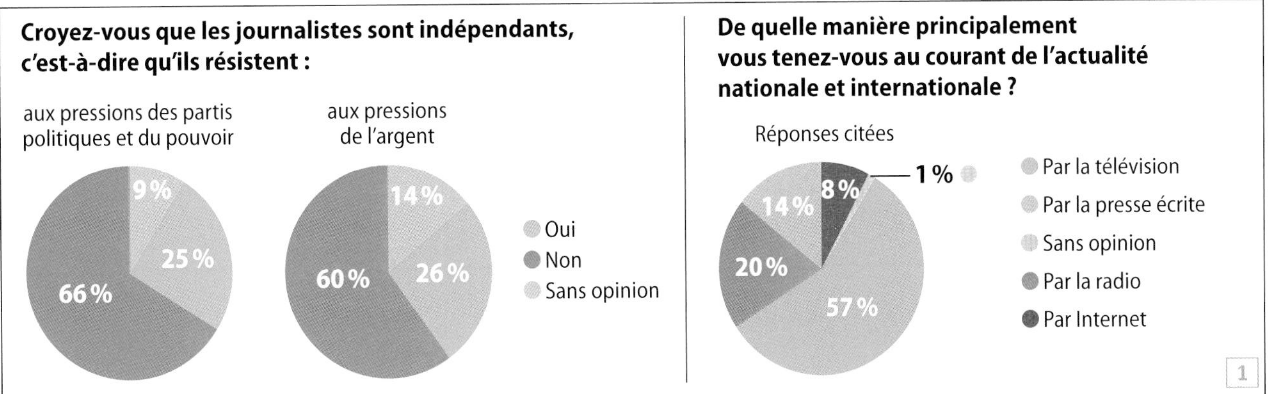

Lisez l'article, observez les graphiques 1 et répondez aux questions.

a. Quel pourcentage de Français déclare s'informer correctement grâce aux médias ?

b. Selon les Français, quel est le média le plus fiable / crédible ?

c. Quel média est le plus utilisé par les Français ?

d. Quel média est en perte de vitesse ?

Lisez à nouveau et dites si les affirmations sont vraies ou fausses.

a. Le niveau d'étude influence les réponses des personnes interrogées.

b. Ce sont les jeunes qui manifestent la plus grande confiance dans la radio.

c. Une majorité des Français utilise les informations diffusées sur Internet.

d. Aux États-Unis, Internet est le premier média d'information.

Les données chiffrées

Pour commenter les résultats d'un sondage, d'un tableau

Le sondage révèle l'attachement des Français à la radio.

Les chiffres montrent / indiquent...

Pour indiquer une quantité, une fraction, une proportion

Une majorité / Une minorité des personnes interrogées déclare...

Une moitié / Un tiers / Un quart des Français...

Pour noter une évolution

Ce pourcentage grimpe / augmente / diminue...

Pour moduler un chiffre

Environ 60 % des retraités...

La quasi-totalité des moins de 25 ans...

L'avenir des différents médias selon les Français 2

Pour chacun des médias suivants, direz-vous que dans 10 ans on l'utilisera davantage ou moins que maintenant pour s'informer sur l'actualité nationale et internationale ?

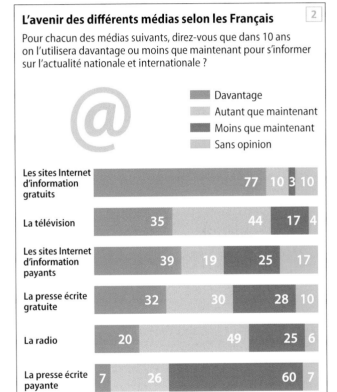

	Davantage	Autant que maintenant	Moins que maintenant	Sans opinion
Les sites Internet d'information gratuits	77	10	3	10
La télévision	35	44	17	4
Les sites Internet d'information payants	39	19	25	17
La presse écrite gratuite	32	30	28	10
La radio	20	49	25	6
La presse écrite payante	7	26	60	7

7 **Commentez le graphique** 2. (120 mots)

8 **Commentez le document** 2 **à l'aide des éléments du post-it.**

Rendez-vous 1 X à savoir

Vocabulaire

La télévision

C'est parti ! La France passe à la télé tout numérique.

tous au numérique !

Multiplication des programmes, jusqu'à 18 chaînes gratuites dont certaines en haute définition, meilleure qualité d'images et de son... La télévision numérique (TNT) va remplacer l'ancien mode de diffusion analogique (la télé à 6 chaînes) qui disparaîtra progressivement, région par région. Pour profiter de ces avantages, n'attendez pas : passez dès maintenant à la télé tout numérique !

Pour en savoir plus, **0 970 818 818** numéro non surtaxé (prix d'un appel local, du lundi au samedi de 8h à 21h)

1.

Lisez le document et associez chaque mot surligné dans le texte à sa définition.

a. Ce que l'on voit sur un écran de télévision, de cinéma, d'ordinateur.

b. Émetteur de programmes télévisés comme TF1, France 2...

c. Une émission de télévision.

d. Ce que l'on entend.

e. C'est une évolution des technologies audiovisuelles permettant une amélioration de la qualité de l'image et du son.

f. La TNT est une évolution technique basée sur la transformation des images et des sons analogiques en fichiers informatiques de meilleure qualité.

2. 

Souvenez-vous du lexique vu dans le document p. 66 et retrouvez les 9 autres mots liés au journal télévisé.

P	R	E	S	E	N	T	A	T	E	U	R
L	I	M	O	K	H	K	N	E	B	U	E
G	N	D	E	P	M	I	D	L	I	J	P
S	F	K	C	T	G	S	I	E	N	T	M
J	O	U	R	N	A	L	I	S	T	E	R
H	R	I	E	I	E	L	W	P	E	W	S
D	M	B	P	N	R	I	E	E	R	B	E
E	A	N	O	A	T	E	F	C	V	N	L
R	T	V	R	O	I	N	V	T	I	P	L
N	I	M	T	Y	T	I	R	A	E	N	E
Y	O	K	A	U	W	A	Y	T	W	X	V
Y	N	O	G	R	J	H	T	E	D	M	U
U	S	U	E	J	A	C	N	U	J	D	O
O	R	G	Q	H	S	X	O	R	J	M	N

Grammaire

Le gérondif

On regarde la télévision en rentrant du boulot.
J'ai toutes les nouvelles importantes en prenant mon petit déjeuner.
Comme ça, en dînant, j'ai juste l'essentiel !

- Le gérondif indique qu'une action se passe en même temps qu'une autre action. On dit que les **deux actions sont simultanées.**
Je regarde le JT tous les soirs en mangeant.
→ Dans ce cas-là, le sujet est obligatoirement le même pour les deux actions.
- Le gérondif peut exprimer la **cause.**
Comme vous cuisiniez devant la télé, vous vous êtes coupé. → Vous vous êtes coupé en cuisinant devant la télé.
- Le gérondif peut exprimer **une façon de faire quelque chose.**
Il s'informe en écoutant la radio.
- Le gérondif peut exprimer la **condition.**
Tu auras des informations sur la grève si tu lis la presse quotidienne. → Tu auras des informations sur la grève en lisant la presse quotidienne.

1. 

Lisez les phrases et donnez l'infinitif du verbe au gérondif.

a. Il lit toujours le journal en buvant son café.

b. J'écoute les infos en faisant le ménage.

c. En étant informé, on est plus prudent.

d. Les techniciens se sont trompés en lançant le reportage.

e. Je regarde toujours le bulletin météo en prenant mon petit déjeuner.

2.

Écrivez une légende pour chaque dessin. Utilisez le gérondif.

a.

b.

c.

3. 

Expliquez à votre voisin comment vous faites pour gagner du temps le matin en faisant deux choses en même temps.

L'opposition et la concession

Tout se passe comme si le rite du 20 heures était immuable malgré la multiplication des sources d'information.
Pourtant, 31 % des plus diplômés ne le regardent pas ou peu.

- Pour exprimer **l'opposition**, on peut utiliser...

– alors que.
Tu regardes avec plaisir des jeux télévisés alors que je préfère les actualités.
– au contraire.
Les chaînes publiques diffusent de la publicité au contraire des chaînes privées.

- Pour exprimer la **concession** on peut utiliser...

– bien que + subjonctif.
Je trouve ce flash info très complet bien qu'il soit un peu court.
– malgré + nom.
Malgré les promesses, l'information n'est pas toujours objective.
– pourtant / cependant.
Cet écran ne fonctionne pas, pourtant je viens de l'acheter.
J'aime ce film cependant il me rappelle de mauvais souvenirs.
– quand même.
Je n'ai pas beaucoup de temps, mais je lis quand même le journal tous les matins.

4. 

Complétez les phrases avec des mots exprimant l'opposition ou la concession.

a. ... les négociations, les journalistes poursuivent la grève.
b. ... les sources d'informations se multiplient, la télévision reste le média favori des Français.
c. Il est âgé ... c'est un adepte d'Internet.
d. L'émission est reprogrammée ... l'audience est faible.
e. Les reportages sont de qualité ... l'audience est en baisse.
f. Je n'écoute pas souvent la radio mais j'en ai ... une à la maison.

5. 

Reliez les deux éléments proposés en marquant la concession.

a. Être méfiant / consulter les infos sur Internet.
b. Être timide / devenir animatrice radio.
c. Prévoir un temps sec pour demain / pleuvoir aujourd'hui.
d. Annoncer de mauvaises nouvelles / garder le sourire.

6. 

Choisissez deux objets et une expression puis imaginez des phrases.

malgré | alors que | quand même
au contraire de | pourtant | cependant | bien que

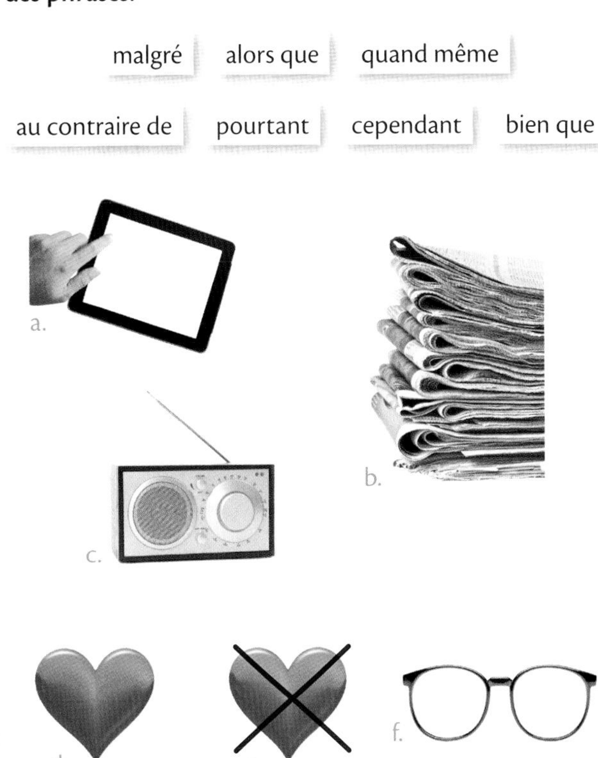

g.

h.

7.

En tandem.
Choisissez une expression exprimant l'opposition ou la concession ; votre voisin doit faire une phrase contenant ce mot.

À partager
Paris fait sa Nuit Blanche

Lisez.

1 Qu'est-ce qu'une Nuit Blanche ?

Complétez la phrase avec les mots proposés.

la création – manifestation – l'art – convivialité – l'espace

Rendre ... accessible à tous, mettre en valeur ... urbain par ... moderne, créer un moment de ... : tels sont les enjeux fixés pour cette nouvelle ... , la Nuit Blanche.

10e édition
NUIT BLANCHE PARIS
1er octobre 2011

Regardez. 

2 Quel art ?

Répondez aux questions posées.

a. À qui s'adresse la Nuit Blanche ?
b. Que font les gens pendant la Nuit Blanche ?
c. Quels genres d'œuvres sont présentées pour la Nuit Blanche ?
d. Quel art est mis en avant ?

Regardez.

3 Que peut-on voir ?

Remettez les photos dans l'ordre d'apparition.

a.

b.

c.

d.

e.

f.

Regardez et écoutez. 

4 *Quelles œuvres ?*

Retrouvez l'œuvre, l'artiste et le lieu correspondant à chaque manifestation artistique.

– **Les œuvres :** une camionnette ; une parade ; des portraits ; des araignées géantes ; des drapeaux grisés ; une sculpture lumineuse

– **Les artistes :** Rebecca Bournigault ; Wilfredo Prieto ; Matali Crasset ; Claude Lévêque

– **Les lieux :** une façade d'école ; l'atelier 104 ; le Trocadéro ; les rues de Paris ; le bassin du parc de Belleville ; le cabaret Le Zèbre à Belleville

Regardez et écoutez. 

5 *Dans quel but ?*

Trouvez la manifestation culturelle qui correspond à chaque information.

a. Pour attirer la curiosité et les questions.
b. Pour découvrir des pavillons internationaux différents.
c. Pour travailler à une œuvre d'art.
d. Pour apparaître sur grand écran.
e. Pour réveiller les Parisiens.
f. Pour vivre un moment de poésie absolu.

Exprimez-vous.

6 *Chez vous aussi ?*

La Nuit Blanche existe-t-elle dans votre pays ? Quelles manifestations culturelles sont organisées dans votre pays ? Racontez.

Nuit Blanche est une manifestation artistique qui se déroule une nuit par an. Elle propose gratuitement l'ouverture au public de musées, institutions culturelles et autres espaces publics ou privés, et utilise ces lieux pour des installations ou des performances artistiques.

Le principe général de cette manifestation existe depuis de nombreuses années, notamment dans les pays nordiques. Mais, dans sa forme actuelle, le concept a été initié à Paris, en 2002 par le maire de la ville, Bertrand Delanoë, sous l'impulsion de son adjoint Christophe Girard. Cet événement est repris depuis dans de nombreuses villes (Rome, Montréal, Toronto, Bruxelles, Madrid, Lima...).

Rendez-vous 2 

PRÉSENTER DES INFORMATIONS

L'ATELIER RADIO DE FRANCE INFO

Initié en 2009, l'atelier Radio France Info est un studio radio mobile destiné aux enfants de 10 à 14 ans. Encadrés par des professionnels de Radio France et l'équipe pédagogique de l'association L'œil à l'écoute, les enfants participants ont pour objectif de réaliser un journal d'information de France Info dans les conditions du direct. Les « journalistes en herbe » lancent les sujets et reportages, lisent les informations, réalisent des interviews ou assurent la technique derrière la console pour gérer les ouvertures des micros, les jingles et les promotions d'antenne. Créé dans un esprit ludo-pédagogique, l'atelier a pour but de faire découvrir les métiers de la radio aux enfants mais aussi de les sensibiliser au sens et au rôle de l'information dans les médias.

Lisez le texte et identifiez les objectifs de l'atelier radio de France Info.

a. Former des professionnels de la radio.
b. Permet d'apprendre à mener des interviews.
c. Créer une association.
d. Permet d'apprendre à gérer les aspects techniques de la radio.
e. Faire découvrir les métiers de la radio aux enfants.
f. Permet de faire réaliser un journal télévisé.
g. Éduquer les enfants aux médias.

Écoutez le document et répondez aux questions.

a. Qui sont les personnes qui parlent ?
b. Où se déroule l'émission ?

À l'aide du texte et de l'enregistrement, répondez aux questions.

a. Quel est l'objectif commun présenté dans les deux documents ?
b. Relevez les termes utilisés pour atteindre cet objectif.

Écoutez à nouveau le document. Retrouvez et expliquez le rôle de chaque intervenant.

a. La fillette
b. Claudie Haigneré
c. L'association L'œil à l'écoute
d. Un journaliste de Radio France

Vous êtes animateur de radio et vous recevez un(e) invité(e). Vous l'accueillez et vous présentez le sujet de l'émission. Jouez la scène avec votre voisin.

S'adresser à un auditoire
Accueillir un invité
Voici madame..., la présidente de...
Je suis heureux de vous accueillir.
Merci d'être parmi nous aujourd'hui.
Enchanté(e) / Ravi(e) de faire votre connaissance.
Introduire une information, lancer un sujet, annoncer une interview
Je vous annonce que...
Voici les sujets que nous allons développer dans ce journal.
Dans quelques minutes, retrouvez l'interview du jour.

Je m'informe

S'INFORMER

LES FRANÇAIS DÉVORENT LA PRESSE MAGAZINE

Les Français consomment des magazines sans modération. C'est ce que révèlent les dernières audiences publiées par le cabinet Audimédias. Chaque mois, 48.7 millions de français âgés de 15 ans et plus lisent un magazine.

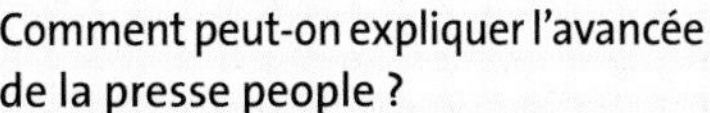

Les Français lisent en moyenne 6,5 magazines différents par mois. Que pensez-vous de ce chiffre ?
« Ce chiffre illustre le dynamisme de cette presse et la capacité des lecteurs à s'approprier plusieurs thèmes », indique Jean Jourdain, directeur des études Audimédias.

Si les chefs d'entreprise et les foyers dont les revenus annuels sont supérieurs à 60 000 euros restent les plus gros lecteurs, les internautes, soupçonnés de tourner le dos au support papier, sont eux aussi en haut du classement, à égalité avec les femmes. Outre les magazines sur l'actualité informatique, les supports de cuisine et « people » occupent les autres marches du podium. Pas moins de 14 titres « people » ont été lancés entre août 2009 et août 2010 en France à des prix attractifs.

Comment peut-on expliquer l'avancée de la presse people ?
« La presse people fait preuve d'une grande créativité plutôt bien perçue par les femmes, souligne Hélène Rabatet-Selliers, directrice marketing de Pressaction. Elles profitent d'une grande concurrence sur le créneau pour tester plusieurs nouveautés. »

Les Français ne sont pas fidèles en lecture en ce qui concerne la presse people mais, pour la directrice marketing de Pressaction, cette tendance concerne aussi les revues musicales ou sportives, le plus souvent destinées aux adolescents.

S'informer, se renseigner
Questionner quelqu'un
Vous avez déjà feuilleté ce magazine ?
Comment peut-on expliquer l'avancée de la presse people ?
Quelle est la force de la presse magazine ?
À quel journal faites-vous le plus confiance ?
J'aimerais / souhaiterais savoir si / où / quel... / Je voudrais connaître la date...
J'aimerais savoir si vous connaissez ce kiosque à journaux.
Demander l'avis, l'opinion de quelqu'un
Que pensez-vous de ce chiffre ?
À votre avis / Selon vous / Pour vous, est-ce que...

6 

Lisez le texte et choisissez les bonnes réponses parmi les propositions.

a. Le texte est un article sur *les Français et la presse quotidienne / les Français et les magazines / les Français et Internet.*
b. Le journaliste a interrogé *des spécialistes / des lecteurs / des directeurs de sociétés liées au monde de la presse.*
c. Les informations données sur les magazines sont *positives / négatives / inquiétantes.*

7  

Lisez à nouveau le texte et répondez aux questions.

a. Combien de Français lisent un magazine chaque mois ?
b. Qui sont les plus gros lecteurs de magazines ?
c. Où se placent les internautes dans le classement des lecteurs de magazines ?
d. Quels magazines sont les plus vendus ?
e. Pourquoi les premiers numéros des magazines se vendent-ils bien ?

8  

Retrouvez les propos des deux personnes interviewées.
Jean Jourdain – Hélène Rabatet-Selliers

a. La presse magazine est dynamique.
b. Les femmes apprécient la créativité de la presse people.
c. Les lecteurs s'intéressent à des thèmes variés.
d. Les femmes testent régulièrement les nouveaux titres de la presse people.

9 

Avec votre voisin, discutez des magazines que vous aimez, que vous achetez et que vous lisez régulièrement.

Rendez-vous 

Vocabulaire

La radio et la presse

1. 

Lisez le document et répondez aux questions.

a. Quel est le nom des sept radios du groupe Radio France ? Faites des hypothèses sur leurs particularités.

b. Que peuvent faire les auditeurs de Radio France sur le site demainradiofrance.fr ?

DEMAIN radio france .FR

D'après vous, à quoi devrait ressembler la radio de demain ? Vous avez un avis sur les antennes de Radio France, c'est le moment de le donner... **Jusqu'au 5 mars, connectez-vous** sur demainradiofrance.fr et participez à nos débats en ligne. Ensemble, nous allons imaginer la radio publique de l'avenir. Aujourd'hui, plus que jamais, c'est à notre tour de vous écouter sur **demainradiofrance.fr**.

2. 

Écoutez le document et retrouvez les mots entendus.
une animatrice – un invité – un auditeur – une interview – le public – la fréquence – le micro – la voix – la publicité – l'antenne – le présentateur – un programmateur

3. 

Lisez les définitions des mots choisis dans l'activité précédente et complétez la grille.

1. Production d'un son dans le larynx de l'homme.
2. Instrument électrique utilisé pour recueillir les propos d'une personne.
3. Personne chargée de préparer, de présenter... une émission radio.
4. Personne qui écoute la radio.
5. Onde électromagnétique spécifique qui permet d'écouter la radio.
6. Personne qui élabore le programme d'une émission.
7. Enregistrement qui a pour but de faire connaître un produit au public.
8. Dispositif permettant de recevoir ou d'émettre des ondes radio.

4.

Retrouvez le nom de chaque élément de la une du journal.
titre – photo – caricature – sous-titre – chapeau – publicité – colonne

LE QUOTIDIEN

12 janvier 2012

Les Français veulent s'informer
Avec un score de 71 % et malgré une légère baisse par rapport à l'an dernier, les citoyens se déclarent majoritairement très ou assez intéressés par les nouvelles dispensées dans les différents médias. Seul un quart d'entre eux avoue un intérêt assez faible et 3 % un intérêt très faible.
C'est parmi les lecteurs réguliers de presse écrite et les personnes les plus diplômées que ce goût dépasse largement la moyenne.
La radio toujours championne de la confiance
Est-ce son « ancienneté » dans le paysage médiatique, la proximité des voix, la forte identité des radios de service public... ? Chaque année, la radio arrive en tête des médias quant à la crédibilité de l'information qu'elle délivre sur ses ondes. Avec un score de 60 %, elle gagne même 2 points par rapport à l'an dernier. C'est parmi les plus jeunes qu'elle enregistre ses meilleurs résultats : 61 % de confiance auprès des 18-24 ans et 64 % auprès des 25-34 ans.

Les Français dévorent la presse magazine

Les Français consomment des magazines sans modération. C'est ce que révèlent les dernières audiences publiées par le cabinet Audimédias. Chaque mois, 48,7 millions de Français âgées de 15 ans et plus lisent un magazine.

Les Français lisent en moyenne 6,5 magazines différents par mois. Que pensez-vous de ce chiffre ?
« Ce chiffre illustre le dynamisme de cette presse et la capacité des lecteurs à s'approprier plusieurs thèmes », indique Jean Jourdain, directeur des études Audimédias.
Si les chefs d'entreprise et les foyers dont les revenus annuels sont supérieurs à 60 000 euros restent les plus gros lecteurs, les internautes, soupçonnés de tourner le dos au support papier, sont eux aussi en haut du classement, à égalité avec les femmes. Outre les magazines sur l'actualité informatique, les supports de cuisine et « people » occupent les autres marches du podium. Pas moins de 14 titres « people » ont été lancés entre août 2009 et août 2010 en France à des prix attractifs.

5. 

Classez les mots suivants en trois catégories (presse écrite, radio ou les deux).
un magazine – un quotidien – un animateur – un invité – des petites annonces – un jingle – une dépêche – un article – une rubrique – une station

Je m'informe

L'expression du but

Pour monter un tel projet, on s'est entouré d'équipes.
L'atelier a pour but de faire découvrir les métiers de la radio aux enfants.

Pour **exprimer un but, un objectif**, on peut utiliser :
- une préposition suivie d'un substantif.
Le journaliste écrit pour les journaux.
- une préposition suivie d'un infinitif.
Cette actrice porte des lunettes noires pour ne pas être reconnue par les photographes.
Il suit cette star dans le but d'obtenir un scoop.
→ Il n'y a qu'un seul sujet dans chaque phrase : cette actrice – il.
- une conjonction suivie du subjonctif.
Elle porte des lunettes et un chapeau afin que personne ne la reconnaisse.
L'animateur articule de sorte que les auditeurs le comprennent.
→ Il y a deux sujets dans chaque phrase : elle / personne – l'animateur / les auditeurs.

1.

Reliez les éléments de chaque liste à l'aide des connecteurs pour faire des phrases.

a. J'utilise le bouton...
b. Il cache le micro...
c. Il forme des stagiaires...
d. L'animateur du journal en français facile articule clairement...
e. Je prends un taxi...

1. ... afin d'augmenter le volume.
2. ... pour ne pas être en retard à l'enregistrement de l'émission.
3. ... pour qu'elle ne le voie pas.
4. ... afin que les auditeurs comprennent aisément.
5. ... dans le but d'en faire de bons journalistes d'investigation.

2.

Complétez les phrases suivantes avec des expressions de but.

a. Je cherche le programme ... connaître l'heure de la diffusion.
b. Il voudrait acheter un magazine ... pouvoir lire dans le train.
c. Il faut que nous trouvions un endroit ... tu puisses téléphoner tranquillement.
d. Donnez-moi l'adresse du site ... retrouver cet article.
e. On lui a indiqué un site ... il trouve des informations fiables.

L'interrogation

Comment peut-on expliquer l'avancée de la presse people ?
Quelle est la force de la presse magazine ?
Que pensez-vous de ce chiffre ?

- Les pronoms et adverbes interrogatifs : **qui, quand, où, comment, pourquoi, que, quoi**...
Qui présente les émissions sur Fip ?
Tu vas à Radio France quand ?

Attention !
Quoi ne se place jamais en début de phrase.
Tu lis quoi en ce moment ? (informel)

- L'adjectif et pronom interrogatif : **quel, quelle, quels, quelles.**
Quelle est sa radio préférée ?
Quels magazines vous achetez le plus souvent ?
- **Les trois types de questions.**
– Inversion du sujet / Situation formelle
Lisez-vous la presse écrite régulièrement ?
Attention !
Dans certains cas d'inversion, le « t » fait la liaison entre les deux voyelles.
Que regarde-t-elle à la télé en ce moment ?
– Est-ce-que + sujet + verbe / Situation informelle
Est-ce qu'il écoute la radio sur Internet ?
– Intonation montante ↗ / Situation informelle
Tu connais des noms de magazines français ?

3.

Retrouvez les questions du dialogue et jouez-le à deux.

– Ce nouveau magazine est vraiment bien !
– ...
– *Au bout du monde*, c'est un journal sur les vacances à l'étranger.
– ...
– Je ne l'ai pas payé cher, 2 euros. C'est le premier numéro.
– ...
– Les vacances en Afrique.
– ...
– Non, jamais. Alors, ça m'intéresse. Je pense y aller l'année prochaine.
– ...
– D'accord ! Dès que j'ai fini, je te le prête.

4.

Choisissez l'un des trois thèmes proposés et posez des questions à votre voisin.

– journal quotidien – site Internet favori – émission de télé préférée

☒ à faire

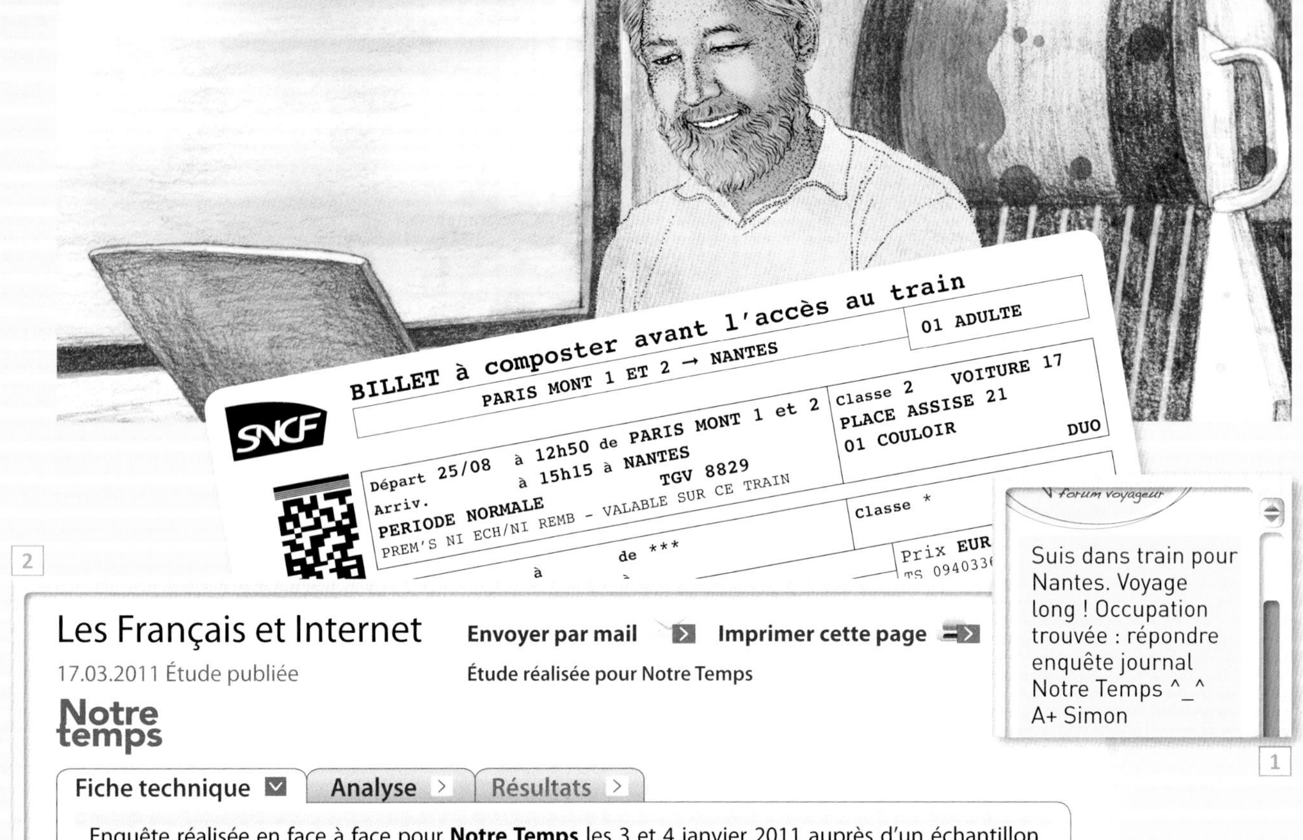

1

2

Les Français et Internet

Envoyer par mail | Imprimer cette page

17.03.2011 Étude publiée

Étude réalisée pour Notre Temps

Notre temps

Fiche technique | Analyse | Résultats

Enquête réalisée en face à face pour **Notre Temps** les 3 et 4 janvier 2011 auprès d'un échantillon national de 1 000 personnes représentatif de l'ensemble de la population française âgée de 18 ans et plus (personnes choisies en fonction de leur sexe, âge, profession, région et ville).

Retour à la liste des études

3

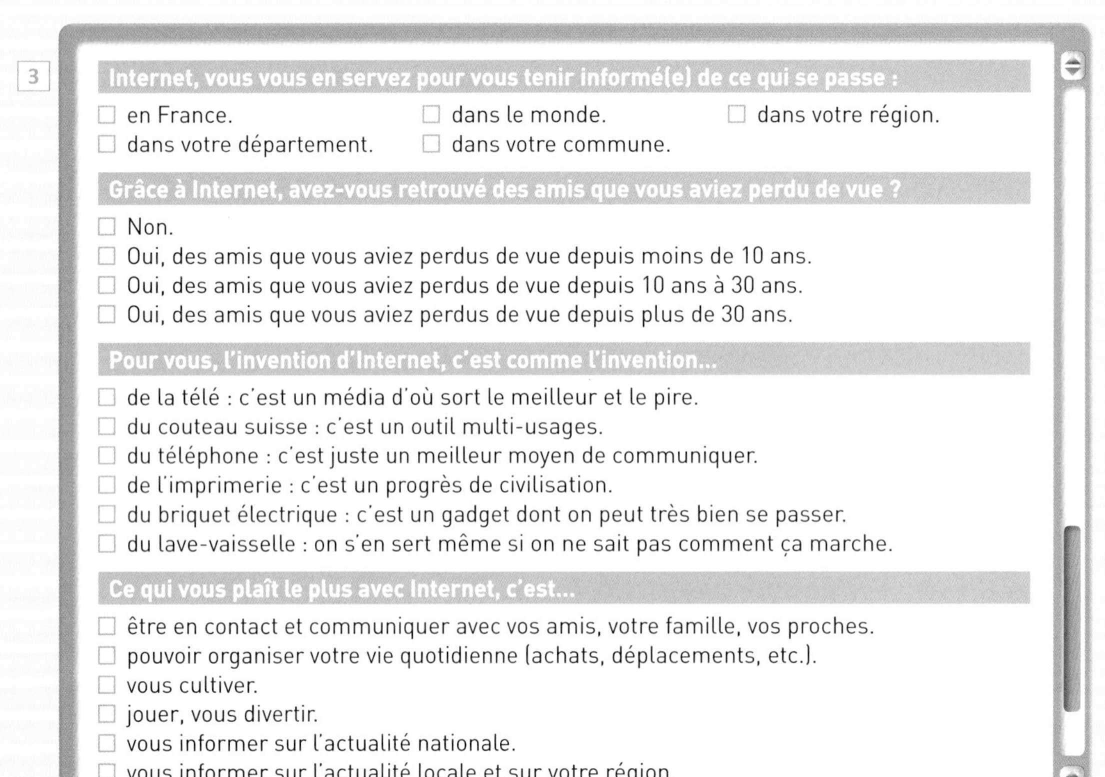

Internet, vous vous en servez pour vous tenir informé(e) de ce qui se passe :

- ☐ en France.
- ☐ dans le monde.
- ☐ dans votre région.
- ☐ dans votre département.
- ☐ dans votre commune.

Grâce à Internet, avez-vous retrouvé des amis que vous aviez perdu de vue ?

- ☐ Non.
- ☐ Oui, des amis que vous aviez perdus de vue depuis moins de 10 ans.
- ☐ Oui, des amis que vous aviez perdus de vue depuis 10 ans à 30 ans.
- ☐ Oui, des amis que vous aviez perdus de vue depuis plus de 30 ans.

Pour vous, l'invention d'Internet, c'est comme l'invention…

- ☐ de la télé : c'est un média d'où sort le meilleur et le pire.
- ☐ du couteau suisse : c'est un outil multi-usages.
- ☐ du téléphone : c'est juste un meilleur moyen de communiquer.
- ☐ de l'imprimerie : c'est un progrès de civilisation.
- ☐ du briquet électrique : c'est un gadget dont on peut très bien se passer.
- ☐ du lave-vaisselle : on s'en sert même si on ne sait pas comment ça marche.

Ce qui vous plaît le plus avec Internet, c'est…

- ☐ être en contact et communiquer avec vos amis, votre famille, vos proches.
- ☐ pouvoir organiser votre vie quotidienne (achats, déplacements, etc.).
- ☐ vous cultiver.
- ☐ jouer, vous divertir.
- ☐ vous informer sur l'actualité nationale.
- ☐ vous informer sur l'actualité locale et sur votre région.

À PARIS

Répondre à un sondage, une enquête

1 

Je reçois un SMS de Simon 1**. Je vais voir sur le site du journal *Notre temps*** 2 **et je décide de répondre à cette enquête moi aussi. Je lis d'abord la fiche technique pour en savoir plus sur l'enquête et je complète les informations.**

a. Dates de l'enquête
b. Nombre de personnes interrogées
c. Âge des personnes interrogées
d. Critères utilisés pour choisir les personnes à interroger

2 

Je lis le sondage et je réponds aux questions posées 3**.**

Expliquer le fonctionnement d'un sondage

3  DVD > *Piste 28*

J'écoute la conversation. Je relis mes notes et je retrouve les informations données par Simon.

a. l'histoire des sondages
b. les différents types de questions
c. l'utilisation du sondage en politique et en économie
d. l'opinion publique
e. un résumé
f. la valeur du sondage

4  DVD > *Piste 28*

J'écoute à nouveau. Je relis mes notes et je réécris les mots illisibles.

Un permet de recueillir l'opinion des gens. Les sondages avec des questions où la réponse est reflètent vraiment l'opinion des gens. Une fois que les lecteurs ont répondu au , il faut analyser les , c'est-à-dire dépouiller le pour pouvoir découvrir ce que pensent les .

Réaliser une enquête, un sondage.

Étape 1 : On choisit ensemble le thème de l'enquête.

Étape 2 : On choisit un échantillon de personnes à questionner et on détermine un lieu (dans la salle de classe, dans l'établissement, dans la rue).

Étape 3 : On définit le type de question à poser (fermées, ouvertes…).

Étape 4 : On rédige le questionnaire.

Étape 5 : On réalise l'enquête.

Étape 6 : On organise le traitement et la saisie des résultats (introduction, observations, graphiques, conclusions).

Étape 7 : On publie les résultats (sur notre blog, dans le journal de l'établissement…).

X à écrire

Réagir à un article de journal

http://toutelactualite.com/

Cinq journalistes coupés du monde ont testé la valeur de l'actualité diffusée via les réseaux sociaux.

La lecture du monde à travers les réseaux sociaux est-elle pertinente ? C'est la question à laquelle cinq journalistes ont tenté de répondre, isolés dans une ferme du Périgord, sans autre source d'information que les réseaux sociaux. Cette expérience inédite a eu pour but de tester la valeur des informations données sur ces réseaux sociaux. Les jeunes journalistes se sont vu imposer des règles strictes : ni télé, ni radio, ni Smartphone. « Dès l'annonce de ce projet, certains ont prétendu que le seul objectif était de démontrer la supériorité des médias traditionnels sur les réseaux sociaux », regrette l'un des journalistes Il semblerait en effet possible que certains journalistes émettent de gros doutes quant à l'utilisation de ces réseaux comme source d'information.

1 

Lisez l'article et répondez à la question.
Que veulent tester les journalistes des Radios Francophones Publiques ?

2 

Relevez les mots-clés de l'article.

3 

Laissez un message sur le site du journal pour donner votre avis sur le problème soulevé par les journalistes.

Laisser un commentaire
Nom
Adresse e-mail
Mémoriser mes infos personnelles ?
Commentaires
Aperçu
Envoyer

Conseils / stratégies

Pour réagir à un article de journal

- **Identifier précisément le thème et la problématique de l'article.**

Savoir de quoi le journaliste parle et quel problème il soulève.
Le titre reprend toujours le thème de l'article et la problématique est souvent annoncée sous la forme d'une question.

- **Repérer les mots-clés liés au sujet de l'article.**

Connaître les mots-clés pour mieux les utiliser dans la réponse.
Ne pas hésiter à chercher certains mots dans le dictionnaire pour en connaître le sens précis et pour les utiliser dans le bon contexte.

- **Prendre le temps de réfléchir aux arguments à développer dans la réponse.**

Faire la liste de plusieurs arguments et les classer.

L'argumentation doit être logique et progressive. Commencer par les arguments les plus évidents pour terminer par les plus marquants, pertinents.

- **Rédiger une réponse courte mais précise.**

Reprendre la problématique dans l'introduction. Dérouler l'argumentation puis annoncer clairement l'opinion dans la conclusion.

Selon moi / À mon avis / D'après moi / Pour moi / De mon point de vue / En ce qui me concerne / Personnellement

Je pense que / Je trouve que / Je crois que / J'ai l'impression que / J'ai le sentiment que

à dire

Interviewer et être interviewé

« Élisabeth Cornal est réputée internationalement. Grand reporter pour la presse écrite, elle couvre notamment l'Afrique centrale pour *Le Matin* depuis de nombreuses années. Par ailleurs, elle collabore au journal français *Le Monde diplomatique* et est auteure de plusieurs livres. »

Entretien avec Élisabeth Cornal, journaliste et grand reporter.

1 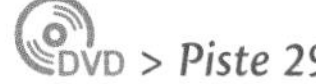 DVD > *Piste 29*

Écoutez l'interview et relevez les questions utilisées par le journaliste pour...

a. s'informer sur le parcours d'Élisabeth Cornal.
b. lui faire raconter une anecdote.
c. lui demander son opinion.

2  

À deux, imaginez une interview : un(e) journaliste de presse francophone vient vous interviewer dans l'établissement où vous étudiez le français. Il veut connaître votre parcours et les raisons pour lesquelles vous avez choisi d'étudier cette langue. Jouez cette interview devant le groupe.

Conseils / stratégies

Pour mener une interview

- **S'informer sur la personnalité de l'interlocuteur, son parcours.**
  Comment êtes-vous devenue journaliste ?
- **Alterner des questions qui orientent l'échange et des reformulations qui enrichissent l'interview.**
  – Poser des questions fermées qui appellent une réponse par oui ou non.
  Pouvez-vous communiquez toutes les informations que vous rapportez ?
  – Poser des questions semi-ouvertes qui appellent des réponses brèves et précises. *Combien... ? / Qui... ?*
  – Poser des questions ouvertes auxquelles l'interviewé peut répondre en détaillant ses réponses.
  Est-ce un autre aspect de votre travail de journaliste ?
- **Demander des explications supplémentaires sur un point.**
  – Reformuler une question ou une réponse de l'interlocuteur.
  Vous êtes donc devenue journaliste juste après vos études ?
  – Poser des questions à l'aide des mots interrogatifs
  Apparemment, votre sujet favori est l'Afrique... Pourquoi ?
- **Faire parler l'interlocuteur d'un événement, lui faire raconter une anecdote.**
  Quel est votre plus mauvais souvenir de journaliste ?
  Parlez-moi de... / Racontez-nous comment...
- **Demander l'opinion de l'interviewé.**
  À votre avis / Selon vous, quelles sont les qualités indispensables pour devenir journaliste ?

Phonétique

Prononcer la voyelle [y]

1. DVD > *Piste 30*

Écoutez et répétez les participes passés de ces verbes et leur conjugaison à la deuxième personne du singulier.

a. perdre → perdu / tu as perdu
b. recevoir → reçu / tu as reçu
c. lire → lu / tu as lu
d. connaître → connu / tu as connu
e. pouvoir → pu / tu as pu
f. attendre → attendu / tu as attendu
g. voir → vu / tu as vu
h. vouloir → voulu / tu as voulu
i. vendre → vendu / tu as vendu

Distinguer la voyelle [y] et la voyelle [u]

2. DVD > *Piste 31*

Écoutez et répétez ces phrases.

a. Tu as toujours voulu devenir journaliste et tu l'es devenu malgré ton parcours plutôt fou !

b. Un musée d'Art de Toulouse propose une visite ludique avec ouverture nocturne au public : toutes les sculptures seront vues avec un nouvel éclairage tout à fait surprenant.

Semaine 5

B1.1

RENDEZ-VOUS 1

À découvrir
- Exprimer son enthousiasme
- Relater un fait divers

À savoir
- Les mots de l'art
- La forme passive
- Le pronom relatif *dont*

RENDEZ-VOUS 2

À découvrir
- Exprimer un souhait, une volonté
- Donner ses impressions

À savoir
- Autour du roman
- Le subjonctif : formation et emplois

À faire

Organiser une exposition

À écrire, à dire

Rédiger une critique de film, de roman

Critiquer une œuvre

LUNDI

matin	après-midi	soirée

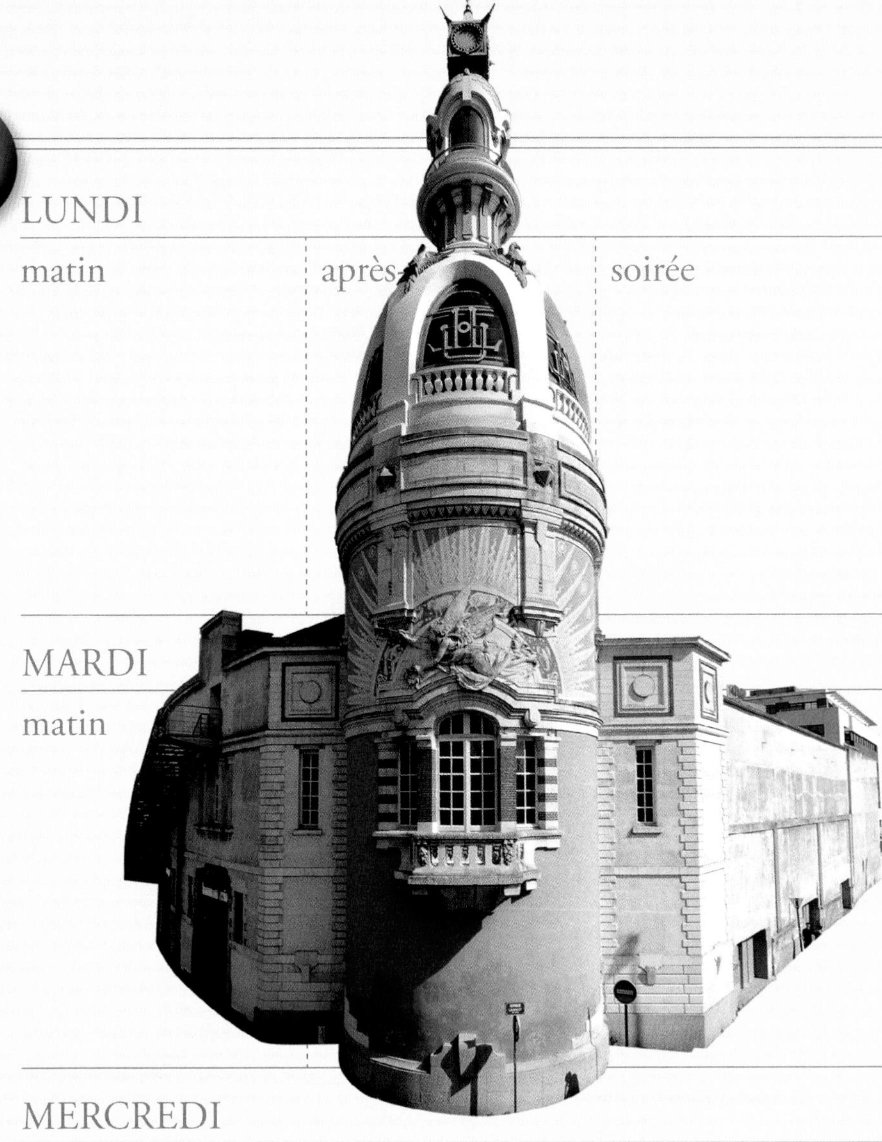

MARDI

matin		

MERCREDI

matin	après-midi	soirée

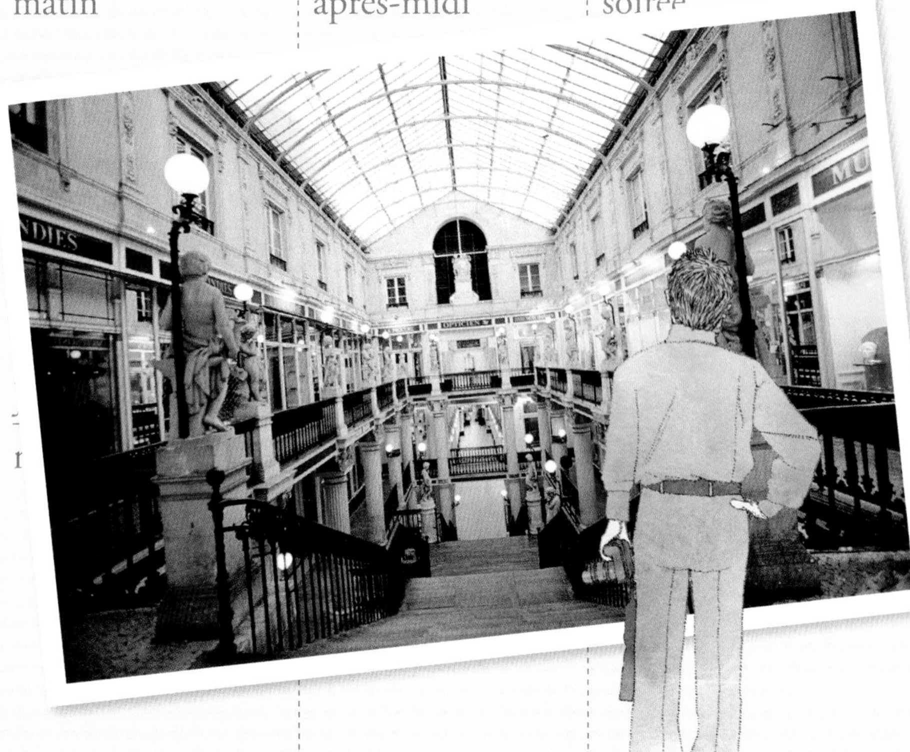

À NANTES

semaines

1 2 3 4 5 6 7 8 9 10 11 12

VENDREDI

matin

SA

m

soirée

D

m

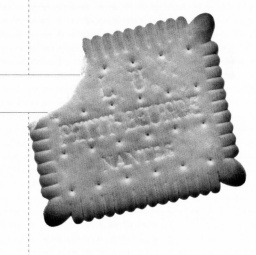

Notes

Je peux :

- Donner le titre de 2 romans français ?
- Citer 3 œuvres d'art célèbres ?
- Parler de mon film préféré ?

EXPRIMER SON ENTHOUSIASME

Avec votre voisin, regardez ces affiches et faites des hypothèses sur les activités, les rencontres, les expositions proposées lors du week-end « Tous à l'opéra ».

Complétez le texte avec les mots proposés.

vie – opéras – personnes – année – concerts – journées – visites

Ce week-end, 29 ... organisent pour la cinquième ... consécutive des ... portes ouvertes avec au programme des ... , des rencontres avec des artistes ou des ... guidées. Ils espèrent accueillir au moins 100 000 ... dont une sur cinq pénétrera dans un opéra pour la première fois de sa ... !

 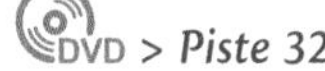 > *Piste 32*

Écoutez le document et remettez les informations dans l'ordre.

a. Un visiteur trouve que c'est une bonne opération.
b. Une visiteuse trouve que c'est génial.
c. Un guide parle de la caméra qui filme la scène.
d. Le directeur de l'opéra dit qu'il fait un métier de passion.
e. Un père de famille dit qu'il trouve ça plutôt sympa.
f. Une cantatrice explique pourquoi elle trouve ça formidable.

 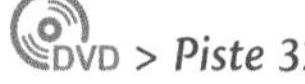 > *Piste 32*

Écoutez à nouveau et dites si les phrases sont vraies ou fausses.

a. Certaines personnes n'osent pas entrer dans un opéra car elles sont impressionnées.
b. Cette manifestation culturelle n'est pas accessible aux étudiants.
c. Une femme pense qu'il n'y a pas eu assez de publicité autour de cet évènement.
d. Ce week-end peut être l'occasion de découvrir les coulisses des opéras.
e. Pour le directeur, cet évènement coûte beaucoup d'argent.
f. Cette manifestation est payante.

Exprimer une appréciation positive
C'est vraiment merveilleux !
Je trouve que c'est formidable !
Je trouve ça remarquable, exceptionnel, incroyable !
J'adore ce tableau ! Les couleurs sont magnifiques.
Cet opéra me plaît beaucoup. Les décors sont exceptionnels !
Cette exposition est encore mieux que je ne pensais !
Je suis vraiment heureux d'avoir vu cette célèbre cantatrice.
Je suis vraiment heureuse que tu viennes avec moi aux Journées du patrimoine.

Que pensez-vous de ce week-end « Tous à l'opéra » ? Aimeriez-vous y participer ? Pourquoi ?

Pour votre anniversaire, votre meilleur(e) ami(e) vous propose de l'accompagner deux jours à Versailles pour visiter le château et ses jardins. Vous en rêviez et vous êtes très enthousiaste à l'idée de découvrir ce célèbre monument. Jouez le dialogue avec votre voisin.

RELATER UN FAIT DIVERS

1

La Joconde attaquée par une touriste

Une quarantaine de visiteurs étaient réunis au Louvre autour de la plus célèbre peinture du monde quand une tasse a été jetée sur le portrait. Heureusement, Mona Lisa n'a pas été affectée : la tasse a simplement rebondi sur la vitre pare-balles qui protège le tableau. La femme a été arrêtée par deux membres de la sécurité du musée puis livrée à la police de Paris. La touriste aurait subi un examen psychiatrique pour déterminer si elle souffre du syndrome de Stendhal, une maladie rare qui fait perdre la raison à certaines personnes en parfaite santé et les pousse à attaquer une œuvre d'art.

Biz'art magazine, août 2009

Attentat artistique à la bombe… de peinture ! 2

L'incident a eu lieu dimanche 17 juillet en fin d'après-midi dans un musée de Washington. Une toile inestimable de Paul Gauguin, *Sur la plage*, a été dégradée par un homme armé d'une bombe de peinture rouge. Le célèbre tableau avait été prêté au musée américain par le musée d'Orsay, pour une exposition spéciale. Le vandale a rapidement été intercepté par des gardiens et arrêté par la police. Il serait français, d'après des témoins l'ayant entendu se justifier de son acte en français. Ses propos n'ont pas été rapportés.

Biz'art magazine, juillet 2011

3

L'urinoir de Duchamp vandalisé

L'urinoir de Marcel Duchamp, pièce centrale de l'exposition Dada qui se tient actuellement au Centre Pompidou, a été retiré pour restauration. Un homme de 77 ans s'est attaqué à l'œuvre d'art contemporain avec un marteau, ébréchant légèrement la céramique. L'homme a été déféré devant la justice. En 1993, il s'était déjà attaqué à l'urinoir, alors exposé au Carré d'art de Nîmes (Gard). L'œuvre, intitulée *Fontaine*, date de 1917. C'est l'une des œuvres emblématiques de Marcel Duchamp (1887-1968). L'artiste entendait transformer des objets de la vie courante en œuvres d'art. Le Centre Pompidou a porté plainte.

Biz'art magazine, janvier 2006

7 Lisez les titres des articles et faites des hypothèses sur les faits divers relatés.

Qui ? Quoi ? Où ? Comment ? Pourquoi ?

8 Avec vos voisins, partagez-vous la lecture des articles puis vérifiez vos hypothèses.

9 Associez chaque œuvre au fait divers qui la concerne.

a.

b.

c.

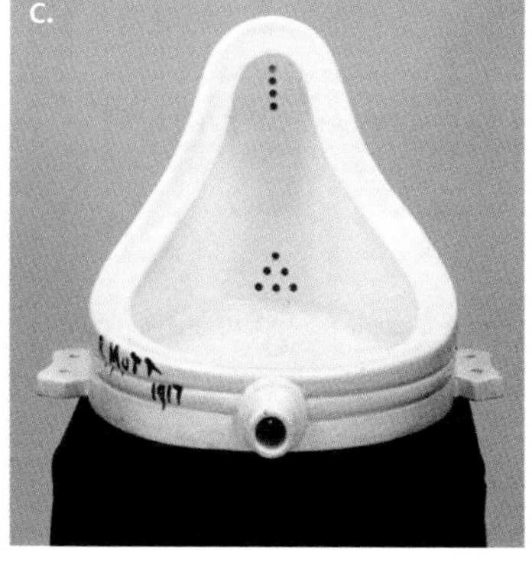

10 Retrouvez les informations demandées pour chaque fait divers.

a. La victime (l'œuvre)
b. L'arme
c. L'agresseur
d. Le lieu

11 Rédigez un fait divers à partir des éléments suivants.

L'arme du crime : une bouche peinte d'un rouge à lèvres vif. / Le lieu : un musée d'art contemporain. / La victime : un tableau monochrome blanc.

Relater un fait divers

- ***Situer l'événement : quand, où, dans quelles circonstances ?***
  L'incident a eu lieu dimanche… dans un musée de Washington.
- ***Marquer la succession des faits***
  La femme a été arrêtée … puis livrée à la police de Paris.
- ***Décrire les actions et réactions liées à l'événement***
  Le Centre Pompidou a porté plainte.
- ***Mettre en valeur certains éléments***
  Une toile du peintre…, exposée depuis le…, a été dégradée. / L'urinoir de Marcel Duchamp, pièce centrale de l'exposition Dada…, a été retiré pour restauration.

Rendez-vous 1 X à savoir

Vocabulaire

Les mots de l'art

© Laeticia Koch, 2006.

1.

Classez les mots du cadre dans l'une des catégories.

un artiste
un pinceau
une galerie
un visiteur
une toile
un chef-d'œuvre
une exposition
un musée
un peintre
un atelier
un tableau
une peinture
une palette

a. Personne
b. Matériel
c. Œuvre
d. Lieu
e. Événement

2.

Complétez avec les mots proposés.
monochrome – exposé – maître – peint – sculpture – architecte – dessiné – créateur – sculpté – couleur

a. Picasso a ... *Les Demoiselles d'Avignon* en 1907.
b. Yves Klein (1928-1962) est le ... du ... *bleu*, tableau peint en une seule ... .
c. Michel-Ange a ... dans le marbre un *David* que l'on peut admirer à Florence.
d. *L'Ours blanc*, ... de François Pompon (1855-1933) est ... au musée d'Orsay.
e. L' ... Hector Guimard, ... de l'« art nouveau » a ... , en 1899, les entrées du métro parisien.

3. 

Répondez par vrai ou faux. Justifiez.
a. Un guide peut être à la fois un homme et un livre.
b. Le travail d'un critique d'art est de juger négativement les œuvres.
c. Un maître est une personne qui domine son art (peinture, sculpture, art martial, musique...).
d. Un portrait est une œuvre picturale, sculpturale, photographique ou littéraire représentant un objet.

4. 

Choisissez la bonne réponse.
a. Les spectateurs *applaudissent / saluent / dirigent* les comédiens.
b. *La comédienne / Le public / La spectatrice* entre en scène.
c. Après le spectacle, les danseurs regagnent *la salle / les coulisses / la scène.*
d. Les danseurs *assistent / participent / viennent* au ballet.
e. Cet opéra connaît un immense succès : *la salle / la scène / la loge* est pleine.

5. 

Le mot mystère.
Placez horizontalement dans la grille les mots correspondant aux définitions pour découvrir le mot mystère.
a. Représentation musicale d'un ou plusieurs musiciens, chanteurs et/ou instrumentistes, en public.
b. Artiste qui compose de la musique.
c. Ensemble composé de musiciens instrumentistes.
d. Objet servant à produire des sons musicaux.
e. Chanteuse d'opéra.

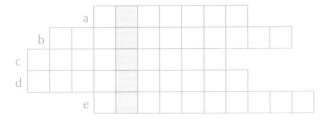

Mot mystère : ...

Grammaire

Le pronom relatif *dont*

Les organisateurs espèrent attirer au moins 100 000 personnes dont une sur cinq pénètrera dans un opéra pour la première fois de sa vie !

- On utilise le pronom relatif **dont** pour éviter les répétitions et relier deux phrases simples.
- Il remplace un complément introduit par *de*.

→ *J'ai acheté le billet d'opéra dont je t'ai parlé hier.*
La pièce dont je te parle s'appelle Le mariage de Figaro.

1. DVD > *Piste 33*

Écoutez le dialogue et complétez les phrases.

a. On va voir l'opéra ... je vous ai parlé la semaine dernière.
b. C'est l'histoire d'une femme japonaise ... tombe amoureuse d'un soldat américain.
c. C'est l'opéra ... nous préférons.
d. *Madame Butterfly* est joué dans le nouveau théâtre ... nous ne sommes pas encore allés.

2.

Transformez les deux phrases proposées en les reliant par *dont*.

a. On va voir l'opéra. / Je vous ai parlé de l'opéra la semaine dernière.
b. J'adore cette cantatrice belge. / La voix de la cantatrice belge est si grave.
c. Nous sommes déçus par la nouvelle comédie musicale. / Les magazines ont tant parlé de la nouvelle comédie musicale.
d. Cet opéra en trois actes est très décevant. / Tout le monde parlait de cet opéra.
e. Les spectateurs sont arrivés en grand nombre. / Nous attentions la venue des spectateurs.

3.

Devinettes.
Créez une devinette en utilisant un relatif de votre choix pour décrire l'utilité d'un objet, puis lisez votre phrase à votre voisin pour lui faire trouver l'objet.
C'est un objet dont on se sert pour ouvrir les boîtes de conserve.

La forme passive

La Joconde *est surveillée de près et protégée.*
Le tableau sera décroché avant la fin de l'exposition.
La toile blanche a été embrassée par une jeune femme.

La forme passive met en évidence le **résultat d'une action**.

- Elle se construit avec l'auxiliaire *être* et le participe passé du verbe. *Ils ont été arrêtés.*

→ On met l'accent sur l'action, l'événement.

- On ne peut mettre au passif que les verbes qui ont un complément d'objet direct.

Le complément de la phrase à la voix active devient sujet de la phrase à la voix passive.
La police les a arrêtés. → *Ils ont été arrêtés par la police.*
Le sujet du verbe actif devient alors complément du verbe passif.

- Le complément du verbe passif est souvent précédé de la préposition **par**.

On utilise *de* à la place de *par* lorsque le sujet est inanimé ou avec des verbes exprimant un sentiment.
La toile a été raturée d'un coup de crayon.
Cette œuvre n'est pas prisée de tous.

- Quand le sujet de la phrase active est indéfini, la phrase passive n'a pas de complément.

On a volé le portrait. → *Le portrait a été volé.*

4.

Actif ou passif ? Choisissez la bonne réponse.

a. Le gardien surveille l'exposition.
b. Votre portrait est admiré par les nombreux visiteurs.
c. Le peintre Henri Matisse a peint ce tableau.
d. La jeune vandale a été immédiatement arrêtée.
e. Le guide raconte l'histoire de cette œuvre.

5.

Transformez les phrases selon le modèle.
1976 : Inauguration officielle de la fondation Miró.
→ *La fondation Miró **est** officiellement **inaugurée** en 1976.*

a. 1920 : Mort du peintre Amadeo Modigliani.
b. 1925 : Exposition des œuvres surréalistes à Paris.
c. 1937 : Réalisation du tableau *Guernica* par Pablo Picasso.
d. 1950 : Remise d'une récompense à Henri Matisse à la XXVe Biennale de Venise.
e. 1986 : Inauguration du musée d'Orsay.

6. 

Choisissez un des titres et rédigez un fait divers en utilisant un maximum de formes passives.

CINQ TOILES DE MAÎTRES VOLÉES AU MUSÉE D'ART MODERNE.

Le tableau *Deux tahitiennes* de Gauguin attaqué à coup de poing.

À partager

Les marionnettes géantes à Nantes

Jouez.

1 *Quel est ce jouet ?*

Répondez à la devinette suivante et complétez.

Je suis un personnage en bois, en papier mâché, en tissu... et on me fait bouger à l'aide de fils car je ne peux pas bouger seul. Qui suis-je ?

Une M _ R _ _ N N _ T T _

Regardez.

2 *Qui sont ces personnages ?*

Répondez aux questions.

a. Qui sont les deux personnages principaux du reportage ?
b. Où se trouvent-ils ?
c. Que font-ils ?
d. Comment bougent-ils ?

Regardez et écoutez.

3 *Comment sont ces marionnettes ?*

Présentez les deux marionnettes des photos en vous aidant des informations de l'encadré.

Écoutez.

4 *Quelles sont les informations supplémentaires ?*

Dites si les phrases suivantes sont vraies ou fausses.

a. El Xolo a parcouru 80 800 kilomètres pour venir du Mexique.
b. El Xolo, connu pour sa douceur, est un animal sacré pour les Aztèques.
c. La Petite Géante était partie au Mexique sur les traces des révolutionnaires.
d. De son voyage au Mexique, elle a rapporté une nouvelle coiffure et un manteau.
e. La compagnie des marionnettes géantes s'appelle Royal de Nantes.
f. La Petite Géante n'est pas revenue à Nantes depuis deux ans.
g. La Petite Géante s'est promenée toute la journée dans la ville de Nantes.

a

b

en acier / la Petite Géante / 5,50 mètres / mexicain / en bois, en papier mâché / 2,80 mètres / française / El Xolo / articulé

Écoutez.

5 Quelles quantités ?

Reconstituez les phrases.

a. El Xolo réveille sa maîtresse...
b. Après deux ans de séparation, la Petite Géante a retrouvé...
c. Du Mexique, la Petite Géante a rapporté...
d. Sur les bras de la Petite Géante on trouve...
e. Demain, l'aventure continue car la Petite Géante a encore...

1. des milliers de Nantais.
2. avec quelques caresses.
3. plein d'histoires à raconter.
4. certains enfants privilégiés.
5. des souvenirs.

Écrivez.

6 On va à Nantes ?

Vous envoyez un courriel à un ami pour lui parler des marionnettes de la compagnie Royal de Luxe et vous lui proposez de vous accompagner à Nantes pour le prochain spectacle.

Exprimez-vous.

7 Et chez vous ?

Des milliers de Nantais sont venus accueillir les marionnettes géantes. Connaissez-vous un autre évènement qui attire autant de spectateurs ? Si oui, présentez-le.

ROYAL DE LUXE

C'est une compagnie de théâtre de rue française fondée en 1979 par Jean-Luc Courcoult. Elle est basée à Nantes depuis le début des années 1990. Son travail sur le gigantisme et la manipulation de marionnettes à fil crée la surprise en investissant les espaces publics. Les immenses marionnettes, nées en 1993 avec « Le Grand Géant tombé du ciel » viennent régulièrement enchanter les rues et les places du monde entier, ramenant au fil de leurs aventures un petit géant noir ou des girafes d'Afrique, un éléphant et son sultan des Indes, un scaphandrier du plus profond de l'Atlantique... Aujourd'hui, c'est la Petite Géante aux longs cils noirs qui rentre du Mexique avec de nouveaux amis.

Rendez-vous 2 

EXPRIMER UN SOUHAIT, UNE VOLONTÉ

Les garçons ont calé les bouteilles dans des pierres au bord de l'eau pendant que nous étalions une couverture. Nous nous sommes assis et Vincent a dit :
– Tiens, le revoilà…
Le chien s'était de nouveau traîné jusqu'à moi. Il s'est enroulé contre ma cuisse et s'est endormi aussitôt.
– Je crois qu'il essaie de te faire comprendre quelque chose, a dit Simon.
Ils riaient tous les trois en se moquant de moi :
– Hé, Garance, ne fais pas cette tête ! Il t'aime c'est tout. Allez… *Cheese*… Ce n'est pas si grave.
– Mais qu'est-ce que vous voulez que je fasse d'un clébard ?! Vous me voyez avec un chien dans mon studio minuscule au sixième étage ?
– Tu n'y peux rien, a dit Lola, souviens-toi de ton horoscope… Tu es dominée par Vénus en Lion et il faut te faire une raison. C'est la grande rencontre à laquelle tu devais te préparer. Je t'avais prévenue pourtant…
Ils se marraient de plus belle.
– Vois ça comme un signe du destin, fit Simon, ce chien arrive pour te sauver…
– … pour que tu mènes une vie plus saine, plus équilibrée, a renchéri Lola.
– … que tu te lèves le matin pour l'emmener pisser, ajouta Simon, que tu t'achètes un jogging et que tu prennes le vert tous les week-ends.
– Pour que tu aies des horaires, pour que tu te sentes responsable, opina Vincent.
J'étais effondrée.

Anna Gavalda, *L'Échappée belle*, © Le Dilettante, 2009.

Dans ce livre, Anna Gavalda raconte l'histoire de quatre frères et sœurs invités au mariage d'une cousine en province et qui, le temps d'un week-end, vont s'offrir une dernière bouffée d'adolescence. Garance, la narratrice, est célibataire et n'a toujours pas de situation stable, à l'inverse de son frère aîné, Simon, marié et heureux. Il y a aussi Lola, la plus âgée, qui se remet tout juste d'un divorce et Vincent, le petit dernier, éternel adolescent.
L'Échappée belle a été pour moi une lecture agréable et je souhaiterais qu'elle le soit pour tous les lecteurs. Avec son style léger, direct et pudique, Anna Gavalda nous fait partager la vie de personnages simples, attachants et drôles. Les quatre frères et sœurs s'offrent une bouffée d'air et nous la transmettent le temps d'une trop brève lecture. Je voudrais bien les retrouver prochainement dans d'autres aventures distrayantes.

Ma note : ★★★½☆

Mélanie, *une lectrice nantaise.*

L'expression du souhait
J'aimerais vraiment lire ce livre tranquillement.
Elle souhaiterait que tu viennes avec elle à la bibliothèque.
Nous désirons rencontrer l'auteur de cette nouvelle.
Vous avez préféré commander vos livres sur Internet.
Ils préfèrent que vous alliez au Salon du livre en train.
J'espère que tu verras l'adaptation de ce roman au ciné.

Lisez l'extrait de *L'Échappée belle* et répondez aux questions.
a. Combien de personnes s'expriment ?
b. Où se trouvent-elles ? Que font-elles ?
c. Qui est au centre de leur conversation ?

Retrouvez le sens des mots de la colonne de gauche.
a. se marrer
b. un clébard
c. *Cheese* !
d. pisser

1. uriner
2. un chien
3. Souris !
4. rire

Selon ses frères et sa sœur, pour quelles raisons Garance doit-elle garder le chien ?

Lisez le message de Mélanie et retrouvez les adjectifs qui montrent qu'elle a aimé le roman d'Anna Gavalda.

pudique, agréable, attachant, bref, distrayant, direct, trop, léger, drôle, simple

Retrouvez à quels mots se rapportent les adjectifs listés dans l'activité précédente.
a. une lecture
b. un style
c. des personnages
d. des aventures

L'expression de la volonté
Je veux que tu prennes ces cartons de livres.
Bonjour, je voudrais bien emprunter ce roman.
L'auteur a exigé que son nom soit modifié.
L'éditeur a ordonné la modification du chapitre II.

Répondez aux deux questions posées.
a. Que souhaite Mélanie ?
b. Que voudrait Mélanie ?

DONNER SES IMPRESSIONS

La Guerre des Boutons

Depuis plusieurs générations, les enfants de deux villages voisins se font la guerre. Les uns sont de Longeverne, les autres de Velrans. Face à Lebrac et ses fidèles lieutenants se dressent l'Aztec des Gués et ses troupes. Le jour où une insulte jusque-là inconnue est lancée par ceux de Longeverne, une guerre aussi terrible qu'inattendue est déclarée : l'impitoyable guerre des boutons. Écrit en 1911, ce roman, devenu un classique, nous démontre que les enfants du siècle passé n'avaient rien à envier à nos chérubins. L'épopée truculente de Louis Pergaud, évoque l'amitié, parfois mêlée de cruauté, avec une verve réjouissante.

1

2

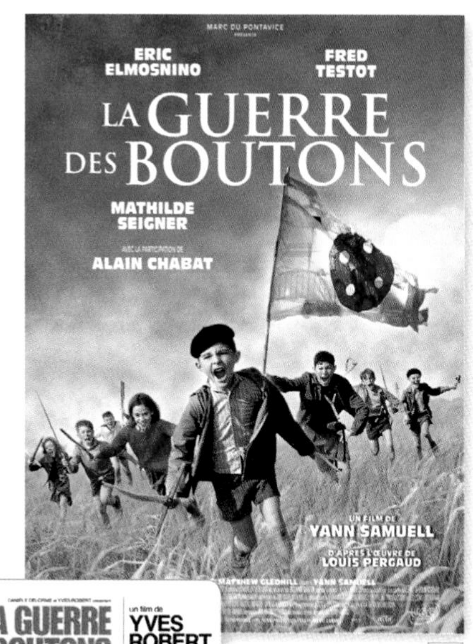

3

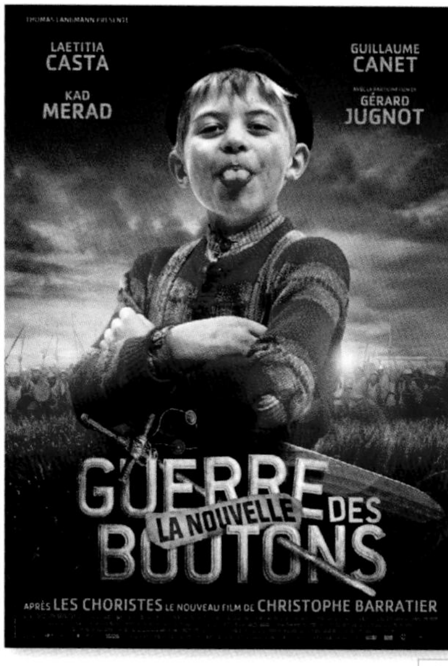

4

7

Lisez le document 1 et observez les affiches. Expliquez le lien entre les quatre documents.

8 DVD > *Piste 34*

Écoutez et répondez.

a. En quelle année a été enregistré ce document ?

b. En quelle année est sorti le film d'Yves Robert ?

c. Quelle(s) question(s) a/ont été posé(es) aux spectateurs ?

9 DVD > *Piste 34*

Écoutez à nouveau et retrouvez le film préféré de chaque spectateur.

	1	2	3	4	5	6	7	8
Film de Y. Samuell								
Film de C. Barratier								
Film d'Yves Robert								
Ne se prononce pas								

10 DVD > *Piste 34*

Écoutez à nouveau et notez les arguments en faveur ou en défaveur des trois films.

	Film de Y. Samuell	Film de C. Barratier	Film d'Yves Robert
Arguments favorables			
Arguments défavorables			

11  

Échangez avec votre voisin : après avoir entendu les réactions des spectateurs, lequel de ces films auriez-vous envie de voir ? Pourquoi ?

Exprimer une appréciation

C'est dommage. / Je regrette de ne pas avoir vu le film.

Il est surprenant / Ça m'étonne que tu ne donnes pas ton avis.

Je crains / Ça me fait peur de voir des images choquantes.

Nous sommes contents / heureux d'assister à cet évènement.

Ça m'amuse / Ça m'énerve qu'on fasse autant de publicité autour de cet acteur.

J'aime mieux la version de Barratier.

Ça me plaît de revoir un classique.

Je suis désolé(e) que tu n'aies pas aimé.

Ça me dégoûte / Ça me choque qu'il parte avant la fin.

Vocabulaire

Autour du roman

1. 

Constituez des couples avec les mots qui ont le même sens.

un polar le public des personnages une histoire
un éditeur un auteur des héros **les lecteurs**
un écrivain une maison d'édition une intrigue
un roman policier

2. 

Écoutez puis complétez les phrases avec des mots de l'activité précédente. Attention, plusieurs réponses sont possibles !

a. … , le roman noir ou le polar connaît un succès grandissant.
b. Certaines petites … se sont spécialisées dans … .
c. … s'amusent à livrer aux lecteurs … souvent infréquentables.
d. Les auteurs vedettes de … plongent souvent … dans l'effroi.
e. Le polar, ça marche aussi parce que le style … est à la hauteur.

3. 

Littérature
En vous aidant des lettres données, retrouvez dix mots liés au roman.

a. un AEUU + RT = …
b. un CLRT + EEU = …
c. un LPR + AO = …
d. une HRST + EIIO = …
e. un EEIU + DRT = …
f. un AEII + CNRV = …
g. un GNNPSR + AEEO = …
h. la NNRRT + AAIO = …
i. une EIIU + GNRT = …
j. une AAAIO + DNPTT = …

Grammaire

Le subjonctif – Formation

J'aimerais bien que tu lises plus pour que tu puisses découvrir de nouveaux écrivains.

Le subjonctif sert à **présenter une action, ou un état considérés comme possibles** sans certitude, contrairement à l'indicatif (qui sert généralement à exprimer une action ou un état considérés comme réels).

• Le subjonctif présent se forme à partir de la 3e personne du pluriel du présent de l'indicatif + -e, -es, -e, -ions, -iez, -ent.

Ils **chant~~ent~~**

que je chante	que nous chantions
que tu chantes	que vous chantiez
qu'il / elle chante	qu'ils / elles chantent

• Pour les 1ère et 2ème personnes du pluriel, la forme est identique à celle de l'imparfait.
Elle voudrait que nous achetions ce livre.
Il aimerait que vous visitiez la bibliothèque où il travaille.

• Certains verbes ont des formes irrégulières.
Être → que je sois / que nous soyons
Savoir → que je sache / que nous sachions
Avoir → que j'aie / que nous ayons
Pouvoir → que je puisse / que nous puissions
Faire → que je fasse / que nous fassions
Vouloir → que je veuille / que nous voulions
Aller → que j'aille / que nous allions
Il faut que nous allions au prochain Salon du livre.
Elle préférerait que je sois avec elle pour cette journée.

1.

Retrouvez l'infinitif de chaque verbe au subjonctif.

a. Les lecteurs aimeraient que les auteurs soient plus accessibles.
b. Son éditeur voudrait qu'elle finisse d'écrire rapidement cette nouvelle.
c. Nous voudrions que tu ailles à la médiathèque cet après-midi.
d. Sa maison d'édition a exigé qu'il fasse une séance de dédicaces.
e. Je lui ai apporté son ordinateur pour qu'il réponde aux courriers de ses lecteurs.

2. 

Complétez les phrases avec les verbes proposés au subjonctif.

avoir – choisir – écrire – aller – pouvoir

a. Cette année, je préférerais que le prix Goncourt ... à un jeune écrivain encore inconnu.
b. L'éditrice nous a montré plusieurs couvertures pour que nous ... celle que nous préférons.
c. Il faut que son nouveau roman ... de meilleures critiques que le précédent.
d. Nous aimerions que cette romancière ... une nouvelle enquête policière.
e. Elle voudrait bien que certains extraits de son livre ... être accessibles sur Internet.

3. 

Choisissez un élément de chaque groupe et imaginez des phrases.

Je voudrais que	Je désire que	vendre faire être
J'aimerais que	Il faut que	imaginer avoir
Je souhaite que	pour que	rencontrer prendre

4. 

Vous discutez avec votre voisin pour savoir quelles sont les caractéristiques d'un bon roman et vous notez vos réponses.

Pour qu'un roman soit bon, il faut que l'histoire soit surprenante.

Le subjonctif – Emplois

• On emploie le subjonctif **lorsque les deux sujets de la phrase sont différents** et que le verbe principal exprime :

– un sentiment, une émotion, une crainte.
Je m'étonne que tu sois ému par ce film.
Je crains que ce type d'humour ne te plaise pas.

– une volonté, un souhait.
Nous aimerions que tu lises le livre pour pouvoir comparer. / Il voudrait qu'on en finisse avec cette guerre des boutons !

– un doute, une incertitude, une possibilité ou une impossibilité.
Je doute que ces adaptations soient à la hauteur de la version originale.

– une nécessité, une obligation.
Il faut que vous alliez voir le film avant de le critiquer !

Attention !
Je pense que tu vas préférer cette version.
→ *Penser* est à la forme affirmative : il n'y a pas de doute donc on emploie l'indicatif.
Je ne pense pas que ce film puisse remporter un grand succès.
→ *Penser* est à la forme négative : il y a un doute donc on emploie le subjonctif.

• Certaines locutions exprimant le but, l'opposition, la condition ou la concession sont suivies du subjonctif.
– afin que, de sorte que, pour que – sans que, quoique
– bien que, pour autant que

Attention !
Contrairement à l'usage courant, *après que* doit être suivi de l'indicatif.
Tu pourras critiquer la mise en scène, après que tu auras vu le film.

5. 

Reliez les deux phrases en utilisant le subjonctif.

Je regrette. Vous n'aimez pas ce film. → *Je regrette que vous n'**aimiez** pas ce film.*

a. Je suis contrariée. Mon pass cinéma n'est plus valable.
b. Nous avons peur. Il ne reste plus de place pour cette séance.
c. Elle est étonnée. Nous préférons les films en V.O. non sous-titrés.
d. Les spectateurs sont tristes. L'héroïne meurt à la fin du film.

6. 

Terminez les phrases suivantes.

a. Je ne connais pas cette actrice bien que...
b. Partons vite avant que...
c. Il est devenu banal de télécharger des films sur Internet quoique...
d. Tu ne quitteras pas cet endroit sans que...
e. Vous pourrez lui parler après que...

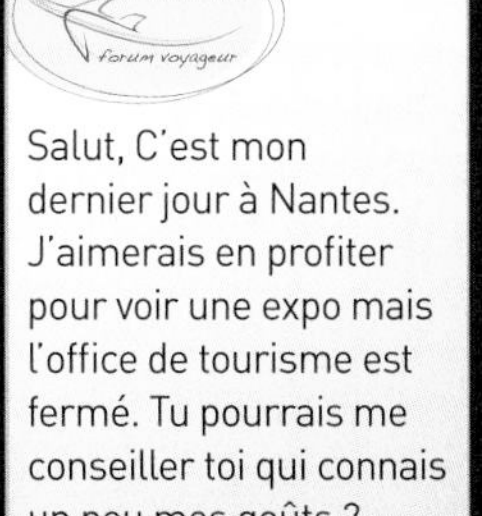

Salut, C'est mon dernier jour à Nantes. J'aimerais en profiter pour voir une expo mais l'office de tourisme est fermé. Tu pourrais me conseiller toi qui connais un peu mes goûts ?

Choisir une exposition

Recherche

VILLE DE Nantes

Les incontournables

Des machines de rêve

À deux pas du centre-ville, en bordure de Loire, les nefs des anciens chantiers navals ont subi, en 2007, une spectaculaire transformation. Dans l'esprit « industriel », les hangars renferment toujours des machines mais des machines qui font rêver. Figure emblématique des lieux, l'éléphant gigantesque déambule autour des nefs, en barrissant et crachant de l'eau sur les passants. Après la balade en éléphant, le voyage dans ce monde féerique peut se poursuivre pour les enfants sur le manège d'Andréa. Pendant ce temps, les parents pourront se détendre sur la terrasse du Café de la Branche.

Quinzaine de la photographie nantaise

Créée et organisée par un petit groupe de passionnés de photographie, cet événement a l'ambition de promouvoir la photographie contemporaine, les créateurs et les plasticiens grâce à la découverte des images d'auteurs reconnus et de jeunes artistes de talent. La Quinzaine propose des expositions dans des lieux répartis dans le centre historique de Nantes. Visiter la Quinzaine, c'est effectuer un parcours à travers la photographie contemporaine.

Les expositions sont toutes gratuites.

Journées du Patrimoine 2011

Sur les pas de Jules Verne

À l'occasion des Journées du Patrimoine, le Musée Jules Verne propose un circuit découverte *Sur les pas de Jules Verne* le dimanche 18 septembre à 15h.

L'occasion de découvrir à travers Nantes les lieux où vécut Jules Verne, véritables sources d'inspiration de l'écrivain pour plusieurs de ses romans.

Cette visite gratuite sera accessible aux personnes sourdes et malentendantes, un interprète professionnel de Service Signes 44 accompagnera ce parcours.

Rendez-vous au 4 cours Olivier de Clisson, face à l'Office de tourisme de Nantes Métropole.

Inscriptions auprès du Musée Jules Verne.

Musée Jules Verne
3 rue de l'Hermitage
44100 Nantes
02.40.69.72.52
musee-julesverne@mairie-nantes.fr

Je lis le message de Simon sur le forum. Je consulte le site et je relève les informations pour les trois manifestations culturelles.

a. Lieu
b. Durée
c. Prix
d. Intérêt culturel
e. Informations pratiques

2 

Tous ensemble, on détermine les goûts culturels de Simon.

À NANTES

Avec mon voisin, on discute de l'exposition qui nous semble la plus intéressante et la plus susceptible de plaire à Simon.

J'écris un message à Simon pour lui rendre compte de mes recherches et lui donner mes impressions sur les expositions en cours.

Faire un projet d'exposition

Je lis la réponse de Simon puis j'écris un texto à mon amie Frankie pour lui demander des conseils. Elle est artiste et a l'habitude de monter des expositions.

DVD > *Piste 36*

J'écoute le message que Frankie a laissé sur ma messagerie et je prends des notes.

Je récapitule les étapes importantes du montage d'une exposition dans un message sur le forum.

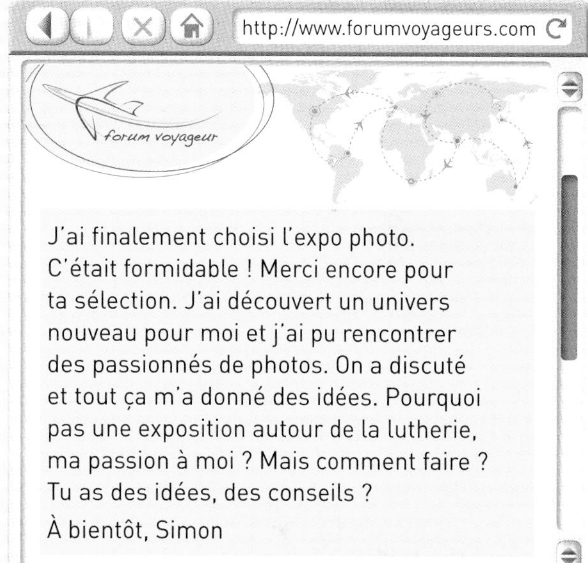

J'ai finalement choisi l'expo photo. C'était formidable ! Merci encore pour ta sélection. J'ai découvert un univers nouveau pour moi et j'ai pu rencontrer des passionnés de photos. On a discuté et tout ça m'a donné des idées. Pourquoi pas une exposition autour de la lutherie, ma passion à moi ? Mais comment faire ? Tu as des idées, des conseils ?

À bientôt, Simon

Organiser une exposition.

Étape 1 : On choisit ensemble le thème de l'exposition.

Étape 2 : On choisit un lieu pour exposer (un local associatif, le centre culturel de la ville, un café, une médiathèque, le hall d'un établissement…) et une date. On fait trois groupes.

Étape 3 : On communique autour de l'événement : le premier groupe réalise des tracts et des affiches attrayantes pour signaler l'exposition.

Étape 4 : Le deuxième groupe organise un événement de lancement : le vernissage (on lance les invitations et on prévoit de quoi boire et grignoter).

Étape 5 : Le troisième groupe prévoit quelques plaquettes expliquant le projet et le contenu de l'exposition pour les visiteurs qui n'auraient pas assisté au vernissage.

X à écrire

Rédiger une critique de film, de roman

Critique du film

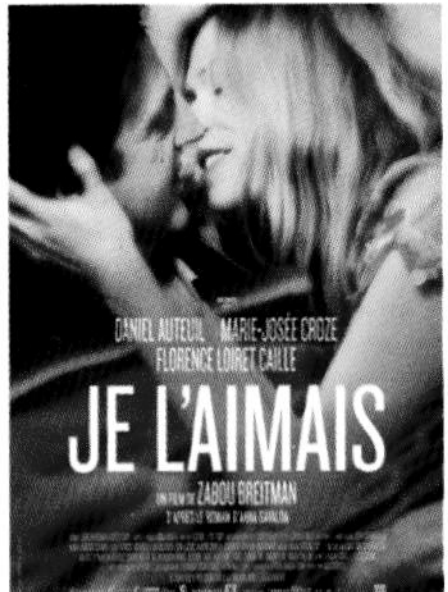

Le film *Je l'aimais* est un drame d'1 h 52 min réalisé par Zabou Breitman d'après le roman d'Anna Gavalda.
En une nuit, Pierre va partager avec sa belle-fille Chloé ce grand secret qu'il garde depuis vingt ans. Il n'a jamais parlé de cet amour pour Mathilde qu'il a abandonné pour une route plus sûre. En une nuit, nous découvrons la vie d'un homme qui n'a pas osé.
Troisième réalisation de Zabou Breitman, cette adaptation est sans aucun doute sa plus belle. La cinéaste mélange les récits entre passé et présent avec l'aide d'acteurs magnifiques. Daniel Auteuil, dans le rôle de Pierre, est comme figé face à l'échec de sa vie. Son immense solitude nous touche. Avec ce nouveau long métrage, Zabou Breitman s'inscrit définitivement comme une cinéaste qui compte.

Critique du roman

Je l'aimais est un roman écrit par Anna Gavalda et publié aux éditions J'ai lu en 2003.
Adrien est parti. Chloé et leurs deux filles sont sous le choc. Le père d'Adrien apporte à la jeune femme son réconfort à sa manière, sans accabler son fils, tout au long d'une émouvante confidence. Ce livre est facile à lire mais il lui manque quelque chose, un peu de profondeur sans doute. Les émotions sont présentes mais pas très intenses et la morale du roman reste simpliste. Cependant, l'idée de confronter le beau-père et la belle-fille autour du départ du fils est originale. L'autre roman d'Anna Gavalda *Je voudrais que quelqu'un m'attende quelque part* reste donc celui à lire en priorité.

Voir toutes les critiques

Conseils / stratégies

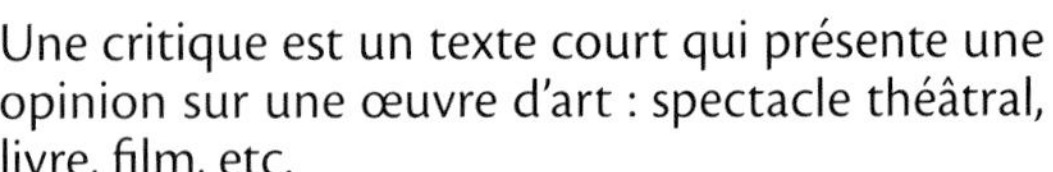

Pour rédiger une critique

Une critique est un texte court qui présente une opinion sur une œuvre d'art : spectacle théâtral, livre, film, etc.

Ce texte, souvent signé, comporte trois parties : informative, narrative, argumentative.

- La **partie informative** apporte des informations sur l'œuvre et permet de présenter plus précisément l'objet de la critique : le nom de l'œuvre, l'auteur, la date, la durée, la maison d'édition...
- La **partie narrative** résume et présente l'histoire sans en révéler la fin : il s'agit d'un bref résumé de l'intrigue avec une présentation rapide des personnages principaux.
- La **partie argumentative** présente l'opinion justifiée par des arguments : des arguments positifs et négatifs reliés par des connecteurs logiques, une conclusion qui résume l'opinion générale sur le livre et ouvre vers d'autres lectures.

L'utilisation de « je » est à éviter.

1 

Éliminez les éléments qui ne sont pas présents dans une critique.

a. le nom de l'œuvre
b. la biographie de l'auteur
c. une opinion globale
d. la qualité d'écriture
e. le thème, le sujet
f. le prix du livre
g. la qualité de la réalisation
h. le nom du réalisateur
i. le résumé de l'histoire
j. le nom de l'écrivain
k. le coût du film
l. la durée
m. le nombre de spectateurs
n. le jeu des acteurs
o. une conclusion
p. le nom des acteurs
q. un extrait du roman

2 

Remettez dans l'ordre les différents éléments présents dans une critique.

a. Le résumé de l'histoire et la présentation des personnages.
b. Une conclusion générale.
c. Des éléments informatifs sur l'œuvre.
d. Des arguments positifs et/ou négatifs.

3  

Rédigez une critique du dernier film que vous avez vu ou du dernier livre que vous avez lu, puis lisez-la à votre voisin.

 à dire

Critiquer une œuvre

1  > *Piste 37*

Écoutez l'extrait d'une pièce de théâtre. Dites si les informations sont vraies ou fausses.

a. Les visiteurs sont dans un musée.
b. Des visiteurs commentent un tableau de Picasso.
c. L'un des visiteurs n'aime pas les musées.
d. Une femme est à la recherche des sculptures de Kandinsky.
e. L'une des visiteuses admire les couleurs du printemps dans son œuvre.
f. L'un des visiteurs est déçu : il trouve *La Vénus de Milo* trop petite.

2 

Vous avez vu un spectacle, un film, une exposition ou lu un livre que vous n'avez pas aimé. Faites part de vos critiques à votre voisin.

Conseils / stratégies

Pour critiquer une œuvre

• **Décrire l'œuvre.**
Expliquer de quoi il s'agit (un tableau, une sculpture, une installation...), à quoi elle ressemble (couleur, taille, forme, matériaux, style...), où elle se trouve (dans quel pays, dans quel musée ou galerie elle est exposée), la date de sa réalisation, sa signification, ce que le public en pense en général, la manière dont elle est perçue.

• **Présenter l'artiste.**
Donner des indications sur le créateur de l'œuvre : son nom, sa nationalité, quelques éléments de sa biographie, des informations sur d'autres œuvres dont il est l'auteur.

• **Exprimer des critiques positives.**
Se reporter aux encadrés jaunes des pages 82 et 89.

• **Exprimer des critiques négatives.**
C'est banal. / Ce n'est pas original.
C'est absurde. / C'est ridicule.
Quel intérêt ? / C'est ennuyeux.
J'ai trouvé ça... + adjectif
C'est laid. / Ce n'est pas beau. / C'est moche. (familier) / *C'est affreux !*
Ce n'est pas bien. / C'est mauvais. / C'est complètement nul !
Ça ne me plaît pas / Je n'aime pas du tout. / Je déteste.

Phonétique

Les voyelles nasales [ɛ̃] – [ɑ̃] – [ɔ̃]

1. 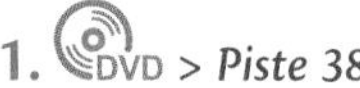 > *Piste 38*

Écoutez ces phrases et complétez les mots avec les lettres « in », « im », « ain », « an », « en », « em », « on » ou « om ».

L'art c...t...por... est prés...t partout d...s le C...tre P... pidou. ... peut y voir des collecti...s perman...tes et des expositi...s t...poraires. Des visites comm...tées s...t souv...t proposées aux n...breux visiteurs. Sel... l'ag...da du musée, ... peut assister à des c...fér... ces-débats passionn...tes. ...f..., et c'est b... à savoir, ... deven...t adhér...t, ... peut bénéficier de n...breux av...tages.

2. DVD > *Piste 39*

Écoutez cette petite biographie du sculpteur François Pompon et répétez-la à voix haute.

François P**om**p**on**, **an**ci**en** disciple de Rod**in**, est devenu **un** gr**an**d sculpteur animalier. Une de ses célèbres œuvres est **un** **im**m**en**se ours bl**an**c d**on**t les formes **on**t été s**im**plifiées. Il aimait pr**en**dre ses modèles au jard**in** des Pl**an**tes ou près de sa mais**on** de c**am**pagne. À soix**an**te **an**s, il se retrouve s**an**s travail et devi**en**t **un** s**im**ple **em**ployé d**an**s **un** gr**an**d magas**in**.

Semaine 6

B1.1

RENDEZ-VOUS 1

- **À découvrir**
  - Exprimer la peur, l'inquiétude
  - Rapporter des propos
- **À savoir**
  - Le monde associatif
  - Les usages des pronoms *y* et *en*
  - Le discours indirect au présent

RENDEZ-VOUS 2

- **À découvrir**
  - Exprimer l'obligation, l'interdit
  - Exprimer le regret, formuler des reproches
- **À savoir**
  - Les mots de la solidarité et du bénévolat
  - La place des doubles pronoms
  - Le conditionnel passé

À faire

Organiser une fête de quartier

À écrire, à dire

Rédiger un courriel de demande d'informations

Exposer un projet

LUNDI

matin	après-midi	soirée

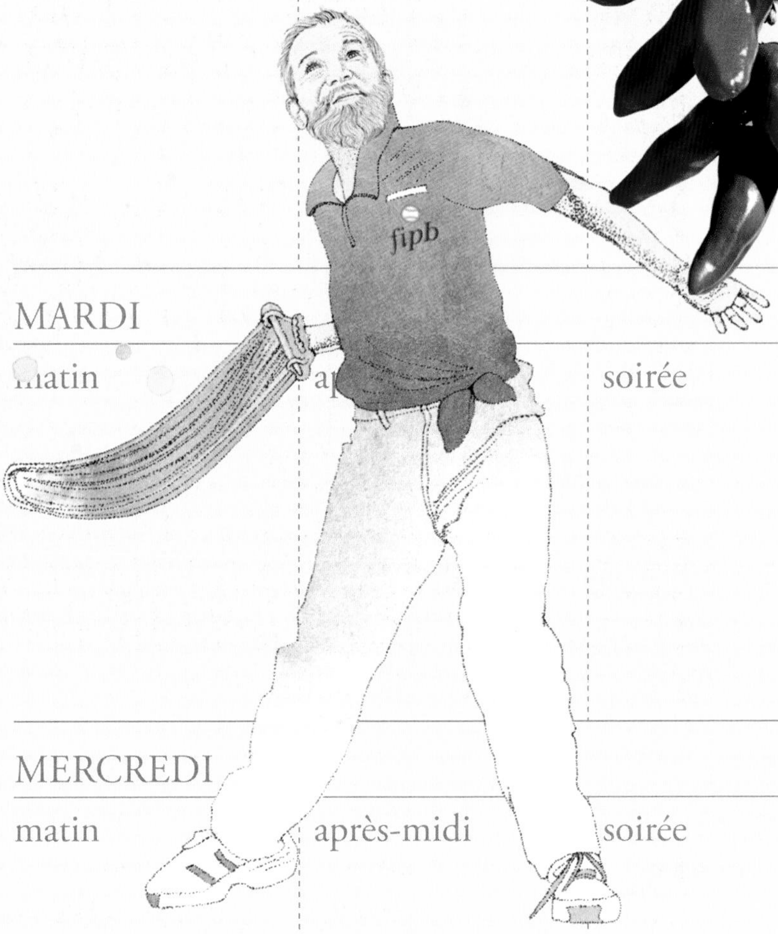

MARDI

matin	après-midi	soirée

MERCREDI

matin	après-midi	soirée

fipb

À BAYONNE

VENDREDI

matin

SAMEDI

matin

après-midi

soirée

DI

ma

Notes

Je peux :

- Expliquer le mot « bénévole » ?
- Trouver 3 mots liés à la solidarité ?
- Exprimer un regret et faire un reproche à quelqu'un ?

semaines 1 2 3 4 5 6 7 8 9 10 11 12

EXPRIMER LA PEUR, L'INQUIÉTUDE

1 

Avec votre voisin, observez l'affiche et imaginez quel est le rôle des Associations pour le Maintien de l'Agriculture Paysanne, les AMAP.

2  *> Piste 40*

Écoutez le document et remettez les informations dans l'ordre.

a. Dans les AMAP, on propose des produits variés, de bonne qualité et sans pesticides.
b. Les AMAP se développent rapidement car les Français veulent acheter localement.
c. Être amapien est un véritable engagement : on devient consomm'acteur.
d. Les maîtres mots de l'AMAP sont « échange, partage, convivialité et solidarité ».
e. Ce partenariat permet à l'agriculteur de produire des quantités adaptées à la demande.
f. Les AMAP mettent en relation des consommateurs et des producteurs locaux.

3  *> Piste 40*

Écoutez à nouveau. Retrouvez les informations qui se rapportent au consommateur et celles qui se rapportent au producteur.

a. Être engagé sur le plan économique.
b. Acheter à l'avance une partie de la récolte.
c. Fournir des produits de grande qualité.
d. Faire preuve de solidarité avec l'agriculteur.
e. Assurer une transparence sur la vie de l'exploitation et les produits fournis.
f. Être engagé sur le plan moral.

4 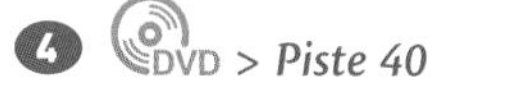 *> Piste 40*

Écoutez à nouveau et reconstituez les phrases proposées.

a. Le responsable de l'AMAP craignait que...
b. L'agricultrice n'a plus peur du...
c. Une amapienne s'inquiète beaucoup de...
d. Un amapien est angoissé à l'idée qu'...

1. gaspillage depuis que le surplus de production est redistribué.
2. il y ait des OGM – organismes génétiquement modifiés – dans ce qu'il mange.
3. l'engagement financier réduise le nombre d'adhérents.
4. la présence de pesticides dans l'alimentation de ses enfants.

L'expression de l'inquiétude, de l'angoisse, de la peur

Elle s'inquiète beaucoup de la présence de pesticides.
Cet homme est angoissé, anxieux, à l'idée qu'il puisse y avoir des OGM dans son assiette.
L'agricultrice a peur du gaspillage si les légumes ne sont pas donnés aux associations.
De peur que / De crainte qu'il n'y ait pas assez d'adhérents, ils ont renoncé à ce projet.
Il craint que le prix ne soit trop élevé pour les clients.
Les consommateurs redoutent une augmentation du prix des légumes.
Que faire si nous ne trouvons pas d'agriculteurs pour notre AMAP ?
C'est vraiment inquiétant si l'association n'accueille plus de nouveaux bénévoles !

5 

Et vous, êtes-vous inquiet par rapport à votre alimentation ? Avez-vous peur de manger des aliments mauvais pour la santé ? Donnez votre avis en utilisant les expressions du post-it.

RAPPORTER DES PROPOS

Du troc pour s'entraider

Réunion nationale des systèmes d'échange locaux, des associations d'entraide.

Plus de 400 « Sélistes » venus de toute la France sont réunis cette semaine pour leurs Rencontres annuelles.

Les Sélistes sont des adeptes des systèmes d'échange locaux (Sel), des associations qui pratiquent « l'échange de services, de biens et de savoirs », explique Sylvie Baffrey, responsable de la communication des rencontres.

Concrètement, les Selistes échangent via une monnaie virtuelle, baptisée « grain ». Pour les services, qu'il s'agisse de ménage ou de dépannage informatique, une minute de travail vaut une unité de monnaie. Quant aux biens, « on fait des bourses d'échange, parfois sans grain ». On tend presque à des dons... », précise Évelyne Lyphout, présidente du Sel de Monétay-sur-Allier.

Ces échanges locaux n'ont rien à voir avec du travail au noir ou du commerce frauduleux. Ceux qui proposent une coupe de cheveux ou la tonte de la pelouse « ne sont pas des professionnels », rappelle Sylvie. Il s'agit davantage d'un échange de bons procédés. « Une personne retraitée ou au chômage peut donner de son temps et faire plein de choses, mais la société ne veut pas d'elle », déplore-t-elle.

Le Sel « permet de prendre confiance en soi », souligne Sylvie. Elle martèle que la devise de tous les Sel est : « Privilégier le lien plutôt que le bien. » D'ailleurs, interrogés sur leurs associations, la plupart des Sélistes évoquent davantage les rencontres, et les relations qu'ils ont tissées, que d'éventuelles bonnes affaires.

Il y a trois motivations pour adhérer à un Sel. L'une, économique : des gens qui habitent en HLM peuvent avoir des

1

fruits et légumes bio, du soutien scolaire... Ensuite, cela permet de tisser des liens, de sortir de la solitude. Enfin, l'objectif est de changer la société. Les Sélistes sont des citoyens engagés, tournés vers les autres et impliqués dans d'autres associations sociales et solidaires. Sans doute parce qu'il y a beaucoup à faire...

Renseignements sur : www.selidaire.org

2

Les verbes de déclaration

Dire, déclarer, expliquer, raconter
« Les Sel pratiquent l'échange de services » explique Sylvie Baffrey.

Ajouter, préciser, compléter, souligner, rappeler
Le SEL « permet de prendre confiance en soi », souligne-t-elle.

Demander, répondre, rétorquer
Je lui demande quel service il peut rendre.

Confirmer, assurer, garantir
« Nous privilégions le lien », assure-t-elle.

Avouer ≠ nier, admettre, reconnaître, déplorer
« Il y a encore beaucoup à faire », admettent les Sélistes.

Avec votre voisin, décrivez le document 1. Quelle pratique illustre-t-il selon vous ?

Lisez l'article 2. Relever la définition des quatre mots.
a. un Sel b. un Séliste c. le troc d. un grain

Lisez à nouveau l'article et relevez :
a. cinq exemples de services proposés par les Sélistes.
b. la devise des SEL.
c. trois motivations pour adhérer à un SEL.

Parmi les éléments suivants, retrouvez ceux qui ne correspondent pas aux valeurs des Sel.
entraide – fraude – confiance – argent – amitié – soutien – isolement – sociabilité – humanité – solitude – engagement – solidarité

Échangez avec votre voisin puis rapportez ses propos.
Que pensez-vous des SEL ? Un tel système existe-t-il chez vous ? Quel service ou savoir pourriez-vous proposer à l'échange ? Expliquez.
Elle dit que...

Vocabulaire

Le monde associatif

Les associations mises à l'honneur

Manifestation conviviale permettant d'y voir plus clair dans le vaste paysage associatif et véritable lieu d'échanges et de contacts, le Forum des associations a connu, cette année encore, un véritable succès.

Pour l'occasion, une trentaine d'associations sportives, culturelles ou encore humanitaires sont venues se faire connaître afin de promouvoir leurs différentes activités, de rencontrer de nouveaux bénévoles et de créer des liens. Les visiteurs ont pu, quant à eux, découvrir ou redécouvrir la diversité et la vitalité du tissu associatif. Pour les aider à faire leur choix parmi les nombreuses disciplines présentées, ils ont pu participer à diverses démonstrations organisées par d'anciens adhérents. Il y en avait pour tous les goûts, toutes les passions et tous les âges.

Pour clore cette belle journée associative, les visiteurs ont pu partager un repas offert par la municipalité.

1. 

Lisez l'article et retrouvez les adjectifs associés à chaque nom. Attention ! Un adjectif peut être associé à plusieurs noms.

noms	adjectifs
le paysage	anciens
des associations	différentes
des activités	nombreuses
des bénévoles	sportives
le tissu	associatif
les disciplines	nouveaux
les adhérents	humanitaires
	culturelles

2. 

Avec votre voisin, relisez l'article et identifiez les activités proposées par les associations présentes au Forum des associations.

Grammaire

Les usages des pronoms *y* et *en*

Je m'y rends tous les 15 jours.
Elle s'y est inscrite hier.
Il n'en utilise pas pour ses cultures.

- **Y** remplace :
  - une expression de lieu introduite par *à / en / dans / sur*.
  Je me suis fais des amis à l'AMAP.
  → *Je m'y suis fait des amis.*
  - le complément d'un verbe introduit par *à*.
  L'agricultrice s'est engagée à ne pas utiliser de pesticides.
  → *L'agricultrice s'y est engagée. (S'engager à)*

- **En** remplace :
  - un nom précédé par *un(e), du, de la, de(s)*.
  Nous avons dû refuser des adhérents.
  → *Nous avons dû en refuser.*
  - le complément d'un verbe introduit par *de*.
  Les légumes sont distribués aux associations qui en ont besoin. (Avoir besoin de quelque chose)
- Il existe plusieurs expressions figées avec *y* ou *en*.
  Je m'en vais. / Il n'en est pas question. / Où en est-on ? / On ne s'y retrouve pas.

1. 

Retrouvez à quels mots correspondent chacun des pronoms *y* et *en*.
de l'association – à ton alimentation – aux producteurs locaux – des fruits et des légumes

a. Nous avons envie de nous en occuper aussi.
b. Les Français y pensent de plus en plus souvent.
c. Tu y fais vraiment très attention.
d. Les amapiens ont la possibilité d'en manger de très bons.

2.

Transformez les phrases en utilisant *y* et *en*.
Les enfants adorent venir à l'AMAP avec leurs parents.
→ *Les enfants adorent **y** venir avec leurs parents.*

a. Ils se souviennent de l'époque où ils cultivaient eux-mêmes leurs légumes.
b. Les bénévoles réfléchissent au moyen de trouver d'autres adhérents.
c. Vous vous intéressez beaucoup aux nouveaux systèmes d'échanges.

3.

Imaginez une phrase puis demandez à votre voisin de la transformer en utilisant *y* ou *en*.

*Il parle souvent de son association. → Il **en** parle souvent.*

4.

Petites devinettes.
Proposez à votre voisin une phrase avec *y* ou *en* pour lui faire deviner un objet.

*On **en** prend un pour transporter les courses. → Un panier.*
*On **y** va quand on est malade. → Chez le médecin.*

Le discours indirect au présent

Il dit qu'elle achète des légumes bio.

Le discours indirect ou rapporté **permet de rapporter des paroles ou des pensées.** On l'utilise avec des verbes qui expriment une déclaration ou qui posent implicitement une question.

Le passage du style direct au style indirect implique des transformations.

- À l'écrit, les guillemets (« ») et les deux points (:) disparaissent.
- Les pronoms personnels et les adjectifs possessifs changent et prennent la forme de ce à quoi ils se rapportent.
Elle dit à son ami : « Je suis d'accord avec toi. » → Elle dit qu'elle est d'accord avec lui.
- Les phrases énonciatives sont introduites par *que*.
Ils disent : « Nous n'avons rien à proposer. » → Ils disent qu'ils n'ont rien à proposer.
La terminaison verbale correspond au nouveau sujet.
- Les phrases interrogatives simples sont introduites par *si* (**si + il(s) = s'il(s)**).
« Appartenez-vous à une association ? » → Elle me demande si j'appartiens à une association.
- Les pronoms interrogatifs *où, quand, comment, pourquoi*... sont maintenus.
« Comment avez-vous entendu parler de notre association ? » → Il lui demande comment il a entendu parler de leur association.
- Un verbe à l'impératif se transforme en *de* + infinitif du verbe.
« Viens avec moi. » → Il me demande de venir avec lui.

Attention !

- *Qu'est-ce que* et *que* au style direct deviennent *ce que* au style indirect.
« Que vendez-vous ? »
→ Elle nous demande ce que nous vendons.
- *Qu'est-ce qui* devient *ce qui. Qui, qui est-ce qui, qui est-ce que* deviennent *qui.*
« Qu'est-ce qui t'arrive ? »
→ Elle me demande ce qui m'arrive.

5.

Mettez les propos suivants au style indirect.

a. « Les Sélistes pratiquent l'échange de services, de biens et de savoirs », explique Sylvie Baffray.
b. « Ceux qui proposent ces services ne sont pas des professionnels », rappelle Sylvie.
c. « Une personne retraitée ou au chômage peut donner de son temps » affirme-t-elle.
d. Au départ, certains Sélistes disent : « Je ne peux rien apporter ».

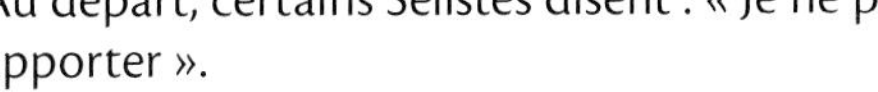

6. DVD > *Piste 41*

Écoutez. Retrouvez l'ordre du dialogue puis mettez-le au style indirect.

a. Deux ans ! Ben, pour moi c'est la première fois.
b. Non, j'ai l'habitude du troc.
c. C'est la première fois que tu viens au SEL ?
d. Ah bon, tu troques depuis longtemps ?
e. Depuis deux ans.
f. C'est Charlotte qui m'a parlé de cet endroit.
g. Tu verras, c'est pratique et sympa.
h. Pourquoi tu viens ici ?

7.

Remédiation
À trois, choisissez une situation et jouez-la.

a. Votre voisine est un peu sourde : elle n'entend pas ce que le facteur essaye de lui expliquer au sujet d'un colis qu'il a pour elle. Vous jouez les porte-voix.
b. Une touriste étrangère demande son chemin dans la rue mais elle a un fort accent et son interlocuteur ne la comprend pas. Il lui répond en anglais, elle ne parle pas cette langue. Vous jouez les interprètes.

À partager

Les fêtes de Bayonne

© Benoît Labarthe

LES FÊTES DE BAYONNE

Elles sont célébrées depuis 1932. Près de 80 ans après la première édition, l'esprit de fête traditionnel et populaire n'a pas changé. Les associations y veillent. Devenues un rendez-vous incontournable de l'été, elles durent 5 jours, du premier mercredi d'août au dimanche suivant. De nombreuses animations rythment les festivités : pelote basque, bandas (groupes de musiciens), danses, défilés de chars, corridas...

LA PEÑA ARDUKARI

C'est une association culturelle et sportive dont les membres se retrouvent tous les étés à l'occasion des fêtes de Bayonne et du traditionnel Encierro Txiki du jeudi matin destiné aux plus jeunes festayres. De plus, vendanges, visites de caves et châteaux, bonnes tablées, apéros tapas, sorties en montagne (randonnée ou ski), activités sportives diverses contribuent à la bonne santé de la peña depuis 20 ans.

Devinez.

1 *Quelle est cette langue ?*

Lisez cette phrase.
Dans quelle langue est-elle écrite ?

*Egun on ! Euskara badakizu ?**

Regardez. 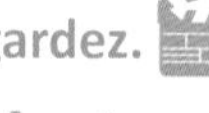

2 *Qu'est-ce que c'est ?*

Regardez la vidéo et répondez aux questions.

a. Dans quel département se trouve la ville de Bayonne ?
b. De quel événement est-il question ?
c. Que font les Bayonnais ?

* « Bonjour ! Vous parlez le basque ? » en langue basque.

Regardez et écoutez. 

3 Quelles sont les festivités ?

Retrouvez les informations suivantes.

a. Durée des fêtes
b. Périodicité
c. Nombres de personnes attendues
d. Animations proposées

Écoutez.

4 Où sont les erreurs ?

Les affirmations suivantes sont erronées : rétablissez la vérité.

a. Les peñas sont des animations organisées lors des fêtes.
b. Les festayres sont des associations bayonnaises qui veillent à perpétuer l'esprit des fêtes.
c. Lors des fêtes, une journée est spécialement destinée aux personnes âgées.
d. Christophe Harambaru pense que les télés donnent une bonne image des fêtes.
e. Pendant les fêtes, tous les participants portent un foulard blanc.

LA CHARTE
DU FESTAYRE / PESTALIERRAREN HITZARMENA

Ami lointain, voisin proche ou frère, lis cette charte et pour passer un bon moment à chaque fête respectes-la !

1. *La ville qui t'accueille, son mobilier urbain et ses bâtiments tu ne dégraderas pas.*
2. *Les Bayonnais(es) et leurs biens tu respecteras.*
3. *Une tenue blanche et propre tu porteras.*
4. *Le respect des secouristes, des employés municipaux tu auras.*
5. *Les musiques vivantes et les animations dans la rue tu apprécieras.*
6. *L'alcool et la voiture tu n'associeras pas.*
7. *Le camping sauvage tu ne pratiqueras pas.*
8. *Les bouteilles en verre dans la ville tu n'amèneras pas.*
9. *Les comportements sexistes et violents tu n'auras pas.*
10. *Si cela ne te convient pas, reste chez toi ! Ez bazira ados, egon etxean !*

Écoutez.

5 Quel est l'esprit des fêtes ?

Complétez les propos des participants et de l'organisateur.

a. « L' ... , la ... , on partage des moments, [...] on prend le ... pour les fêtes. »
b. « On prend ... , on ... , on ... un petit bout et voilà. Nous, on ... une fois par an, on ... tout le monde et voilà c'est la fête. »
c. « Nous, on aime la fête donc on aime que tout le monde en ... aussi et que tout le monde sûrement ... . »

Exprimez-vous.

6 Quel festayre seriez-vous ?

Et vous, feriez-vous un bon festayre ? Expliquez pourquoi.

Exprimez-vous.

7 Et chez vous ?

Existe-t-il des associations culturelles ou sportives célèbres ? Quelles manifestations organisent-elles ? Dans quel but ?

 à découvrir

EXPRIMER L'OBLIGATION, L'INTERDIT

Je suis intéressée pour rendre des services (en échange d'un logement)

Je suis intéressée pour proposer un logement (en échange de services)

1 toit 2 générations
ÉTUDIANTS, SÉNIORS
le domicile partagé, pourquoi pas ?

Avec votre voisin, imaginez quels services propose l'association *1 toit pour 2 générations*.

 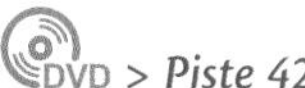 > *Piste 42*

Écoutez le document pour reconstituer la phrase suivante.

L'association / ou de petits services. / de leur présence / propose / aux étudiants / chez des personnes âgées / un logement gratuit / en échange / 1 toit pour 2 générations

  > *Piste 42*

Écoutez à nouveau et retrouvez les trois objectifs de l'association 1 toit pour 2 générations.

a. Rompre la solitude des personnes âgées.
b. Donner des cours gratuits aux étudiants.
c. Faciliter le logement étudiant.
d. Apporter des soins médicaux aux personnes âgées.
e. Recréer des liens intergénérationnels.
f. Faire gagner plus d'argent aux personnes âgées.

 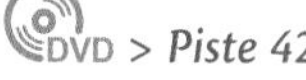 > *Piste 42*

Retrouvez les paroles de chaque personne.

Martin Cellier – Antoinette – Noémie

a. C'est une présence rassurante dans cette grande maison où je suis seule.
b. Il est indispensable qu'une relation de confiance et de respect s'établisse entre eux.
c. Quand ils arrivent chez les personnes âgées, ils savent qu'il y a des règles à respecter.
d. Il est nécessaire que l'étudiant s'adapte au mieux à la personne.
e. Je suis présente le soir et je l'aide dans les tâches quotidiennes.
f. Elle n'est pas obligée mais on dîne ensemble tous les soirs.
g. Les locataires sont surtout à la recherche de calme pour se concentrer sur leurs études !
h. J'ai tout le confort et le calme dont j'ai besoin.

Que pensez-vous de cette solution pour rompre la solitude et faciliter le logement étudiant ? Pourriez-vous y participer ? Expliquez.

Vous écrivez à l'association *1 toit pour 2 générations* pour proposer un logement. Expliquez ce que la personne que vous recherchez devra faire et ne pas faire.

Exprimer l'obligation

Le locataire doit participer aux frais de la maison.
La jeune femme est obligée d'aider sa logeuse.
Il est nécessaire que l'étudiant s'adapte au mieux.
Il est indispensable qu'une relation de confiance et de respect s'établisse.
Il est obligatoire de bien respecter les règles de la maison.
Il est impératif de participer à la vie de la maison.

Exprimer l'interdit

Vous ne devez pas fumer dans la maison.
Certaines personnes n'autorisent pas la visite d'amis.
Il ne faut pas parler trop fort !
On n'a pas le droit d'être en retard pour le dîner.
Interdiction de rentrer tard le soir.
Arrêtez de faire du bruit !

EXPRIMER LE REGRET, FORMULER DES REPROCHES

Les fêtes de quartier menacées

Musique, théâtre, rencontres c'est parti pour dix jours de fête dans le quartier du Panier à Marseille. Les festivités débutent demain. Non sans mal. « On a failli tout annuler », confie-t-on au sein de l'organisation. Les raisons ? Elles sont économiques. « Cette année, on aurait voulu proposer des concerts aux visiteurs mais à la place, il y aura des représentations de fanfares » regrette l'un des organisateurs.

Ailleurs aussi, les associations auraient voulu faire la part belle à la culture populaire mais les prochains Rendez-vous du Plateau sont annulés. Dans le quartier du Cours Julien-la Plaine, les spectacles de rue prévus en juin et juillet tombent à l'eau. Les membres de l'association Cours Julien ont découvert la mauvaise nouvelle dans le journal. « On aurait pu nous contacter au lieu de nous laisser apprendre par la presse qu'aucune subvention ne serait versée cette année ! ».

Le comité des fêtes de l'Estaque ne reconduira pas sa manifestation cette année. Pour renflouer les finances, le comité des fêtes organise prochainement un vide grenier et une soirée ciné-repas à l'Alhambra.

Dans le quartier de Noailles, le Festival du soleil est également reporté. « En quinze ans d'organisation, le festival a grossi et nous aurions eu besoin de plus de moyens » explique le directeur de l'association organisatrice Le mille pattes.

En vue de Marseille-Provence 2013*, la baisse de l'engagement financier des collectivités dans les fêtes de quartier déstabilise les associations organisatrices. Ces manifestations culturelles gratuites permettent de nouer du lien social en mobilisant les habitants et les associations locales. La situation inquiète. Un débat public sur la place de la culture « populaire » à Marseille est organisé ce lundi aux fontaines du Cours Julien.

* Marseille-Provence a été sélectionnée pour être Capitale Européenne de la Culture en 2013.

La Fête du Panier (2e), la plus importante de la ville de Marseille, attire environ 40 000 personnes.

7 Lisez l'article puis attribuez à chaque paragraphe un des titres suivants.

a. Rendez-vous annulés dans le quartier du Cours Julien.
b. La culture populaire en débat.
c. Le Festival du soleil marque une pause.
d. Estaque : le comité des fêtes en déficit.
e. Festivités maintenues malgré les difficultés.

Exprimer le regret
J'aurais dû... / Je n'aurais pas dû venir cette année.
Il regrette de ne pas avoir assisté à la fête l'année dernière.
Nous aurions mieux fait de ne pas leur faire confiance.
C'est dommage que tu ne connaisses pas Marseille.

8 Lisez l'article et retrouvez les informations demandées.

Quartier	Fête	Association organisatrice	Maintenue ou annulée en 2011
...	...	...	...

Exprimer le reproche
Tu aurais pu me prévenir !
Vous auriez dû nous avertir.
Il ne fallait pas/vous avez tort de prendre cette décision.

9 Dites si les phrases en gris dans l'article expriment un regret ou un reproche.

10 Vous téléphonez à la mairie pour exprimer votre mécontentement. Jouez la scène avec votre voisin.

Les mots de la solidarité et du bénévolat

Bénévole : de *bene* « bien » et *volo* « je veux », le bénévole est un « bienveillant ».
(Le Robert)

1. 

Complétez la définition avec les termes proposés.
engagement – rémunération – association – activité – semaine

Être bénévole c'est...
- exercer une ... sans contrepartie, ce qui implique l'absence de ... ;
- être membre d'une ... ;
- y consacrer au minimum deux heures par ... en moyenne annuelle, ce qui traduit un véritable ... .

2. 

Observez le portrait du bénévole idéal et associez ses qualités aux adjectifs proposés.

a. attentif, patient
b. sympathique, chaleureux
c. charitable, serviable
d. mobile
e. généreux
f. disponible
g. rassurant

3. 
DVD > *Piste 43*

Écoutez les témoignages et dites à quelle cause solidaire chaque personne se dévoue.

a. L'insertion des personnes en difficulté.
b. La lutte contre l'exclusion sociale.
c. L'assistance aux personnes âgées.
d. L'alphabétisation et le soutien scolaire.
e. L'aide aux malades et aux handicapés.
f. La protection de l'environnement et le développement durable.

1

2

3

4

5

6

4. 

Proposez un maximum d'actions solidaires à votre voisin en utilisant les verbes proposés ci-dessous et en les complétant.
Exemple : transmettre son savoir, accueillir chez soi une famille défavorisée pendant les vacances...

coordonner – construire – gérer – écouter – donner – récolter – expliquer – participer – organiser – trouver – divertir – accueillir – imaginer – résoudre – anticiper – représenter

Des milliers de manières de faire du Bénévolat.

La place des doubles pronoms

Nous les leur expliquons et ça ne pose pas de problème.
Je lui en parle et ça va mieux !

Sujet +	me te nous vous	le / l' la les	lui leur	y	en	+ verbe

- **Les phrases affirmatives**

L'association nous les présentera. → *L'association nous présentera les règles de vie.*

La locataire les lui fait pour l'aider. → *La locataire fait les courses pour aider sa logeuse.*

Je lui en ai parlé hier. → *J'ai parlé de ce problème à la responsable de l'association.*

- **Les phrases négatives**

*Tu **ne** t'y rendras **pas** demain.* → *Tu ne te rendras pas dans ton appartement demain.*

*Il **ne** leur en **pas** parlé.* → *Il n'a pas parlé de l'association à ses amis.*

*Il **n'**y en a **pas** ici.* → *Il n'y a pas d'appartements libres.*

- **Les phrases à l'impératif :** l'ordre est différent : tous les pronoms se placent après le verbe.

Rends-la-moi ! / Apporte-m'en !
***Ne** me la rends **pas** ! / **Ne** m'en apporte **pas** !*

1. 

Complétez les phrases avec les deux pronoms proposés.

a. Noémie … … fait tous les soirs. (lui – la)
b. L'association … … parle dès leur inscription. (en – leur)
c. Les responsables … … ont rencontrés plusieurs fois. (les – y)
d. Antoinette … … donne toujours de bons quand elle en a besoin. (lui – en)
e. Noémie … … a rapporté hier. (l' – nous)

2. 

Retrouvez à quoi correspond chacun des pronoms utilisés dans l'activité précédente.

à l'association	le contrat
à la directrice et à moi	à Antoinette
des règles	à Noémie
les enfants d'Antoinette	la cuisine
aux étudiants	des conseils

3. 

Avec votre voisin, remplacez les deux pronoms de chaque phrase par le plus de mots possibles.

a. Antoinette lui en propose tous les soirs.
b. La présidente de l'association le leur dit toujours.
c. Noémie les y retrouve tous les week-ends.

Le conditionnel passé

J'aurais dû m'inscrire dans cette association.

- Il se forme avec les auxiliaires *avoir* ou *être* au conditionnel présent suivi du participe passé du verbe. Le conditionnel passé a une **valeur de futur dans le passé.**

Nous nous serions amusés à la fête du quartier !

- On emploie le conditionnel passé pour :

– **exprimer un regret.**
Nous aurions bien voulu participer mais la fête a été annulée.

– **faire un reproche** avec les verbes *pouvoir*, *devoir* et *valoir* suivi d'un infinitif (et *valoir que* + subjonctif).
Tu aurais pu prévenir.
Vous auriez dû adhérer à notre comité.
Il aurait mieux valu attendre la prochaine fois.

- On emploie aussi le conditionnel passé dans une **proposition introduite par « si »** pour imaginer une **situation irréelle dans le passé.**

4. 

Mettez les verbes au conditionnel passé.

a. J' (rencontrer) mes voisins et je (s'amuser).
b. Il (devenir) membre de l'association et il (travailler) à nos côtés.
c. Tu (ne jamais arriver) à temps et tu (manquer) le début des festivités.
d. Tu (s'habituer) à cette ville et tu (être heureux) dans ce quartier.
e. Il (falloir) prendre la bonne décision et on (ne pas décevoir) les habitants.
f. Nous (retarder) le début de la fête si tu avais prévenu.

5. 

Choisissez trois situations parmi les suivantes et faites des reproches à votre voisin ! Puis inversez les rôles.

a. Il/Elle a renversé son café sur votre ordinateur.
b. Il/Elle a déchiré par erreur un document important.
c. Il/Elle a une heure de retard à votre rendez-vous.
d. Il/Elle refuse de vous accompagner à la fête du quartier.

☒ à faire

Ça y est ! J'ai enfin pu participer aux fêtes de Bayonne ! Et ça m'a donné une idée : je vais organiser une fête dans mon quartier ! J'ai rendez-vous cet après-midi avec les organisateurs, pour quelques conseils. Est-ce que, de ton côté, tu pourrais m'aider à écrire l'invitation pour cette future fête ? Je n'ai jamais fait ça et n'ai aucune idée.
Merci beaucoup pour ton aide.

A +,
Simon

Convier ses voisins à une fête

Voisins, voisines !

Tous les ans, à cette époque, notre association de quartier organise son repas estival.

Dimanche prochain, les habitants sont donc tous invités à se réunir sous les arbres centenaires du parc. Le déjeuner est prévu à midi et se poursuivra par un concours de pétanque pour petits et grands.

Alors rendez-vous sur le site de l'association pour vous inscrire et découvrir ce qu'il faut apporter pour que la fête soit réussie !

Nous vous attendons nombreux !

www.feteduquartierdelagare.fr

1 

Je lis le mail de Simon et l'invitation trouvée sur Internet. Je vérifie quelles informations sont données dans l'invitation.

a. l'organisateur
b. le lieu
c. l'horaire
d. les choses à apporter
e. le menu du repas
f. la météo
g. les frais de participation
h. les personnes invitées
i. la date
j. le programme de la fête
k. le contact

2 

Avec mon voisin, on fait une liste des informations qui doivent être données dans une invitation à une fête de quartier.

3 

J'envoie un courriel à Simon pour lui donner la liste des informations indispensables à mettre dans une invitation à une fête de quartier.

À BAYONNE

Élaborer un règlement

forum voyageur

Super ! Merci pour ton aide pour l'invitation !
Je l'écrirai dans le train en rentrant chez moi.
En attendant mon rendez-vous, j'ai réfléchi au règlement pour la fête de quartier car je crois qu'il en faut un. Je vais l'envoyer à la mairie mais, avant, est-ce que tu pourrais le relire et me dire s'il manque quelque chose ? Je n'ai pas trouvé d'exemple sur Internet mais toi, tu sais où chercher.

J'attends ton mail A+ Simon

J'ai trouvé ces documents. Pour aider Simon, je classe les idées dans les rubriques.

a. Les principes
b. Les conditions
c. Le rôle des organisateurs

La fête de quartier

• Les principes :
Elle doit encourager les échanges intergénérationnels.
Elle doit avoir pour thème la famille.
Elle doit être accueillante et simple.

• Les conditions :
La fête doit être déclarée auprès des services de la mairie.
Un descriptif détaillé de la manifestation doit être fourni à la mairie.
Une commission de sécurité doit vérifier les installations.
Le lieu doit toujours être accessible aux véhicules d'urgence.
La fête doit être sans frais pour les participants.

• Le rôle des organisateurs :
Ils veillent au respect des équipements prêtés par la ville.
Ils définissent un programme précis.
Ils s'engagent à ne pas vendre de boissons alcoolisées.
Ils s'engagent à ce que la fête se termine à 22h30.

Quelques conseils en vrac pour votre fête de quartier

- Elle doit favoriser les échanges entre voisins.
- La fête doit se terminer à 22h30.
- Veiller à la propreté des lieux après la fête.
- Faire attention à la sécurité des participants à la fête.
- Elle doit faire participer petits et grands.
- Les règlements et les lois de la ville doivent être respectés.

Avec mon voisin, on fait des propositions à Simon pour compléter le règlement de la fête de quartier.

Quelques idées ds ta boîte mail pour ton règlement ! Bonne fête de quartier

Organiser une fête de quartier.

Nous avons décidé d'organiser une fête pour les habitants de notre quartier. Ensemble, nous déterminons l'objectif, la date et l'endroit où nous souhaitons organiser la fête.

Étape 1 : On se répartit les tâches :
– Un groupe prépare l'invitation qui sera distribuée dans les boîtes aux lettres.
– Un groupe se charge de faire la liste des choses indispensables et de les répartir entre les participants (boissons, nourriture, chaises, tables, etc.).
– Un groupe s'occupe des animations (choix des musiciens, jeux, etc.).

Étape 2 : Chaque groupe présente le résultat de son travail à l'ensemble du groupe.

On débat des propositions.

Étape 3 : Ensemble, on rédige une charte des bonnes pratiques de la fête en 10 points. Il s'agit d'éviter les problèmes avec le voisinage et les autorités et de laisser l'endroit propre.

à écrire

Rédiger un courriel de demande d'informations

De : Michel Toulouse <mtoulouse@gmail.com>

À : Association Aide & Partage <AidePartage@gmail.com>

Objet : Demande de renseignements

Madame, Monsieur le Président,

Je suis à la retraite depuis quelques mois et comme maintenant j'ai beaucoup de temps libre, j'aimerais aider les autres. Une amie m'a parlé de votre association et m'a dit que vous cherchiez des bénévoles. Je suis allé sur votre site pour y découvrir les différentes actions que vous menez et j'aimerais rejoindre votre équipe. Pendant plusieurs années, j'ai donné de mon temps libre dans la ville où j'habitais avant et j'ai donc une bonne expérience de la vie associative.

Pourriez-vous, s'il vous plaît, me dire comment je dois faire pour m'inscrire ? Vous serait-il possible de m'envoyer également un bulletin d'adhésion ?

Je vous remercie de l'attention portée à ma demande et reste à votre disposition pour toutes questions au 06 63 85 67 74.

Bien cordialement,
Michel Toulouse

Michel Toulouse
10 rue des Merles
38000 Grenoble

Conseils / stratégies

Pour rédiger un courriel de demande d'informations

Pour le corps de la lettre, les différentes parties à développer sont les suivantes :

- Donner des informations personnelles qui peuvent justifier la demande.
  Je suis à la retraite...
  J'ai beaucoup de temps libre...
- Expliquer les raisons de la demande.
  J'aimerais aider les autres.
- Justifier la demande, argumenter.
  J'ai donc une bonne expérience de la vie associative.
- Exprimer clairement et poliment sa demande (renseignements, documents...) en utilisant le conditionnel de politesse.
  Pourriez-vous, s'il vous plaît...
  Vous serait-il possible de...
- Remercier de l'attention portée à la demande.
  Je vous remercie de l'attention portée à ma demande.

La formule de politesse doit être adaptée au destinataire : elle peut être plus ou moins formelle en fonction de la personne, de l'institution qui va la recevoir.

Bien cordialement.
Sincères salutations.

Lisez le courriel de Michel et remettez dans l'ordre les étapes de son message.

a. Il remercie.
b. Il justifie sa demande.
c. Il parle de sa situation actuelle.
d. Il donne ses coordonnées.
e. Il présente sa demande.
f. Il demande des renseignements.

Classez les formules de politesse de la moins formelle à la plus formelle.

a. Sincères salutations.
b. Veuillez agréer, Madame, Monsieur, mes sincères salutations.
c. Bonne journée, à bientôt.
d. Bien cordialement.

Vous avez, vous aussi, un peu de temps libre en ce moment et vous décidez de vous investir dans une association. Vous envoyez un courriel à la mairie de votre ville pour demander des renseignements sur chacune d'elles afin de pouvoir choisir.

à dire

Exposer un projet

Un bouquet de violettes en guise de monnaie !

La ville rose va expérimenter le sol-violette, une nouvelle devise qui a pour objectif de dynamiser les initiatives éthiques locales. Rencontre avec un des initiateurs du projet.

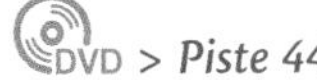

Écoutez l'enregistrement et répondez aux questions.

a. Qu'est-ce que le Sol-Violette ?
b. Où ce projet est-il expérimenté ?
c. Comment appelle-t-on les utilisateurs du Sol-Violette ?
d. Quels sont les avantages du Sol-Violette ?
e. Qui sont les principaux bénéficiaires du projet ?

À votre tour, présentez un projet solidaire que vous voudriez initier, dont vous avez bénéficié ou entendu parler.

Conseils / stratégies

Pour exposer un projet

Définir le projet et ses objectifs.

- Parler de l'origine de l'idée, des étapes, des partenaires, des personnes concernées et de ce qu'il peut leur apporter.
  La Ville de Toulouse est un acteur central du projet.
  L'idée est de renforcer le pouvoir d'achat éthique des Toulousains...
  Parmi nos partenaires, nous comptons...

Susciter l'écoute et l'intérêt.

- Décrire les actions mises en place pour atteindre l'objectif.
  On démarre l'expérimentation demain.
- Donner des exemples concrets qui faciliteront la compréhension.
  Le soutien de la ville permet à 30 familles de bénéficier de 30 sols par mois...
- Faire preuve de conviction face à l'auditoire.
- Ponctuer son discours par des phrases enthousiastes et positives.
  Les bonnes idées ont de l'avenir !

Conclure.

- Rappeler les avantages du projet, les conséquences positives pour chacun.
  Il s'agit d'être accessible à tous.
- Terminer par un appel aux questions pour donner libre cours à un moment d'échange.

Phonétique

Rythme et enchaînements

- L'enchaînement consonantique : c'est le passage d'une consonne finale prononcée qui s'enchaîne au mot suivant commençant par une voyelle.
  Ave/c u/ne association active,
  c'est toujou/rs un peu plus facile pou/r agir.
- L'enchaînement vocalique : c'est le passage d'une voyelle finale qui se prononce enchaînée au mot suivant commençant également par une voyelle.
  Il va agir en participant à une action importante !
- Les enchaînements sont systématiques en français. Ils créent une prononciation fluide car les mots sont enchaînés les uns aux autres, sans pause.

1. DVD > *Piste 45*

Écoutez et répétez ces phrases.

a. I/**l** est ici pou/**r a**ssister à no/**tre a**ssemblée générale.
Il vient ici pour faire des propositions.
b. Tu connais Sylvie ? Lu/**c i**ra à la prochaine fête ave/**c e**lle.
Et tu connais Simon ? Luc viendra aussi à la prochaine fête avec lui.
c. J'ai toujou/**rs eu** envie de fai/**re un** échan**ge u**niversitaire.
J'ai toujours voulu faire des échanges linguistiques.

Écoutez et répétez la phrase avec les enchaînements.

J'aimerais aider à encadrer u/**ne a**ction innovan/**te à** Angers, co/**mme on** avait pu le fai/**re à** Orléans.
Angers est un endroit où on peut aussi investi/**r ai**sément.

Évaluation B1.1

COMPRÉHENSION DE L'ORAL — 25 points

Vous allez entendre 3 documents sonores correspondant à 3 exercices.
Pour les premier et deuxième documents, vous aurez :
– 30 secondes pour lire les questions ;
– une première écoute, puis 30 secondes de pause pour commencer à répondre aux questions ;
– une deuxième écoute, puis 1 minute de pause pour compléter vos réponses.
Pour répondre aux questions, cochez (✓) la bonne réponse ou écrivez l'information demandée.

Activité 1 DVD > *Piste 47* — 6 points

Objectif : Comprendre une conversation entre locuteurs natifs.

Vous entendez cette conversation entre deux collègues.
Lisez les questions, écoutez le document puis répondez.

LE VOYAGE
DU PATRIMOINE
17–18 SEPTEMBRE 2011
JOURNÉES
EUROPÉENNES
DU PATRIMOINE

1. Quel est, selon Jacques, l'aspect négatif des Journées du patrimoine ? — 1 point
   a. Le prix. **b.** La foule. **c.** Les horaires.
2. D'après Magali, que peut-on découvrir pendant ces Journées du patrimoine ? — 2 points
3. Que pense Magali de sa visite du Palais présidentiel ? — 1 point
   a. C'était instructif. **b.** C'était ennuyeux. **c.** C'était magnifique.
4. Quel bâtiment les enfants de Magali ont-ils beaucoup aimé ? — 1 point
5. Qu'est-ce que Jacques a fait ce week-end ? — 1 point
   a. Il est resté chez lui. **b.** Il a visité un château. **c.** Il est allé à une exposition.

Activité 2 DVD > *Piste 48* — 8 points

Objectif : Comprendre une émission de radio.

Vous écoutez une émission à la radio. Lisez les questions, écoutez le document puis répondez aux questions.

1. Quel est le métier de Paco Anada ? — 1 point
2. En dehors de son magasin à Bayonne, à quel événement Paco Anada participe-t-il ?
   (*Plusieurs réponses possibles, une seule attendue.*) — 1 point

3. La renommée de Paco Anada a été... 1 point

a. difficile. b. soudaine. c. progressive.

4. Lors des Floralies de Sanary-sur-Mer, qu'est-ce que Paco Anada a dû apporter ?
(*Donnez une réponse chiffrée.*) 1 point

5. Pourquoi Paco Anada pense-t-il que son métier est difficile ? 1 point

6. Pour Paco Anada, que faut-il avoir pour faire son métier ? 1 point

a. Des contacts. b. De l'expérience. c. De l'imagination.

7. Quel est le nouveau projet de Paco Anada ? 1 point

8. Paco Anada pense que son métier... 1 point

a. pourrait disparaître. b. est en pleine évolution. c. attire beaucoup de jeunes.

Activité 3 DVD > *Piste 49* — 11 points

Objectif : Comprendre une interview.

Vous avez 1 minute pour lire les questions ci-dessous. Puis vous entendrez une première fois un document sonore. Ensuite, vous aurez 3 minutes pour répondre aux questions.
Vous écouterez une seconde fois l'enregistrement. Après la seconde écoute, vous aurez encore 2 minutes pour compléter vos réponses.
Pour répondre aux questions, cochez (✓) la bonne réponse ou écrivez l'information demandée.

Vous écoutez une interview d'un artiste nantais. Lisez les questions, écoutez le document puis répondez.

1. Tacso accepte de répondre à l'interview car il veut... 1 point

a. se faire connaître. b. présenter son blog. c. expliquer son travail.

2. Qu'est-ce qui différencie Tacso des autres artistes de rue ? 1 point

a. Ses œuvres sont toujours différentes.
b. On repère tout de suite ses œuvres.
c. Ses œuvres ne sont pas comprises.

3. Tacso a créé un blog pour montrer les œuvres... 1 point

a. qu'il n'a pas voulu exposer.
b. que les gens aiment le plus.
c. qui ont été enlevées des murs.

4. Quand Tacso expose-t-il ses œuvres ? 1,5 point

5. De quel domaine s'inspire Tacso pour réaliser ses œuvres ? 1 point

a. Le cinéma. b. Les jeux vidéo. c. La photographie.

6. Que représentait la première mosaïque de Tacso ? 1,5 point

7. Comment s'est senti Tacso lorsqu'il a vu son œuvre le lendemain de sa création ? 1,5 point

8. Quelle réaction des gens qui regardent ses mosaïques Tacso aime-t-il voir ?
(*Plusieurs réponses possibles, une seule attendue.*) 1,5 point

9. Aujourd'hui Tacso... 1 point

a. continue son travail à Nantes.
b. n'expose plus ses œuvres dans les rues.
c. réalise ses mosaïques dans une autre ville.

Évaluation B1.1

COMPRÉHENSION DES ÉCRITS — 10 points

Activité 1 — 10 points

Objectif : Comprendre des informations pratiques.

Vous êtes en séjour à Bayonne et pour votre dernière journée, samedi, vous voulez organiser une après-midi culturelle pour en apprendre davantage sur l'histoire de la ville. Vous avez un budget de 10 €, pas plus. Cette sortie doit être en centre-ville et ne doit pas durer plus de trois heures. Vous choisissez parmi ces quatre annonces celle qui convient le mieux à vos exigences.

1. Indiquez par une croix (X) si le critère correspond à vos exigences.

	L'exposition Terres de Rugby		Musée basque		Musée Bonnat		Artsurf	
	oui	non	oui	non	oui	non	oui	non
Samedi								
Histoire de Bayonne								
Centre-ville								
Budget 10 € maximum								
Durée 3 h maximum								

2. Quelle sortie choisissez-vous de faire ?

L'exposition Terres de Rugby

Cette manifestation à la mairie de Bayonne, en plein centre-ville, repose sur la mise en espace des planches du dessinateur et ancien rugbyman, Jean Harambat. L'esprit du rugby, les moments mythiques, les reconversions professionnelles des joueurs ou le rugby et les arts, tels sont, entre autres, les thèmes abordés dans cette exposition. Journée spéciale samedi (14 h-16 h) : Jean Harambat fera une visite guidée de son exposition. Ensuite, pour la sortie de sa bande dessinée *En même temps que la jeunesse* (éd. Actes Sud BD) il signera des autographes.

Entrée gratuite tous les jours sauf le samedi : 5 €.

Musée basque

Quand on démarre la visite de ce musée, on est véritablement dans un autre monde. 24 grandes pièces vous raconteront l'histoire de Bayonne. En plein centre-ville, un parking est à la disposition des clients. Prévoir environ 3 heures pour visiter ce musée car il y a beaucoup de choses à voir.

L'entrée est à 5 € et gratuite le 1er dimanche de chaque mois.
Ouvert de 10 h à 18 h 30 sauf les lundis et jours fériés.
Nocturne gratuite de 18 h 30 à 21 h 30 les mercredis.

Musée Bonnat

Ce musée d'art, situé 5 rue Lafitte, compte parmi les plus grands musées français. Au cœur de Bayonne, ce remarquable édifice, représentatif de l'architecture 1900, a été conçu pour accueillir les œuvres rassemblées par Léon Bonnat, artiste et collectionneur, qu'il légua à sa ville natale. Deux heures de visite pour permettront d'admirer les peintures, sculptures, dessins des plus grands artistes : Rubens, Le Greco, Murillo, Goya, Ingres, Degas…

Horaires : Ouvert toute l'année, sauf mardis et jours fériés de 10 h à 18 h 30. 7 € / personne – gratuit pour les moins de 6 ans.

Artsurf

C'est en mai 2007 et avec la venue de l'artiste Andy Howell que le 3e espace Spacejunk a ouvert ses portes : 120 m² au cœur de la ville de Bayonne, quel meilleur endroit que le berceau du surf en Europe pour présenter toute la richesse et la créativité des plasticiens de la Board culture ? Cet espace propose des œuvres qui parlent aussi à un jeune public ne fréquentant pas les musées et qui veulent une visite rapide. Ce centre d'art affiche des travaux d'artistes reconnus, comme en devenir, et plutôt en accord avec ce que pourrait être le Pop art aujourd'hui.

Du mardi au samedi, de 14 h 00 à 19 h 30. 6 € l'entrée.

PRODUCTION ÉCRITE — 25 points

Activité 1 — 25 points

Objectif : Ecrire un courrier

Vous avez assisté à l'inauguration d'une exposition de peinture le week-end dernier. Malheureusement, rien ne s'est déroulé correctement (programme de la soirée non respecté, mauvaise disposition des œuvres, mauvais accueil, etc.).

Vous écrivez au responsable de la galerie d'art pour lui faire part de votre mécontentement. Vous lui expliquez ce qui n'allait pas et lui faites part de vos conseils pour améliorer l'organisation des prochaines manifestations. (160 – 180 mots)

PRODUCTION ORALE 25 points

L'épreuve se déroule en trois parties qui s'enchaînent. Elle dure entre 10 et 15 minutes. Pour la troisième partie, vous disposez de 10 minutes de préparation. Cette préparation a lieu avant le déroulement de l'ensemble de l'épreuve.

Activité 1 : Entretien dirigé (sans préparation – 2 à 3 minutes)

Objectif : Parler de ses activités.

Vous parlez de vous, de vos activités, de vos centres d'intérêt. Vous parlez de votre passé, de votre présent et de vos projets.
L'épreuve se déroule sur le mode d'un entretien avec l'examinateur qui amorcera le dialogue par une question (exemple : " Bonjour... Pouvez-vous vous présenter, me parler de vous, de votre famille...? ").

Activité 2 : Exercice en interaction (sans préparation – 3 à 4 minutes)

Objectif : Exprimer un intérêt, convaincre.

Vous jouez le rôle qui est indiqué sur le document que vous avez choisi parmi les deux tirés au sort.

Sujet 1

Vous passez vos vacances en France chez un ami. Celui-ci ne veut pas sortir et préfère rester se reposer à la maison. Vous n'êtes pas d'accord, vous voulez visiter la ville. Vous tentez de le convaincre.
L'examinateur joue le rôle de l'ami.

Sujet 2

Vous faites partie d'une association de bénévoles en France. Pour la faire connaître, vous allez à la rencontre des gens dans la rue. Vous expliquez l'objectif de votre association et tentez de convaincre une personne qui ne se montre pas très intéressée par votre action bénévole.
L'examinateur joue le rôle de la personne désintéressée.

Activité 3 : Monologue suivi (5 à 7 minutes)

Objectif : Présenter son opinion.

Vous dégagez le thème soulevé par le sujet. Vous présentez votre opinion sous la forme d'un exposé personnel de 3 minutes environ. L'examinateur pourra vous poser quelques questions.

La double vie des salariés bénévoles

De plus en plus de cadres surchargés s'engagent ponctuellement dans le monde associatif. Alors que la Journée des associations s'ouvre sur fond de difficultés financières croissantes, une nouvelle forme de bénévolat émerge : le bénévolat de « compétence » ou « d'expertise », qui séduit de plus en plus de cadres. Le principe est simple : mettre ses compétences au service d'un projet précis et généralement limité dans le temps, proposé par une association. Soucieux de mettre un peu d'altruisme dans des vies professionnelles et familiales souvent très remplies et peu satisfaits à l'idée de faire un chèque, de plus en plus de salariés souhaitent donner de leur temps. Un rapport publié avant l'été par France Bénévolat note l'intérêt de cette forme de bénévolat même si « cette forme d'engagement n'est pas encore très répandue, à la fois dans la mesure où les responsables d'association n'en ont pas véritablement la culture et n'ont pas encore mesuré leur intérêt et aussi parce que les acteurs principaux ignorent généralement leur existence ».

Les personnages et leurs itinéraires

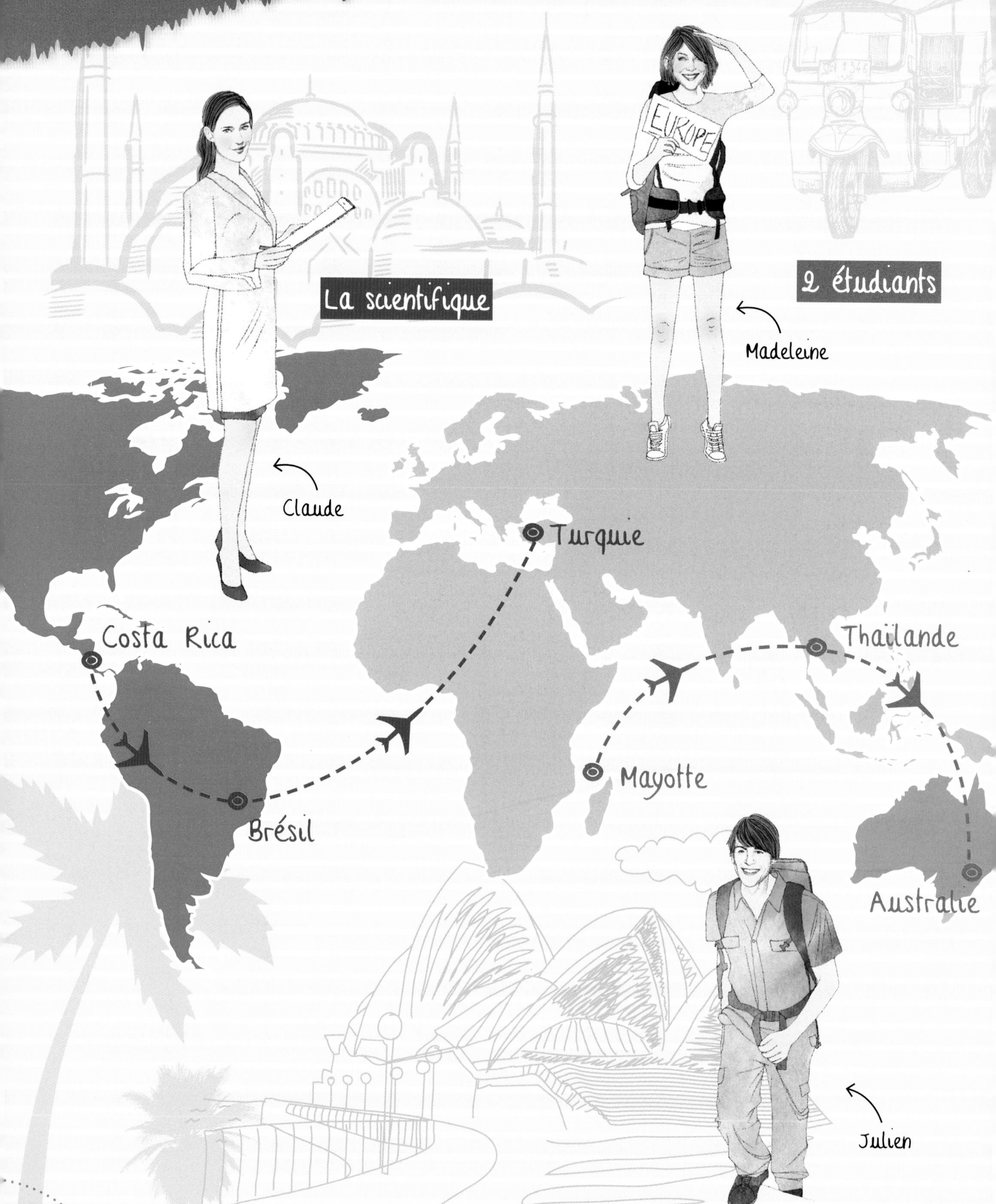

La scientifique

2 étudiants

Madeleine

Claude

Turquie

Costa Rica

Thaïlande

Mayotte

Brésil

Australie

Julien

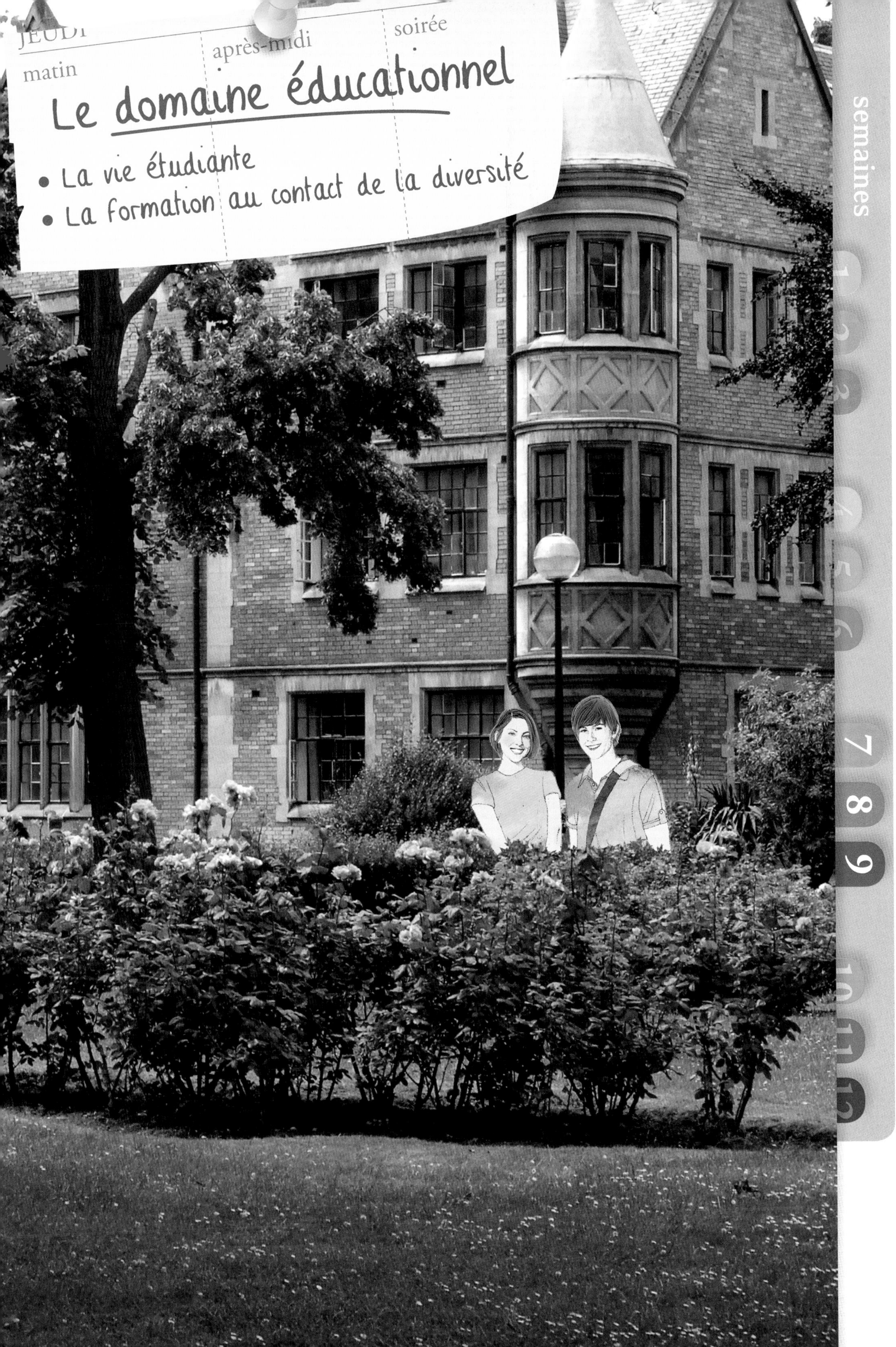

Le domaine éducationnel

- La vie étudiante
- La formation au contact de la diversité

Semaine 7

B1.2

RENDEZ-VOUS 1

À découvrir
- Exprimer la cause
- Expliquer un problème

À savoir
- Le sport
- L'expression de la cause
- L'expression de la conséquence

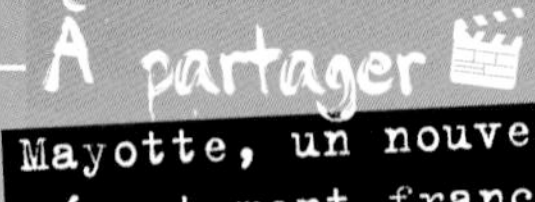

À partager

Mayotte, un nouveau département français

RENDEZ-VOUS 2

À découvrir
- Commenter un phénomène
- Donner un exemple, apporter une précision

À savoir
- Nationalité, administration et documents
- Les indéfinis

À faire

Rédiger un manifeste

À écrire, à dire

Écrire une lettre formelle

Gérer la prise de parole dans un débat

LUNDI

matin

MARD

matin

MERCRE

matin

JEUDI

matin

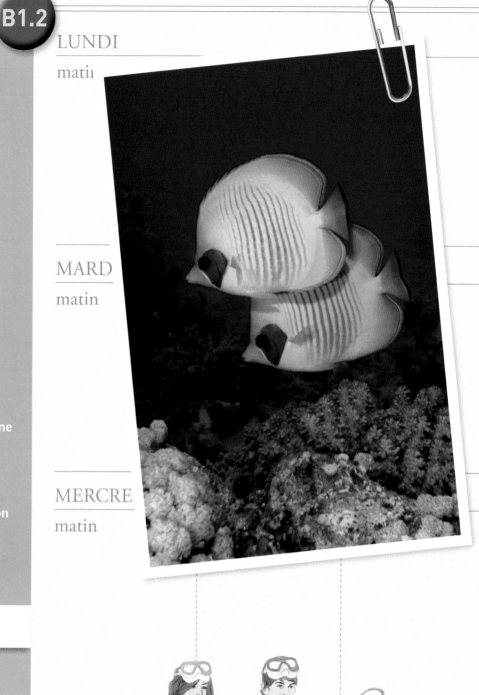

À MAYOTTE

semaines 1 2 3 4 5 6 7 8 9 10 11 12

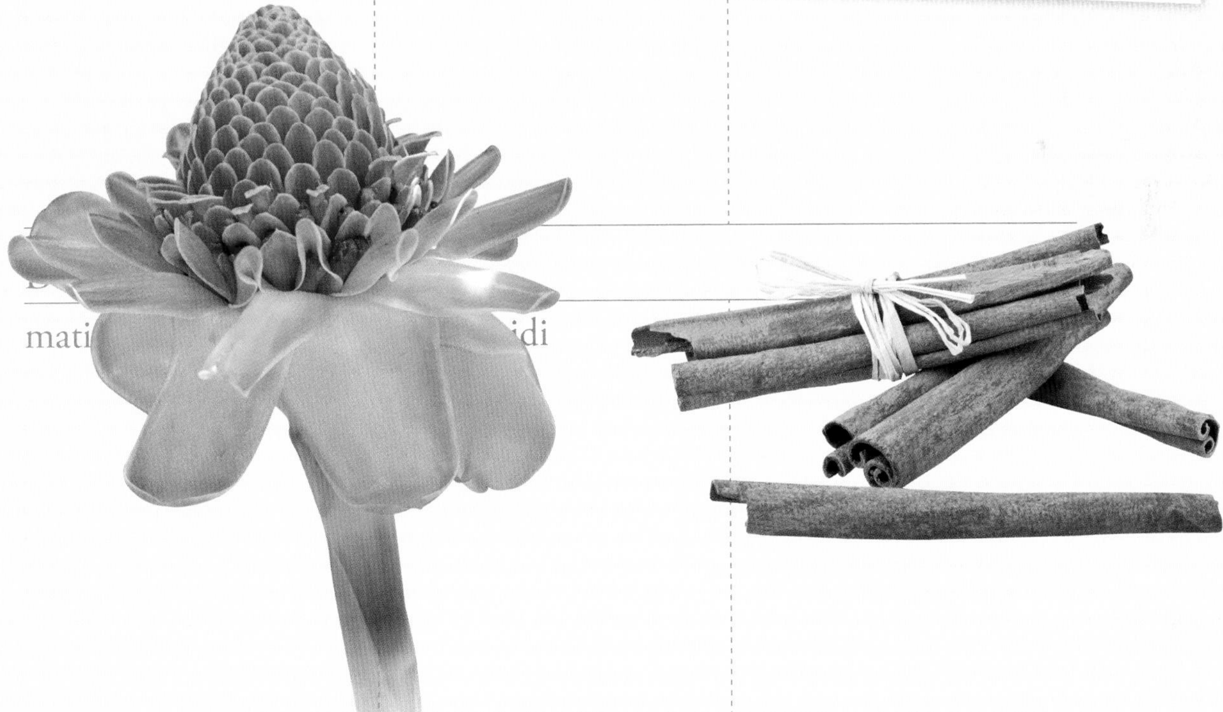

Notes

Je peux :

- Expliquer pourquoi j'apprends le français ?
- Nommer trois sports originaux ?
- Citer trois noms d'administrations en français ?

EXPRIMER LA CAUSE

http://www.tousausport.org

POURQUOI FAIRE DU SPORT ?

Parce que le sport fait bouger !

Puisqu'il fait bouger, le sport permet de mieux se protéger contre certaines maladies comme le diabète, l'obésité, les problèmes cardio-vasculaires et même les maux de dos. Avec une demi-heure de marche quotidienne, on fournit au corps une activité physique minimale !

Grâce au sport, on se confronte à l'autre : pratiquer un sport, surtout en compétition, permet aussi de gérer la rivalité avec les autres. On y apprend à trouver sa place dans un groupe, dans un sport collectif par exemple, ou à ne pas être démoli quand on perd. Le sport est donc aussi une expérience qui aide à aborder des conflits dans d'autres domaines.

Comme faire du sport amène à faire l'expérience de l'effort, cela peut servir dans la vie scolaire. L'esprit sportif consiste à participer et à donner le meilleur de soi-même, quel que soit le résultat : c'est un défi qu'on se lance et qu'on essaie de relever.

Pour se faire plaisir et faire l'expérience de nouvelles sensations corporelles. Étant donné que, lors d'une activité physique, il y a physiologiquement un effet tranquillisant, grâce à des substances produites par le cerveau, le sport a une activité calmante.

Pour réguler ses émotions : les activités physiques permettent de se dépenser lorsque l'on a besoin de se défouler. À cause de la vie quotidienne, on est souvent stressés. Faire du sport dans un cadre où il y a des règles à respecter oblige à maîtriser ses émotions. C'est alors l'occasion d'apprendre à gérer son agressivité en l'exprimant sous une forme canalisée comme dans les sports de combat, par exemple.

Observez le document et indiquez :

a. le type de document.
b. le thème du document.
c. les destinataires possibles du document.
d. le but du document.

Lisez le document et faites correspondre les paragraphes avec les phrases suivantes.

a. La pratique d'un sport procure une sensation de bien-être particulière.
b. L'activité sportive est bonne pour la santé.
c. Le sport permet d'évacuer les tensions, de décompresser.
d. La pratique sportive amène à se surpasser, ce qui peut servir dans d'autres domaines.
e. L'activité sportive sert à se dépenser.
f. Le sport aide à gérer la vie en société, les relations avec les autres.

Relevez dans le document les mots qui expriment la cause.
Parce que, …

Avec votre voisin, choisissez une question et trouvez six réponses différentes.

a. Pourquoi lire ?
b. Pourquoi voyager ?
c. Pourquoi apprendre une langue étrangère ?
d. Pourquoi s'inscrire sur un réseau social ?

Pour exprimer la cause
*On doit lire **parce que / car**…*
***Puisque** les voyages permettent de rencontrer des gens, …*
***Grâce aux** rencontres que l'on fait sur les réseaux sociaux, …*
***Étant donné que / Vu que / Comme** les activités humaines sont mondialisées, …*

 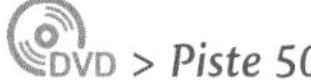

Écoutez le document et relevez :

a. la question qui est posée.

b. l'actualité qui est liée à cette question.

c. les informations techniques qui sont données (hauteurs).

 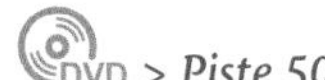

Écoutez à nouveau et répondez aux questions.

a. Quelles sont les avantages pour les chevaux de rester dans leur enclos ?

b. Quelle est la raison réelle pour laquelle ils ne s'échappent pas ?

Lisez ces titres de chroniques et discutez avec votre voisin pour trouver des réponses à ces questions.

a. Pourquoi les glaçons flottent-ils sur l'eau ?

b. Pourquoi, au cinéma, voit-on les roues tourner à l'envers ?

c. Pourquoi lit-on l'avenir dans les lignes de la main ?

d. Pourquoi n'a-t-on plus d'appétit quand on est amoureux ?

e. Pourquoi ce sont toujours les mêmes qui se font piquer par les moustiques ?

f. Pourquoi a-t-on toujours mal aux dents du fond ?

EXPLIQUER UN PROBLÈME

Sans Hadopi,
pas de
Julien Ruiz,
futur auteur de :
Deux jours
avec elle
prix littéraire de
l'année 2030
Sans Hadopi,
pas de Alice Menut,
future réalisatrice de :
Ailleurs
série de l'année 2024

Observez les deux documents et indiquez :

a. le type de document.

b. le slogan.

Observez les adolescents sur les documents. Avec votre voisin, décrivez-les (âge, attitude, avenir).

a. Julien Ruiz

b. Alice Menut

HADOPI est une loi votée en 2009 qui cherche à protéger les créateurs (musique, télévision ou cinéma) contre les téléchargements illégaux, en mettant un terme aux partages de fichiers entres particuliers lorsque ces partages se font en infraction avec les droits d'auteur.

Avec votre voisin, expliquez le slogan et le problème dénoncé par ces documents.

Avec votre voisin, discutez des autres conséquences du téléchargement illégal. Donnez votre avis.

Expliquer un problème

*Le téléchargement illégal réduit le nombre d'achats de CD et de DVD **ainsi / donc / alors / par conséquent**...*

*Les gens ne vont plus chez les disquaires **c'est pourquoi / c'est la raison pour laquelle / c'est pour cela que**...*

*Les artistes gagneront **si / tellement** peu d'argent **que**...*

Vocabulaire

Le sport

1. 

Deux amis discutent. Complétez leur conversation avec les mots suivants.
terrain – club – public – supporteurs – gagnant – joue contre – rencontre – championnat – finale – faire match nul – entraînés – battu

– Eh, Nino, tu veux venir avec nous ce soir au bar ? On va suivre la … du … de France de football. C'est à 20 h 30, ça te dit ?
– Quoi ? C'est déjà ce soir la dernière … ? J'ai tellement travaillé ces temps-ci que je n'ai rien suivi. Tu peux me faire un résumé ? Qu'est-ce que j'ai manqué ?
– Oh, pas mal de choses. D'abord et je suppose que tu en as entendu parler, le PSG a été … dès le début de la compétition, ce qui a été une grosse surprise et une grande déception pour les nombreux … . On a dit qu'ils ne s'étaient pas assez … , que le … était impraticable car il avait beaucoup plu ce jour-là, que le … ne les avait pas assez soutenus. Bref, on a dit beaucoup de choses mais ce que je crois, moi, c'est que ce … n'a pas gagné depuis 1994.
– Quelle équipe !
– Exactement ! Donc, ce soir, c'est l'Olympique lyonnais qui … les Girondins de Bordeaux. Tout le monde dit qu'ils risquent de … et qu'ils seront obligés d'aller jusqu'aux tirs au but puisqu'il faut absolument un … . Ça risque d'être un beau match !
– OK, je serai là !

2. 

Enigmes

Chacun écrit une énigme sur un morceau de papier. Vous rassemblez les papiers et vous les mélangez. Puis, chacun prend un morceau de papier. Vous devez imaginer très rapidement une réponse fantaisiste à la question posée.

Pourquoi les insectes sont-ils attirés par la lumière la nuit ?

→ *Parce que les insectes sont très fêtards et qu'ils profitent de l'éclairage des humains la nuit pour organiser de petites soirées. Comme ils ne savent pas produire de l'électricité, ils profitent des bougies, lampes et autres lampadaires pour danser comme sous un stroboscope. Grâce à nous, les insectes organisent de véritables fêtes.*

3. 

Avec votre voisin, posez-vous les questions du test pour savoir quels sports sont faits pour vous.

Pour quels sports êtes-vous fait(e) ?

Comment vous déplacez-vous le plus ?
◆ En voiture, c'est plus tranquille.
● À pied quand il fait beau, sinon en bus.
▲ À vélo même sous la pluie.

On vous offre un baptême de parachute.
◆ Vous voulez essayer pour voir.
▲ Super, vous en rêviez depuis longtemps !
● Hors de question, vous avez trop peur…

Quels sportifs vous impressionnent le plus ?
▲ Les coureurs du sprint.
◆ Les tireurs à l'arc.
● Les joueurs de tennis.

Ce qui vous plaît le plus dans le sport, c'est…
● La compétition.
◆ La rencontre avec d'autres personnes.
▲ Les sensations fortes.

Des amis vous demandent de les aider à déménager.
▲ Aucun problème, ça vous fera bouger un peu.
◆ Vous trouvez une excuse pour ne pas y aller.
● Vous répondez oui avec plaisir, c'est bien d'aider ses amis.

Résultats

Une majorité de ◆ : Vous êtes fait(e) pour pratiquer un sport calme. Préférez donc le stretching, les exercices à faire chez vous avec un coach pour vous motiver, le vélo d'intérieur… tout pour aller à votre rythme !

Une majorité de ▲ : Vous êtes fait(e) pour un sport de compétition. Choisissez le tennis, l'athlétisme, le golf, la natation….

Une majorité de ● : Vous aimez bouger, vous adorez les sensations fortes. Pour vous, s'impose un sport comme la plongée, la voile, le parapente, le saut en parachute, le trek, la boxe…

Grammaire

L'expression de la cause

– Pourquoi ont-ils perdu ce match ?
– Parce qu'ils étaient mal préparés.
Ils ont perdu ce match car / parce qu'ils étaient mal préparés.

La cause est le plus souvent introduite par **parce que** (ou **car** à l'écrit) mais on peut également trouver :

• des prépositions.
À cause de s'utilise seulement avec un nom ou un pronom et introduit une cause négative. Le résultat est considéré comme défavorable ou pénible.
Faute de s'utilise avec un nom ou un infinitif passé et introduit l'absence de quelque chose.
– Pourquoi a-t-il perdu la course ?
– À cause de sa blessure à la jambe. / Faute d'entraînement (ou faute de s'être entraîné).
Grâce à s'utilise seulement avec un nom ou un pronom et introduit une cause positive. Le résultat est considéré comme heureux ou réussi.
À force de s'utilise avec un nom sans déterminant ou un infinitif, il exprime l'intensité ou la répétition.
– Pourquoi a-t-il remporté la victoire ?
– Grâce à son entraîneur. / À force de travail.
Pour peut également occasionnellement exprimer la cause.
Il a été disqualifié pour dopage / pour s'être dopé.

• d'autres conjonctions.
Comme, étant donné (que), vu que introduisent une cause qui précède le résultat.
Comme les deux équipes étaient du même niveau, elles ont fait match nul.
Puisque introduit une cause connue ou déjà évoquée.
Puisque tu aimes le football, tu devrais t'inscrire dans un club de supporteurs.

1.

Reliez les deux parties de phrases en utilisant une préposition ou une conjonction exprimant la cause.
a. Elle est tombée sur la piste : elle a trébuché.
b. Le joueur a reçu un carton rouge : il était très violent avec l'équipe adverse.
c. La rencontre a été annulée : il pleuvait.
d. La France a enfin réussi à se qualifier : elle avait beaucoup travaillé.
e. Londres a obtenu les Jeux olympiques : c'était la ville la mieux préparée.
f. L'arbitre a interrompu le match : des bagarres avaient éclaté dans les tribunes.

2. 

Avec votre voisin, préparez une liste de cinq questions avec « Pourquoi » et posez-les à d'autres membres du groupe qui répondent.
Sais-tu pourquoi tes parents t'ont donné ce prénom ?

L'expression de la conséquence

Il veut faire le marathon de New-York ; par conséquent il court pendant 1 heure chaque jour.

• Pour exprimer la conséquence, on peut utiliser indifféremment **par conséquent, c'est / voilà pourquoi, donc, alors, ainsi, c'est la raison pour laquelle.**
Elle pratique le yoga, c'est pourquoi elle si calme.
À l'oral, on utilise beaucoup **c'est pour ça (cela) que.**
Nous aimons la mer, c'est pour ça qu'on fait de la plongée.

• Pour exprimer l'intensité dans la conséquence, on peut utiliser **si / tellement** + adjectif + **que.**
Le Haka des All blacks était si / tellement impressionnant que leurs adversaires ont eu un début de match difficile.

3. 

Terminez les phrases suivantes en imaginant une conséquence.
a. Le combat a dû être annulé…
b. Jo-Wilfried Tsonga est en finale de Roland-Garros…
c. Il a beaucoup plu avant le match…
d. Pendant la première mi-temps, un joueur a touché le ballon avec la main…
e. C'est un très bon nageur…
f. Les volleyeurs français ont très bien joué…

4.  *> Piste 51*

Écoutez les phrases suivantes et dites si elles contiennent l'expression d'une conséquence.

5. 

Avec votre voisin, discutez des conséquences des phénomènes suivants.
a. Le succès des paris sportifs.
b. Le dopage.
c. Les gros salaires de certains sportifs.

À partager

Mayotte, un nouveau département français

Exprimez-vous.

1 *Où est-ce ?*

Vivre sur une île, qu'est-ce que ça vous évoque ? Quels en sont, à votre avis, les avantages et les inconvénients ?

Regardez.

2 *À quoi ressemble l'île ?*

Regardez la vidéo et décrivez ce que vous observez.

Comparez.

3 *Et chez vous ?*

Lisez l'encadré ci-dessous puis comparez avec l'organisation de votre pays. En quoi les instances administratives de votre pays sont-elles importantes pour vous ?

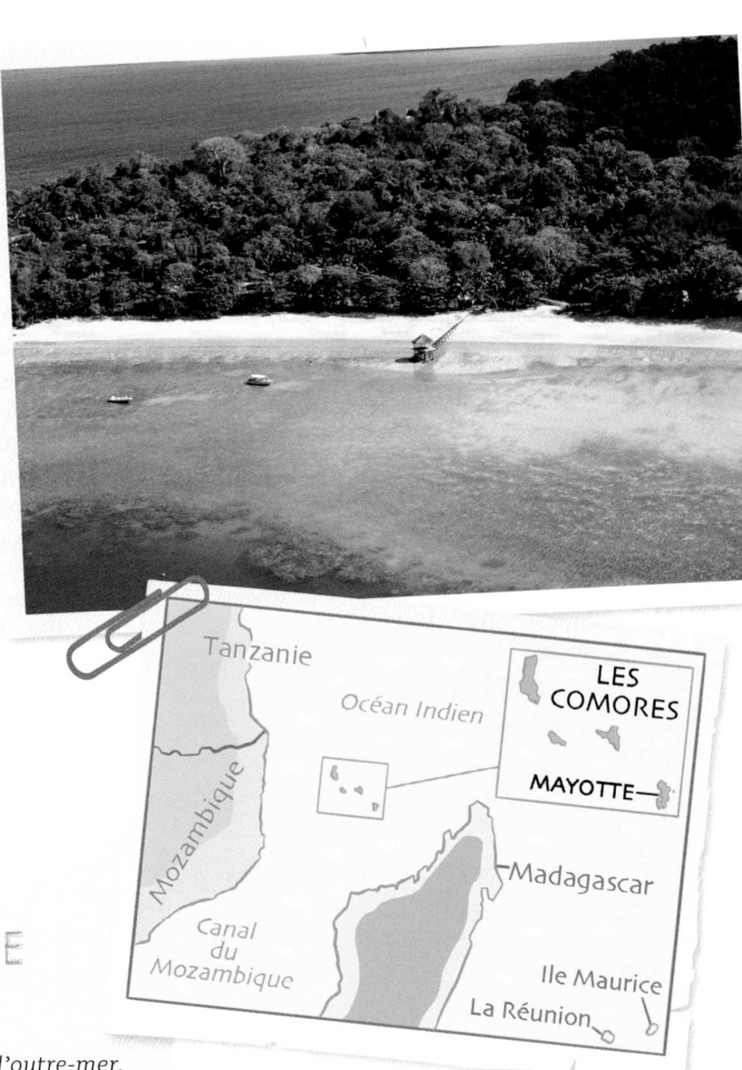

L'ORGANISATION ADMINISTRATIVE DE LA FRANCE

La France est divisée en 26 régions dont 4 d'outre-mer. Beaucoup sont connues par l'histoire ou par leur réputation touristique : la Bretagne, l'Aquitaine, la Lorraine, la Bourgogne… Chaque région est constituée de départements. Ils ont, pour la plupart, été créés à la Révolution, après 1789. Cantal, Charente, Corrèze, Gironde, Jura, Nord, Rhône, Paris, Guadeloupe, la liste est longue ! Ils ont chacun un numéro qui correspond à l'ordre alphabétique. 01 = l'Ain, 02 = l'Aisne, etc. Mais rassurez-vous, la plupart des Français ne les connaissent plus par cœur !

Et c'est la commune (villes et villages) qui est la plus petite division du territoire. Elles datent aussi de la Révolution. Chaque commune est dirigée par un conseil municipal, présidé par « Monsieur ou Madame le Maire ». La France compte plus de 36 000 communes.

Regardez. 

4 *Comment est-ce présenté ?*

Mettez dans l'ordre les différents moments du reportage.

L'interview d'une jeune touriste
L'interview d'une mère de famille
L'interview du patron de l'hôtel
L'interview d'un père de famille
La famille à l'hôtel et à la plage
La conclusion du journaliste
Une vue d'avion de l'île

Écoutez.

5 *Comment est-ce dit ?*

Associez les éléments du reportage à leurs caractéristiques.

a. L'île de Mayotte vue du ciel
b. L'aéroport
c. La traversée en bateau
d. La grande plage
e. Le futur hôtel
f. Les Mahorais

1. Aux normes écologiques
2. Comme un confetti
3. Compliquée
4. Désertique
5. Excentré
6. Tradition d'hospitalité

Devinez.

6 *Qu'est-ce que c'est ?*

Retrouvez dans l'encadré les mots correspondant à ces définitions.

a. Groupe d'îles
b. Étendue terrestre sur laquelle vit un groupe humain
c. Situation, position dans une société
d. Vote auquel on répond par « oui » ou « non »

Exprimez-vous.

7 *Droits et devoirs. Et chez vous ?*

Donnez votre opinion sur les droits et devoirs qui doivent être respectés quand on est habitant d'un pays.

MAYOTTE, UN DÉPARTEMENT FRANÇAIS

Mayotte est une île de l'océan Indien située dans l'archipel des Comores. L'île est un territoire français depuis le XIXe siècle. De nombreux Mahorais (habitants de Mayotte) n'ont pas opté pour l'indépendance de leur île donc elle est restée territoire français lorsque, en 1975, une partie des Comores est devenue indépendante. En 2009, lors d'un référendum, les Mahorais ont souhaité que leur île devienne un département français avec le même statut que les autres départements de la France. Depuis mars 2011, Mayotte est donc le 101e département français ; la ville de Mamoudzou est sa capitale.

La naturalisation des athlètes étrangers se développe et se généralise

Certains pays du monde naturalisent des sportifs étrangers dans le but de renforcer les capacités de leur équipe nationale. Si le phénomène n'a rien de nouveau, ce sont les motivations qui changent. Aujourd'hui, les joueurs acceptent de défendre les couleurs d'un pays qu'ils connaissent à peine contre de fortes sommes d'argent.

C'est la nouvelle crainte de la Fédération Internationale de Football qui s'inquiète du fait que quelques pays accordent trop rapidement la nationalité à des joueurs étrangers dans le seul but de fortifier leur équipe nationale. Le phénomène s'accentue ces derniers temps. Certaines pratiques ont été révélées récemment.

Auparavant, les naturalisations existaient mais étaient rares. Les joueurs avaient une connexion avec le pays qui les naturalisait, par un mariage ou bien par le fait qu'ils y résidaient depuis plusieurs années. Le footballeur d'origine congolaise Joao Henriette Elias fait partie de ceux qui ont développé un sentiment d'affinité envers un autre pays. Pris en sympathie par quelques amis rwandais, bien qu'évoluant en Belgique, il a préféré défendre les couleurs du Rwanda lors de la Coupe d'Afrique des Nations.

Mais ces cas de naturalisation par affinités semblent être une exception. Car, aujourd'hui, beaucoup pensent que ce n'est plus un lien affectif qui motive les naturalisations mais plutôt la volonté de doper les performances des équipes nationales. Voilà pourquoi des sportifs, toutes compétitions confondues, se retrouvent à défendre les couleurs d'une nation qu'ils connaissent à peine. Un phénomène qui risque de s'étendre mais qui reste difficilement mesurable et localisable. Plusieurs pays ont été médiatisés pour leurs récentes acquisitions.

Alors qu'avant les joueurs faisaient la demande de naturalisation, ils sont aujourd'hui recherchés. Un pays africain dont l'entraîneur était brésilien a fait appel à treize footballeurs de son pays pour jouer les éliminatoires de la Coupe d'Afrique des Nations. Une tactique dénoncée par ceux qui devaient jouer contre ce pays.

La FIFA reste vigilante : « Il n'y a pas de loi concernant ce sujet. La règle précise juste qu'un footballeur peut jouer pour une équipe nationale autre que celle du pays où il joue, s'il n'a jamais été sélectionné pour l'équipe nationale de ce pays. » Des commissions veillent à la « conservation d'un esprit sportif sain » en étudiant ce problème, pour limiter le risque de « naturalisations en masse ». Un risque avéré par l'exemple de petits États souhaitant naturaliser des footballeurs venant d'autres pays pour sortir de l'anonymat.

Défis économiques

COMMENTER UN PHÉNOMÈNE

Expliquez le verbe « naturaliser ».

Il signifie :

a. accorder une nouvelle nationalité à quelqu'un.
b. pratiquer des sports de plein air, dans la nature.
c. revenir à des modes de vie qui respectent la nature.

Faites une liste des mots que vous évoque le thème de la naturalisation. Comparez avec votre voisin.
Nationalité...

Lisez le document puis répondez aux questions.

a. Quel est le sujet de cet article ?
   1. Le changement de nationalité des sportifs.
   2. Le développement des sports en pleine nature.
   3. Le trafic d'argent dans les clubs sportifs africains.

b. D'après l'auteur de l'article, ce phénomène...
   1. est très récent.
   2. est déjà terminé.
   3. est en plein développement.

c. Quelles sont les motivations actuelles des joueurs qui acceptent cela ?

d. D'après la FIFA, quel est le but des pays qui pratiquent cela ?

e. Auparavant, pour quelles raisons les sportifs choisissaient la naturalisation ?

f. Quelle est la conséquence du phénomène actuel pour les sportifs ?
   1. Ils ne peuvent pas refuser de se doper.
   2. Ils deviennent très médiatisés, très connus.
   3. Ils jouent pour une nation qu'ils connaissent mal.

g. Que font les commissions de la FIFA ?

h. D'après l'auteur, dans quel but les petits États font-il cela ?

Expliquez les mots en gras en associant les phénomènes et les pays concernés.

Phénomènes :

a. **Certains** pays du monde entier naturalisent des sportifs étrangers.
b. **Quelques** pays accordent trop rapidement la nationalité à des joueurs étrangers.
c. **Plusieurs** pays ont été médiatisés pour leurs récentes acquisitions.

Pays concernés :

1. Plus d'un pays.
2. Des pays en particulier.
3. Un petit nombre de pays.

Commenter un phénomène

Certains pays naturalisent des sportifs.
Aujourd'hui, les joueurs demandent plus d'argent.
De nos jours, les contrôles deviennent difficiles.
Auparavant, de telles pratiques étaient rares.
Beaucoup pensent que ça va cesser un jour.
De nombreux États luttent contre ces abus.

Réagissez à cet article.

a. Citez d'autres exemples de milieux sportifs qui font la même chose.
b. Commentez ce phénomène.

DONNER UN EXEMPLE, APPORTER UNE PRÉCISION

  > *Piste 52*

Écoutez le document et déterminez son sujet.

a. Les loisirs des étrangers en France.
b. Les tests pour acquérir une nationalité.
c. Les examens pour les enfants étrangers.

  > *Piste 52*

Écoutez à nouveau et répondez aux questions.

a. Jusqu'ici, que devait-on savoir pour devenir français ?
b. À partir du 1er janvier, quel niveau sera demandé ?
c. Qui est concerné ?
d. Quelle est l'autre nouveauté de la loi Besson ?

  > *Piste 52*

Écoutez à nouveau et complétez les phrases.

a. Un étranger devra passer … .
b. Le niveau B1 oral pour devenir français, … celui d'un élève en fin de 3e.
c. Un test d'histoire, … : « Les châteaux de la Loire… ».

Exprimez-vous sur ce sujet.

a. Faire passer un test pour obtenir la nationalité, est-ce justifié à votre avis ?
b. Rendre obligatoire un test d'histoire, est-ce utile ?
c. Doit-il y avoir des conditions pour les cas de naturalisation ?

Commentez les phénomènes et donnez des exemples précis.

a. L'interdiction de la binationalité par certains États.
b. Le sport de haut niveau et l'oubli des vraies valeurs sportives.
c. Le sport amateur comme moyen d'intégration.

Donner un exemple et apporter une précision

On peut prendre l'exemple de Zidane qui a joué en Italie.
Je vous donne un exemple : Zidane a aussi joué en France.
C'est comme Zidane qui a joué en Espagne.
Ça me rappelle quand mon équipe préférée a gagné.
Ça me fait penser à un livre que j'ai lu.
Exemple : les conjoints de sportifs qui sont médiatisés.
C'est-à-dire que sa femme est très active elle aussi.
C'est en fait aussi le cas de mon frère, qui habite à l'étranger.

Nationalité, administration et documents

Français, vous avez dû prouver à l'administration votre nationalité. Témoignez.

Plusieurs centaines d'internautes ont témoigné de leurs difficultés à faire refaire une pièce d'identité. Les personnes nées de parents nés à l'étranger ou nées elles-mêmes à l'étranger de parents français ont souvent le plus grand mal à « prouver » leur nationalité française.

C'est incompréhensible ou un scandale ! par Geneviève D.

Née à l'étranger d'un père français et d'une mère vietnamienne et ayant une carte d'identité française précisant ma nationalité française, je suis contrainte par l'administration d'effectuer une demande de certificat de nationalité française – demandé par la préfecture – auprès du tribunal pour renouveler mon passeport. Afin de pouvoir remplir les conditions, il faut que je justifie d'extraits d'actes de naissance de mes parents, grands-parents et arrière-grands-parents, accompagnés des actes de mariage et du livret de famille de mes parents. J'ai 36 ans et je viens d'avoir un petit garçon né en France d'un père algérien, et la démarche sera la même pour mon fils.

Un cauchemar ! par Alice M.

Pour renouveler ma carte d'identité, j'ai dû faire des démarches auprès de la mairie, du ministère des Affaires étrangères, du tribunal et enfin de la police municipale. Ça m'a pris plus de six mois, le principal obstacle étant le certificat de nationalité française, qu'on me demandait pour la première fois. Je me suis sentie un peu humiliée, moi née française, de devoir autant me justifier ! Est-ce que je suis une Française de seconde zone parce que je suis née à l'étranger ? Ou bien est-ce parce que ma mère est devenue française par le mariage ?

D'après *lemonde.fr* | 12.01.10

1. 

Retrouvez dans les témoignages le nom des documents et des administrations.

a. Administration juridique qui juge certaines affaires de nature civile.
b. Document qui atteste du lieu et du moment où on est né.
c. Document qui prouve qu'on a épousé quelqu'un.
d. En France, carnet qui contient divers actes d'état civil (mariage, naissance des enfants...).
e. En France, administration qui délivre les cartes de séjour pour les étrangers, les permis de conduire, etc.
f. Administration d'une ville où on peut faire faire une nouvelle carte d'identité.
g. Administration d'État qui s'occupe des questions liées aux autres pays.
h. Service lié à une mairie qui s'occupe de la sécurité publique.
i. Attestation qui prouve qu'on est français (pouvant être demandée en cas de première demande d'une pièce d'identité sécurisée).

2. 

Associez les éléments pour reconstituer la liste des démarches qu'on peut effectuer pour régler des questions administratives.

a. effectuer	1. sa nationalité
b. renouveler	2. un formulaire
c. remplir	3. un passeport périmé
d. envoyer	4. une série de documents
e. prouver	5. une nouvelle nationalité
f. fournir	6. un document par la poste
g. compléter / remplir	7. les conditions demandées
h. aller retirer	8. son passeport quand il est prêt
i. obtenir / acquérir	9. des renseignements pour s'informer
j. demander	10. une demande de renouvellement de papiers

3. 

Présentez une mésaventure liée à une administration. Expliquez où, quand, comment et avec qui ça s'est passé.

Grammaire

Les indéfinis

Ne dites pas n'importe quoi !

• **Chaque**
Chaque personne interrogée a répondu.
(= Toutes les personnes interrogées ont répondu.)

• **Certain(e)s = Pas tous**
Un(e) autre / D'autres
Certaines personnes ont répondu,
d'autres (personnes) ont refusé de répondre.

• **Quelques = pas beaucoup**
Il y a quelques magazines à lire mais pas assez.

• **Plusieurs = plus d'un**
Plusieurs personnes sont venues au rendez-vous.

• **Quelque chose de ≠ Rien de**
Il y a quelque chose d'intéressant à lire ?
Non, il n'y a rien d'intéressant !

• **Quelque part** (= dans un endroit indéterminé)
– Est-ce que je peux m'asseoir quelque part ?

• **N'importe quand / qui / où / quel** signifie que tout me convient, que je suis indifférent au choix qui est fait.
Je ne travaille pas, je peux partir en voyage n'importe quand.
C'est un test facile. N'importe qui peut le réussir.
Il aime vivre partout... Il est heureux n'importe où, dans n'importe quelle ville.

• **Peu importe** signifie « ça n'a pas d'importance » et **peu m'importe** signifie « ça m'est indifférent ».
N'importe comment signifie « sans soin ».
Il écrit n'importe comment, il ne fait pas attention à l'orthographe.
L'expression **N'importe quoi !** permet de répondre à quelqu'un : « Ce n'est pas sérieux ! », « C'est stupide ! ».
Tu vas devenir footballeur professionnel ? Toi ?
N'importe quoi, ce n'est pas possible !

• **Tout**
S'il est suivi d'un article et d'un nom, **tout** s'accorde avec le nom : *tout le monde, toute la France, tous les citoyens, toutes les citoyennes.* Mais, parfois, il s'utilise seul :
– quand il s'écrit **tout**, il se place avant ou après un verbe (choses / situations).
Tout m'intéresse. = Toutes les choses m'intéressent.
Je m'intéresse à tout. = à toutes les choses
– quand il s'écrit **tous**, il se prononce [tus] et se place après le verbe ; au féminin, on écrit et on dit **toutes** [tut] (choses / situations / personnes).
– Tu connais tous tes voisins ?
– Oui, je les connais tous.
– Tu connais toutes les conjugaisons ?
– Oui, je les connais toutes.

1.

Complétez avec *n'importe qui / certaines / chaque / d'autres / n'importe quoi / quelques.*
Guy : J'ai lu un sondage qui parle du sentiment d'identité des gens de ma ville, en Bretagne : ... habitant pouvait participer au sondage. Il y a ... personnes (les jeunes) qui se sentent plutôt européennes et ... (les moins jeunes) qui se sentent d'abord françaises. Il y a aussi ... sondés (15%) qui se sentent bretons avant tout et qui ont déclaré que la Bretagne devrait devenir indépendante.
Yann : Ce n'est pas très réaliste. C'est un peu ..., ce sondage ! Ils ont interrogé ... .
Guy : Mais si ! C'est la réalité !

2. 

Organisez un petit sondage dans votre groupe. Interrogez vos camarades, analysez les résultats et commentez-les devant la classe.
Thème : le sentiment d'identité nationale.

3. 

Complétez en utilisant *tout, tous, toute* ou *toutes.*
Je me suis bien préparé à cet examen. J'ai acheté ... les livres de préparation. J'ai ... lu et j'ai ... appris. J'ai révisé ... la semaine avant l'examen. Le jour de l'examen, les autres candidats étaient ... stressés mais pas moi, je me sentais prêt. J'ai compris ... les consignes et j'ai lu ... les questions. Elles étaient ... difficiles. Mais j'ai ... complété. Finalement, ... s'est bien passé !

4. 

Exprimez-vous sur le thème des sondages.
a. Quels types de sondages consultez-vous ?
b. Répondez-vous parfois à des sondages ? Où et quand ?
c. Croyez-vous aux résultats des sondages ?
d. Les sondages sont-ils utiles à notre époque ? En quoi ?

à faire

La mangrove est une sorte de forêt tropicale qui se trouve entre mer et terre, dans des zones calmes et peu profondes. Sa faune et sa flore sont très spécifiques. La mangrove couvre une superficie d'environ 150 000 km² sur notre planète, occupe les trois-quarts des côtes et deltas des régions tropicales et assure une excellente protection contre l'érosion et même contre les tsunamis. À Mayotte, la mangrove est proche des zones habitées, elle est donc menacée par les déchets et le fait de couper ses palétuviers[1]. C'est un milieu fragile, très sensible à la pression de l'activité humaine et à la pollution. Mais c'est un milieu qu'il faut préserver car la mangrove est un réservoir immense en matière de biodiversité, c'est aussi une pouponnière[2] pour certains poissons et pour les crevettes qui viennent y pondre à l'abri.

Aller à la rencontre de la mangrove de Mayotte mérite vraiment le détour ! Même si, parfois, on peste[3] car elle est souillée par les déchets du village voisin, et cela malgré le nettoyage naturel dû aux marées. De manière générale, les mangroves du monde sont menacées de toutes parts. Elles sont détruites par la construction de barrages, le détournement des rivières et le développement extensif de l'agriculture et de l'aquaculture[4].

D'après Laurence de Susanne - IleMayotte.com

1. arbres ou arbustes tropicaux
2. lieu où l'on garde les bébés et les jeunes enfants
3. on manifeste son mécontentement
4. activités de production animale ou végétale en milieu aquatique

Résumer des informations sur un phénomène

1 

Je lis le message envoyé par Julien et je réponds aux questions.

a. Qu'ont fait Madeleine et Julien ?
b. Qu'est-ce qu'ils en ont pensé ?
c. Que demandent-ils ?

Salut ! Toujours à Mayotte. Découverte de la mangrove ! Pleins d'animaux, de plantes ! Génial ! Aimerions en savoir + mais connexion Internet difficile ! Tu peux nous aider ?

2 

J'ai trouvé cet article, je le lis et je réponds aux questions.

a. Qu'est-ce que la mangrove ?
b. Pourquoi faut-il la protéger ?
c. Quels sont les dangers qui la menacent ?

3 

Je résume les informations que j'ai apprises sur la mangrove. Je laisse un message sur le répondeur de Madeleine et Julien pour leur dire ce que je sais.

À MAYOTTE

Proposer des solutions à un problème

 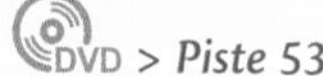

> *Piste 53*

Madeleine s'est fait piquer par un serpent pendant sa visite de la mangrove. Heureusement, tout va bien maintenant ! J'écoute cette chronique et je réponds aux questions.

a. Pourquoi faut-il relativiser, en France, la peur de la morsure par une vipère ?

b. Relevez quatre choses à faire en cas de morsure et quatre choses à ne pas faire.

c. Que faut-il faire pour se protéger lors des promenades ?

J'écris un courriel à Madeleine pour lui donner toutes les solutions et les conseils pour le problème de morsure par un serpent pour la suite de son voyage.

Je téléphone à Julien et je lui donne des idées pour éviter les piqûres d'animaux (moustique, serpent, etc.).

http://www.forumvoyageurs.com

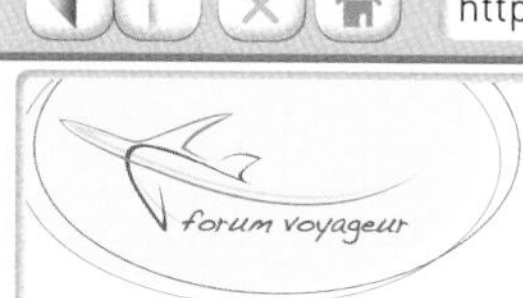

Salut Madeleine,

J'ai appris que tu avais été mordue par un serpent à Mayotte. Tu as dû avoir très peur !!! Heureusement qu'il y avait un hôpital pas loin, mais tu sais, justement, j'ai écouté une chronique l'autre jour à la radio et j'ai appris pas mal de choses sur les morsures de vipère. Tout d'abord...

Rédiger un manifeste.

Étape 1 : Par deux, on choisit un problème particulier à notre ville (nuisance sonore, projet de construction inapproprié, prolifération des déchets, pollution de l'air, manque d'espace pour pratiquer un sport, présence de certains animaux dangereux...). On fait une description précise de ce problème en détaillant les causes ainsi que les conséquences sur la vie quotidienne.

Étape 2 : On réfléchit afin de trouver des solutions à ce problème. On fait une liste des choses à faire et des choses à ne pas faire.

Étape 3 : On cherche des photos sur Internet ou on prépare des dessins illustrant notre problème.

Étape 4 : On prépare notre manifeste (problème, solutions envisagées) et on l'illustre (photos, dessins, schémas).

Étape 5 : On fait circuler notre manifeste dans le groupe en l'expliquant à l'oral. Les personnes sensibles à notre demande peuvent nous poser plus de questions !

Écrire une lettre formelle

Antonio Leroy
18 rue d'Hautpoul
27022 Évreux
n° d'adhérent : 660527A

Monsieur le Directeur du Club Vit'Fit-Évreux
11 rue de l'Horloge
27022 Évreux

Objet : réclamation

Évreux, le 10 novembre 2011

Monsieur le directeur,

Je vous écris pour vous exprimer mon mécontentement au sujet des prestations offertes par votre club.

Voici trois mois que je suis inscrit à Vit'Fit. Or, j'ai pu constater que les services que vous proposiez dans mon abonnement ne correspondent malheureusement pas à la réalité.

D'une part, les appareils de musculation de votre club sont, pour la plupart, en très mauvais état et ceux qui semblent utilisables sont en conséquence toujours occupés par d'autres membres. Donc, il faut généralement faire la queue pour pouvoir se servir des machines, on perd ainsi beaucoup de temps.

D'autre part, les cours de fitness, yoga et stretching sont très souvent annulés ou retardés car les professeurs sont régulièrement absents ou en retard, ce qui n'est vraiment pas professionnel.

J'ai l'impression que le nettoyage des sols, des vestiaires et des douches n'est pas régulier dans vos locaux car tout est vraiment très sale.

Par conséquent, je vous demande de trouver des solutions à ces trois problèmes ou je me verrai dans l'obligation de résilier mon abonnement et de trouver un autre club.

Je vous prie d'agréer, Monsieur le Directeur, mes sentiments distingués.

Antonio Leroy

1  

Lisez ce document et relevez les éléments constitutifs de la lettre formelle.

a. la signature
b. les coordonnées de l'expéditeur
c. les coordonnées du destinataire
d. le corps de la lettre
e. la formule d'appel
f. la formule de politesse
g. le lieu, la date

2

Répondez aux questions.

a. Pour quelle raison Antonio écrit-il cette lettre ?
b. Quels exemples donne-t-il pour appuyer son propos ?
c. Que souhaite-t-il ?
d. Que fera-t-il sinon ?

3 

Antonio n'a obtenu aucune réponse de la part du directeur du club et rien n'a changé. Vous partagez totalement l'avis d'Antonio et vous décidez de résilier vous aussi votre abonnement en écrivant une lettre au directeur général des clubs Vit'Fit France (boulevard Saint Germain, 75006 Paris).
(180 à 200 mots)

Conseils / stratégies

Pour écrire une lettre formelle

- **Présentez correctement votre lettre.**

En haut à gauche : l'expéditeur
En haut à droite : le destinataire
Au-dessous à gauche : l'objet de la lettre (facultatif)
Au-dessous à gauche : la formule d'appel
Monsieur le directeur, Madame la députée.

- **Commencez par l'objet de votre courrier.**

Je vous écris pour...
Je me permets aujourd'hui de vous écrire afin de...
Je vous prie de bien vouloir prendre connaissance de ma demande de...

- **Expliquez-vous.**

En effet, les prestations que vous proposez sont de qualité insuffisante / vous avez fait de la publicité mensongère / je suis extrêmement insatisfait(e), déçu(e), mécontent(e)...

- **Terminez par une formule de politesse.**

Je vous prie d'agréer / d'accepter – Veuillez agréer / accepter – Recevez...
Madame / Monsieur / Monsieur le directeur / Monsieur le maire / Madame la députée...
mes cordiales salutations / l'expression de mes sentiments distingués / mes salutations distinguées.

- **Signez et signalez les pièces jointes à la fin de la lettre avec la mention « P.J. ».**

P.J : la photocopie de mon contrat d'abonnement.

Gérer la prise de parole dans un débat

  > *Piste 54*

Écoutez la discussion et répondez aux questions.

a. Qui sont les personnes qui parlent ?

b. Quel est leur problème ?

  > *Piste 54*

Écoutez à nouveau et relevez :

a. la cause du problème.

b. deux conséquences du problème.

c. deux solutions proposées.

  > *Piste 54*

Relevez dans le dialogue quelques stratégies utilisées pour gérer la prise de parole.

4 

Préparez et organisez un débat pour utiliser ces stratégies.

a. Choisissez une situation.
   1. Une discothèque bruyante a ouvert dans votre quartier.
   2. Un vieux bâtiment historique doit être détruit.
   3. Votre quartier manque de dynamisme, il faut y faire venir des touristes.

b. Distribuez les rôles (modérateur du débat, organisateur du projet, habitants de la ville...).

c. Préparez votre intervention (arguments, causes, conséquences, solutions possibles...).

d. Jouez le débat en groupes et essayez de trouver une solution au problème.

Pour gérer la prise de parole

Conseils / stratégies

Dans les discussions francophones, il n'est pas rare qu'on « coupe la parole », à l'autre. Voici quelques stratégies pour que chacun réussisse à s'exprimer.

- **Demander la parole aux autres.**

Levez la main ou faites un signe pour que les autres vous remarquent.

Excusez-moi... / Écoutez-moi !

Je voudrais / J'aimerais (vous) dire quelque chose...

- **Couper la parole aux autres.**

On peut commencer à parler quand d'autres parlent.

Ah oui, tiens, ça me rappelle quelque chose.

Désolé(e) de vous interrompre / couper la parole, mais...

- **Garder la parole.**

Attendez, je continue / finis... / Je n'ai pas terminé...

Laissez-moi m'expliquer.

- **Empêcher quelqu'un de parler.**

Vous allez me laisser finir ?

Laissez parler madame...

- **Donner la parole aux autres.**

Et vous, qu'en pensez-vous ?

Tu n'es pas de mon avis ?

Allez, raconte !

Vas-y, ne sois pas timide.

C'est à vous / toi.

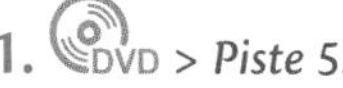

Phonétique — L'accent créole

1. DVD > *Piste 55*

Écoutez, répétez les expressions créoles et trouvez leurs traductions en français.

1. Manzé	a. Acheter
2. Bwar	b. Super !
3. Ziska dimans	c. Ananas
4. Vanyi	d. Manger
5. Koman y lé zot tout	e. Vanille
6. Dopi yèr	f. Vous pouvez goûter
7. Zanana	g. Jusqu'à dimanche
8. Asté	h. Comment allez-vous ?
9. Zot y pé gouté	i. Boire
10. Gayar wiiiiiiiiii !	j. Depuis hier

2. DVD > *Piste 56*

Écoutez ce texte en créole de la Réunion. Pouvez-vous comprendre le sens général ?

La Rényon à Bordo

Koman y lé zot tout ?? Dopi yèr, vendrédi 14 janvié, la Rényon lé sir lo band zalé d'Tourny ziska dimans 16 janvié. Zot y pé asté letsi, zanana Viktoria, vanyi. Néna d'zafèr pou manzé é osi pou bwar : la rak, lo ponch, samousa... Si zot y koné pa la Rényon, lé in mwayin pou dékouvrir. Bana y don' kart ek tout band GR (somin d'randoné) k'nana, zadrès pou lojé. Band letsi ek zanana té y vyin an direk lil. Zot y pé gouté é asté... Oté, lo parfin ek lo gou... gayar wiiiiiiiiii !!!!

Semaine 8

B1.2

RENDEZ-VOUS 1

À découvrir
- Parler de ses études
- Exprimer une manière de faire

À savoir
- Les études
- L'accord du participe passé
- Les adverbes en *-ment* : cas particuliers

Thaïlande : un village de pêcheurs

RENDEZ-VOUS 2

À découvrir
- Exprimer l'antériorité dans le futur
- Mettre ses idées en relief

À savoir
- La vie étudiante
- La mise en relief
- Le futur antérieur

À faire

Réaliser une émission de radio

À écrire, à dire

Rédiger un essai argumentatif
Faire un exposé

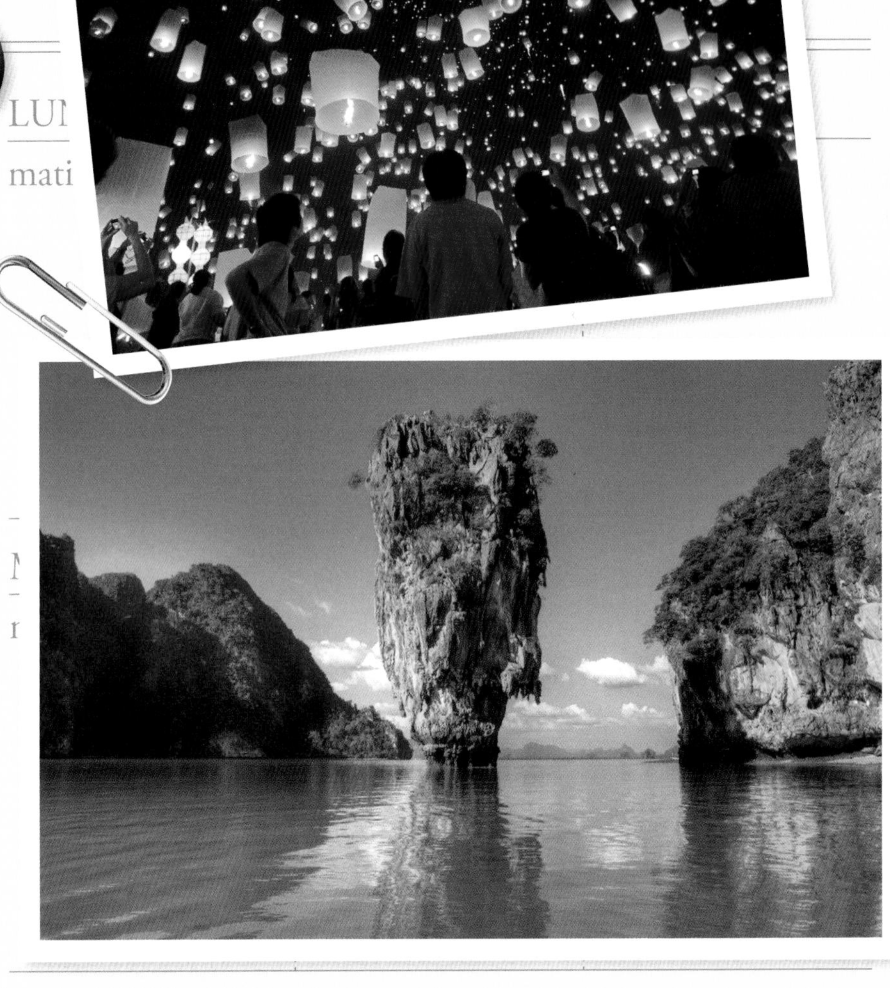

EN THAÏLANDE

VENDREDI

matin

SAMEDI

matin

semaines 1 2 3 4 5 6 7 8 9 10 11 12

Notes

Je peux :

- Parler de mes études ?
- Expliquer comment je mémorise le vocabulaire français ?
- Présenter 3 loisirs appréciés par les étudiants de mon pays ?

PARLER DE SES ÉTUDES

Clémence est étudiante à l'École normale supérieure de Lyon. Elle nous raconte sa vie plutôt excitante de «Normalienne».

C'est avec un grand sourire que Clémence, 20 ans, nous a accueillis sur le campus de l'École normale supérieure. Mais elle reconnaît que ses deux années de classe préparatoire l'ont épuisée : elle garde un souvenir éprouvant de sa « prépa » littéraire, au lycée Condorcet, à Paris. « En khâgne*, je me levais à six heures tous les jours, j'allais à la bibliothèque tous les week-ends, je ne sortais plus. » Tout ça pour espérer être reçue à l'ENS** de Lyon. Pourtant, elle avait « peu d'infos » sur cette école prestigieuse : « Je ne savais pas trop ce que l'on allait y faire. On nous disait « de la recherche », mais c'était flou. Deux choses l'ont motivée : d'une part, cette Parisienne avait très envie de déménager pour étudier à Lyon ; d'autre part, les « Normaliens », comme on appelle ceux qui sont reçus au concours, ont le statut de fonctionnaire et perçoivent un salaire pendant leurs études : « Pour moi, c'était important d'être indépendante financièrement. »

« À l'ENS, explique Clémence, on fait pratiquement la même chose qu'à l'université, mais dans des conditions privilégiées: on est payé, on reçoit un enseignement presque personnalisé avec des cours par petits groupes et la bibliothèque est ouverte pratiquement tout le temps, dès sept heures et jusqu'à trois heures du matin...

L'an dernier, j'ai découvert la sociologie, qui m'a passionnée. J'ai décidé d'en faire ma matière d'étude. Mon emploi du temps est donc essentiellement composé de cours de socio, certains obligatoires, d'autres que j'ai choisis dans une liste de propositions. J'ai aussi de l'anglais, évidemment, et j'ai aussi pris un cours d'économie. »

Clémence ne regrette pas son travail acharné. Désormais, elle étudie la sociologie. « C'est passionnant. En tous cas, la démarche me séduit beaucoup plus qu'en littérature, que j'avais d'abord choisie. La façon de présenter ses recherches est très honnête, très personnelle, ça me convient mieux. » Elle a ainsi choisi de réaliser son mémoire de Master sur les lecteurs de *Twilight* ! En contrepartie de son salaire de 1 300 € mensuel, elle a signé un « contrat » avec l'État, pour lequel elle est censée s'engager à travailler durant dix ans minimum. La majorité de ses collègues Normaliens deviendront profs de fac ou chercheurs. « On peut aussi changer de voie, explique Clémence. Certains enchaînent sur d'autres écoles, comme Sciences Po**, ou passent d'autres concours de la fonction publique. Je ne me suis pas encore décidée. » Mais elle a déjà pu mesurer la valeur de son cursus : « Si je dis que je suis à l'ENS, on m'écoute plus sérieusement que si je dis simplement "Je fais de la socio". »

d'après *Phosphore*, septembre 2011

* « Hypokhâgne » et « khâgne » : noms donnés aux classes préparatoires littéraires.
** Sciences Po = Sciences Politiques, une autre grande école.

1 

Lisez l'article et répondez aux questions.

a. Quel établissement fréquente Clémence actuellement ?
b. Qu'a-t-elle fait pour réussir à y entrer ?
c. Ses années de prépa ont été...
   1. fatigantes.
   2. un échec.
   3. festives.
d. Quelles ont été ses motivations pour préparer son entrée dans son école ? (*2 raisons*)
e. Selon elle, la sociologie, c'est...
   1. assez impersonnel.
   2. vraiment très intéressant.
   3. plus difficile que la littérature.
f. Dans quelles conditions étudie-t-elle ?
   1. Elle est payée 1 300 euros par mois.
   2. Elle reçoit une aide de 1 300 euros par an.
   3. Elle doit payer 1 300 euros lors de son inscription.
g. Vrai ou faux ? Clémence sera obligée de travailler pour l'État. Justifiez votre réponse.
h. Expliquez la différence entre les cours à l'ENS et les cours à l'université.
i. Vrai ou faux ? L'emploi du temps des Normaliens est imposé par l'école. Justifiez votre réponse.

2 

Retrouvez dans l'article les mots correspondant aux définitions.

a. Site où se trouve une école ou une université.
b. Étudiant / Étudiante de l'École normale supérieure.
c. Activité d'un scientifique, d'un chercheur.
d. Examen avec une sélection des meilleurs.
e. Discipline (exemple : mathématiques, littérature...).
f. Leçons données aux étudiants.

Comparez le système d'enseignement supérieur de votre pays avec le système français.

a. Dans votre pays, existe-t-il aussi des grandes écoles ou des universités plus prestigieuses que d'autres ? Qu'en pensez-vous ?
b. Êtes-vous pour ou contre les concours qui sélectionnent les meilleurs ?
c. On dit parfois en France que l'université fonctionne mal. Et chez vous ?
d. Payer les étudiants pour étudier, est-ce une bonne chose ? Que pensez-vous des contreparties exigées par l'État en échange ?

Présentez le cursus d'études que vous avez accompli ou que vous rêvez de réaliser. Précisez quelles démarches vous avez faites pour le choisir.

Parler de ses études
Kelly est étudiante en anglais.
Amidou a étudié les arts plastiques.
Caroline a fait des études de pharmacie.
Laura s'est spécialisée en littérature américaine.
Bénédicte a un diplôme de Master.
Mes études ? Je les ai terminées / finies / l'an dernier.
Olivier est diplômé d'une grande école d'ingénieur.
J'ai passé des concours.

EXPRIMER UNE MANIÈRE DE FAIRE

  > *Piste 57*

Écoutez et déterminez le sujet du document.

Ce document présente...
a. des conseils pour aller étudier à l'université en Chine.
b. les problèmes qu'il y a dans certaines universités françaises.
c. un nouveau système pour mieux choisir son cursus universitaire.

 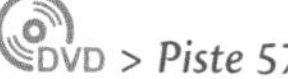 > *Piste 57*

Écoutez à nouveau. Choisissez la bonne réponse ou répondez.

a. Que va faire l'Union européenne ?
 1. Utiliser le classement universitaire chinois.
 2. Créer un nouveau système de classement universitaire.
 3. Améliorer un classement universitaire ancien.
b. L'université de Shanghai a classé combien d'universités européennes dans les 100 premières mondiales ?
c. Que reprochent les Européens aux critères de Shanghai ?
 1. Ils sont limités.
 2. Ils sont illimités.
d. Pour M. Dialo, les nouveaux critères aideront un étudiant qui cherche une université à...
 1. faire un classement puis un choix personnalisés.
 2. trouver les universités avec la discipline la plus stricte.
 3. choisir entre les universités qui répondent à ses courriers.
e. Que pense-t-il des classements internationaux ?
f. Selon lui, qu'est-ce qui a été augmenté grâce au programme Erasmus ?
g. Que décrira le futur classement européen ?

 DVD > *Piste 57*

Écoutez à nouveau. Répondez aux questions puis comparez vos réponses avec votre voisin.

Lisez la transcription page 235 et corrigez vos réponses de l'activité 6.

Comparez vos opinions en groupes.
Classer les universités, est-ce une bonne idée ? Quels sont-les avantages et les inconvénients de tels classements ?

Exprimer la manière
Elle écrit avec précision.
Il parle en articulant bien.
Elle s'exprime clairement.
Il parle d'une façon étrange.
Il m'a regardée bizarrement.

S'informer sur la manière
De quelle manière... ?
De quelle façon... ?

Finissez la phrase.
Commencez une phrase. Votre voisin la finit.
J'aime mes études ... passionnément.

Rendez-vous 1  

Rendez-vous 1 à savoir

Vocabulaire

Les études

1. 

Mettez le cursus de Samira dans l'ordre chronologique.

Un cursus long

a. Puis j'ai obtenu mon Master d'histoire du droit à 23 ans.
b. J'ai fini ma Licence de droit 3 ans plus tard.
c. Et maintenant, je suis en train de terminer ma thèse de Doctorat, je vais la soutenir bientôt.
d. J'ai réussi le Baccalauréat le jour de ma majorité, j'ai un Bac ES (Économique et Social).
e. J'ai eu mon BEPC (brevet des collèges) quand j'étais ado.

2. 

Faites un schéma qui représente un cursus d'études général en France.

3. 

Complétez la journée de Samira avec les mots proposés.
TD – campus – faculté – brouillon – exposés – magistraux – amphithéâtre – notes – notes – temps – dissertations – abréviations

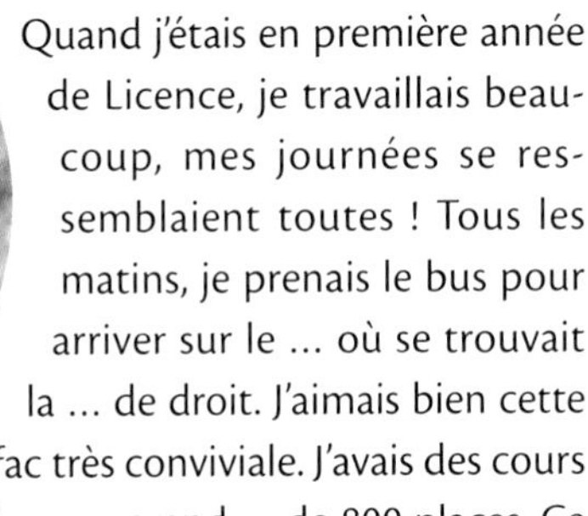

Un journée-type

Quand j'étais en première année de Licence, je travaillais beaucoup, mes journées se ressemblaient toutes ! Tous les matins, je prenais le bus pour arriver sur le ... où se trouvait la ... de droit. J'aimais bien cette fac très conviviale. J'avais des cours ... dans un grand ... de 800 places. Ce n'était pas facile, il fallait prendre des ... , les profs parlaient toujours très vite, donc j'utilisais beaucoup d'... , comme « bcp » pour « beaucoup ». J'avais un emploi du ... très chargé avec 36 heures de cours par semaine. Les après-midis, on avait des travaux dirigés, j'aimais bien ces ... parce qu'on était en petits groupes, qu'on faisait souvent des ... devant la classe. Et le samedi matin, on avait souvent des ... obligatoires pendant 3 heures, c'était comme des essais mais plus longs, il fallait beaucoup écrire et on n'avait pas assez de temps pour préparer toutes nos idées au ... . Au début, je rendais de mauvaises copies et j'avais de mauvaises ... mais, avec l'expérience, je me suis beaucoup améliorée.

4. 

Associez les phrases et les explications des mots en gras.

L'évaluation

a. Les **examinateurs** sont sévères.
b. Les **candidats** sont stressés.
c. Les **résultats** sont affichés dans le hall d'entrée.
d. Les **épreuves** orales sont faciles, pas les **épreuves** écrites.
e. Cet enseignant de langue favorise l'**auto-évaluation**.
f. Ici, le **contrôle continu** est plus important que le contrôle final.
g. Je dois absolument **obtenir** ce concours.
h. Vous ne devez pas **rater** votre examen.
i. Vous allez **passer** votre examen en salle B112.
j. Si vous êtes pris en train de **tricher**, vous serez exclu.

1. Avoir un examen, le réussir.
2. L'évaluation formative, tout au long de l'année.
3. Le fait de s'évaluer soi-même.
4. Le succès ou l'échec, le fait d'avoir l'examen ou non.
5. Les gens qui font passer l'examen.
6. Les parties d'un examen.
7. Les personnes qui passent l'examen.
8. Ne pas respecter les règles, copier sur quelqu'un.
9. Ne pas réussir, échouer.
10. Réaliser un examen (écrire ou parler).

5. 

Comparez vos expériences.

a. Quels aspects de vos études avez-vous le plus / le moins appréciés ?
b. Comment vous êtes-vous senti(e) lors de vos derniers examens ?
c. Racontez un souvenir d'examen qui vous a marqué(e).
d. Comment faites-vous pour évaluer vos compétences en langues étrangères ?

6. 

Le petit Bac.
Imaginez un tableau avec des catégories (professions, objets, vocabulaire des études...). Choisissez une lettre. Compléter le premier la ligne avec des mots commençant par cette lettre et continuez. Après plusieurs parties, comptez les points gagnés.

Grammaire

L'accord du participe passé

Les études que j'ai faites m'ont passionnée !

- Aux temps composés, avec l'auxiliaire **être**, **on accorde le participe passé avec le sujet** du verbe.
Amina a vu Léa. Amina et Léa se sont vues.
- Mais **on n'accorde pas** le participe passé des verbes normalement suivis de « à ».
Amina a souri à Léa. Amina et Léa se sont souri.
- Au passif et à l'infinitif passé (avec *être*), on accorde le participe passé avec le sujet du verbe.
La bibliothèque est ouverte la nuit.
Salif et Léo espèrent être reçus au concours.
- Aux temps composés, avec l'auxiliaire *avoir*, on accorde le participe passé seulement s'il y a un pronom direct placé avant le verbe.
J'ai choisi quatre matières.
Ces quatre matières, je les ai soigneusement choisies.
Voici les matières que j'ai choisies.
- Dans les questions avec **quelle(s)**, on accorde le participe passé avec le sujet.
Néo, quelles matières as-tu prises en prépa ?

Attention !
Après *lui, leur, en*, on n'accorde pas le participe passé.

Les adverbes en *-ment* : cas particuliers

Exprimez-vous sincèrement !

- La plupart des adverbes se forment à partir du féminin de l'adjectif.
franc / franche → franche**ment**
Elle répond toujours franchement.

Exceptions :
gentil(le) → genti**ment**
profond(e) → profond**ément**
énorme → énorm**ément**
précis(e) → précis**ément**

- Quand l'adjectif a la même forme au masculin ou au féminin ou qu'il se termine par une voyelle, l'adverbe est régulier.
tranquille → tranquille**ment**
passionné → passionné**ment**

Exception : gai → gai**ement**

- Tous les adjectifs terminés en *-ent* donnent des adverbes en *-emment* (on prononce [amã]).
patient → pati**emment**
- Tous les adjectifs terminés en *-ant* donnent des adverbes en *-amment*.
méchant → méch**amment**

Exception : lent → lentement

1.

Reconstituez les questions suivantes et répondez-y.

a. l'école / avez-vous / à / matières / Quelles / adorées / ?
b. matières / avez / à / il y a / des / Est-ce / vous / détestées / qu' / que / l'école / ?
c. plaisir / toujours / avec / langue / La / l' / vous / étudiée / avez / française, / ?
d. respectés / vous / profs, / avez / toujours / les / Vos / ?

2. DVD > *Piste 58*

Dictée : écrivez le texte puis comparez ce que vous avez écrit avec le texte écrit par votre voisin.

Isabelle...

3.

Complétez les réponses avec les verbes utilisés dans les questions.

– Maxime, vous avez suivi des études universitaires ?
– Non, ce ne sont pas exactement des études universitaires que j'ai ... .
– Qu'est-ce que vous avez fait comme formation alors ?
– C'est une formation par alternance que j'ai ... .
– Qu'est-ce que vous avez choisi ?
– Vous voulez savoir quelle spécialité j'ai ... ?
– Oui, quel diplôme avez-vous préparé ?
– J'ai ... un diplôme de technicien supérieur en informatique.

4.

Choisissez la signification correcte de chaque adverbe.

a. Il n'est pas venu en cours, il a **sûrement** raté son bus.
1. Sans doute. 2. Sans aucun doute.
b. **Évidemment,** tu as révisé tes cours pour l'examen ?
1. Bien sûr. 2. Très vite. 3. Beaucoup.
c. C'est une université **extrêmement** connue.
1. Très. 2. Peu. 3. Mal.
d. Ce prof est **vachement** sympa. (*familier*)
1. Très. 2. Jamais. 3. Pas du tout.
e. Si je ne comprends pas ce cours, je te demanderai **éventuellement** de l'aide.
1. Peut-être. 2. Pour finir. 3. En cas de stress.

5.

Remplacez les expressions en gras par des adverbes.

Pour intégrer une « grande école », il faut **au préalable** suivre une « classe préparatoire ».
Les premiers jours sont vécus **avec un sentiment étrange** ; c'est un peu absurde, quand on y réfléchit **avec sérieux** car on retourne au lycée. Mais ce n'est **en général** pas le même, on doit **de façon fréquente** changer de ville. La rupture avec « la vie d'avant » est alors vécue **de façon physique**. **Au quotidien**, il faut travailler **de manière infatigable** pour se préparer **avec efficacité** au concours.

À partager

Thaïlande : un village de pêcheurs

Échangez.

1 Que connaissez-vous de la Thaïlande ?

Répondez aux questions.

a. Où se trouve la Thaïlande ? Quelle est sa capitale ?
b. Pour quoi est-elle surtout connue ?
c. Quels types de paysage peut-on y trouver ?

Regardez.

2 Que voyez-vous ?

Regardez la vidéo et choisissez les lieux, objets et animaux que vous avez vus dans le reportage.

a. un chien
b. une cage
c. une marmite
d. une canne à pêche
e. un bateau
f. une voiture
g. une guitare
h. un crabe
i. un filet de pêche
j. une fourchette
k. une marmite
l. un oiseau

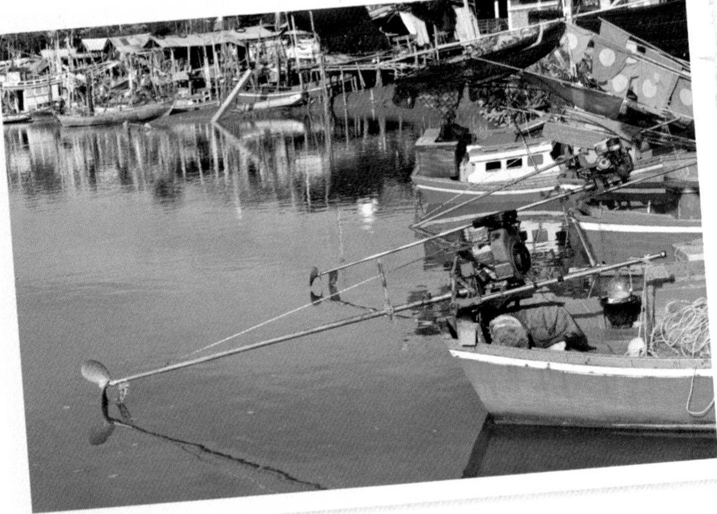

Regardez et écoutez. 

3 Qu'apprenez-vous sur ce village ?

Choisissez la bonne réponse.

a. Ce village se trouve...
   1. dans le centre de la Thaïlande.
   2. dans le nord de la Thaïlande.
   3. dans le sud de la Thaïlande.

b. Une grande partie des habitants sont arrivés il y a 100 ans de...
   1. Birmanie. 2. Chine. 3. Malaisie.

c. C'est un village de...
   1. 260 habitants.
   2. 560 habitants.
   3. 960 habitants.

d. La pêche est...
   1. la principale activité économique du village.
   2. la seule activité économique du village.
   3. une des nombreuses activités du village.

e. Le village est...
   1. à quelques kilomètres de la mer.
   2. au bord de la mer.
   3. au-dessus de la mer.

Écoutez.

4 Quel est le rôle des femmes de ce village ?

Répondez aux questions.

a. Qu'est-ce qui est étonnant dans ce village ?
b. Comment l'intégration des femmes dans l'économie de la pêche s'est-elle passée au début ?
c. Quelle solution les femmes ont-elles trouvée pour se faire entendre ?

Écoutez.

5 Qu'apprenez-vous sur la pêche dans ce village ?

Reliez les noms aux adjectifs.

a. Les crabes doivent être... •	• raisonnée.
b. Les mangroves doivent être... •	• protégés.
c. Le développement doit être... •	• durable.
d. La pêche doit être... •	• respectées.

Écoutez.

6 Que dit Aron, le pêcheur ?

Répondez aux questions.

a. Qu'est-ce que la reine a créé ? Que permet ce système ?
b. Comment les générations précédentes pêchaient-elles ?
c. Quel effort font, par exemple, les pêcheurs actuels ? Pourquoi ?
d. Que peuvent faire les visiteurs à leur arrivée ? Pourquoi ?

Échanger.

7 Qu'est-ce qui vous a surpris ?

Exprimez-vous.

Qu'est-ce qui vous a surpris, intéressés dans ce reportage ? Echangez avec votre voisin. Qu'avez-vous appris ?

LA RELIGION EN THAÏLANDE

Le bouddhisme theravada est la religion de plus de 90% des Thaïs et influence fortement leur vie.

En plus d'une référence morale, donnant une cohésion sociale et offrant un secours spirituel, le bouddhisme a engendré un élan artistique incomparable et la construction de nombreux temples à toits multiples. La force du bouddhisme tient également au fait que pratiquement toutes les familles thaïes bouddhistes ont un membre masculin qui a étudié les enseignements de Bouddha dans un monastère. C'est une longue tradition locale que les hommes bouddhistes de plus de vingt ans effectuent au moins une fois dans leur vie. Ils passent de 5 jours à 3 mois dans un monastère en tant que moine.

Les Thaïs ont toujours adhéré à l'idéal de liberté religieuse. Ainsi, des minorités de musulmans, chrétiens, hindous et sikhs y poursuivent librement leur foi.

EXPRIMER L'ANTÉRIORITÉ DANS LE FUTUR

Premier séjour en France pour un étudiant thaïlandais

France Paris – Thaïlande Bangkok – du 5 juillet 2011 au 16 juillet

Premier voyage en avion et premier séjour en France pour un étudiant de français thaïlandais qui a gagné le concours « Allons en France », organisé en mars dernier par le ministère des Affaires étrangères et européennes et le service de Coopération et d'Action culturelle de l'ambassade de France en Thaïlande.

Récompenser les meilleurs étudiants de français

« Allons en France » est un programme qui vise à promouvoir la langue française à l'étranger. Créé en 1998 à l'occasion de la Coupe du monde de Football en France, le programme récompense les meilleurs étudiants de français du monde entier en leur offrant un séjour thématique en France. Cette année, les jeunes participants se réunissent pendant 12 jours autour du thème « la France, terre d'olympisme » en raison de la candidature d'Annecy pour l'organisation des Jeux olympiques d'hiver de 2018.

Cent cinquante-neuf autres candidats

Poontara Khanbinij, dix-sept ans, étudiant à l'école Hatyaiwittayalai – CDF Songkhla, prépare son voyage depuis deux mois. C'est avec beaucoup d'émotion qu'il quittait hier sa famille pour le premier voyage de sa vie. Les accompagnateurs du programme l'attendront à l'aéroport de Paris où il rencontrera les 159 autres candidats venus du monde entier. Quand il sera de retour en Thaïlande le 16 juillet, il aura fait beaucoup de sorties et de visites culturelles mais il aura également participé à des ateliers dédiés à des activités sportives et aux valeurs de l'olympisme. L'idée est de mettre en commun la langue française et le sport.

Le Courrier thaï 28/02/2012

1 

Lisez le document et répondez aux questions.

a. Qu'est-ce que le programme « Allons en France » ?
b. Que savez-vous sur Poontara Khanbinij ?
c. Qu'a-t-il gagné ? Pourquoi ?
d. Où va-t-il aller ? Pour combien de temps ?
e. Qu'aura-t-il fait à son retour en Thaïlande ?

2 

Lisez à nouveau le document et dites si les affirmations sont vraies ou fausses. Justifiez vos réponses.

Poontara Khanbinij est déjà allé en Europe.
→ Faux : « C'est avec beaucoup d'émotion qu'il quittait hier sa famille pour le premier voyage de sa vie. »

a. Son voyage aura lieu en été.
b. C'est parce que la France a gagné la Coupe du monde de 1998 que ce programme a été créé.
c. Le thème de cette année est sportif.
d. Il y a 160 candidats du monde entier.
e. Les candidats vont s'affronter lors de compétitions sportives.

3 

Lisez à nouveau le dernier paragraphe.

a. Classez les actions selon les moments : passé, présent, futur.
b. Classez les actions futures. Aidez-vous du schéma.

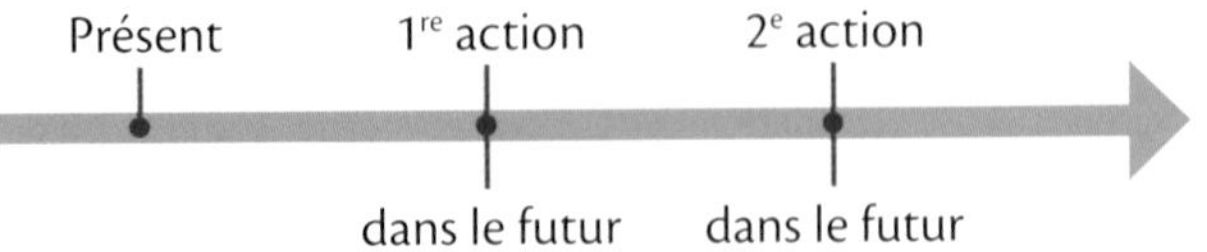

Exprimer l'antériorité dans le futur

Dans un an, j'aurai étudié… / j'aurai appris… / j'aurai obtenu…

L'année prochaine, je me serai inscrit(e)… / j'aurai participé… / j'aurai passé… / je serai allé(e)…

Avant de participer à ce concours, j'espère que j'aurai fait… / j'aurai perfectionné… / j'aurai atteint…

de **Luc** le 27 avril 2011 19:45

Bienvenue sur le forum d'AEF2011
Vous trouverez sur ce forum tous les témoignages et questions concernant la prochaine édition d'« Allons en France ».
Consultez, posez des questions, répondez, parlez de vous et de votre apprentissage du français, créez des sujets pour partager vos connaissances, expériences, interrogations concernant ce concours. Cet espace est le vôtre. Faites-le vivre !

ÉCRIRE

4 

Vous voulez participer à la prochaine édition d'« Allons en France » dans un an. Lisez le document et écrivez sur le forum pour demander comment vous devez faire pour vous inscrire. Parlez aussi de ce que vous aurez accompli au cours de votre apprentissage du français dans un an (niveau, nombre d'heures de cours, diplômes ou examens...).

METTRE SES IDÉES EN RELIEF

 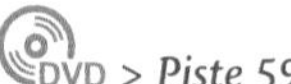 DVD > *Piste 59*

Écoutez le document et identifiez :

a. le type de document dont il s'agit.
b. le nom et l'activité de l'intervenant.
c. l'idée défendue par cette personne.

 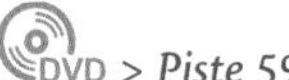 DVD > *Piste 59*

Écoutez à nouveau et relevez les chiffres qui permettent à l'invité d'appuyer son idée.

a. À ... ans ... % des filles sont au lycée, il n'y en a plus que ... % chez les garçons.
b. Sur ... jeunes qui sortent chaque année sans diplôme du système scolaire, plus de ... sont des garçons.
c. Ce n'est pas normal qu'il n'y ait pas ... % d'hommes et ... % de femmes et qu'il y ait en primaire et maternelle plus de ... %, ... %, presque ... sur ... membres du personnel qui sont des femmes.

Observez les phrases suivantes et dites quels moyens l'invité et le journaliste utilisent pour mettre en relief leurs idées.

a. « Et si on pose la question, c'est que la pédopsychiatre Céline Garabédian la pose ! »
b. « Si d'une certaine manière vous tirez le signal d'alarme, c'est que vous constatez que les filles réussissent mieux à l'école que les garçons. »
c. « C'est un constat que l'on observe depuis 20 ans. »

En groupe, débattez de l'opinion exprimée par l'intervenant. Comparez avec la situation des enseignants et des élèves dans votre pays.

Un article a été publié sur le même thème. Écrivez au magazine pour donner votre opinion (180 mots). N'oubliez pas de mettre vos idées en relief !

« Et vous, pensez-vous que ce débat soit justifié ?
Ou franchit-il la limite du sexisme ?
Trouvez-vous qu'il y ait trop de femmes dans l'enseignement ?
La façon d'enseigner varie-t-elle, selon vous, en fonction du genre de l'enseignant ? »

Mettre ses idées en relief

C'est *exactement l'idée* ***que*** *je défends !*
C'est *une situation* ***qui*** *nous concerne également.*
C'est *un constat* ***dont*** *on ne peut que se plaindre.*

Ce qui *est important / capital / étonnant / dérangeant / choquant,* ***c'est****...*

Ce dont *Stéphane Clerget parle,* ***c'est de...***

Ce que *je n'aime pas,* ***c'est...***

Si *on aborde ce sujet,* ***c'est parce que...***
Si *on s'intéresse à cette question,* ***c'est que...***

Vocabulaire

La vie étudiante

Tu viens, on va manger au RU ?
Non, je dois passer au CROUS pour mon A.P.L. Je vous rejoins à la B.U.

1.

La vie étudiante est remplie de sigles ! Reliez chaque sigle à sa signification.

a. Les CROUS	1. Cité universitaire
b. Une U.F.R.	2. Validation des acquis de l'expérience
c. Une V.A.E.	3. Services communs universitaires d'information et d'orientation
d. Une U.V.	4. Aide personnalisée au logement
e. L'AFPA	5. Bibliothèque universitaire
f. La B.U.	6. Restaurant universitaire
g. L'A.P.L.	7. Centre national d'enseignement à distance
h. L'UNEF	8. Centres régionaux des œuvres universitaires et scolaires
i. Le B.V.E.	9. Unité de formation et de recherche
j. La cité U	10. Union nationale des étudiants de France
k. Le CNED	11. Bureau de la vie étudiante
l. Le SCUIO	12. Association pour la formation professionnelle des adultes
m. Le resto U	13. Unité de valeur

2.

Associez sept des sigles de l'exercice précédent à ces définitions.

a. Établissements publics à caractère administratif chargés principalement de l'aide sociale, de l'accueil des étudiants internationaux, du logement pour étudiants, de la restauration universitaire et de la vie culturelle étudiante.

b. Type de composante d'une université se rapportant à un champ disciplinaire plus ou moins large qui associe des départements de formation et des laboratoires de recherche.

c. Procédure visant à rétablir une certaine parité entre les acquis de l'enseignement classique et ceux résultant de parcours professionnels parallèles ou autodidactes, notamment.

d. Organisation étudiante représentative qui a pour but de permettre aux étudiants d'exprimer leurs opinions sur la gestion des infrastructures universitaires (recherche, restauration universitaire, logements étudiants, problèmes de discrimination).

e. Établissement public du ministère de l'Éducation nationale français offrant des formations à distance.

f. Organisme de formation professionnelle qui accueille les adultes à partir de 16 ans (demandeurs d'emploi et salariés).

g. Aide financière versée à certaines personnes pour réduire le montant de leur loyer.

3.

Remettez les mots dans l'ordre et trouvez à quel mot correspond chaque définition.

RBUSEO | RBCEAHMB ASUTIVANERIEIR

a. Somme attribuée par l'État sur certains critères à un élève ou à un étudiant pour lui permettre d'effectuer des études supérieures.

b. Chambre individuelle meublée de 9 m^2 dans une structure collective attribuée sur certains critères par le CROUS et dont le loyer est plus bas que dans le parc locatif privé.

La mise en relief

C'est mon professeur qui m'a aidé à réussir cet examen !

Rappel !

- Si l'on veut **insister sur un élément** dans la phrase, on peut le mettre en relief en utilisant la structure **C'est + … + pronom relatif (qui, que, dont…)**.
  C'est une bourse qu'il me faut pour pouvoir continuer mes études.
  C'est une spécialisation qui est proposée après 5 années de médecine.
  C'est un professeur dont nous avons beaucoup entendu parler !
- **La subordonnée relative peut être en tête de phrase.** Elle est alors reprise par un présentatif (*c'est* ou *ce sont*). Il y a ici également un effet d'emphase, de mise en relief de ce qui est exprimé dans cette relative.
  Ce qui attire les étudiants vers les filières scientifiques, c'est qu'il y a plus de débouchés.
  Ce que regrettent les enseignants, c'est le manque d'attention de certains collégiens.
  Ce dont parlent tous les médias, c'est de la grève du personnel de l'Éducation nationale.
- On peut également mentionner **la mise en relief de l'explication** par la cause avec les structures :
  Si…, c'est (parce) que + indicatif
  Si…, c'est à cause de + nom
  Si…, c'est par + nom
  Si les étudiants ne disposent pas d'un logement décent, c'est (parce) que les loyers des appartements sont trop chers pour leur budget !

Le futur antérieur

Je serai heureux quand j'aurai eu mon DELF !

- **Formation** : le futur antérieur se construit avec **l'auxiliaire *être* ou *avoir* conjugué au futur simple suivi du participe passé du verbe.**
  je serai allée – nous aurons dîné – tu te seras endormi
- Quand un fait futur est **antérieur** à un autre présenté au futur simple, on utilise le futur antérieur.
  Quand mon petit frère passera le bac, j'aurai fini mes études !
- Le futur antérieur (avec un complément de temps) permet de considérer **un fait comme achevé dans le futur.**
  Dans 5 minutes, j'aurai fini ma dissertation.
- Le futur antérieur (employé sans complément de temps) peut aussi exprimer **une éventualité, une supposition.**
  Stéphane n'est pas encore là, il se sera perdu dans les couloirs !

1.  *DVD > Piste 60*

« Faut-il aller étudier à l'étranger ? » Écoutez les opinions suivantes et dites si les personnes sont pour ou contre.

2. 

Avec votre voisin, mettez en relief l'élément souligné.

Mon prof m'a appelé ce matin. → ***C'est** mon prof **qui** m'a appelé ce matin.*

a. Nina préfère étudier à la bibliothèque.
b. J'ai entendu parler de cette école-là !
c. Marie-Charlotte a un an d'avance.
d. Lucas a obtenu un prêt pour financer ses études.
e. Tu seras major de ta promotion !

3. 

Avec votre voisin, échangez vos opinions sur cette question : « Faut-il aller étudier à l'étranger ? ». N'oubliez pas de mettre vos idées en valeur !

4. 

Dites si le futur antérieur utilisé a une valeur d'antériorité (A) ou d'éventualité (E).

a. Daniel a raté son examen : il n'aura pas assez révisé !
b. Aglaë ne trouve plus son classeur : elle l'aura oublié dans l'amphi.
c. Quand nous aurons terminé cette année scolaire, nous comptons partir étudier à l'étranger.
d. Dès que nous aurons fini les partiels, on sera enfin en vacances !
e. Lucien a renoncé à travailler en plus de ses études, il aura trouvé une autre solution pour les financer.
f. Aussitôt que Maxime aura réparé mon ordinateur, je pourrai continuer mon mémoire de Master.

5. 

Entraînez-vous ! Préparez une série de doubles ordres à l'impératif. Votre voisin devra les reformuler en utilisant le futur simple et le futur antérieur.

– Lis d'abord et puis explique-moi !
– Oui, quand j'aurai lu, je t'expliquerai !

6. 

Échangez avec votre voisin au sujet de ce que vous aurez accompli dans 10 ans (vie professionnelle, personnelle, familiale…).

Dans 10 ans, j'espère que j'aurai fini mes études de droit…

[X] à faire

http://www.forumvoyageurs.com
forum voyageur
Salut ! Nous sommes cette semaine dans une petite ville de Thaïlande, Chang Vai. Nous avons rencontré par hasard un prof de français de la ville qui est aussi animateur de radio. Comme il anime une émission hebdo consacrée à la langue française, il nous a interviewés ! C'était une expérience vraiment chouette. Mais on se demandait : on parle souvent de la Thaïlande en France, en Belgique, dans votre pays ? Le pays en vaut pourtant vraiment la peine ! Bises. ^_^
Jul et Mady

Introduire et développer une information

1  *> Piste 61*

Je lis le message sur le forum puis j'écoute l'introduction de l'émission de Radio Campus et je complète la fiche descriptive de l'émission pour l'envoyer à Madeleine et Julien.

2 

Avec mon voisin, on lit et on répond au deuxième message de Madeleine et Julien en leur annonçant aussi une nouvelle (à propos de notre vie en dehors des études ou du travail).

a. On écrit notre message avec une formulation pour attirer l'attention des lecteurs.

b. On diffuse les messages dans le groupe.

c. On vote pour le meilleur message (le plus insolite, le mieux formulé...).

Vous savez quoi ? Suite à l'émission, le maire de Chang Vai nous a invités à dîner ! Famille charmante, repas succulent ! Jul et Mady

EN THAÏLANDE

3  DVD > *Piste 61*

On écoute l'émission en entier et, par quatre, on répond au troisième message de Madeleine et Julien en laissant un message audio sur le forum. Chaque personne résume une interview :

- Qui témoigne ?
- Qu'a fait / Que fait la personne ? Quand ? Où ?
- Comment et pourquoi cette personne a fait / fait cela ?

On n'arrive pas à podcaster l'émission de Campus Astuces en entier. Vous pourriez nous raconter les interviews sur le forum ? Merci ! 🙂 M&J

4 

Avec mon voisin, on répond au sondage laissé sur le forum par Julien et Madeleine et on compare nos réponses.

LA RADIO ET VOUS

Vous êtes plutôt :
□ Radio musicale
□ Radios d'informations
□ Radios de divertissement
□ Autres. Précisez : ...

Où écoutez-vous la radio ?
□ En voiture □ Dans la salle de bains
□ Dans la cuisine □ Autres. Précisez : ...

Écoutez-vous des radios étrangères ?
□ Tous les jours □ Parfois
□ Souvent □ Non, pour quoi faire ?

Podcastez-vous des émissions de radios sur leur site Internet ?
□ Quotidiennement
□ Fréquemment
□ De temps en temps
□ C'est quoi le podcast ???

5  DVD > *Piste 61*

J'écoute à nouveau la conclusion de l'émission et j'envoie une réponse à Julien et Madeleine pour leur expliquer la suggestion de Philippe et Xavier.

6

Madeleine et Julien ont décidé d'envoyer une proposition de participation à l'émission. Je les aide à rédiger le texte où ils proposent et justifient leur candidature.

7 

Madeleine et Julien font une interview téléphonique pour cette émission. Je joue la scène avec trois voisins à partir des notes qu'ils ont prises.

Pays / régions déjà visités : Mayotte / la Thaïlande

Impressions : Mayotte = île absolument magnifique, gens super sympas mais difficultés parce que vie trop chère depuis départementalisation ; nombreux projets sociaux.

Thaïlande : traditions des pêcheurs incroyablement riches, gens formidablement accueillants, projets sociaux très nombreux.

Pays à visiter : l'Australie.

Projet : découvrir l'Australie dont on ne parle pas souvent, celle des artistes indépendants + projets sociaux ; société multiculturelle.

Réaliser une émission de radio.

Étape 1 : On choisit tous ensemble un thème général pour notre émission de radio.

Étape 2 : Par deux, on choisit un aspect du thème que nous voulons traiter. On en informe tout le groupe.

Étape 3 : Par deux, on prépare notre sujet et on l'enregistre.

Étape 4 : Ensemble, on écoute toute l'émission.

Étape 5 : On fait écouter notre émission à d'autres personnes et on leur demande leur avis.

X à écrire

Rédiger un essai argumentatif

Vous allez vous entraîner à construire un plan avec le sujet : « Faire ses études et travailler en même temps, est-ce profitable aux étudiants ? »

INTRODUCTION
1. De nos jours, études de plus en plus chères
2. Dans beaucoup de pays, des étudiants : emploi, souvent à mi-temps
3. Annonce du plan 1. avantages, 2. inconvénients, 3. solutions

DÉVELOPPEMENT
4. Aspects positifs des « jobs » étudiants
5. Aspects négatifs du travail pendant les études
6. Solutions, l'idéal, c'est de combiner les deux !

CONCLUSION
7. Synthèse : nécessité de travailler en étudiant = difficulté pour les plus modestes à transformer en avantage en choisissant le bon cursus
8. Plus de services dans les universités pour aider les étudiants à travailler dans leur filière ?

1 

Complétez la partie « développement » du plan avec les éléments proposés.

a. C'est du temps qu'on ne consacre pas à ses études → échec ?

b. Si on a un projet professionnel clair : apprentissage ou études en alternance

c. Essayer de travailler dans son domaine d'études ou d'obtenir une bourse au mérite

d. Possibilité d'acquérir une expérience professionnelle

e. Ces emplois n'ont souvent aucun rapport avec le métier qu'on veut faire

f. Opportunité de gagner de l'argent, d'être indépendant

2 

Retrouvez dans le plan (activité 1) l'idée correspondant au paragraphe suivant.

De plus, ces étudiants ont moins de temps pour leurs études. Par exemple, lorsque j'étais étudiant, un de mes amis travaillait tous les soirs et il manquait le tutorat proposé par l'université. Il avait de moins bonnes notes que moi alors que je pense qu'il était plus doué. Cela peut d'ailleurs faire échouer certains étudiants. Et s'ils n'ont pas leur diplôme, ils risquent d'avoir des emplois précaires toute leur vie. J'ai lu un sondage qui disait que 25 % de ceux qui travaillent en première année rataient leurs examens. C'est inquiétant, je trouve.

3  

Par deux, rédigez un paragraphe contenant des idées et des exemples (personnels ou issus de votre culture personnelle) à partir d'une des deux idées.

a. Possibilité d'acquérir une expérience professionnelle.

b. Essayer de travailler dans son domaine d'études ou d'obtenir une bourse au mérite.

4  

Préparez et rédigez un plan puis un essai argumentatif sur un des sujets suivants. (200 mots environ)

a. L'apprentissage tout au long de la vie, une perspective d'avenir ?

b. Les nouvelles technologies de l'information et de la communication améliorent les systèmes éducatifs. Êtes-vous d'accord ?

c. En quoi les activités extra-universitaires aident-elles les étudiants à s'épanouir et à s'améliorer ?

Conseils / stratégies

Pour rédiger un texte argumentatif

• **Structure possible :**

Mettez en valeur vos idées dans un plan clairement structuré.

A. Introduction
   1) Amener le sujet
   2) Présenter la problématique du sujet
   3) Présenter brièvement son plan

B. Développement
   1) Idée principale 1 + 2 idées secondaires avec exemples
   2) Idée principale 2 + 2 idées secondaires avec exemples
   3) Idée principale 3 + 2 idées secondaires avec exemples

C. Conclusion
   1) Faire une synthèse de son développement
   2) Ouvrir le sujet à une autre réflexion plus large

• **Développements possibles :**

On peut imaginer de nombreuses structures ; vous devrez personnaliser ces possibilités en fonction du sujet.

a. Causes / Conséquences / Solutions ou propositions

b. Opinions pour / Opinions contre / Opinion nuancée

c. Situation passée / Situation actuelle / Avantages et inconvénients

d. Passé / Présent / Avantages et inconvénients

• **Astuces :**

Pensez à la personne qui vous lira :
– Allez à la ligne à chaque nouveau paragraphe.
– Sautez une ligne entre chaque partie.
– Faites attention à la ponctuation, aux majuscules, à l'orthographe et à la grammaire. Faites toujours une relecture corrective avant de rendre votre copie.

X à dire

Faire un exposé

  DVD > *Piste 62*

Écoutez ce document, dites de quoi il s'agit et quel est le thème traité.

  DVD > *Piste 62*

Écoutez à nouveau et répondez aux questions.

a. Combien de parties y a-t-il dans ce développement ?
b. Quelles sont ces parties ? Donnez-leur un titre.
c. Comment sont-elles introduites ?
d. Comment le locuteur introduit-il et conclut-il son analyse ?

Choisissez un des thèmes suivants et préparez un exposé que vous ferez devant le groupe.

a. Le système éducatif de mon pays : égalité des chances ?
b. Qu'est-ce qu'une éducation réussie ?
c. « École à la maison », autodidactie : pour ou contre ?
d. Comment continuer à se former tout au long de la vie ?

Faire un exposé

Conseils / stratégies

Préparation

- Écrivez **votre plan**.
- Préparez **votre introduction** qui doit exposer le sujet et annoncer le plan.
- Préparez **votre conclusion** qui doit rappeler le contenu de votre exposé, donner votre opinion et ouvrir sur un autre aspect.

Pendant l'exposé

- Soulignez **les passages d'une partie** à une autre grâce à des articulateurs.
  1. *Pour commencer / En premier lieu / Dans une première partie / Tout d'abord / Premièrement*
  2. *Ensuite / Puis / En second lieu / Dans une deuxième partie*
  3. *Enfin / En dernier lieu / En somme / Pour conclure*
- Soulignez également les relations entre les sous-parties avec des **connecteurs logiques** (cause, conséquence, opposition, restriction…).
- Illustrez ce que vous dites avec **des exemples** concrets, personnels.

Attitude

- Parlez en vous adressant au groupe et ne lisez pas vos notes.
- Changez de ton, adaptez le rythme, rendez votre exposé vivant !
- Bougez, utilisez vos mains et votre corps, montrez des dessins, des photos, des graphiques, utilisez l'espace et le matériel nécessaire.
- Dites bonjour, utilisez le pronom « vous », montrez que vous souhaitez interagir avec l'auditoire et acceptez les questions !

Phonétique

La liaison

- La liaison : passage **d'une consonne finale muette** qui s'enchaîne au mot suivant **commençant par une voyelle**.
Elle n'est pas systématique.
Nous études dans un institut de sondage en # Hongrie.
- Les consonnes qui peuvent être muettes en français sont : « s », « z », « x » / « t », « d » / « n » / « r » / « p » (liaison rare) et « g » (liaison très rare).
Attention : la liaison avec « s-z-x » se prononce [z] et la liaison avec « t-d » se prononce [t] !

1. DVD > *Piste 63*

Écoutez et répétez ces phrases avec ou sans la liaison.

1. Nous avons beaucoup aimé nos études # en sciences humaines.
2. Clément # est un étudiant # intelligent # et # Hélène, c'est son amie d'enfance.
3. Marion # aime les gâteaux # au chocolat de la boulangerie des # Halles.
4. Mon ami Lucien # est allé aux États-Unis # avec le dernier avion.

2. DVD > *Piste 64*

Écoutez ces phrases et marquez la liaison (*Nous études*) ou l'absence de liaison (*en # Hongrie*).

1. Olivier est étudiant en informatique et en anglais. Il va terminer ses études dans un an.
2. Amélie et Iris ont passé deux années en Italie puis elles ont décidé d'habiter pendant un an en Hollande.
3. Quand il est entré aux Beaux-Arts, il pensait devenir un grand artiste et en effet, aujourd'hui, il est au sommet de son art.
4. Les onze examens des partiels auront lieu dans un mois. Ils sont tous très importants, vraiment extrêmement importants.

Semaine 9

B1.2

RENDEZ-VOUS 1

– *À découvrir*

- Exprimer des rapports temporels entre des actions
- Éviter les répétitions

– *À savoir*

- La vie politique
- L'expression de l'antériorité, de la simultanéité et de la postériorité
- Les pronoms démonstratifs : synthèse des usages

À partager
L'Australie,
le pays de la chance ?

RENDEZ-VOUS 2

– *À découvrir*

- Exprimer la déception, l'indignation, la colère
- Exprimer l'espoir, la surprise, l'admiration

– *À savoir*

- Les mouvements sociaux
- Structure des phrases avec le subjonctif, l'infinitif ou l'indicatif
- La nominalisation des adjectifs

Réaliser un dictionnaire amoureux

À écrire, à dire

Écrire un article de journal

Faire une intervention en public

LU

mat

MAR

matin	rès-midi	soirée

MERCREDI

matin	après midi	soirée

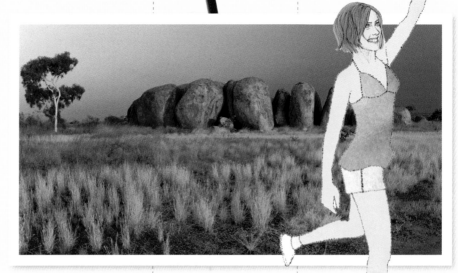

EN AUSTRALIE

VENDREDI

matin

SAMEDI

matin

après-midi

soirée

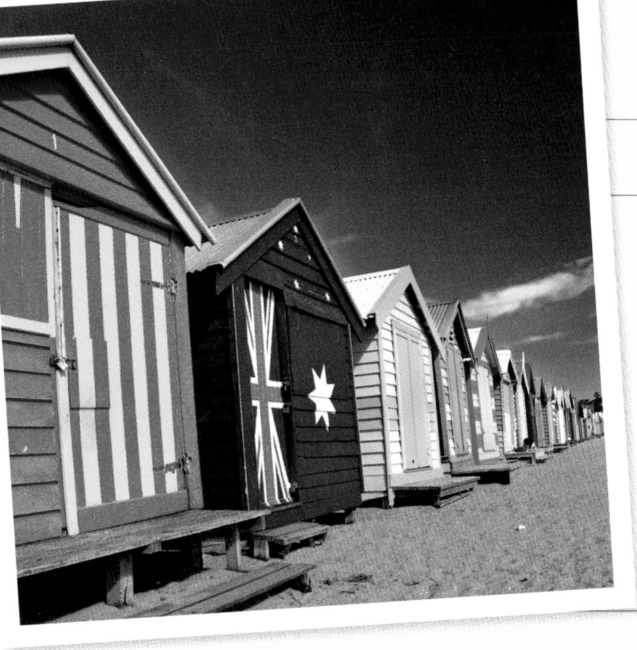

DIMANCHE

matin

semaines

1 2 3 4 5 6 7 8 **9** 10 11 12

Notes

Je peux :

- Lister 6 mots évoquant la vie politique ?
- Citer 3 professions appartenant à la vie politique ?
- Exprimer mes sentiments sur le monde de 3 manières ?

EXPRIMER DES RAPPORTS TEMPORELS ENTRE DES ACTIONS

Observez la bande dessinée et répondez aux questions.

a. À quel âge peut-on voter en France ?
b. Que doit-on faire pour voter ?
c. De quelles manières peut-on voter ?
d. Est-on obligé d'aller voter ?
e. Comment appelle-t-on les personnes qui ne votent pas ?

2 DVD > *Piste 65*

Écoutez le document et répondez aux questions.

a. Qui s'exprime ? Sur quelle radio ?
b. De quoi parle-t-il ? Pourquoi en parle-t-on ?
c. Quels pays ou régions compare-t-il ?

3 DVD > *Piste 65*

Écoutez à nouveau et dites si ces affirmations sont vraies ou fausses.

a. En France, les gens votent de plus en plus.
b. Certains parlementaires veulent instaurer le vote obligatoire en France.
c. En Australie, on est obligés de voter pour toutes les élections.
d. Dans les pays où le vote est obligatoire, l'abstentionniste risque la prison.
e. Dans ces pays, il existe des sanctions différentes et progressives pour les abstentionnistes.

Écoutez à nouveau et complétez le tableau.

AVANT	APRÈS
Les parlementaires ont remarqué une augmentation du taux d'abstention.	Ils ont déposé des propositions de loi pour rendre le vote obligatoire.
...	On pourra peut-être obliger les gens à voter en France.
En Suisse, quand le citoyen n'a pas voté, son abstention est reconnue.	...
...	En Belgique, les citoyens sont rayés des listes électorales pour dix ans.

5 Discutez avec votre voisin. Répondez aux questions.

Le vote est-il obligatoire dans votre pays ?

- Avant le jour du vote, quelles sont les démarches pour voter par procuration ?
- Le jour du vote, y a-t-il des motifs d'abstentions valables ? Lesquels ?
- Après le vote, quelles sont les sanctions pour les personnes qui se sont abstenues ?
- Y a-t-il des sanctions progressives si l'on s'abstient plusieurs fois ? Lesquelles ?

- Quand on a l'âge légal, y a-t-il des démarches spécifiques à effectuer pour pouvoir voter (inscription sur des listes…) ?
- Avant que le vote n'ait lieu, peut-on choisir quelqu'un qui vote pour nous ?
- Au moment des résultats, constate-t-on une abstention importante aux différentes consultations ?

6 Résumez vos réponses aux questions de l'activité 5.

Exprimer des rapports temporels entre deux actions

- ***L'antériorité***
Avant de voter / avant le vote / avant qu'il (ne) vote, l'électeur doit s'inscrire sur les listes.
- ***La simultanéité***
Pendant que / Lorsque / Quand tu es en vacances, tu peux voter par procuration.
- ***La postériorité***
Après avoir constaté l'abstention d'un citoyen, l'État peut le sanctionner.

ÉVITER LES RÉPÉTITIONS

7 Lisez le document ci-dessous et répondez aux questions.

a. De quel type de document s'agit-il ?
b. Quel est le thème de ce document ?
c. Que savez-vous du nombre de mandats présidentiels consécutifs possibles en France ?

Doit-on limiter le nombre de mandats présidentiels en France ?

Lola

C'est déjà fait ! La Constitution a été modifiée le 23 juillet 2008 et, depuis, celle-ci prévoit que nul ne peut exercer plus de deux mandats consécutifs.

Mais, en fait, cette question ne s'est jamais vraiment posée parce qu'aucun président n'a envisagé d'aller au-delà du deuxième mandat. Si on reprend le parcours des présidents de la Ve République : Charles de Gaulle a démissionné avant la fin du sien (en 1969, alors que le mandat devait se terminer en 1972). Celui de Georges Pompidou ne s'est pas terminé non plus parce qu'il est décédé avant la fin. Valéry Giscard d'Estaing s'est représenté une fois mais n'a pas gagné l'élection, il n'a donc effectué qu'un seul mandat. François Mitterrand a été élu deux fois, Jacques Chirac aussi mais ceux-ci ne se sont pas présentés pour un troisième mandat.

8 Lisez à nouveau le document. Relevez les noms des présidents français cités dans l'ordre du texte et précisez les informations que vous avez apprises sur leur(s) mandat(s).

9 Observez le document et dites par quels moyens Lola évite les répétitions.

Pour ne pas répéter « La Constitution » Lola utilise « celle-ci ».

10 Présentez le système électoral de votre pays.

Éviter les répétitions

*La présidence de François Mitterrand a duré 14 ans, **celle de** Jacques Chirac, 12.*

*Parmi les présidents de la Ve république, **celui qui** a effectué le plus court mandat est Georges Pompidou.*

*Charles de Gaulle a démissionné en 1969. **Celui-ci** a été remplacé par Georges Pompidou.*

Vocabulaire

La vie politique

1. 

Lisez les phrases et choisissez le mot qui convient.

Pour voter, le citoyen se rend dans un bureau de vote. Pendant les mois qui précèdent une élection, (les prétendants / les candidats) font une campagne, c'est-à-dire qu'ils voyagent beaucoup, rencontrent les citoyens, font de nombreux discours, expliquent (leur plan / leur programme)... Ils sont généralement présentés par (un groupe / un parti). Leur équipe colle (des publicités / des affiches). À la fin de la journée de vote, on compte (les votations / les voix). Grâce à ce calcul, on peut donner (un résultat / une conclusion). Si personne n'a la majorité absolue, on organise (un second tour / un second circuit).

2.  *> Piste 66*

Sur une radio, un écrivain s'imagine ministre de « la Démocratie par l'absurde ». Écoutez son discours et répondez aux questions.

a. Comment seront élus les représentants des citoyens ? Pour combien de temps ?
b. Quels acteurs politiques seront concernés ?
c. Que se passe-t-il dans le cas où...
   – la personne désignée est patron d'une entreprise ?
   – la personne désignée ne se sent pas compétente ?
   – la personne désignée a déjà exercé une activité politique ?
d. Que fait le ministre de « la Démocratie par l'absurde » à la fin de ce discours ? Pourquoi ?
e. Quel est le synonyme de « discours » cité plusieurs fois à la fin du document ?

3. 

Découvrez les acteurs de la politique en France. Faites correspondre certaines réponses de l'exercice précédent (2.b.) avec ces définitions.

a. Membre de l'Assemblée nationale élu aux élections législatives pour une durée de 5 ans, il représente le peuple dans cette chambre du Parlement français.
b. Chef de l'État, élu au suffrage universel direct pour 5 ans. Il est aussi le chef des armées et le garant de la Constitution de la Ve République française.
c. Membre du gouvernement nommé par le président de la République. Il est désigné en fonction des administrations qu'il est amené à diriger, leur regroupement et leur nom pouvant varier d'un gouvernement à un autre.
d. Membre de la « Chambre haute » du Parlement français. Il fait partie du pouvoir législatif avec les membres de l'Assemblée nationale. Depuis 2008, il est élu pour 6 ans au scrutin proportionnel ou majoritaire avec renouvellement par moitié tous les 3 ans à partir de 2011.

Grammaire

L'expression de l'antériorité, de la simultanéité et de la postériorité

Avant d'être président, Jacques Chirac a été ministre et maire de Paris.
Lorsque Georges Pompidou est décédé en 1974, son mandat n'était pas terminé.
Après avoir été élu, ce candidat n'a pas respecté ses promesses !

L'action principale se passe avant l'autre = l'antériorité

• Pour exprimer l'antériorité d'une action par rapport à une autre, on peut utiliser :
– **Avant de** + infinitif.

Attention !
Le sujet des deux verbes est le même.
Avant d'être candidat, réfléchissez !

– **Avant que** + subjonctif.
Il est allé voter juste avant que les bureaux (ne) ferment.

Les deux actions se passent en même temps = la simultanéité

• Pour exprimer la simultanéité entre deux actions, on peut utiliser les conjonctions **quand**, **lorsque**, **pendant que** et **en même temps que**.
Pendant que De Gaulle était président, la France a connu une grande contestation sociale appelée « Mai 68 ».

L'action principale se passe après l'autre = la postériorité

• Pour exprimer la postériorité, il est possible d'utiliser **après** + infinitif passé.

Attention !
Le sujet des deux verbes est le même.
Après avoir mené une campagne sans fautes, le candidat de l'opposition a été élu.

Le participe passé se forme avec l'auxiliaire *être* ou *avoir* suivi du participe passé.
avoir vu – être venu(e)(s) – s'être levé(e)(s)

1.

Imaginez ce qu'il faut faire avant ces actions.
Aller voter → Avant d'aller voter, il faut s'inscrire sur les listes électorales.

a. Se présenter à une élection
b. Pouvoir voter dans un autre pays que le sien
c. Choisir pour quel président voter
d. Adhérer à un parti politique
e. Voter blanc (= ne voter pour aucun candidat)

2. 

Dites si l'action principale exprime la simultanéité (S), l'antériorité (A) ou la postériorité (P) par rapport à l'autre.

a. Ils fermaient les bureaux de vote quand je suis arrivée.
b. J'ai pu m'inscrire sur les listes électorales après avoir eu 18 ans.
c. N'oublie pas de prendre ta carte d'électeur avant d'aller voter !
d. Pendant que j'étais en Chine, mon père a voté pour moi par procuration.
e. Un projet de loi a été débattu à l'Assemblée nationale avant qu'il (ne) soit discuté au Sénat.

3. 

Formez des phrases. Mettez le verbe à la forme qui convient. Plusieurs réponses sont possibles !

le ministre a longuement expliqué son projet de loi / il (être voté) → Le ministre a longuement expliqué son projet de loi avant qu'il ne soit voté.

a. les députés ont débattu toute la nuit / l'Assemblée (pouvoir voter)
b. les élus sont au pouvoir / ils (ne pas tenir compte) de nos besoins
c. une loi a été votée / elle (être publiée) au Journal officiel

Les pronoms démonstratifs : synthèse des usages

J'ai voté pour ce candidat : c'est celui dont tu m'avais parlé et celui qui me paraissait le plus sérieux.

• On utilise les pronoms démonstratifs pour éviter les répétitions. Les formes simples **celui**, **ceux**, **celle**, **celles** s'utilisent devant une préposition ou devant un pronom relatif.
– Je lis quel programme ? – Lisez celui que vous voulez !
– Je vais dans quel bureau de vote ? – Allez dans celui où vous avez voté la dernière fois !
– J'écris à quels élus ? – À ceux de votre département.

• Les pronoms démonstratifs composés s'utilisent pour différencier quelque chose ou quelqu'un de proche (-ci) et quelque chose d'éloigné (-là).
Quel bulletin ? Celui-ci ou celui-là ?

• Les formes neutres **ceci**, **cela**, **ça** remplacent une proposition. À l'écrit, **ceci** annonce ce qu'on va dire, **cela** rappelle ce qu'on a dit.
Relisez bien ceci : « Dès la clôture du scrutin, il est procédé au dépouillement des votes. »
Ça est une forme familière orale de **cela**.
Je n'irai pas voter, ça n'en vaut pas la peine !

4. 

Décrivez le cheminement d'une loi en France d'après le dessin. Utilisez des conjonctions et des prépositions temporelles. *Avant qu'une loi (ne) soit votée, …*

© Plantu

5. 

Qui sont-ils ? Complétez avec le pronom qui convient.

*Le maire est **celui qui** préside le conseil municipal.*

a. L'électeur est … on récolte la voix au cours des élections.
b. La Première dame est … le Président a épousée.
c. Les candidats sont … se présentent à des élections.
d. Le Premier ministre est … est à la tête du gouvernement.

6. 

Complétez avec un pronom démonstratif composé ou simple.

*C'est **celui que** je préfère.*

a. – J'hésite entre ces deux candidats : … est plus dynamique mais … a plus d'expérience !
b. – Connais-tu le maire du Ve arrondissement ?
– Non, je connais seulement … VIe.
c. – Qui est la candidate des Verts ? – … est assise à gauche.
d. – Dis-moi, comment s'appelle la maison du Président en France ?
– … il travaille, c'est l'Élysée, mais il n'y habite pas.!

À partager

L'Australie, le pays de la chance ?

Préparez-vous.

1 *De quoi va-t-on parler ?*

L'« expatriation », qu'est-ce que c'est ? Faites des hypothèses.

Découvrez.

2 *Qu'est-ce qui fait rêver les Français ?*

Lisez l'encadré et répondez aux questions.

a. Pourquoi de nombreux Français veulent-ils aller travailler ailleurs ?
b. Comment faut-il se préparer ?
c. Que va faire la « Caisse des Français de l'Étranger » ?
d. Que faut-il prévoir avant de s'expatrier ?

L'EXPATRIATION FAIT TOUJOURS RÊVER LES FRANÇAIS

Pour dynamiser leur carrière, de plus en plus de salariés tentent leur chance à l'étranger. Un bon plan, à condition d'organiser soigneusement son départ et de bien vérifier toutes les solutions de rapatriement, notamment en cas d'évènements politiques imprévus.

Marché du travail en crise, salaires au ralenti : ce contexte morose incite de plus en plus de Français à s'expatrier. Plus de 1,5 million de Français travaillent à l'étranger.

Parmi les destinations en vogue : l'Asie, et plus particulièrement la Chine, l'Europe de l'Est ou le Moyen-Orient. Pour répondre à cette demande croissante, la Caisse des Français de l'Étranger (la Sécurité sociale des expatriés) organise, pour la deuxième année consécutive, la Journée d'information « S'expatrier, mode d'emploi » à la Cité universitaire à Paris. Quelque 1 000 candidats à l'expatriation sont attendus.

À éviter : le « on verra bien une fois sur place ». Dès qu'une mission à l'étranger dure plus de trois mois, il s'agit d'une expatriation qu'il convient de préparer minutieusement en prévoyant une assurance et une protection sociale en cas de problème de santé ou d'accident.

Regardez.

3 *Quelle est l'ambiance autour du journaliste ?*

Présentez ce que vous voyez dans l'introduction de l'émission.

Écoutez.

4 Quel est le point de vue du journaliste sur l'Australie ?

Écoutez le début du reportage puis répondez aux questions.

a. À quelle occasion est tourné ce reportage ?
b. Quelle est la situation économique globale de l'Australie ?
c. Quel est le sentiment de la population fasse à l'avenir ?

Regardez.

5 Où va le journaliste ?

Décrivez le lieu présenté, les personnes interviewées. Imaginez qui sont ces gens et ce qu'ils pensent du lieu où ils habitent.

Écoutez.

6 Sur quoi le journaliste interroge-t-il ces gens ?

Répondez aux questions.

a. Depuis combien de temps Frédéric et Dominique Mathieu habitent là ? Quelle est leur profession ?
b. Pourquoi ont-ils quitté la France ?
c. Quel sentiment ont-ils à propos de l'endroit où ils vivent ?
d. Quels sont les inconvénients et les avantages de leur vie ?
e. Selon eux, l'Australie est-elle « le pays de la chance » ? Pourquoi ?
f. À quelle condition la chance arrive-t-elle ?
g. Pour qui en particulier y a-t-il beaucoup d'opportunités ?
h. D'après eux, qu'est-ce que les Australiens trouvent normal ?

Exprimez-vous.

7 Et pour vous ?

« Réussir sa vie », qu'est-ce que ça veut dire pour vous ? Que seriez-vous capable de faire pour « réussir votre vie » ?

EXPRIMER LA DÉCEPTION, L'INDIGNATION, LA COLÈRE

INDIGNEZ-VOUS !

Avec son livre *Indignez-vous !*, Stéphane Hessel, 93 ans à la sortie du livre, voulait s'adresser aux jeunes. Mais toutes les générations se sentent concernées.

Ce qui me met en colère, ce sont les injustices, je ne supporte pas que ceux qui ont le pouvoir maltraitent ceux qui n'en ont pas. Je suis révoltée que des entreprises exploitent leurs salariés. C'est pour cela que j'ai toujours été syndiquée, pour faire avancer les choses.

Je m'indigne plus facilement de choses proches de moi. C'est le cas des étrangers sans-papiers ou des différences entre riches et pauvres car ça se passe à notre porte ! Il y a quelques années, touché de voir les conditions de vie des handicapés, j'avais décidé d'agir : j'avais récolté des bouchons en plastique qu'une association échangeait ensuite contre des fauteuils roulants. Je me suis dit : si chacun fait une action de ce genre, beaucoup de choses pourront changer !

Augustin, 26 ans

Je suis révolté que la vie devienne si chère (nourriture…). Je suis révolté de payer tant d'impôts pour rembourser les dettes de mon pays. C'est incroyable que les citoyens soient obligés de se sacrifier à cause des mauvais choix économiques de leurs dirigeants. Ce qui m'afflige, c'est que les gouvernements choisissent de réduire les dépenses pour la santé, l'éducation alors que ce sont des priorités. Il faut qu'on agisse tous ensemble, qu'on fasse des actions concrètes.

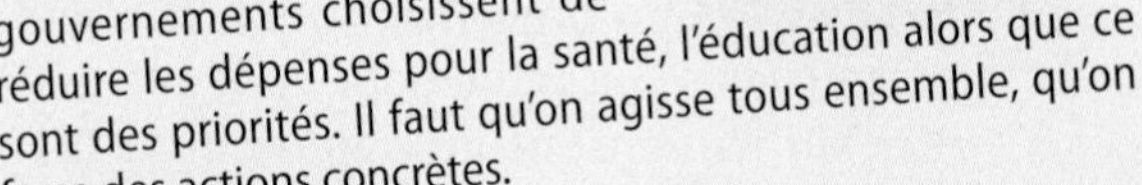

Sarah, 33 ans

Je suis scandalisée que des gens meurent de faim dans le monde, indignée que nos petits soucis d'occidentaux soient montrés en priorité aux infos. Parler des famines, des terres cédées aux grands groupes alimentaires au détriment des paysans : ces sujets devraient faire plus souvent débat. Alors, même si la vie est dure, il faut que nous réfléchissions à nos indignations sélectives car nous avons, nous, quelque chose à manger.

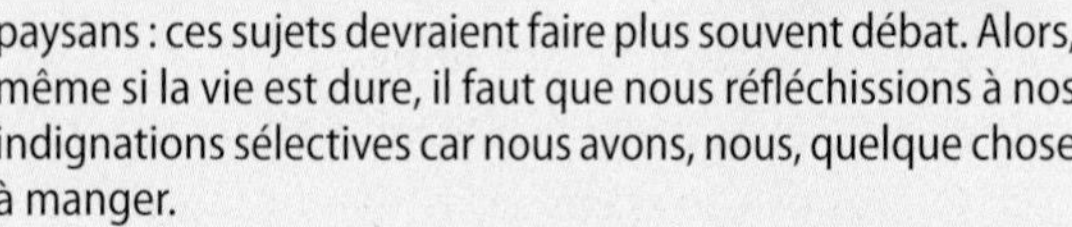

S'indigner, c'est avant tout considérer que quelque chose d'important ne va pas bien et avoir envie d'agir pour que ça aille mieux. Tout le monde ne s'indigne pas pour les mêmes choses, chacun doit trouver ce qui lui tient le plus à cœur, repérer ce qui le met en colère. […] Quel que soit l'objet de votre indignation, vous devez la rendre aussi concrète que possible, afin de trouver la meilleure action à mener.

d'après *Indignez-vous !*, Éditions Indigène

1 

Lisez l'article puis retrouvez qui s'exprime.

a. Elle / Il s'indigne que…
  1. des gens traitent mal les plus faibles qu'eux.
  2. les personnes invalides ne soient pas assez aidées.
  3. de grandes entreprises prennent les terres des agriculteurs.

b. Elle / Il s'indigne de…
  1. devoir payer de plus en plus de taxes.
  2. constater qu'on parle trop peu des grands problèmes.
  3. voir que les politiciens financent moins les domaines importants.

c. Elle / Il s'indigne…
  1. de la hausse des prix des produits.
  2. de ce qu'il voit autour de lui.
  3. des crises alimentaires dans certains pays.

2 

Lisez l'avis de Stéphane Hessel, déterminez si ces affirmations sont vraies ou fausses et justifiez vos réponses.

a. Se mettre en colère, c'est une mauvaise chose.
b. S'indigner, c'est essayer de faire des actions constructives.
c. Les motifs d'indignation sont les mêmes pour tout le monde.
d. Chaque personne doit trouver ce qu'il est important pour elle de défendre.

Retrouvez dans l'article les façons d'exprimer sa colère, son indignation ou sa déception.

Comparez les réactions de ces Français avec celles de vos compatriotes.

a. Qu'est-ce qui indigne les gens de votre pays ?
b. Comment réagissent les gens lorsqu'ils se sentent révoltés ?

Exprimer son indignation, sa colère, sa déception
J'en ai assez ! / J'en ai marre ! (familier)
C'est révoltant !
C'est un scandale !
Nous sommes furieux !
Ça m'énerve de voir si peu d'associations dynamiques.
Ça me met en colère que les associations soient si peu actives.
C'est dommage qu'ils ne soient pas plus actifs.
Je suis déçu(e) que le gouvernement ne réagisse pas.
Les manifestants n'ont pas d'arguments, c'est décevant.

Rédigez un commentaire à cet article.

Et vous, est-ce que vous vous indignez parfois ? À propos de quoi ressentez-vous de la déception ou de la colère ? Pour quelles raisons ?

Préparez et jouez un dialogue à partir d'un de ces sujets.

a. Dans votre ville, un projet (culturel, immobilier...) que vous n'acceptez pas du tout est prévu. Vous allez à une réunion publique et vous interpellez avec colère le représentant de la ville.
b. Vous avez l'occasion de rencontrer une personnalité politique francophone. Vous décidez de lui parler de certaines injustices du monde, de lui exprimer votre indignation.

EXPRIMER L'ESPOIR, LA SURPRISE, L'ADMIRATION

Écoutez le document et répondez aux questions.

a. De quel événement s'agit-il ?
b. Où se passe cet événement ?
c. Qui participe à cet événement ?
d. Parmi les personnes interviewées, laquelle est...
   1. intéressée. (personne 1 / 2 / 3)
   2. distante. (personne 1 / 2 / 3)
   3. engagée. (personne 1 / 2 / 3)

Écoutez à nouveau et relevez :

a. deux espoirs de la participante engagée.
b. deux motifs d'étonnement de la passante distante.
c. deux éléments qui surprennent le passant intéressé et lui plaisent.

Écoutez à nouveau et complétez les phrases.

a. J' ... qu'on trouvera une solution.
b. C'est ... qu'il y en ait qui restent dormir ici.
c. C'est ... de voir toute cette solidarité.
d. Je suis un peu ... de les voir là.
e. Je suis ... qu'on ne les fasse pas partir.
f. J' ... ... de voir leur motivation.
g. J' ... qu'on va parler un peu plus d'eux.
h. On ... que vous serez au rendez-vous demain.

Lisez le post-it et distinguez les expressions de la surprise, de l'espoir et de l'admiration.

Exprimer la surprise, l'espoir, l'admiration
Quelle bonne surprise !
C'est une brillante idée.
Pourvu qu'ils se fassent entendre !
Il a écrit au président ! J'en reviens pas !
C'est quelqu'un de vraiment exceptionnel.
Les manifestants ont un courage admirable.
Je souhaite que leur mouvement ait du succès.

Exprimez-vous : avez-vous déjà manifesté ou entendu parler d'une manifestation originale ? Racontez !

Vocabulaire

Les mouvements sociaux

1. DVD > *Piste 68*

Écoutez l'interview et répondez aux questions.

a. De quoi parle Marie ?
b. Quelle est la profession de Marie ?
c. Depuis combien de temps travaille-t-elle dans ce domaine professionnel ?
d. Que fait Marie deux ou trois fois par an ?
e. Pourquoi fait-elle parfois cela ? (*2 raisons*)
f. Que fait-elle en général ces jours-là ?
g. Comment se passent ces actions ?
h. Que font-ils précisément ?

2.  *Piste 68*

Écoutez à nouveau et retrouvez les mots et les expressions qui correspondent à ces définitions.

a. Un arrêt de travail pour exprimer son mécontentement
b. Un défilé dans les rues pour exprimer son mécontentement
c. De l'argent qu'on gagne en échange de son travail
d. Des destructions d'emploi
e. Réclamer (une chose sur laquelle on a un droit)
f. Marcher dans la rue en revendiquant
g. Des écriteaux (avec des slogans écrits dessus)
h. Des bandes de tissu qui portent une inscription
i. Calme, sans conflit
j. La police

3. 

Réagissez à ces questions.

a. Que pensez-vous de l'expérience de Marie ?
b. Avez-vous déjà fait grève ou manifesté ? Si oui, expliquez où et pourquoi.
c. Selon vous, la grève est-elle une bonne manière d'exprimer son désaccord ?
d. D'après vous, à quelles conditions les manifestations peuvent-elles être efficaces ?

4. 

Expliquez la BD de l'*Actu en patates*, de Martin Vidberg.

La SNCF est la société des transports de trains en France. Ses employés ont la réputation de faire souvent grève.

a. « Mouvement » peut avoir deux significations :
1. Réaction collective.
2. Changement de position dans l'espace.
Dans le journal que lit le fils, que signifie ce mot ?
Dans l'esprit du fils, que signifie plutôt ce mot ?

b. Retrouvez les autres expressions qui signifient :
1. Ça m'est égal.
2. C'est idiot.

Grammaire

Structure des phrases avec le subjonctif, l'infinitif ou l'indicatif

J'espère que nous réussirons.
Je suis fière que nous réussissions.
Je suis fière de réussir.

- **Verbes ou adjectifs de sentiments + subjonctif (phrases à deux sujets)**
Elle est triste que tu partes. (c'est « elle » qui est triste mais c'est « tu » qui part)

- **Verbes ou adjectifs de sentiments + infinitif (phrases à un seul sujet)**
Elle est triste de partir. (c'est « elle » qui est triste et qui part)

Attention au verbe *espérer* qui est suivi de l'indicatif !
Elle espère que tu la comprendras.

Attention aux verbes d'opinion et d'impression, suivis du subjonctif à la forme négative !
J'ai l'impression que tu peux le faire.
Je n'ai pas l'impression que tu puisses le faire.

1.

Répondez aux questions avec des verbes au subjonctif ou à l'indicatif.

Les autres militants ne disent rien. Elle est déçue ?
*→ Oui, elle est déçue que les autres ne **disent** rien.*

a. Les politiciens nous comprennent. Tu es satisfait ?
b. La grève se finit. Tu le regrettes ?
c. Vous croyez qu'on vous entendra ? Vous l'espérez ?
d. Je pourrai venir à la manif ? Tu le penses ?
e. Nous organisons une manifestation. Vous êtes fiers ?

2.

Complétez les phrases, comme dans l'exemple, avec des verbes au subjonctif ou à l'infinitif.

*J'agis. Je suis heureux. → Je suis heureux d'**agir**.*
*Tu agis. Je suis heureux. → Je suis heureux que tu **agisses**.*

a. Je fais des progrès. Je suis surpris.
b. Elle fait des efforts. Je suis surpris.
c. Nous sommes actifs. Il est content.
d. Il est motivé. Il est content.
e. Elles sont énervées. Il déteste ça.
f. Elles sont stressées. Elles détestent ça.

3. 

Sentiments express !

Posez une question à votre voisin qui doit répondre le plus vite possible avec une expression de sentiments. Si la réponse n'est pas correcte, reposez la question à une autre personne. Celui qui répond bien gagne un point et pose une autre question à son voisin, et ainsi de suite.

*Je pars. Tu es triste ? → Oui, je suis très triste que tu **partes** !*

4. 

Comme Géraldine, rédigez un petit texte pour répondre à la question : « Réussir sa vie, ça veut dire quoi ? »

Avoir un travail passionnant :
Géraldine est juge

« *J'ai le sentiment d'avoir réussi parce que j'ai accédé à un métier qui m'impressionnait. Quand on m'a nommée juge, j'ai eu peur de ne pas être à la hauteur et… j'ai éprouvé une grande fierté qu'on pense à moi pour ce poste ! J'ai l'impression qu'un juge représente une idée de la justice que chaque camp respecte.* »

La nominalisation des adjectifs

- **Terminaisons de quelques noms féminins** de sentiments : -ude / -té / -ance / -ence / -ie / -oisse / -ssion / -tion.
– Tu t'es senti fier d'avoir eu ton examen ?
– Oui, j'ai ressenti de la fierté ce jour-là.
- **Terminaisons de quelques noms masculins** de sentiments : -ment / -asme / -eur (sauf *peur*).
– Elle a semblé étonnée ?
– Oui, j'ai bien vu son étonnement.

5.

Complétez les terminaisons des noms de sentiments.

a. Elle était satisfaite de l'impact de la grève, j'ai lu sa satisfac… dans ses yeux.
b. Je suis angoissée à l'idée de lui parler, je ne sais pas comment contrôler mon ang… .
c. Il est indifférent à notre cause. Je ne comprends pas son indiffér… .
d. Je vois que tu es heureux. Ton bonh… fait plaisir à voir !
e. Nous sommes nostalgiques. Nous ne savons pas comment faire passer cette nostalg… .

☒ à faire

Parler des stéréotypes culturels

1  > *Piste 69*

J'écoute le message que Madeleine a laissé sur mon répondeur et je réponds aux questions.

a. Que vont faire Julien et Madeleine dans une semaine ?

b. Quel est le thème de cette rencontre ?

c. Quel service demande-t-elle ?

2 

J'ai posté une question sur le forum pour avoir des réponses à la question de Madeleine. Je lis et je résume les informations reçues.

L'Australie : ...
Les Australiens : ...

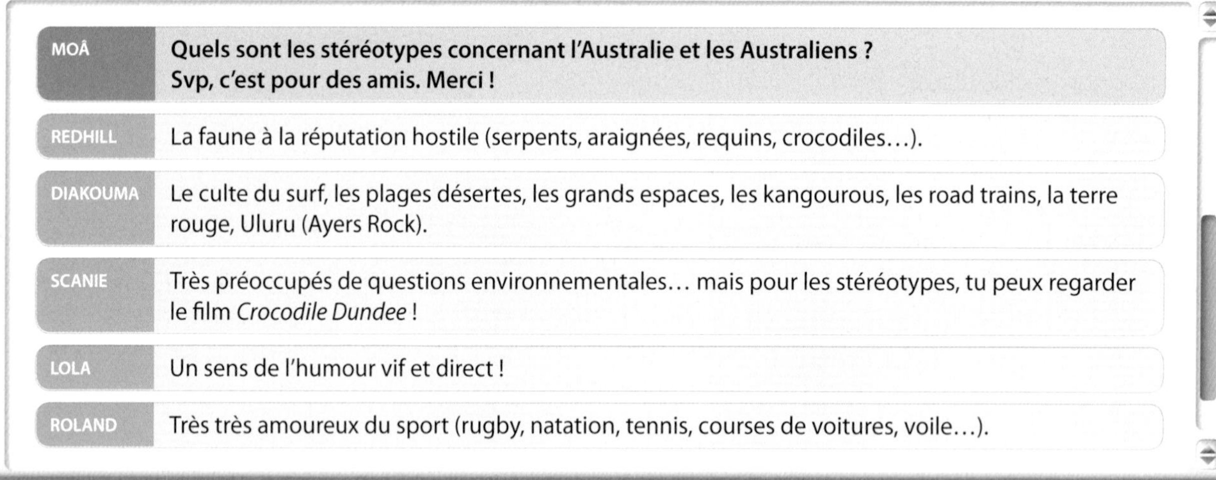

MOÂ	**Quels sont les stéréotypes concernant l'Australie et les Australiens ? Svp, c'est pour des amis. Merci !**
REDHILL	La faune à la réputation hostile (serpents, araignées, requins, crocodiles…).
DIAKOUMA	Le culte du surf, les plages désertes, les grands espaces, les kangourous, les road trains, la terre rouge, Uluru (Ayers Rock).
SCANIE	Très préoccupés de questions environnementales… mais pour les stéréotypes, tu peux regarder le film *Crocodile Dundee* !
LOLA	Un sens de l'humour vif et direct !
ROLAND	Très très amoureux du sport (rugby, natation, tennis, courses de voitures, voile…).

3 

Je réponds à Madeleine et à Julien par courriel en leur donnant les informations reçues sur le forum. Je leur exprime ma curiosité quant à la réaction des étudiants australiens face à ces stéréotypes français.

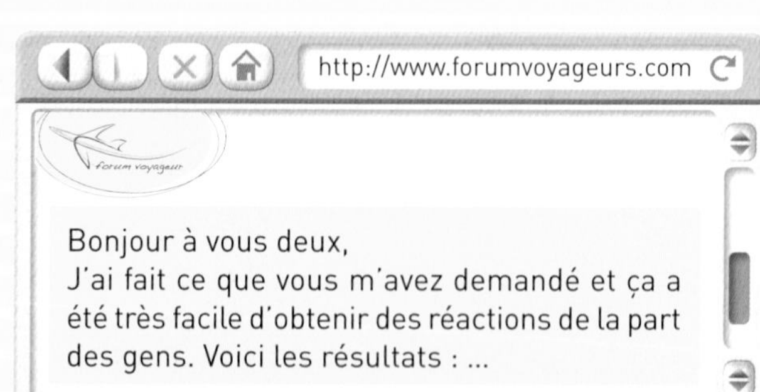

http://www.forumvoyageurs.com
Bonjour à vous deux,
J'ai fait ce que vous m'avez demandé et ça a été très facile d'obtenir des réactions de la part des gens. Voici les résultats : ...

EN AUSTRALIE

Répondre à des questions culturelles

4 

Julien a répondu à mon courriel. Je lis son message et je réponds aux questions.

a. Comment les étudiants australiens ont-ils réagi face aux stéréotypes sur leur pays ?

b. À quelle question Julien et Madeleine n'ont-ils pas su répondre ?

Salut !
Tout d'abord, merci beaucoup pour ton aide, cela nous a bien aidés. Le cours s'est très bien passé et les étudiants ont bien réagi à nos stéréotypes sur leur pays. Ils en ont démenti certains et validé d'autres, c'était marrant parce qu'ils n'étaient pas toujours d'accord !! Lorsqu'on a abordé le thème de la France, ils nous ont posé plein de questions et je t'avoue qu'il y en a certaines pour lesquelles nous ne savions pas quelle était la réponse.
Par exemple : pourquoi l'emblème de notre pays est-il le coq ? Le sais-tu ??
À bientôt,
Julien

5 

Je lis l'extrait de *Clés pour la France* et j'appelle Julien pour lui expliquer ce que j'ai appris.

6  

Par groupes de quatre, on fait une liste des questions que l'on se pose sur la France. On échange ces questions et on essaie de répondre à celles des autres groupes.

LE COQ

Pour les Romains conquérants de la Gaule au premier siècle av. J.-C., ce « gallinacé » (lat. *gallina*, poule) désignait aussi les Gaulois (*gallus*). Depuis, le coq (onomatopée, lat. *coccus*) est devenu peu à peu l'un des emblèmes de la nation française : d'abord au cours du Moyen Âge et de l'Ancien Régime, puis surtout pendant la Révolution. Napoléon préférait l'aigle, mais la IIIe République (1870) a définitivement consacré le coq en le plaçant sur la monnaie, les timbres, les uniformes.

Le coq est partout présent en France : son chant matinal annonce l'aube, les girouettes en forme de coq sur le clocher des églises indiquent la direction du vent. On le voit aussi sur les maillots des équipes sportives nationales qui défendent l'honneur du pays. Le cri du coq, rendu par l'onomatopée « cocorico », peut même signifier dans la langue un excès de chauvinisme.

L'image de cet animal n'est pas toujours flatteuse, le coq apparaît souvent en effet comme un esprit mâle et dominateur, arrogant et fier. Mais on lui attribue également certains traits positifs dans lesquels les Français veulent bien se reconnaître : combatif, exemplaire, courageux, tenace, indépendant.

Denis C. Meyer, *Clés pour la France*, Éditions Hachette

Réaliser un dictionnaire amoureux.

Étape 1 : Par deux, on choisit un pays, une ville, une région ou un quartier que l'on aime beaucoup.

Étape 2 : On fait la liste d'un maximum de mots auxquels nous fait penser notre choix.

Étape 3 : On classe ces mots par ordre alphabétique et on essaie d'en trouver d'autres commençant par les lettres qui nous manquent.

Étape 4 : On écrit les définitions des mots choisis.

Étape 5 : On présente notre dictionnaire au groupe à l'oral. Les autres peuvent nous aider à compléter les lettres et les définitions que nous n'avons pas trouvées.

Écrire un article de journal

Opérations extérieures

Et si les otages devaient rembourser les frais de leur libération ?

L'État souhaite faire payer aux victimes d'une prise d'otages à l'étranger les frais de leur libération quelle que soit leur profession. Discussion aujourd'hui à l'Assemblée.

Est-ce qu'il faut demander aux anciens otages de rembourser les frais payés par les pouvoirs publics pour leur libération ? Voilà le débat qui sera lancé aujourd'hui à l'Assemblée nationale. Dans un projet de loi, le gouvernement propose en effet, dans son article 13, que l'État puisse « exiger le remboursement de tout ou partie des dépenses qu'il a engagées à l'occasion d'opérations de secours à l'étranger au bénéfice de personnes s'étant délibérément exposées, sans motif légitime tiré notamment de leur situation professionnelle ou d'une situation d'urgence, à des risques qu'elles ne pouvaient ignorer ».
Cependant, faute d'avoir dressé une liste précise des personnes concernées par cette forme de « responsabilisation financière », faute aussi d'avoir précisément défini ce qu'est un « motif légitime», ce texte crée de fortes inquiétudes, notamment chez les journalistes et les ONG (organisations non gouvernementales).

D'après *Paris Magazine* 05/03/2012

1 

Observez cet article et retrouvez ses éléments constitutifs (rubrique, titre, chapeau...).

2 

Lisez cet article et répondez aux questions.

a. Quel projet de loi sera discuté aujourd'hui à l'Assemblée ?
b. Qui sera concerné par ce projet ?
c. Quels sont les deux problèmes que ce projet soulève ?

3 

Discutez avec votre voisin. Qu'en pensez-vous ?

4 

Pour le journal de l'université, dans la rubrique « Débats et opinions », on vous a proposé d'écrire un article sur un sujet libre. Suivez bien les conseils donnés pour écrire votre article. (180 à 200 mots)

Conseils / stratégies

Pour écrire un article de journal

- Choisissez votre sujet et répondez aux questions : qui, quoi, où, quand, comment, pourquoi.
- Triez les informations, ne gardez que celles qui sont essentielles.
- Organisez-les de manière à obtenir un plan, des paragraphes reliés par des connecteurs.
- L'attaque est la première phrase du premier paragraphe. Elle doit surprendre le lecteur et l'inciter à lire la suite.
- Adoptez pour la rédaction un style communicatif (phrases courtes, mots précis, formulation nerveuse).
- Trouvez un titre court et accrocheur à votre texte.
- Créez également un sous-titre entre le titre et le chapeau dans les mêmes caractères que le surtitre. Il donne un petit élément supplémentaire, précise le titre.
- Écrivez un chapeau qui introduit ou résume et accroche.
- Soignez la chute qui « boucle la boucle » ou élargit le propos.
- Prévoir d'éventuelles illustrations qui accompagnent l'article. La légende explique, élargit, commente, recrée le sens d'une illustration.

à dire — Faire une intervention en public

  > *Piste 70*

Écoutez ce discours et résumez-le.

a. Dans quelles circonstances ce discours est-il prononcé ?

b. Quelle est la proposition qui y est faite ?

c. Comment l'orateur met-il sa proposition en pratique ?

  > *Piste 70*

Écoutez à nouveau. Quelles sont les deux histoires incluses dans son dialogue ? Expliquez-les oralement.

  > *Piste 70*

Écoutez à nouveau et notez les stratégies de l'auteur pour capter l'attention de l'auditoire, pour mettre en valeur ses paroles.

Préparez puis faites votre intervention oralement.

a. Trouvez un thème collectivement.

b. Préparez individuellement votre discours (2 à 3 minutes).

c. Faites votre discours devant les autres.

Pour s'adresser à un auditoire

Conseils / stratégies

Il n'y a pas de recette toute faite pour faire un bon discours. Voici quelques principes qui vous guideront. Mais écoutez surtout les conseils de ceux qui vous écoutent pour vous améliorer.

• La façon de s'exprimer, l'attitude :

Parlez fort et distinctement, articulez bien. Ne lisez pas complètement votre discours : prenez des libertés par rapport à votre texte écrit. Dites-le de manière expressive, faites de petites pauses. Et pensez à regarder autant que possible votre auditoire.

• Les mots, les expressions utiles :

Voici quelques expressions dont vous pouvez vous inspirer, que vous pouvez adapter en fonction de votre public.

– Commencer son intervention :

- *Mesdames et Messieurs...*
- *Chers amis, ...*
- *Je suis flatté(e) d'être parmi vous aujourd'hui.*
- *C'est un honneur pour moi d'être devant vous ce soir.*
- *Nous voilà réunis aujourd'hui afin de commémorer...*
- *C'est avec une grande émotion que je vous accueille ici.*

– S'adresser à l'auditoire :

- *Soyons...*
- *Préparons...*
- *Sachez que...*
- *Vous le savez, ...*
- *Vous n'êtes pas sans ignorer...*
- *Vous et moi, nous sommes conscients de...*

– Conclure son intervention :

- *Je voulais le dire devant vous, simplement, en ce beau moment d'amitié et de fraternité.*
- *Je vous remercie de votre attention.*
- *Je voudrais vous exprimer ma reconnaissance d'avoir été là ce soir.*
- *Je souhaite de tout cœur que nous réussissions dans nos projets.*

Phonétique — L'intonation expressive : l'expression des sentiments

Dans la communication orale, l'intonation permet à la personne qui parle d'exprimer des intentions comme des sentiments positifs ou négatifs. La même phrase peut avoir une intention différente en fonction de l'intonation.

1.  > *Piste 71*

Écoutez les phrases et retrouvez si le sentiment exprimé est positif 🙂 ou négatif ☹.

1. Je n'y crois pas ! Ce n'est pas possible !
2. Je n'y crois pas ! Ce n'est pas possible !
3. Merci, mais là, j'en ai vraiment assez.
4. Merci mais là, j'en ai vraiment assez !
5. Vous pensez vraiment ce que vous dites ?
6. Vous pensez vraiment ce que vous dites ?

2. DVD > *Piste 72*

Écoutez et répétez ces phrases en imitant le sentiment exprimé.

1. Quelle bonne surprise ! C'est génial ! Je suis vraiment super content pour toi ! J'espérais tellement que ça marche !

2. Quel dommage ! C'est vraiment nul ! Je suis vraiment déçue pour toi ! C'est scandaleux qu'il ait pris cette décision injuste !

Évaluation B1.2

COMPRÉHENSION DE L'ORAL — 10 points

Vous avez 1 minute pour lire les questions ci-dessous. Puis vous entendrez une première fois un document sonore. Ensuite, vous aurez 3 minutes pour répondre aux questions.
Vous écouterez une seconde fois l'enregistrement. Après la seconde écoute, vous aurez encore 2 minutes pour compléter vos réponses.
Pour répondre aux questions, cochez (✓) la bonne réponse ou écrivez l'information demandée.

Activité 1 DVD > *Piste 73* — 10 points

Objectif : Comprendre un entretien radiophonique.

Vous écoutez l'interview d'un sportif handicapé. Lisez les questions, écoutez le document puis répondez.

1. Pourquoi a-t-il fallu 3 ans de travail à Ismaël Guilliorit pour créer une planche de surf ? — 1 point
   a. Le budget n'était pas suffisant.
   b. Personne n'en avait créé avant lui.
   c. Il n'avait pas le matériel nécessaire.
2. Quand il crée sa planche de surf, Ismaël Guilliorit est — 1 point
   a. original. **b.** novateur. **c.** professionnel.
3. Pourquoi Ismaël Guilliorit n'a-t-il pas pu suivre à la télévision les Jeux paralympiques de Pékin ? — 2 points
4. Concernant les sports pour personnes handicapées, qu'est-ce qui met en colère Ismaël Guilliorit ? — 1 point
   a. Le peu de considération de la part des médias.
   b. La mauvaise promotion des Jeux paralympiques.
   c. Le manque de reconnaissance de la part des gens.
5. Que souhaite Ismaël Guilliorit pour que l'on s'intéresse davantage au handisport ? *(Deux réponses possibles, une seule attendue.)* — 2 points
6. Quel est le but principal de l'association d'Ismaël Guilliorit ? — 1 point
   a. Promouvoir les sports de neige comme le snowboard.
   b. Changer les mentalités face aux personnes handicapées.
   c. Faciliter les activités sportives des personnes non valides.
7. Que pense Ismaël Guilliorit de son handicap ? *(Deux réponses possibles, une seule attendue.)* — 2 points

COMPRÉHENSION DES ÉCRITS — 20 points

Pour répondre aux questions, cochez (✓) la bonne réponse ou écrivez l'information demandée.

Activité 1 — 20 points

Objectif : Comprendre un article de journal.

Lisez l'article puis répondez aux questions.

 http://voyages.liberation.fr/ 

EN AUSTRALIE, PETITS BOULOTS ET GRANDS ESPACES

Les Working Holiday Visas (visas vacances-travail) permettent de conjuguer travail, découverte du pays et études. Une formule qui séduit.

L'Australie, ses plages, le surf, l'aventure : c'est tout ce qui faisait rêver Manon Derache. À 22 ans, son BTS[1] d'esthétique en poche, elle a décidé de partir grâce au Working Holiday Visa (WHV). Ce programme adressé aux jeunes entre 18 et 30 ans permet de voyager durant une année tout en travaillant pour financer son voyage. « Je n'avais pas envie d'entrer tout de suite dans la routine métro, boulot, dodo, explique Manon. À mon âge, je voulais profiter de la vie ! ». Comme elle, des milliers de jeunes Français partent chaque année loin de leur pays. Les chiffres ont triplé en cinq ans : 6 125 visas attribués en 2005-2006, 18 172 en 2009-2010. Ce pays-continent, grand comme quatorze fois la France, Manon Derache en a visité une bonne partie : après deux mois à Sydney, elle a ramassé des fruits et légumes dans les fermes du Victoria au sud, travaillé dans un ranch à Perth, à l'ouest du pays, avant d'être employée dans un hôtel à Brisbane, où elle vit actuellement. « J'ai même vendu des reproductions de tableaux français en faisant du porte-à-porte[2]. Un travail que je n'aurais jamais eu en France ! C'est une bonne expérience pour entrer sur le marché de l'emploi. Je suis plus mature maintenant. »

Ce mélange de petits boulots, de grands voyages, de mésaventures aussi parfois, permet d'être plus débrouillard[3]. « Il faut se bouger pour trouver du travail, ce n'est pas comme rester sur les bancs de la fac et être aidé par ses parents », confie Melissa Boudilmi. À 19 ans, elle a arrêté ses études de langues étrangères appliquées (LEA) n'ayant pas d'idée précise pour son avenir. « Ici, j'ai découvert les métiers de l'événementiel et, à mon retour, je vais m'orienter vers ce domaine », explique la jeune fille.

Le Working Holiday Visa donne surtout accès aux petits boulots occasionnels comme les emplois temporaires, saisonniers et flexibles. Très pratiques pour les jeunes qui peuvent facilement démissionner afin de continuer leur voyage ainsi que pour les employeurs qui disposent d'une main d'œuvre renouvelable. Il est toutefois possible de travailler pendant six mois maximum avec un même employeur. Mais les emplois qualifiés ne sont pas toujours disponibles : « Même avec ma formation dans l'hôtellerie, je ne peux pas bosser pour une grande chaîne hôtelière, regrette Audrey Lamidey, 25 ans, qui s'apprête à rentrer en France après un an en Australie. Alors, je suis serveuse dans un resto. » Et il y a de la concurrence : « On est trop nombreux. Les bars, les restos reçoivent pleins de CV[4] chaque jour. »

Le WHV permet aussi de faire des études. Il y a une limite fixée à quatre mois. Mais « l'investissement financier en arrête plus d'un », regrette Gratiane Picchetti, 23 ans. Titulaire d'un master en business international, Gratiane a été baby-sitter à Sydney, elle a multiplié les extras dans la restauration avant d'être embauchée dans une pâtisserie française de Brisbane. « J'ai décidé de refaire un Master en Australie, alors maintenant je travaille pour payer mon inscription. Ici, j'ai fait plein de rencontres, je voyage, je m'assume. C'est une autre vie, une autre mentalité. »

Enfin, certains décident même de rester. Sébastien Foucault a eu cette chance. Il y a cinq ans, alors jeune ingénieur, il a quitté Paris avec sa copine Leena, diplômée en marketing. À un mois de la fin de leur visa, alors qu'ils n'avaient plus d'argent et qu'ils vivaient dans leur van[5] sur les parkings des plages, Sébastien a fait une rencontre déterminante : « Un matin, j'ai surfé avec un Australien, on a discuté, je lui ai dit que je cherchais du travail, il m'a informé que le musée d'Art contemporain de Brisbane recrutait des menuisiers[6]. » Coup de bol[7], il avait été en apprentissage quelques années auparavant. Aujourd'hui, il est chef d'équipe à la Gallery of Modern Art, il est devenu australien avec sa femme et ils ont acheté un appartement. Ils ont aussi créé un site Internet pour aider leurs anciens concitoyens (www.voyagesaustralievacances.fr) !

1 BTS : brevet de technicien supérieur. Diplôme national de l'enseignement supérieur français, il se prépare en deux années après l'obtention du baccalauréat (diplôme de fin d'année d'études, dernière année du lycée).
2 Porte-à-porte : démarchage, aller d'habitation en habitation pour vendre un produit, un service.
3 Être débrouillard : savoir se débrouiller, être plus astucieux, plus malin.
4 Un CV : un Curriculum Vitae.
5 Un van : un fourgon, une camionnette.
6 Un menuisier : artisan dont le métier est de travailler le bois pour en faire des meubles.
7 Avoir un coup de bol : avoir de la chance.

Évaluation B1.2

1. Pour quelle raison Manon a-t-elle décidé de partir à l'étranger ? *(Deux réponses attendues.)*
(1,5 point / bonne réponse) 3 points

2. Vrai ou faux ? Cochez la case correspondante et recopiez le passage du texte qui justifie votre réponse.
(1,5 point si le choix et la justification sont corrects, sinon aucun point) 1,5 point

	VRAI	FAUX
De plus en plus de jeunes Français vont travailler à l'étranger. Justification :	☐	☐

3. Qu'est-ce que ses différents emplois ont apporté à Manon ? *(Deux réponses attendues.)*
(1,5 point / bonne réponse) 3 points

4. Vrai ou faux ? Cochez la case correspondante et recopiez le passage du texte qui justifie votre réponse.
(1,5 point si le choix et la justification sont corrects, sinon aucun point) 1,5 point

	VRAI	FAUX
Pour Melissa, on devient tout aussi expérimenté en restant à l'université. Justification :	☐	☐

5. Pour quelle raison Melissa a-t-elle décidé de partir à l'étranger ? 1,5 point

6. Dès son retour en France, Melissa... 1,5 point

a. a déjà un emploi.
b. reprend ses études.
c. sait quel secteur choisir.

7. Vrai ou faux ? Cochez la case correspondante et recopiez le passage du texte qui justifie votre réponse.
(1,5 point si le choix et la justification sont corrects, sinon aucun point) 4,5 points

	VRAI	FAUX
a. Le WHV permet de changer régulièrement d'emplois et donc de voyager. Justification :	☐	☐
b. Audrey a facilement trouvé un travail à la hauteur de sa formation et de ses compétences. Justification :	☐	☐
c. Les frais d'inscription à l'université en Australie ne sont pas très motivants. Justification :	☐	☐

8. Pourquoi la rencontre de Sébastien avec le surfer a-t-elle été un tournant dans sa vie ? 2 points

9. Aujourd'hui Sébastien... 1,5 point

a. a la nationalité australienne.
b. travaille dans un musée en France.
c. recherche sur Internet des offres d'emplois.

PRODUCTION ÉCRITE 25 points

Activité 1 25 points

Objectif : Écrire une lettre pour convaincre.

Vous avez lu ce petit texte sur le site www.sport-entreprise.fr.

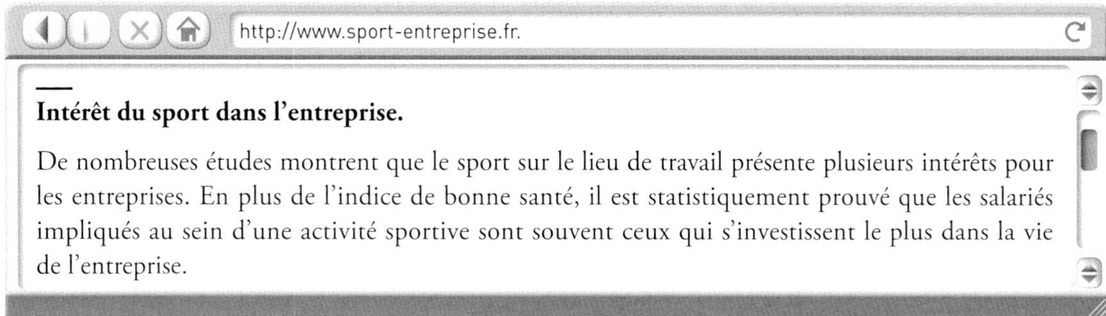

Intérêt du sport dans l'entreprise.

De nombreuses études montrent que le sport sur le lieu de travail présente plusieurs intérêts pour les entreprises. En plus de l'indice de bonne santé, il est statistiquement prouvé que les salariés impliqués au sein d'une activité sportive sont souvent ceux qui s'investissent le plus dans la vie de l'entreprise.

Vous décidez d'en informer votre responsable. Vous lui écrivez une lettre pour lui expliquer l'intérêt de mettre en place des activités sportives au sein de votre entreprise.
Vous illustrerez votre argumentation d'exemples concrets.
(160 mots minimum)

PRODUCTION ORALE 15 points

Activité 1 : Exercice en interaction (sans préparation – 3 à 4 minutes)

Objectif : Convaincre.

Vous jouez le rôle qui est indiqué sur le document que vous avez choisi parmi les deux ci-dessous.

Sujet 1

Vous voulez vous inscrire à un club de sport avec votre ami français. Il n'a pas vraiment envie et dit ne pas avoir le temps. Vous essayez de le convaincre de s'inscrire avec vous au club de sport. Vous lui expliquez l'intérêt pour sa santé de pratiquer un sport.
L'examinateur joue le rôle de l'ami.

Sujet 2

Votre ami québécois hésite à poursuivre ses études en France. Il vous demande votre avis.
Vous l'interrogez pour en savoir plus et vous lui donnez des conseils pour organiser son départ en France.
L'examinateur joue le rôle de l'ami.

Activité 2 : Monologue suivi (5 à 7 minutes)

Objectif : Exprimer une opinion.

Vous dégagez le thème soulevé par le document que vous avez choisi parmi les deux ci-dessous et vous présentez votre opinion sous la forme d'un exposé personnel de 3 minutes environ.

L'examinateur pourra vous poser quelques questions.

Sujet 1 : Un chèque de 100 000 dollars pour abandonner ses études

Peter Thiel, devenu milliardaire après avoir fondé la société PayPal, ne veut pas sous-estimer l'importance d'une bonne formation universitaire. Mais, fort de sa propre expérience d'entrepreneur sans diplôme, il veut encourager les jeunes « qui sont prêts à lancer leur entreprise » à ne pas partir faire des études supérieures. Avec un argument de poids : il offre 100 000 dollars à vingt candidats de moins de 20 ans qui pourront le convaincre que leur projet de nouvelle société tient la route[1]. En 2004, il a donné un demi-million de dollars à Mark Zuckerberg, un jeune homme de 19 ans prêt à abandonner ses études à Harvard pour lancer une société du nom de Facebook. Le génial programmeur, devenu à son tour milliardaire, a été sacré cette année « personnalité de l'année » par le magazine *Time*. Thiel ne se contente pas de distribuer son argent à des jeunes prometteurs[2]. Il s'engage pendant deux ans à les conseiller et à les présenter à son réseau d'entrepreneurs, de philanthropes[3] et d'investisseurs expérimentés dans le financement de ces jeunes. Ils pourraient donc rencontrer Bill Gates, Michael Dell ou Larry Ellison (Oracle), de fameux entrepreneurs qui n'ont pas traîné sur les bancs de l'université...

D'après http://www.lefigaro.fr

1 Tenir la route : être valable, bien fonctionner.
2 Prometteur : dont le succès est possible.
3 Philanthrope : bienfaiteur, personne généreuse.

Sujet 2 : Des sportifs se mettent aux enchères pour la bonne cause

Profiter d'une séance d'entraînement privé avec le meilleur handballeur du monde, Nicolas Karabatic, faire des tours de piste avec Stéphane Diagana, ancien champion d'Europe du 400 m haies, sortir en mer sur le bateau du célèbre navigateur Yves Parlier : toutes ces rencontres avec des sportifs de renom, ainsi qu'une cinquantaine d'autres dans des disciplines très variées, sont en vente jusqu'au 9 décembre sur le site de vente aux enchères ebay.fr, au profit de l'association Sports sans frontières. « Nous sommes une ONG de petite taille et nous n'avons pas les moyens de financer des mailings ou de l'affichage, il nous faut être inventifs pour obtenir des fonds », explique David Blough, directeur du développement de l'association qui anime des programmes éducatifs basés sur le sport et le jeu au Burundi, au Kosovo, en Afghanistan et à Haïti. D'où l'idée de « vendre » le temps de ces athlètes à des amateurs, qui participeront ainsi indirectement au financement d'un projet, pour la première fois basé en France.

« Nous sommes tous bien placés pour savoir que le sport peut apporter beaucoup à des enfants en difficulté », dit Luc Abalo, international de handball qui propose de passer du temps avec le gagnant de l'enchère qui le concerne. « Je ferai tout pour que ce soit un grand moment pour lui, je lui présenterai les autres joueurs et je l'emmènerai à l'entraînement ». C'est la première fois qu'est utilisé en France ce procédé qui a largement fait ses preuves dans les pays anglo-saxons où la pratique est courante.

D'après http://www.la-croix.com

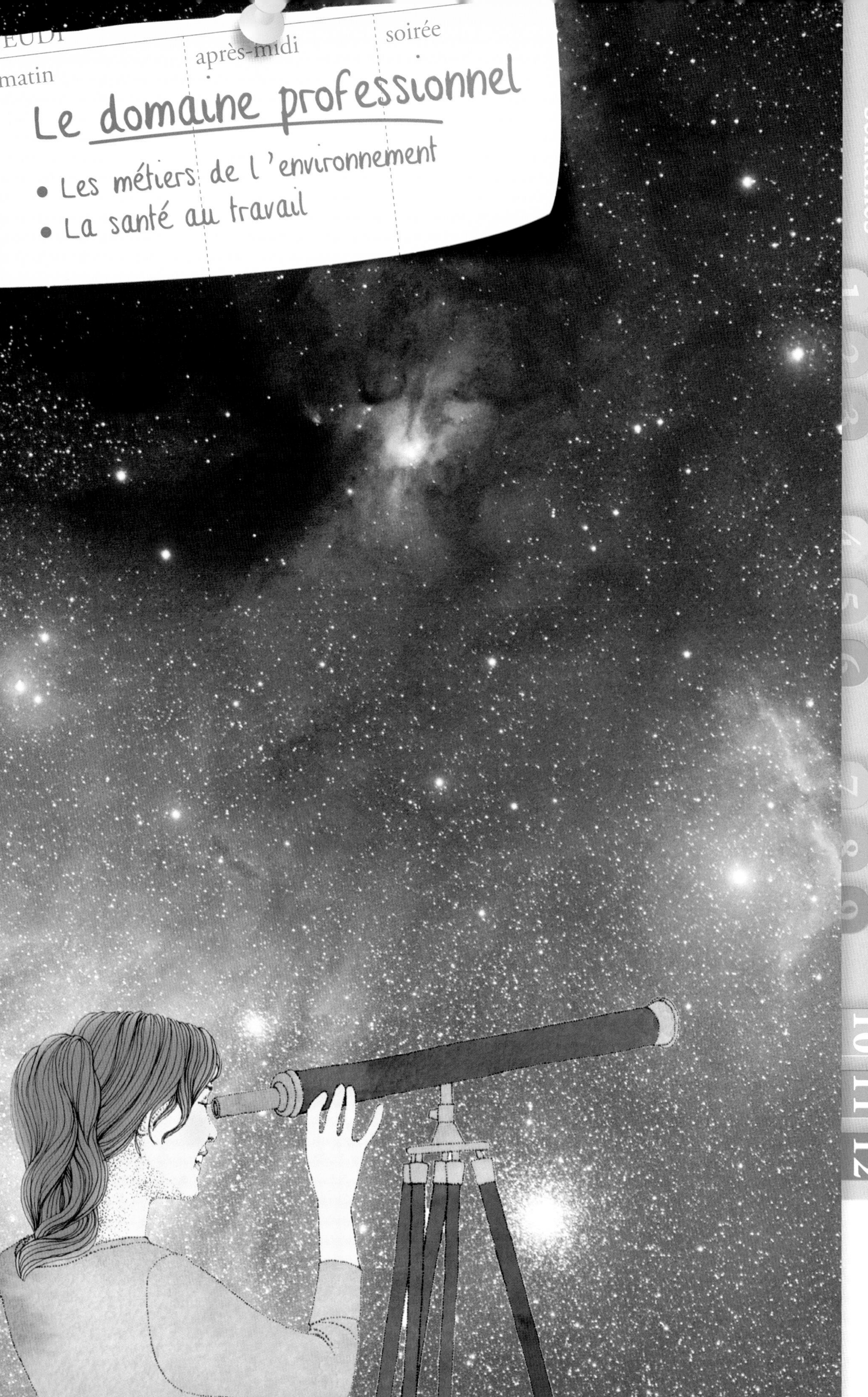

semaines

1 2 3 4 5 6 7 8 9 10 11 12

Semaine 10

B1.2

RENDEZ-VOUS 1

À découvrir

- Proposer de rejoindre une équipe, de travailler ensemble
- Faire valoir ses compétences

À savoir

- Les énergies renouvelables
- Le discours indirect et la concordance des temps au passé

À partager

Des volontaires pour sauver les tortues luth !

RENDEZ-VOUS 2

À découvrir

- Proposer à quelqu'un d'agir
- Comprendre / Présenter un phénomène de société

À savoir

- Le recyclage et les gestes écologiques
- Les homophones grammaticaux
- Les connecteurs logiques

À faire

Mener une campagne de sensibilisation

À écrire, à dire

Rédiger une charte

Faire passer ses idées, exprimer ses convictions

AU COSTA RICA

V

m

DI

mat

ée

Notes

Je peux :

- Expliquer l'expression « développement durable » ?
- Présenter 1 de mes compétences ?
- Citer 3 sources d'énergies propres ?

semaines 1 2 3 4 5 6 7 8 9 10 11 12

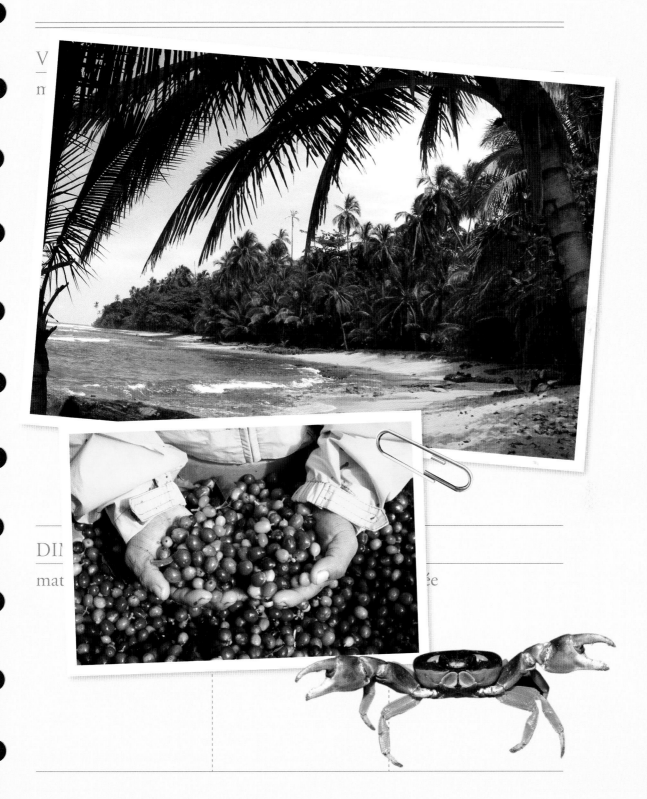

PROPOSER DE REJOINDRE UNE ÉQUIPE, DE TRAVAILLER ENSEMBLE

COMMUNIQUÉ

Les métiers des énergies renouvelables

Que diriez-vous de profiter de l'expérience de nos formateurs spécialisés pour donner un sens à votre projet professionnel ?

Si vous voulez vous former aux métiers de l'environnement, nous avons la solution : travaillons ensemble !
Face aux changements climatiques et à la diminution des ressources fossiles, il est urgent de développer des sources d'énergies renouvelables et d'imaginer de nouvelles technologies de développement durable. Le gouvernement a annoncé son intention de consacrer 370 millions d'euros pour aider les formations aux métiers verts et atteindre l'objectif des 500 000 emplois verts d'ici à 2020. Pour mieux connaître ces professions, nous avons recueilli quelques témoignages de professionnels des métiers de l'environnement.
Michel Louvin, responsable du site www.jobvert.fr nous a confié que c'était dans les secteurs traditionnels, le métier de plombier-chauffagiste par exemple, que les emplois seraient les plus stables. Mélanie Laurent, responsable de la filière éolienne du Syndicat des énergies renouvelables, nous a expliqué que, depuis quelques années, plusieurs établissements techniques dispensaient des formations spécialisées dans le domaine de l'éolien. Elle a ajouté que ce secteur devrait compter quelques 30 000 emplois à l'horizon 2012 et qu'il s'agissait donc d'un métier d'avenir. Sylvain Moulins, enseignant à l'École des métiers de l'environnement, nous a dit que les métiers liés à l'énergie solaire recrutaient principalement des ingénieurs spécialisés pour la pose de panneaux solaires. Il a précisé qu'un ingénieur qui travaillait dans un autre secteur pouvait acquérir des compétences dans ce domaine directement à l'école ou en stage sur le terrain. De quoi attirer les amateurs de travail au grand air !
Pour plus d'informations sur les métiers des énergies renouvelables, rendez-vous sur notre site http://www.lesmetiersverts.org.

Lisez les premières lignes du communiqué et, avec votre voisin, répondez aux deux questions.

a. Quel type d'organisme peut publier ce communiqué ?
b. À qui peut s'adresser ce communiqué ?

Lisez le communiqué et associez chaque nom à l'adjectif qui correspond.

noms

les changements	les technologies	les métiers
les ressources	le développement	les énergies

adjectifs

nouvelles	verts	durable
renouvelables	climatiques	fossiles

Lisez à nouveau le communiqué pour répondre aux questions posées.

a. Quel est le lien entre le climat, les ressources et les métiers verts ?
b. Qu'est-ce qu'il est urgent de faire ?
c. Que compte faire le gouvernement pour aider les métiers verts ?
d. Quelles sont les expressions qui permettent de rapporter ce que quelqu'un a dit ?

Lisez attentivement les témoignages du communiqué et corrigez les phrases. Changez la structure si nécessaire.

Il est urgent de développer des sources d'énergies ~~propres~~.
*Il est urgent de développer des sources d'énergies **renouvelables**.*

a. Les métiers traditionnels, comme celui de plombier-chauffagiste, devraient disparaître.
b. Les établissements techniques forment depuis de nombreuses années aux métiers verts.
c. Le nombre d'emplois liés au domaine de l'éolien devrait diminuer.
d. Les métiers liés à l'énergie solaire recrutent surtout des informaticiens spécialisés.

Vous proposez à un(e) ami(e) de changer de métier pour venir travailler avec vous mais il/elle hésite. Jouez le dialogue avec votre voisin.

Proposer à quelqu'un de faire quelque chose ensemble
Que diriez-vous de venir avec nous ?
Si vous voulez nous rejoindre, envoyez-nous une lettre de motivation.
Ça te dirait de participer à nos stages de formation ?
On pourrait envoyer un courriel à cette école pour obtenir des informations.
Et si nous allions à cette réunion ensemble ?

FAIRE VALOIR SES COMPÉTENCES

UNE PROFESSION QUI DÉCOIFFE !

Météorologue du vent

Il identifie les meilleurs sites pour la production d'énergie éolienne. Il installe les instruments, les appareils permettant de mesurer et d'observer des données. Il analyse les informations recueillies, les interprète et les note dans un rapport écrit.

Formations
Concours de « technicien de la météorologie » + 2 ans de formation à l'École nationale de la météorologie.

Employeurs
Stations météorologiques, Centre National de la Recherche Scientifique.

Chef de projet éolien

Il réalise une série d'études avant de construire un parc éolien. Il analyse les contraintes liées à l'environnement et aux différentes lois. Il communique sur le projet et tente de convaincre les élus et la population du bien-fondé du programme.

Formations
Diplôme d'ingénieur « génie de l'environnement », « génie énergétique », « génie de l'aménagement ».

Employeurs
Départements études, recherche et développement de grandes entreprises productrices d'électricité, bureaux d'études.

Faire valoir ses compétences

Exprimer sa capacité, son aptitude
Je peux / Je sais faire face à ces arguments.
Il a un don pour les relations humaines.
Je suis capable de fédérer des gens autour d'un projet.
Nous sommes en mesure de vous donner entière satisfaction.

Exposer son intérêt, sa motivation
Je suis intéressé depuis toujours par les métiers verts.
Il est passionné par le contact humain.

Parler de ses intentions
Elle a décidé de se consacrer à cette tâche.
Tu as l'intention de faire de ton mieux.

Avec votre voisin, regardez le dessin humoristique et faites des hypothèses sur le secteur professionnel évoqué.

  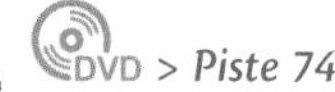

Lisez les fiches métiers et écoutez l'enregistrement. À quelle fiche correspond le témoignage ? Justifiez votre réponse.

 DVD > *Piste 74*

Écoutez à nouveau et dites si les affirmations suivantes sont vraies ou fausses.

a. Benjamin Viel défend parfois certains projets pendant plusieurs années.
b. L'éolien est un sujet qui provoque le débat.
c. Le problème pour Benjamin Viel est de ne pas avoir de contact avec la population.
d. Avoir de bonnes connaissances techniques est le plus important pour Benjamin Viel.
e. L'un des rôles de Benjamin Viel est de rassembler les gens autour du projet éolien.
f. Le chef de projet éolien ne s'occupe que du permis de construire.

Choisissez une fiche métier et simulez un échange avec votre voisin. Faites valoir vos compétences !

Vocabulaire

Les énergies renouvelables

1. 

Associez les éléments du haut à ceux du bas pour reconstituer les définitions de chaque énergie renouvelable.

a L'énergie éolienne
C'est le même principe que les moulins à vent. Lorsque le vent est suffisamment fort, 15 km/h minimum,

b La géothermie
La géothermie est une des ressources énergiques les plus importantes au monde. Elle puise ses réserves dans la circulation

c L'énergie hydraulique
La force de l'eau entraîne des turbines qui font fonctionner des générateurs pour produire de l'électricité. Sur les grands fleuves

d La biomasse
Ce terme désigne toutes les matières d'origine organique. On peut utiliser la biomasse de trois façons différentes :

e L'énergie solaire
L'une des sources d'énergie les plus prometteuses vient de la conversion des radiations solaires en énergie électrique

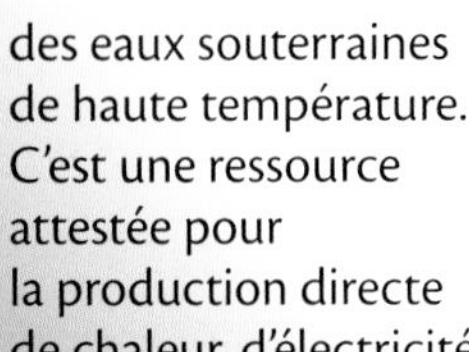

1 des eaux souterraines de haute température. C'est une ressource attestée pour la production directe de chaleur, d'électricité.

2 à l'aide de systèmes photovoltaïques. Cette énergie est en général produite près du point d'utilisation.

3 les pales de l'éolienne tournent et entraînent un générateur qui produit de l'électricité.

4 en la brûlant, comme combustible de chaudière, en la faisant pourrir pour produire du biogaz ou en la transformant chimiquement pour l'utiliser comme biocarburant.

5 ou au bas des montagnes, on construit un barrage et, sur les petites rivières, on met en place des micro-centrales.

2. 

Utilisez les présentations reconstituées de l'activité précédente pour retrouver à quelle énergie renouvelable appartient chacun des éléments proposés.

a. la matière organique
b. un panneau photovoltaïque
c. des eaux souterraines
d. un barrage
e. une éolienne

3. 

Remettez les lettres dans le bon ordre pour retrouver ce que produisent les énergies renouvelables.

a. la CHLR + aeu
b. le BGZ + aio
c. l' CCLTTR + eééii
d. l'GNR + eeéi
e. le BBCNTRR + aaiou

Des métiers dans le vent !

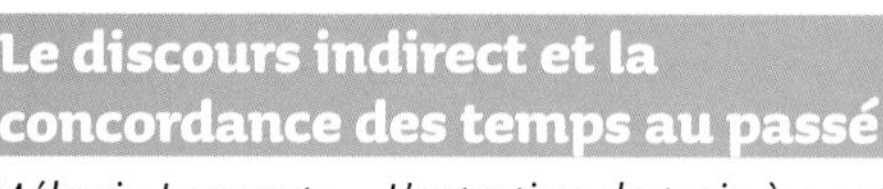

Le discours indirect et la concordance des temps au passé

Mélanie Laurent : « L'entretien de trois à quatre éoliennes nécessite deux salariés. »
→ *Mélanie Laurent a dit que l'entretien de trois à quatre éoliennes nécessitait deux salariés.*

• Quand on passe du style direct au style indirect avec un verbe introducteur au passé, le temps du verbe principal change.

– présent → imparfait
Mélanie Laurent : « Des établissements proposent des formations dans ce domaine. »
→ *Mélanie Laurent a dit que des établissements proposaient des formations dans ce domaine.*

– passé composé → plus-que-parfait
Sylvain Moulins : « Je me suis formé facilement dans le domaine de l'énergie solaire. »
→ *Sylvain Moulins a expliqué qu'il s'était formé facilement dans le domaine de l'énergie solaire.*

– futur simple → conditionnel présent
Michel Louvin : « Les emplois seront plus stables dans les secteurs traditionnels. »
→ *Michel Louvin a confié que les emplois seraient plus stables dans les secteurs traditionnels.*

Attention !
conditionnel présent = conditionnel présent
Les médias : « Le gouvernement devrait consacrer 370 millions d'euros aux métiers verts. »
→ *Les médias ont annoncé que le gouvernement devrait consacrer 370 millions d'euros aux métiers verts.*

Rappel : Comme pour le discours rapporté au présent, les expressions de temps doivent être modifiées.
aujourd'hui → ce jour-là
hier → la veille
demain → le lendemain
la semaine prochaine → la semaine suivante
l'année dernière → l'année précédente
Mon frère m'a dit : « Je vais suivre une formation sur les métiers verts l'année prochaine. »
→ *Mon frère m'a dit qu'il allait suivre une formation sur les métiers verts l'année suivante.*

Rencontre avec Marc Cellier,
ingénieur chargé du développement de projets éoliens

Nous avons d'abord demandé à Marc ce qu'il pensait de son travail. Il nous a avoué que son équipe d'ingénieurs et lui se sentaient un peu comme des pionniers car le développement de l'énergie éolienne était assez récent. Ensuite, nous avons voulu savoir comment évoluait l'énergie éolienne en France. Marc nous a annoncé que l'éolien était la technologie énergétique qui avait connu la plus forte croissance ces dernières années. Enfin, nous avons demandé à Marc quel était le projet sur lequel il travaillait. Il nous a dit qu'il travaillerait bientôt sur un projet d'implantation d'une trentaine d'éoliennes dans l'Aveyron et qu'il allait aussi développer un projet d'éoliennes implantées en mer.

1. 

Relevez dans le texte les réponses de Marc Cellier au discours rapporté au passé.

2.

Pour chaque réponse de Marc Cellier, transformez le sujet et le verbe pour passer du style indirect au style direct puis comparez vos réponses avec celles de votre voisin.

Style indirect	Style direct
Son équipe d'ingénieurs et lui se sentaient ...	*Mon équipe d'ingénieurs et moi, nous sentons ...*

3. 

Avec votre voisin, transformez le texte en dialogue en passant du style indirect au style direct.
– Marc, que pensez-vous de votre travail ?
– Mon équipe d'ingénieurs et moi nous sentons un peu...

4. 

Transformez les phrases au discours indirect avec les mots proposés.
l'année précédente – ce jour-là – la semaine suivante – la veille – le lendemain

*Marc : « **Aujourd'hui**, j'installe des panneaux solaires. »*
→ *Marc a déclaré que, **ce jour-là**, il installait des panneaux solaires.*

a. Louis : « Hier, nous avons réparé l'éolienne. »
→ Louis a dit que ... ils avaient réparé l'éolienne.

b. Julie : « On m'installera un chauffage à bois demain. »
→ Julie a expliqué qu'on lui installerait un chauffage à bois ... .

c. Anne : « Je vais commencer une formation la semaine prochaine. »
→ Anne a annoncé qu'elle allait commencer une formation ... .

d. Loïc : « Mon père a changé de métier l'année dernière. »
→ Loïc a raconté que son père avait changé de métier ... .

À partager

Des volontaires pour sauver les tortues luth !

COSTA RICA, PAYS DE LA BIODIVERSITÉ

Le Costa Rica est un pays d'Amérique centrale qui se situe entre le Nicaragua et le Panama. Le pays compte 4 563 538 habitants dont 1,5 million dans la capitale San José. La langue officielle est l'espagnol et la deuxième langue la plus parlée est l'anglais. Le Costa Rica possède une flore et une faune exceptionnelles avec 6 % de la biodiversité mondiale. Plus de 25 % du territoire est occupé par des parcs nationaux et des réserves. Le contexte politique du pays, neutre et sans armée depuis 1949, ainsi que son succès dans le domaine du tourisme, contribuent à préserver cette biodiversité.

Préparez-vous.

Quel est cet animal ?

Avec votre voisin, échangez vos connaissances sur les tortues luth. Pour vous aider, regardez les documents proposés.

Découvrez.

Connaissez-vous les tortues luth ?

Complétez le texte avec les mots donnés.

vivre – la pollution – la planète – menacée – de carapace – une longueur

La tortue luth est la plus grosse tortue marine de ... . Elle pèse en moyenne 500 kg pour ... d'environ 1,80 mètre. Elle ne possède pas ... mais une peau épaisse, lisse à l'aspect du cuir. Une tortue luth peut a priori ... plus de 50 ans mais aujourd'hui sa survie est gravement ... par le braconnage, les filets de pêche, ... et l'urbanisation du littoral.

Regardez. 

3 *Qui est Guillaume ?*

Regardez la vidéo puis faites le portrait de Guillaume en vous aidant des informations suivantes.

20 ans – étudiant – Paris – Costa Rica – volontaire dans une mission écologique – sauver les tortues luth – réserve de Gandoca

Regardez. 

4 Être bénévole, c'est quoi ?

Regardez la vidéo et dites si les phrases sont vraies ou fausses.

a. Les tortues ne peuvent pas pondre dans le sable si la plage n'est pas propre.
b. Les volontaires doivent nettoyer la plage toutes les semaines.
c. Les volontaires sont obligés de récupérer les œufs pour mieux les protéger.
d. Dans la nature, un œuf sur cent seulement donnera naissance à une tortue adulte.
e. Les œufs sont déposés hors du sable dans un enclos protégé et gardé.
f. Le plus terrible des prédateurs des œufs de tortues est l'homme.

UNE TERRE D'ACCUEIL POUR LES TORTUES

Cinq des huit espèces de tortues marines répertoriées dans le monde choisissent le Costa Rica pour assurer leur survie. Elles sont visibles, suivant les saisons, tout au long de l'année, soit côté Pacifique, soit côté Caraïbe. Les « arribadas », arrivées massives, offrent un spectacle rare et très émouvant. De 3 000 à 170 000 femelles viennent en quelques jours pondre leurs œufs. Seuls les villageois peuvent collecter les œufs durant les premières heures de l'« arribada », sous contrôle des autorités. C'est ainsi que 500 000 œufs sont ramassés et vendus sur les marchés locaux.

Les projets de conservation, comme celui la réserve de Gandoca, ont pour missions de nettoyer les plages, sensibiliser la population et surveiller les lieux de ponte. Et il y a urgence ! Les scientifiques prévoient l'extinction de la tortue luth dans les dix ans si rien n'est fait.

Et chez vous ? *Existe-t-il des espèces menacées ? Comment votre pays fait-il pour les protéger ? Expliquez.*

Regardez. 

5 Comment protéger les œufs ?

En vous aidant de la vidéo, remettez les différentes étapes dans le bon ordre.

a. Les volontaires déposent les œufs dans un enclos protégé.
b. Les tortues viennent pondre sur la plage la nuit.
c. Les volontaires gardent le site et protègent les œufs des braconniers.
d. Les volontaires nettoient la plage.
e. Les volontaires récupèrent les œufs de tortues.
f. Les tortues partent en laissant leurs œufs dans le sable.

Exprimez-vous.

6 Comment les protéger ?

Avec votre voisin, choisissez un animal à protéger puis expliquez pourquoi il est menacé et comment il pourrait être sauvé.

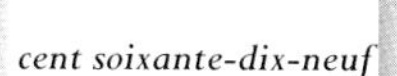

PROPOSER À QUELQU'UN D'AGIR

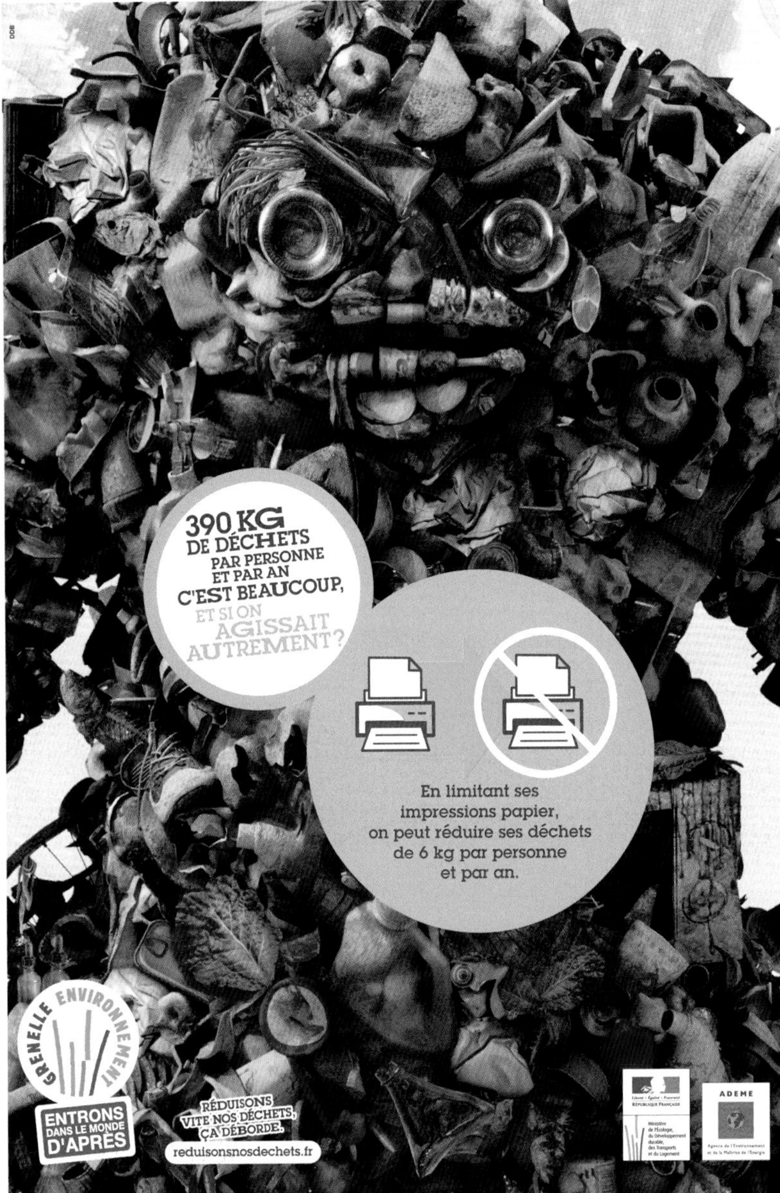

390 KG
DE DÉCHETS
PAR PERSONNE
ET PAR AN
C'EST BEAUCOUP,
ET SI ON
AGISSAIT
AUTREMENT?
En limitant ses impressions papier, on peut réduire ses déchets de 6 kg par personne et par an.
GRENELLE ENVIRONNEMENT
ENTRONS DANS LE MONDE D'APRÈS
RÉDUISONS VITE NOS DÉCHETS, ÇA DÉBORDE.
reduisonsnosdechets.fr
ADEME

Regardez l'affiche et, avec votre voisin, dites ce qu'elle évoque.

DVD > Piste 75

Écoutez le document et corrigez le texte.

Comme vous le savez certainement, notre équipe avait pour mission de trouver différents procédés pour réduire nos déchets ménagers. Pour beaucoup d'entre nous, nous le faisons déjà à la maison mais maintenant, il est temps de le faire au bureau avec des actions simples. Il est temps de préserver l'environnement ici aussi.

3 

Associez les éléments.

a. Abandonner
b. Recycler
c. Réduire
d. Économiser
e. Éteindre
f. Imprimer

1. l'eau.
2. le nombre de nos impressions.
3. les documents dont nous avons vraiment besoin.
4. les cartouches d'encre des imprimantes et le papier.
5. les gobelets en plastique.
6. les lumières en quittant une pièce.

4 

DVD > Piste 75

Écoutez à nouveau puis remettez dans l'ordre d'écoute les thèmes retrouvés dans l'activité précédente.

5 

Retrouvez à quel problème correspond chacune des solutions données.

a. Installer des minuteries
b. Utiliser du brouillon
c. Utiliser des tasses individuelles
d. Récupérer des cartouches réutilisables
e. Bien fermer les robinets

6 

Avec votre voisin, donnez des consignes, des instructions à la classe pour réduire les déchets à la maison.

Demander d'agir

Je vous propose de réduire le nombre de nos impressions.
Je vous invite, bien entendu, à éteindre les lumières.
Je voudrais également que nous abandonnions les gobelets en plastique.
Il faut que nous pensions à recycler les cartouches.
Pensez à ne pas laisser couler l'eau inutilement !
Nous aimerions que ces mesures soient mises en place rapidement.

COMPRENDRE / PRÉSENTER UN PHÉNOMÈNE DE SOCIÉTÉ

Quand les entreprises voient vert...

Qui a dit que production et écologie ne pouvaient pas être compatibles ? Dorénavant, les produits alimentaires ne sont plus les seuls à être « bio » et écoresponsables.

De nos jours, les habitations écologiques sont très connues. Les initiatives vertes poussent de tous côtés : l'entreprise Éco-Cités fait des éco-constructions en utilisant des matériaux verts, la SNCF et La Poste habillent leurs employés avec des uniformes en coton équitable, Blocnot a lancé sa gamme de stylos « Bicvert » réalisés à partir de matières recyclées (notamment les bouteilles d'eau). La société Mobis, qui produit des coques de protection pour les outils informatiques, a diminué les kilomètres effectués pour ses livraisons.

L'action la plus remarquable est toutefois menée par une entreprise spécialisée dans l'impression numérique. La responsable d'ATC explique que l'entreprise s'est tournée vers le développement durable il y a trois ans. Cette modification des pratiques concerne d'abord les déchets qui sont bien sûr triés, mais certains sont aussi revendus. Et les changements ne s'arrêtent pas là. Ainsi, dans les nouveaux locaux de l'entreprise, des panneaux solaires et des bacs de récupération d'eau de pluie ont été installés. Les employés sont intégrés dans cette démarche écologique. Par exemple, un geste simple fait économiser beaucoup : les ordinateurs sont éteints dès que quelqu'un quitte son poste plus de deux heures. Par ailleurs, tout le monde fait attention à ne gaspiller ni le papier ni l'encre, en limitant les impressions et en utilisant au maximum les rectos des feuilles de papier. Comme dans beaucoup d'entreprises, les gobelets jetables ont été définitivement supprimés. En plus des bacs de tri habituels, l'entreprise va également installer des poubelles pour jeter les piles, dosettes de café et CD-rom. Enfin, pour les déplacements professionnels, deux voitures électriques sont mises à la disposition des employés. Pour finir, voici quelques chiffres : en un trimestre, l'entreprise a revendu 3 tonnes de plastique d'emballage et a réussi à réduire de 29 % sa production d'énergie en seulement trois mois. Une petite révolution !

Lisez le titre de l'article. Avec votre voisin, dites quelle est la tendance évoquée dans l'article.

Lisez l'article et retrouvez dans la liste les types d'entreprises citées en exemple pour leurs actions écoresponsables.

a. Agro-alimentaire
b. Transport
c. Construction
d. Automobile
e. Transport et distribution du courrier
f. Fournitures de bureau
g. Mode

Lisez à nouveau l'article et listez les actions / initiatives de l'entreprise ATC dans les domaines suivants.

a. Économie d'énergie et de ressources naturelles
b. Gestion des déchets
c. Écogestes des employés

Relevez les mots qui permettent l'articulation du texte.
D'abord, ...

Échangez avec votre voisin.

a. Commentez les résultats obtenus par l'entreprise ATC.
b. Que pensez-vous des initiatives vertes de ces entreprises ? Pouvez-vous en citer d'autres ?
c. Décrivez les changements ou évolutions qui marquent ou ont marqué les entreprises dans votre pays.

Exprimer un changement, une évolution
Les entreprises sont de plus en plus sensibilisées à l'écologie.
Les actions en faveur de l'environnement se multiplient.
Les initiatives vertes sont de mieux en mieux comprises.
La modification des pratiques / Les changements sont en effet nombreuses / nombreux.
Les écogestes deviennent naturels.
Pour finir, l'entreprise a réduit / diminué sa consommation d'énergie.
Les employés ont changé / transformé / bouleversé leurs habitudes.

Vocabulaire

Le recyclage et les gestes écologiques

1. 

Associez chaque logo ou pictogramme à sa signification.

1.  2.  3.  4.  5.  6. 

a. Le « point vert » indique que l'entreprise ou la marque participe financièrement au recyclage des déchets.
b. Ce pictogramme invite à jeter à la poubelle les emballages ou les papiers.
c. Cet anneau, l'anneau de Moebius, indique une production réalisée à partir de matières recyclées ou un produit recyclable.
d. Ce logo, présent sur certains équipements de bureau, met en valeur l'efficacité énergétique des appareils.
e. La présence de ce logo garantit qu'il s'agit d'un papier ou d'un carton fabriqué avec au moins 50 % de fibres récupérées.
f. Ce label, reconnu par le ministère de l'Environnement, prend en compte les qualités écologiques du produit de sa fabrication à son élimination.

2. DVD > *Piste 76*

Écoutez l'émission pour retrouver les informations.
a. Domaines d'action de l'association L'interloque
b. Objets récupérés
c. Emploi d'Alexis
d. Tâches accomplies par Alexis
e. Rôle de la ressourcerie

3. 

Observez l'affiche et relevez les mots commençant par *éco-*, *bio-*, *co-*, *re/ré-*. Retrouvez ensuite le sens de chacun de ces préfixes.
a. Exprime la réunion, la collaboration, la simultanéité
b. Est utilisé pour former des mots liés à l'environnement
c. Expriment la répétition, le recommencement
d. Exprime l'idée de vie et sert notamment à composer des termes scientifiques

4. 

Observez à nouveau l'affiche et discutez avec votre voisin des écogestes que vous réalisez dans votre entreprise ou votre établissement.

Urgent !

ÉCOGESTES AU BUREAU...

Pourquoi se préoccuper de l'environnement au bureau ?

✓ Chacun passe environ 1/3 de son temps sur son lieu de travail... alors se préoccuper de l'environnement, c'est aussi agir au bureau !

La consommation énergétique et la production de déchets liées aux activités professionnelles est considérable ! Déplacements en voiture, éclairage, consommation de papier, chauffage... Cela représente, en moyenne, par personne et par an : 80 kg de papier (soit 30 ramettes), 30 % de la pollution routière (rien que pour les trajets travail-domicile), 140 kWh/m^2 de chauffage (soit 25 kg de CO_2 rejetés dans l'air, ce qui revient à 1 000 tonnes de CO_2 pour l'ensemble des agents de la Ville de Paris) et plus de 30 000 cartouches d'encre pour imprimantes pour la seule année 2006...

✓ Pollution, réchauffement climatique, biodiversité... Il y a urgence, il faut agir !

Si personne ne change son comportement, la pollution atmosphérique aura vite des conséquences graves sur l'air que nous respirons, le réchauffement climatique engendrera bientôt des perturbations inimaginables et l'accès à l'eau potable sera rapidement très limité.

À NOUS DE JOUER !

Individuellement, changeons nos comportements, limitons les dégâts sur la planète pour les générations futures !

À suivre
Quel temps fait-on demain ?
PLAN PARISIEN de lutte contre le dérèglement climatique.

Trajet domicile-travail

Je me rends au travail à pied, à vélo, en bus, en tram ou avec des collègues en covoiturage, nettement moins polluant qu'en voiture.

Les fournitures

Je commande du papier recyclé non blanchi au chlore, je récupère les brouillons et je les réutilise à l'envers, je récupère également les enveloppes des différents courriers et j'utilise des consommables informatiques compatibles.

Les déchets

Je jette les documents, les feuilles utilisées, et les emballages dans les « sacs à papier » et les cartouches d'encre dans « l'écobox » prévue à cet effet.

Grammaire

Les homophones grammaticaux

J'ai parlé à mes collègues du recyclage mais il faudra recommencer régulièrement.

- Les homophones grammaticaux sont des mots qui **ont une prononciation identique** mais une **nature grammaticale** et/ou une **orthographe différentes**.
- Les homophones grammaticaux de catégories différentes possèdent des propriétés syntaxiques ou grammaticales différentes. Ils n'occupent pas la même place dans la phrase.
La réunion : la directrice s'y rendra si elle en a le temps.
Nos collègues trieront leurs déchets, si nous leur expliquons comment faire.
Quelles sont les poubelles qu'elles ont vidées hier ?
- Les homophones grammaticaux de même catégorie sont des mots homophones qui appartiennent à la même classe de mots mais qui n'ont jamais la même forme ni exactement le même sens et qui ne partagent pas toutes les mêmes propriétés syntaxiques.
Maintenant, les employés utilisent plutôt des tasses et des verres.
Ce soir, il est parti plus tôt pour acheter de nouvelles poubelles de tri.

1. 

Avec votre voisin, trouvez au moins un homophone grammatical pour chaque mot donné.

à	ce	et	ses	la	mes
…	…	…	…	…	…

2.

Choisissez le bon mot pour compléter chaque phrase.

a. Elle va lui apprendre à recycler tout (ça / sa).
b. Maintenant, ils ne jettent plus (leurs / leur) piles à la poubelle.
c. Les employés n' (on / ont) plus le droit d'utiliser de gobelets en plastique.
d. Nous avons (tout / tous) organisé pour diminuer le gaspillage au bureau.
e. Le directeur (si / s'y) est rendu hier pour signer des papiers.
f. Je me demande (qu'elles / quelles) sont les nouvelles règles.

3. 

Imaginez des phrases avec les mots proposés.
notre – son – où – peut ; nôtre – sont – ou – peu

Les connecteurs logiques

Ainsi, dans les nouveaux locaux, des panneaux solaires ont été installés.
Cette modification des pratiques concerne d'abord le recours à des produits réutilisables.

- Ce sont des mots ou des groupes de mots qui relient des énoncés.
- Les **connecteurs énumératifs** font apparaître les étapes successives du texte :
d'abord, premièrement, pour commencer… / aussi, deuxièmement, de plus… / enfin…
Enfin, pour les déplacements professionnels, une voiture électrique est à disposition.
- Les **connecteurs d'explication** annoncent un développement ou un nouvel argument : *c'est pourquoi, or, d'ailleurs, de plus, d'autre part, en particulier, en effet…*
En effet, ces initiatives touchent les employés.
- Les connecteurs peuvent aussi annoncer une **conclusion** : *ainsi, après tout, donc, enfin, en résumé, en conclusion, pour finir…*
Pour finir, voici quelques chiffres…
- Les **connecteurs d'illustration** introduisent un exemple : *par exemple, prenons le cas de…*
Par exemple, un geste simple fait économiser beaucoup.
- Les **connecteurs de reformulation** marquent la reprise de ce qui précède et introduisent une paraphrase : *autrement dit, en d'autres termes, c'est-à-dire…*
Les initiatives vertes se multiplient, autrement dit, la tendance est à l'écologie.

4. 

Quels connecteurs utilisez-vous dans les situations suivantes ?

a. pour établir une chronologie
b. pour expliquer
c. pour présenter un cas particulier
d. pour ajouter une information
e. pour terminer

1. par exemple, prenons le cas de, citons l'exemple de
2. en effet, ainsi, c'est pourquoi
3. ainsi, en somme, en résumé
4. d'abord, ensuite, enfin
5. or, d'ailleurs, de plus

~~X~~ à faire

(Se) mobiliser pour une cause

Participez à la campagne « J'aime un Costa Rica propre »

Cette campagne est organisée par Terra Nostra, avec le soutien du ministère de la Santé et le parrainage de plusieurs entreprises. L'association Terra Nostra a pour but de sensibiliser les gens afin d'améliorer la qualité de vie et de conserver la biodiversité du Costa Rica. Ses objectifs : créer et mettre en œuvre des projets pour améliorer la qualité de vie des habitants, éduquer les populations pour une gestion responsable des déchets et de l'eau. Située à l'embouchure du rio Tárcoles, lequel arrive directement de la capitale, la plage de Guacalillo est malheureusement polluée. 300 bénévoles ont ainsi recueilli plus de 2 tonnes de déchets sur près d'1 km de plage le 25 février dernier. Prochaine action prévue cet été. Rejoignez-nous !

1  DVD > *Piste 77*

J'écoute le message de Claude et je lis la page d'accueil du site Terra Nostra. Je réponds aux questions.

a. Quel est le problème écologique présenté ?

b. Quelle est l'action entreprise pour lutter contre ces problèmes ?

c. Qui sont les personnes et organisations engagées dans ces actions ?

2 

Je rédige un article sur le forum pour présenter la campagne et mobiliser les internautes.

AU COSTA RICA

Envisager une action de sensibilisation

http://www.forumvoyageurs.com
forum voyageur
Posté par Mélissa L, de Niort
Cette action est formidable ! Je suis de tout cœur avec vous mais malheureusement mon travail me retient au bureau. J'aurais tellement aimé rejoindre l'équipe de volontaires pour rendre leur beauté originale à ces plages magnifiques ! Je me sens bien inutile devant mon ordinateur
Bravo et bon courage !

1 

Je lis le message de Mélissa et je laisse un message sur le portable de Claude pour lui faire part de cette première réaction.

2  DVD > *Piste 78*

J'écoute la réponse de Claude sur ma messagerie et je complète le tableau.

Problèmes soulevés	Initiatives à mettre en place
...	...

3 

Avec votre voisin, cherchez quelques idées pour compléter celles de Claude.

4 

Je retranscris les indications de Claude sur le forum à l'intention de l'ensemble des participants ainsi que les idées trouvées avec mon voisin.

Mener une campagne de sensibilisation.

Étape 1 : Tous ensemble, on identifie des problèmes liés à la protection de l'environnement dans notre entreprise/établissement et nous en établissons la liste.

Étape 2 : On répartit les problèmes de la liste entre plusieurs groupes. Chaque groupe choisit le message à faire passer, le support sur lequel on trouvera le message (tract, affiche, mail, etc.) et l'endroit où il sera placé.

Étape 3 : Chaque groupe conçoit son message comme un outil de communication : slogan, texte, graphisme, illustrations...

Étape 4 : Chaque groupe met en œuvre sa campagne en procédant à l'affichage, à la répartition et à la distribution des outils de communication réalisés.

Étape 5 : On observe et on commente les réactions du public face à la campagne de sensibilisation. On fait le point ensemble, à l'oral, pour évaluer l'impact de la campagne.

Rédiger une charte

La charte de l'écocitoyen

Document 1

a. Éteindre la lumière et les appareils électriques quand on ne les utilise pas.

b. Utiliser les énergies renouvelables (vent, eau, soleil).

c. Ne pas laisser le chauffage allumé quand les fenêtres sont ouvertes.

Document 2

a. Je privilégie le courrier électronique au courrier papier.

b. J'évite d'imprimer tous les courriers électroniques que je reçois.

c. J'utilise le verso des feuilles imprimées comme brouillon.

Document 3

La forêt n'est pas une poubelle ! Remportez avec vous tout ce que vous y avez apporté, même les mégots de cigarettes !

Document 4

On est écocitoyen 365 jours par an. Chaque jour, l'écocitoyen préserve l'environnement grâce à des gestes simples.

a. L'écocitoyen apprend à jeter moins et à jeter mieux.

b. L'écocitoyen cherche à produire le moins de déchets possible.

Document 5

a. Tu prendras une douche plutôt qu'un bain.

b. Tu vérifieras que les robinets ne coulent pas.

c. Tu récupéreras l'eau de pluie pour le jardin.

Conseils / stratégies

Pour rédiger une charte

- Elle doit être le résultat d'un travail collectif pour une meilleure adhésion.
- Elle doit être compréhensible par tous pour que chacun l'applique.
- Elle doit être diffusée largement pour être connue de tous.

– Définir le sujet de la charte.
– Lister les différents conseils, recommandations ou idées.
– Classer ces points en sous-rubriques thématiques.
– Choisir un style de phrase pour s'adresser aux lecteurs (temps, mode...).
– Faire signer la charte par le plus grand nombre de personnes possible.

1 Avec votre voisin, donnez une définition du mot « un écocitoyen ».

2 Lisez les documents et retrouvez à quels thèmes ils correspondent.

a. Économiser le papier
b. Économiser l'eau
c. Gérer les déchets
d. Économiser l'énergie
e. Protéger la nature

3 Avec votre voisin, rédigez une charte. Choisissez le sujet, les conseils et les rubriques, le(s) mode(s) et le(s) temps.

☒ à dire

Faire passer ses idées, exprimer ses convictions

Annie Forestier est ingénieure agronome. Elle a pris cette année la présidence française d'une ONG mondiale pour la protection de l'environnement pour qui elle poursuit son combat : réconcilier les humains avec la nature.

  DVD > *Piste 79*

Écoutez l'entretien et répondez aux questions suivantes.

a. Selon Annie Forestier, sur qui l'Homme devrait-il prendre exemple ?
b. D'après elle, quelle discipline faut-il absolument intégrer à la formation des ingénieurs ?
c. Que peuvent faire les ONG pour les industriels ?
d. Lors du Grenelle de la mer, qui s'est retrouvé autour de la même table pour discuter ?

Vous intervenez pour dénoncer les problèmes environnementaux de votre pays, région ou ville. Vous proposez quelques solutions ou pistes d'action et invitez le public/vos interlocuteurs à réagir à vos propos.

Conseils / stratégies

Pour convaincre

- **Faire preuve de clarté.**

Expliquer les choses avec simplicité. Sélectionner le but à atteindre – vers quoi on va et pour quelle raison.
L'écologie interroge simplement sur la pertinence des technologies.

- **Partager sa conviction.**

– Manifester son investissement personnel.
L'être humain veut toujours faire mieux.
J'ai été vice-présidente du Grenelle de la mer.
– Affirmer ses idées avec force.
Il faut inciter les industriels à concevoir des produits durables.
Il faut intégrer l'écologie dans la formation des ingénieurs.
– Jouer sur l'émotionnel : intonation de la voix, gestuelle, intensité du regard...

- **Être crédible.**

S'appuyer sur des faits, des preuves, des expérimentations, des exemples.
L'Homme est vulnérable : l'éruption d'un volcan suffit à bloquer la navigation aérienne.

- **Avoir un discours collectif pour dénoncer des problèmes.**

Nous sommes dans une société du jetable.

- **Préparer ses arguments.**

Adopter une logique déductive : exposé des faits. *Or..., Donc..., C'est logique, non ?*

- **Faire réfléchir par un travail de questionnement.**

Terminer son discours par « Voilà la question qu'il faut que vous vous posiez... » ou « Qu'en dites-vous ? ».

Phonétique

La consonne [r]

1. DVD > *Piste 80*

Complétez les phrases, puis répétez-les.

1. Pose ce ... sur le ... .
2. Tous les ... , je ... .
3. Cette ... sera une ... .
4. J' ... et je ... la lumière.
5. Ma ... est ... de toi.
6. Pour cette ... , il n'y a qu'une ... .
7. ... c'est le ... !
8. Une ... avec un dessin d' ... .

2. DVD > *Piste 81*

Écoutez et répétez ces deux petits textes en les prononçant de plus en plus vite.

1. J'ai créé ma propre entreprise de transport et, pour réduire la pollution de l'air, j'ai remplacé la chaudière et les radiateurs par des panneaux solaires dernière génération. Je crois que les ressources seront mieux préservées grâce à toutes les actions régulières en faveur de l'environnement.

2. La première fois que j'ai rencontré Gérard et Ruby, mes futurs patrons, j'ai eu un vrai fou rire, ce qui est très rare ! Alors après, impossible de remettre de l'ordre dans le discours que j'avais préparé ! Par rapport à l'enjeu, c'était terriblement embarrassant ! Heureusement, j'ai réussi à décrocher ce travail !

Semaine 11

B1.2

RENDEZ-VOUS 1

À découvrir
- Demander des précisions
- Formuler des hypothèses

À savoir
- Les sciences
- Le participe présent et l'adjectif verbal
- Les phrases hypothétiques

À partager
L'hévéa, or blanc du Brésil

RENDEZ-VOUS 2

À découvrir
- Parler de sa santé
- Réconforter, rassurer

À savoir
- Un mal, des maux
- Les pronoms relatifs composés
- Les termes de reprise

À faire
Réaliser un quiz géant sur les sciences

À écrire, à dire
Rédiger une lettre de réclamation

Partager ses difficultés

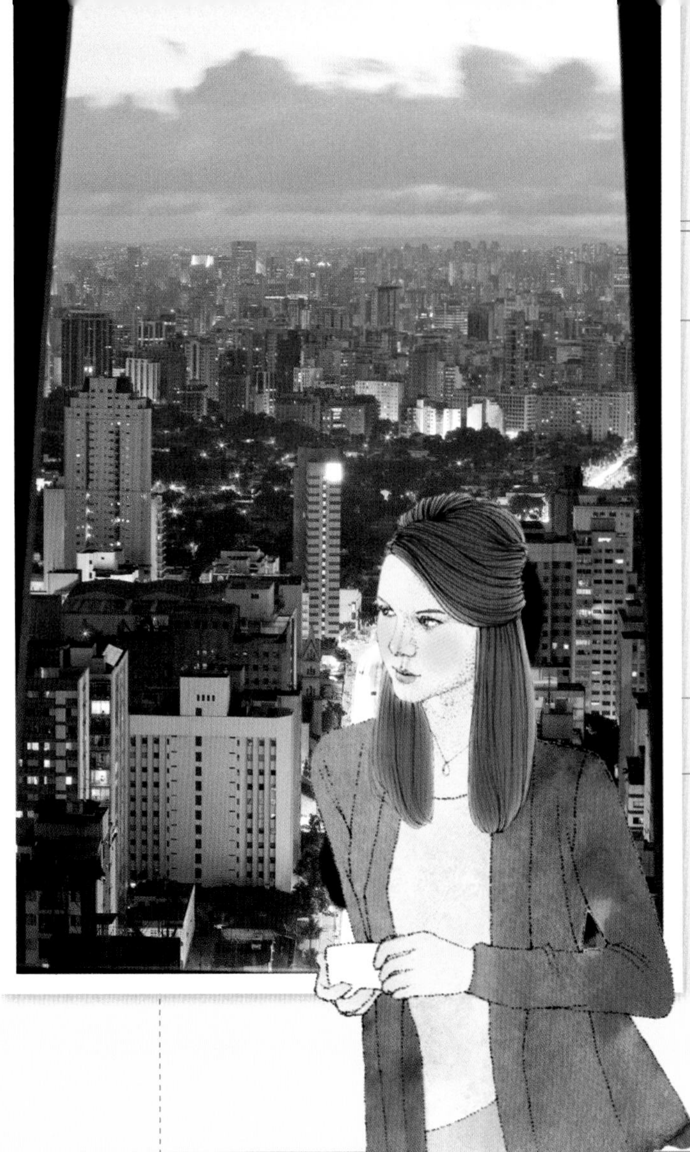

LUNDI

matin

MARDI

matin

MERCREDI

matin | après-midi | soirée

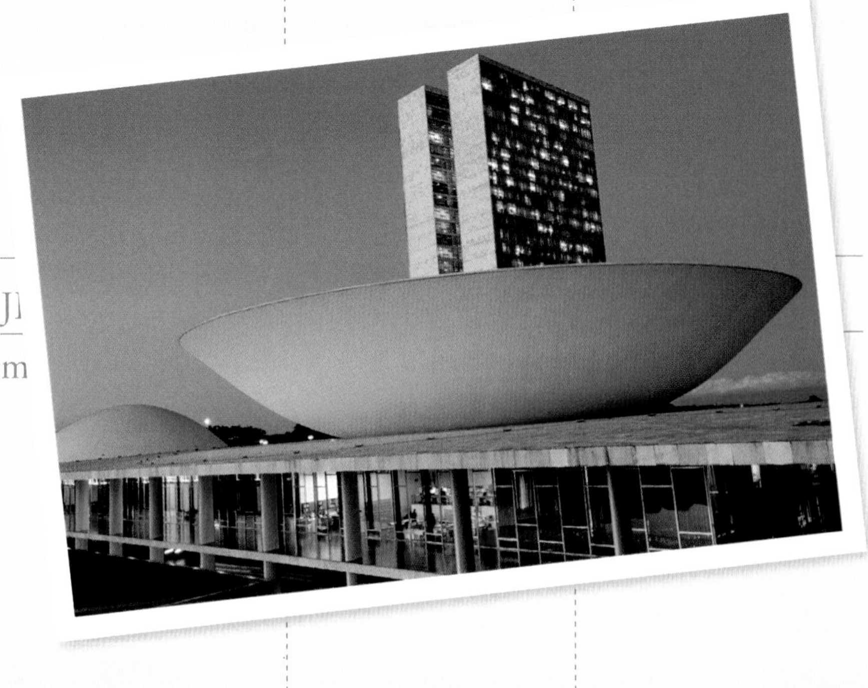

AU BRÉSIL

VENDREDI

1

SA

mat

soirée

DIM

matin

Notes

Je peux :

- Citer le nom de 3 sciences ?
- Faire une phrase utilisant « si » ?
- Utiliser 2 expressions idiomatiques pour parler de la santé ?

semaines 1 2 3 4 5 6 7 8 9 10 11 12

DEMANDER DES PRÉCISIONS

LA FÊTE DE LA SCIENCE

Créée en 1991, la Fête de la science favorise les échanges entre la communauté scientifique et le grand public.

Pari réussi avec chaque année plus d'un million de visiteurs, 7 000 chercheurs impliqués et un foisonnement d'animations excellentes, d'expositions innovantes, de débats intéressants et d'initiatives originales, partout en France et pour tous les publics. La Fête de la science est une approche concrète, conviviale et ludique permettant une meilleure compréhension des débats et des enjeux soulevés par la science. Elle s'est également donnée comme objectif de sensibiliser les jeunes aux études scientifiques en favorisant la rencontre entre les élèves et les chercheurs. Cinq jours pour voir, découvrir, expérimenter, partager les enthousiasmes, les espoirs et la passion des chercheurs dans l'innovation industrielle.

La semaine précédant la Fête de la science, un grand concours scientifique est organisé dans tous les collèges et lycées de France.

Toutes les informations sur le site : www.concoursfetedelascience.fr

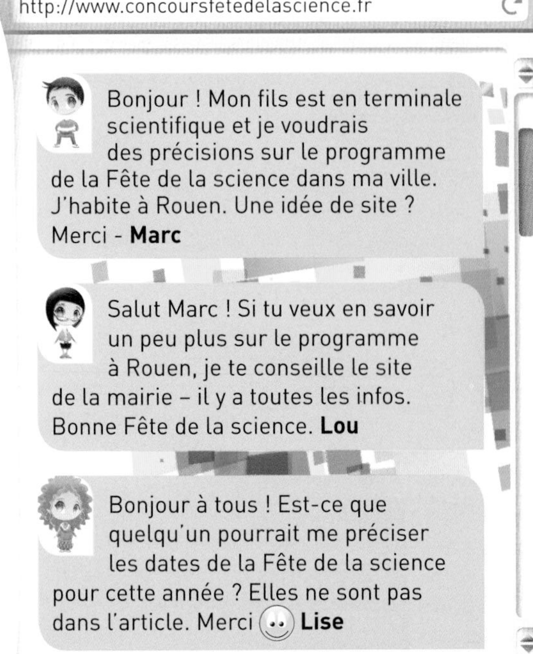
http://www.concoursfetedelascience.fr

Bonjour ! Mon fils est en terminale scientifique et je voudrais des précisions sur le programme de la Fête de la science dans ma ville. J'habite à Rouen. Une idée de site ? Merci - **Marc**

Salut Marc ! Si tu veux en savoir un peu plus sur le programme à Rouen, je te conseille le site de la mairie – il y a toutes les infos. Bonne Fête de la science. **Lou**

Bonjour à tous ! Est-ce que quelqu'un pourrait me préciser les dates de la Fête de la science pour cette année ? Elles ne sont pas dans l'article. Merci **Lise**

1 

Lisez l'article pour retrouver les informations sur la Fête de la science.

a. Année de création
b. Nombre de visiteurs
c. Public ciblé
d. Nombre de chercheurs
e. Durée de la manifestation
f. Évènement organisé avant la Fête

2 

Lisez à nouveau l'article et retrouvez les buts de cette manifestation.

a. Favoriser la rencontre entre les écoles et les chercheurs.
b. Embaucher de jeunes chercheurs enthousiastes.
c. Permettre une meilleure compréhension de la science.
d. Partager les espoirs des chercheurs dans l'innovation.
e. Tester de nouvelles innovations technologiques avec le public.
f. Favoriser les échanges entre les scientifiques et le public.

3 

Identifiez, dans l'article, les adjectifs, noms et verbes manquants.

l'adjectif → le nom → le verbe
exposé → une exposition → exposer

a. ... → la science
b. ... → chercher
c. ... → ... → innover
d. une découverte → ...
e. une expérience → ...

4 

Lisez le forum Internet et relevez les expressions utilisées pour demander des précisions.

Demander des précisions
J'aimerais avoir des précisions sur le programme.
Nous voudrions en savoir un peu plus sur cette Fête.
Il me faudrait des précisions sur cette exposition.
Pourriez-vous m'expliquer plus précisément comment trouver les informations ?
Auriez-vous des détails sur les animations proposées ?
Est-ce que quelqu'un pourrait me préciser les dates de la Fête ?

5 

Vous êtes de passage à Paris et vous aimeriez aller au Parc des Expositions. Vous téléphonez pour demander des détails sur l'exposition « Santé en jeux ! ». Jouez ce dialogue avec votre voisin.

SANTÉ EN JEUX !
Parc des Expositions
Paris / 5 - 7 mai
Information : 01 41 92 50 50

FORMULER DES HYPOTHÈSES

Et si les femmes de science changeaient le monde ?

Depuis une dizaine d'années, plus de 1 000 chercheuses dans le monde ont été reconnues et encouragées pour leur apport au progrès scientifique par le Prix L'Oréal-UNESCO pour les Femmes et la Science. Chaque année, ces femmes scientifiques, provenant des cinq continents, incarnent une science moderne, transdisciplinaire et ouverte au monde. Une science capable d'améliorer nos vies et d'apporter des réponses aux enjeux majeurs de notre planète tels que le vieillissement de la population, le réchauffement climatique, la disparition des espèces, l'accès à l'eau, les pandémies ou encore la maîtrise de l'énergie.

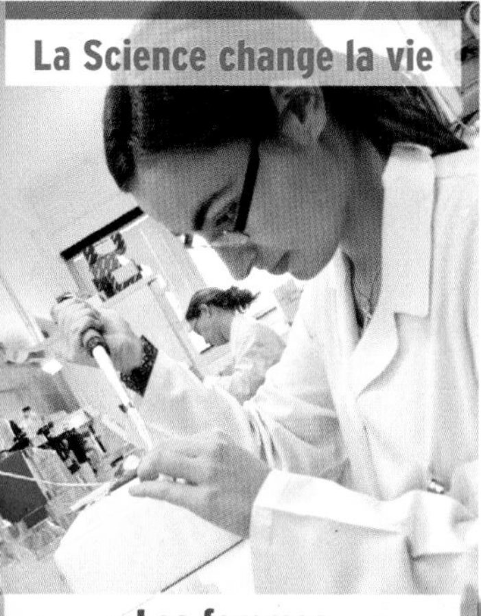

La Science change la vie
Les femmes changent la Science

Formuler des hypothèses

Au cas où / Dans l'hypothèse où vous n'auriez pas compris, dites-le moi !

Si je n'avais pas été physicienne, j'aurais quand même fait de la recherche.

En supposant / En imaginant / En admettant que l'expérience aboutisse, ce sera une grande avancée.

En cas d'échec de l'expérience, il faudra recommencer.

En participant à des congrès, je resterai à la pointe de l'actualité.

En obtenant cette bourse, vous auriez résolu tous vos problèmes de financement.

6 

Lisez le document, observez les portraits et faites des hypothèses sur l'identité de ces femmes.

7  DVD > *Piste 82*

Écoutez l'interview et répondez aux questions.

a. Quelle est la profession d'Églantine Villiers ? Sa spécialité ?

b. À quelle occasion est-elle interviewée ?

8   DVD > *Piste 82*

Écoutez à nouveau et dites si les affirmations suivantes sont correctes.

a. La jeune femme affirme qu'elle a toujours voulu être chercheuse.

b. Églantine Villiers rêve de devenir une célèbre physicienne.

c. Elle conseille aux jeunes qui aiment la science de s'engager dans la recherche.

d. Pour elle, l'accès au métier de physicien est aussi ouvert pour les femmes que pour les hommes.

9   DVD > *Piste 82*

Écoutez à nouveau et retrouvez les disciplines évoquées par la jeune scientifique parmi celles proposées.

MÉCANIQUE QUANTIQUE
PHYSIQUE NUCLÉAIRE
OPTIQUE QUANTIQUE
ASTRONOMIE
CHIMIE ORGANIQUE
PHYSIQUE ATOMIQUE
ASTROPHYSIQUE
MICROBIOLOGIE

10  

Si vous deviez vous diriger vers une carrière scientifique (ou vous reconvertir), quelle discipline choisiriez-vous ? Quelles recherches entreprendriez-vous ? Quelle(s) découvertes(s) rêveriez-vous de faire ? Formulez des hypothèses avec votre voisin.

Vocabulaire

Les sciences

1. DVD > *Piste 83*

Écoutez le document et répondez aux questions.

a. À qui Michel Serres compare-t-il le scientifique ?
b. Qui a inventé le calcul infinitésimal selon Michel Serres ? Expliquez pourquoi.

2. DVD > *Piste 83*

Écoutez à nouveau et complétez l'extrait à l'aide des mots suivants.
biochimique – nouveau – phénomène – scientifique – inventer – astronomique

Lorsqu'un … découvre un nouveau phénomène …, un nouveau … chimique, un … phénomène physico-chimique ou …, il est obligé d'… un mot.

3.

Retrouvez, parmi les mots de l'exercice 2, ceux qui correspondent aux définitions.

a. Relatif à la science des corps célestes, c'est-à-dire les planètes, leurs satellites, les comètes, les météorites, les étoiles, les galaxies…
b. C'est une personne qui se consacre à l'étude d'une science. On le nomme aussi « homme de science » en littérature, « savant » (plus ou moins désuet) ou « chercheur ».
c. Ce mot désigne l'élément matériel d'une expérience observable. Il peut être l'objet d'expériences scientifiques.
d. Relatif à la chimie des molécules du vivant.

4.

Quiz science

Testez vos connaissances !

Cherchez le féminin/masculin des professions.

a. Un docteur / médecin
b. Un chercheur
c. Un astronaute
d. Une puéricultrice
e. Une sage-femme
f. Une physicienne

5.

Choisissez les bonnes réponses aux questions parmi les propositions suivantes.
physique – mathématiques – économie – chimie – physiologie et médecine

A. Dans quelle discipline le prix Nobel n'est-il pas décerné ?
B. Dans quelles disciplines Marie Curie a-t-elle obtenu le prix Nobel ?
C. Dans quelle discipline Françoise Barré-Sinoussi et Luc Montagnier ont-ils obtenu le prix Nobel pour leurs travaux sur le virus de l'immunodéficience humaine (VIH) ?

6.

Attribuez une invention à chacun de ces scientifiques.

A. Alfred Nobel
B. Benjamin Franklin
C. Blaise Pascal
D. Elisha Otis
E. Evangelista Toricelli
F. Roland Moreno
G. Stéphanie Kwolek
H. Ada Byron Lovelace

1. Le baromètre
2. Le Kevlar (fibre légère)
3. La programmation informatique
4. La dynamite
5. La machine à calculer
6. Le paratonnerre
7. La carte à puce
8. L'ascenseur

Le participe présent et l'adjectif verbal

L'école ayant rempli le formulaire peut participer.

- Le participe présent exprime une action alors que l'adjectif verbal indique une qualité ou un état.
- **Le participe présent** a la même forme que le gérondif, sans *en*, et **il est invariable.** On l'utilise comme équivalent du relatif *qui* en langage soutenu.
  Cette manifestation est reconnue comme une fête permettant de découvrir les sciences.
  → *Cette manifestation est reconnue comme une fête qui permet de découvrir les sciences.*
- **L'adjectif verbal** est formé à partir du verbe. **Il s'accorde,** comme les adjectifs, et peut se terminer par « **ant** » ou « **ent** ».
  Cette fête propose des expositions innovantes et des animations excellentes.

Attention !
En général, l'adjectif verbal s'écrit comme le participe présent mais il y a des exceptions.
La Fête de la Science a eu lieu le mois précédent.
Les écoles s'inscriront la semaine précédant la fête.

Les phrases hypothétiques

Même si je n'avais pas fait de la physique, j'aurais été chercheuse dans un autre domaine.

- Pour indiquer qu'une supposition est probable, on utilise :
  Si + présent ou passé composé, + présent ou futur
  Si tu n'as pas fini, je t'aide / je vais t'aider / je t'aiderai.
  Si tu as envie de continuer, je t'aide / je vais t'aider / je t'aiderai.
- Pour exprimer une recommandation, on utilise :
  Si + présent de l'indicatif, + impératif
  Si tu aimes la science, lance-toi dans la recherche.
- Quand une action est peu probable, on fait une hypothèse sur le présent ou le futur :
  Si + imparfait, + conditionnel présent
  Si tu souffrais encore demain, il faudrait te soigner.
- Quand une action est irréalisable, on fait une hypothèse sur le présent :
  Si + imparfait, + conditionnel présent
  Si j'avais le courage, j'étudierais la médecine.
- Quand on imagine une action qui n'a pas eu lieu, on fait une hypothèse sur le passé :
  Si + plus-que-parfait, + conditionnel passé
  Si j'avais été un homme, j'aurais eu moins de difficultés dans ma carrière.

Attention !
Si doit être élidé devant les pronoms *il* et *ils*.
S'il veut, il pourra.
S'ils avaient su, ils ne seraient pas venus.

1. 

Choisissez la bonne réponse.

a. Des scientifiques (étonnant / étonnants) vous feront découvrir leurs recherches.
b. Les personnes (participant / participants) à cette expérience sont bénévoles.
c. La Fête de la science (commençant / commençante) demain, nous devons nous préparer.
d. Nous avons eu la chance d'écouter des exposés très (convainquant / convaincants).
e. Ces recherches sont (passionnant / passionnantes).

2. 

Complétez les phrases avec un participe présent, un adjectif verbal ou un gérondif. Utilisez le verbe entre parenthèses.

a. Vous découvrirez les progrès récents de la science (aller) à la Cité des sciences.
b. Les participants (ne pas avoir) de tickets doivent faire la queue.
c. C'est un scientifique (briller), il a fait plusieurs grandes découvertes en médecine.
d. La semaine (précéder) la Fête de la science, un concours est organisé dans les écoles.
e. Ils ont organisé cet évènement (savoir) que les locaux n'étaient pas disponibles.

3. 

Complétez en mettant les verbes au temps qui convient.

a. Si tu regardes à droite, tu (voir) la Grande Ourse.
b. Si on (avoir) un microscope électronique, on pourrait observer sa structure.
c. Si tu avais eu des lunettes adaptées, tu (pouvoir) observer l'éclipse.
d. S'ils trouvaient le vaccin, les chercheurs (être) contents.
e. Si la maladie continue à se répandre, nous (avoir) bientôt une pandémie.

4. 

Portraits chinois. Choisissez un personnage et créez un portrait comme dans l'exemple. Votre voisin devine de qui il s'agit. Puis inversez les rôles.

Si elle était une science, elle serait la physique.
Si elle était un élément chimique, elle serait le radium.
Si elle était un prix, elle serait le Nobel. (Marie Curie)

À partager

L'hévéa, or blanc du Brésil

Préparez-vous.

1 *Quelle est cette plante ?*

Avec votre voisin, complétez le texte avec les mots proposés.

hévéas – latex – Brésil – pétrole – caoutchouc

La plus grande plantation d' ... d'Amérique latine se trouve au ..., au Mato Grosso. Cet arbre produit du ... une substance utilisée pour produire le ... naturel. Le caoutchouc synthétique, lui, est produit à partir du ... .

Regardez. 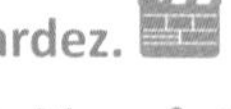

2 *Une histoire de caoutchouc ?*

Regardez la vidéo pour remettre dans l'ordre l'histoire du caoutchouc.

a. N°... – Dans les années 1880, de nombreux aventuriers partent à la recherche de l'or blanc.

b. N°... – Depuis la seconde guerre mondiale, la grande majorité du caoutchouc est fabriquée à partir du pétrole.

c. N°... – Les frères Michelin fabriquent des pneus démontables pour les vélos puis pour les voitures.

d. N°... – Il y a un peu plus de 2 000 ans, les Indiens d'Amazonie découvrent le caoutchouc.

e. N°... – Les usines de pneus se multiplient et le prix du caoutchouc flambe.

f. N°... – John Dunlop invente le premier pneu et la chambre à air.

g. N°... – Les plantations asiatiques fournissent davantage de latex à des prix plus compétitifs.

h. N°... – En 1735, Charles de la Contamine redécouvre le caoutchouc.

LE BRÉSIL, LE PAYS DE TOUS LES SUPERLATIFS

Le Brésil est le pays le plus vaste et le plus peuplé d'Amérique latine avec une population de 192 376 496 habitants. Il partage des frontières avec tous les pays d'Amérique du sud sauf le Chili et l'Équateur. Le Brésil, huitième puissance économique mondiale, est le plus grand pays lusophone du monde. Ce pays présente de forts contrastes géographiques et sociologiques. Alors qu'une grande partie du territoire est couverte par la forêt amazonienne pratiquement vide d'êtres humains, la côte sud-est abrite les mégapoles de São Paulo et Rio de Janeiro. La capitale, Brasilia, compte un peu plus de deux millions d'habitants.

L'ARBRE À CAOUTCHOUC

L'hévéa est un arbre pouvant atteindre plus de 30 mètres de hauteur. Il produit le latex qui se récolte par saignées sur l'écorce du tronc au moyen d'un couteau spécifique. Le latex, en sortant de l'entaille, coule dans une tasse pendant quelques heures. L'arbre peut ainsi produire du latex à partir de l'âge de 5 ans et pendant 30 ans environ.

Et chez vous ? *Quelle est la ressource naturelle la plus importante ? Comment est-elle exploitée ? Est-elle vendue à d'autres pays ? Lesquels ?*

Regardez. 

3 *Combien ?*

Associez chaque chiffre à l'information qui correspond.

a. Le nombre d'arbres dans la plantation.
b. La quantité (en tonnes) de caoutchouc produit.
c. Le nombre de personnes travaillant dans l'hévéaculture.
d. Le pourcentage de caoutchouc naturel qui sert à produire des pneus.
e. Le nombre de pièces en caoutchouc sous le capot d'une voiture.

50 millions
70
12 000
12 000
3 millions et demi

LES SERINGUEIROS

Au Brésil, le seringueiro est un ouvrier chargé de la collecte du latex. Il tire son nom de la plante dont est extrait ce produit, l'hévéa, ou seringueira en portugais.

Répondez.

4 *Pour quelles utilisations ?*

En vous aidant de la vidéo, retrouvez à quoi peut servir le caoutchouc.

a. Développer des produits alimentaires
b. Imperméabiliser des vêtements et des canoës
c. Se soigner
d. Construire des maisons
e. Fabriquer des balles pour jouer
f. Fabriquer des pneus
g. Produire du carburant
h. Fabriquer des pièces pour les automobiles

Exprimez-vous.

5 *Qu'est-ce qu'on en fait ?*

Avec votre voisin, choisissez l'une des plantes proposées et échangez vos connaissances sur leur place dans l'industrie.

le coton le bambou le maïs

PARLER DE SA SANTÉ

QUAND LE TRAV-AÏE FAIT MAL...

LOMBALGIE
Mettre fin aux troubles musculo-squelettiques dans votre entreprise, c'est possible.
Baisse de motivation, diminution de productivité, absences prolongées, souffrance des salariés : chaque année, plus de 8,4 millions de journées de travail sont perdues à cause des TMS. Vous trouverez des solutions pour agir et les organismes spécialisés sur : www.travailler-mieux.gouv.fr
TROUBLES MUSCULO-SQUELETTIQUES La prévention, on s'y met tous.

1

TENDINITES
Mettre fin aux troubles musculo-squelettiques dans votre entreprise, c'est possible.
Baisse de motivation, diminution de productivité, absences prolongées, souffrance des salariés : chaque année, plus de 8,4 millions de journées de travail sont perdues à cause des TMS. Vous trouverez des solutions pour agir et les organismes spécialisés sur : www.travailler-mieux.gouv.fr
TROUBLES MUSCULO-SQUELETTIQUES La prévention, on s'y met tous.

2

L'ergonomie est une discipline scientifique visant à adapter le poste de travail à l'homme. Aménager un poste de travail consiste à disposer mobiliers et matériels afin d'éviter les risques d'accident et les fatigues inutiles. Il s'agit d'améliorer le confort, la sécurité et la productivité du personnel. De l'ergonomie d'un fauteuil à celle d'un clavier, du confort visuel à l'écran d'ordinateur, cette discipline est au centre de nos pratiques quotidiennes !

3

1 

Observez les affiches 1 et 2, lisez le texte sur l'ergonomie 3, puis expliquez l'objectif de cette campagne de communication.

  > *Piste 84*

Écoutez le document et répondez.

a. Quel est le thème de l'émission ?
b. Qui sont les personnes qui interviennent lors de cette émission et de quoi témoignent-elles ?
c. Quelle sont les causes principales de leurs problèmes ?

  > *Piste 84*

Écoutez à nouveau et retrouvez les informations relatives à chaque intervenant.

a. Cécile Dufit, 34 ans, cadre...
b. Jean-Michel, 45 ans...
c. Alain Moffat, professeur d'ergonomie...

1. a pensé être victime d'un accident vasculaire cérébral (AVC).
2. souffre d'insomnies liées au stress.
3. affirme que la lombalgie ou la cervicalgie sont des troubles musculo-squelettiques (TMS) très répandus.
4. a changé ses habitudes d'utilisation de l'ordinateur.
5. prend des somnifères.
6. explique la bonne position à adopter au bureau.
7. prend des anti-inflammatoires et consulte un chiropracteur.

  > *Piste 84*

Écoutez à nouveau et classez les maux suivants.

accident vasculaire cérébral – palpitations – troubles alimentaires – brûlures d'estomac – perte d'énergie – troubles du sommeil – dépression – tensions musculaires – irritabilité – infarctus cardiaque

a. Premières manifestations de stress
b. Pathologies (maladies) plus graves

Exprimer sa souffrance physique

Je me suis fait mal au dos.
Elle a mal à la tête / à l'épaule / au poignet...
Les courbatures, c'est très douloureux !
Il souffre d'insomnie / de migraine.
Ils n'ont pas d'énergie. / Ils sont fatigués. / Ils sont stressés.
Je ne me sens pas bien. / Je me sens mal.
Il me faut un médicament contre la douleur.
Tu te soignes ? Tu as consulté un spécialiste ?
J'ai une cervicalgie (-algie = « douleur » + cervicale), une névralgie...

5 

Échangez avec votre voisin : avez-vous déjà ressenti de tels maux ? En quelles circonstances ? Décrivez vos symptômes.

RÉCONFORTER, RASSURER

LA MÉDECINE DU TRAVAIL EN DANGER

Aujourd'hui, la médecine du travail est en danger. Si rien n'est fait pour anticiper les départs à la retraite, ce dispositif unique au monde pourrait s'éteindre.

Créé en 1946, la médecine du travail a pour mission « d'éviter l'altération* de la santé des travailleurs à cause de leur travail ». 6 500 médecins et 10 500 personnels non médicaux exercent dans 943 services de santé pour protéger 15,3 millions de salariés des secteurs industriel et commercial. Actuellement, plus de la moitié des médecins du travail ont plus de 55 ans. Les cinq prochaines années, au cours desquelles 1 700 médecins du travail partiront à la retraite, seront décisives : seuls 370 nouveaux professionnels seront formés. Dès à présent, les professionnels ne peuvent plus remplir toutes leurs missions avec 3 000 salariés pour chaque médecin. La première piste sur laquelle le gouvernement réfléchit propose de mettre en place une formation diplômante de deux ans pour permettre à des médecins expérimentés de devenir médecins du travail. Sur le plus long terme, il faudrait parvenir à convaincre plus d'étudiants de choisir ce domaine auquel seulement neuf heures d'études sont consacrées pendant les six premières années de médecine. Enfin, les étudiants infirmiers, à qui une spécialisation pourrait être proposée, devraient venir gonfler les rangs des futurs médecins du travail.

LE TRAVAIL, C'EST BIEN UNE MALADIE, PUISQU'IL Y A UNE MÉDECINE DU TRAVAIL !
COLUCHE & MOUROU

* Changement de bien en mal, modification, dégradation.

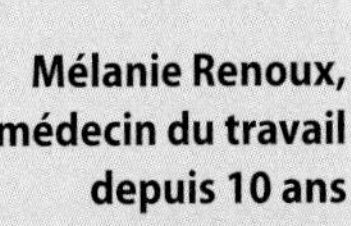

Mélanie Renoux, médecin du travail depuis 10 ans

« Le médecin du travail œuvre pour l'amélioration des conditions de travail dans l'entreprise. Il doit comprendre la réalité du travail de chaque salarié et les risques possibles pour sa santé. "Docteur, je n'en peux plus" est une phrase que j'entends souvent. Je rassure, je tranquillise, je calme… mais je ne peux pas répondre simplement "Ne vous inquiétez pas ! Ne vous faites pas de souci !" Il faut aller plus loin. Alors, ensemble, nous essayons de décoder, de comprendre pourquoi. Mon cabinet est souvent le seul endroit ou les salariés osent parler de leur travail. »

6 **Selon vous, en quoi consiste le travail quotidien d'un médecin du travail ? Échangez vos idées avec votre voisin.**

7 **Lisez le document pour compléter ou corriger la réponse donnée dans l'activité précédente.**

8 **Lisez à nouveau le document pour retrouver les informations sur la médecine du travail.**

Année de création : 1946.

a. Nombre total d'employés
b. Nombre de services de santé
c. Nombre de salariés suivis
d. Nombre de médecins formés en 5 ans
e. Nombre de salariés suivis par un seul médecin

9 **Lisez à nouveau le document pour répondre aux questions.**

a. Pourquoi la médecine du travail est-elle en danger ?
b. Quelles sont les trois solutions envisagées pour sauver la médecine du travail ?

Réconforter, rassurer
Je vous rassure, vous êtes en parfaite santé.
La situation devrait s'améliorer. Ne t'inquiète pas !
Ne vous faites pas de souci ! Tout va bien.
Calmez-vous ! Nous allons trouver une solution !
Tranquillise-toi ! Je parlerai à ton employeur.

10 **Votre meilleur(e) ami(e) a des problèmes dans son travail et il/elle est un peu déprimé(e). Essayez de le/la rassurer et donnez-lui des conseils pour améliorer cette situation. Jouez la scène avec votre voisin.**

Vocabulaire

Un mal, des maux

PRÉVENTION
L'échauffement
pour prévenir les TMS*
*Troubles musculo-squelettiques
Les structures du corps concernées par les TMS sont : les articulations, les muscles et les tendons
Les facteurs agravants : manque d'échauffement, de récupération, défaut d'hydratation
Étirer les épaules 10 secondes de chaque côté.
Descendre 5 fois sur chaque côté en pliant une jambe.

1. 

Lisez le document pour retrouver le nom qui correspond à chaque verbe proposé.

a. Prévenir c. S'échauffer e. S'hydrater
b. Articuler d. Récupérer

2.

Retrouvez les expressions imagées et leur sens en vous aidant des informations données.

a. S'évanouir d. Être vraiment malade
b. Être très pâle e. Avoir une forte fièvre
c. Avoir des frissons f. Ne pas être bien

1. Être malade comme un 
2. Avoir une fièvre de 
3. Ne pas être dans son 
4. Être blanc comme 
5. Avoir la chair de 
6. Tomber dans les 

3. DVD > *Piste 85*

Écoutez le dialogue pour retrouver l'équivalent des expressions.

a. Tu as l'air patraque. c. Je suis barbouillée.
b. J'ai la crève. d. Buller.

Grammaire

Les pronoms relatifs composés

Les cinq prochaines années, au cours desquelles 1 700 médecins du travail partiront à la retraite, seront décisives.

Ils sont utilisés après une préposition.

- Avec toutes les prépositions sauf « de » et « à », on utilise **lequel, laquelle, lesquels, lesquelles.**
C'est une maladie contre laquelle je suis immunisé.
C'est un métier pour lequel le savoir-être est important.
- Avec la préposition « de » et les locutions composées de « de » (*à côté de, près de*...), on utilise **duquel, de laquelle, desquels, desquelles.**
C'est l'hôpital près duquel nous allons passer.
- Avec la préposition « à » et les locutions composées de « à » (*grâce à*...), on utilise **auquel, à laquelle, auxquels, auxquelles.**
La chimie est une science à laquelle vous vous intéressez.
- Quand le pronom relatif composé remplace une ou plusieurs personnes, on utilise de préférence **qui**.
C'est un collègue sur qui tu peux compter.

1.

Complétez les propos de la scientifique avec *auquel, auxquels, à laquelle, avec qui, dans lequel, dans lesquelles, avec lesquels*.

J'aime mon travail : l'institut ... je travaille, les collègues ... je réalise des expériences, l'équipe ... j'appartiens. Parfois, nous utilisons des composants dangereux ... il faut prendre des précautions, des problèmes ... il faut trouver des solutions, notamment au sujet des conditions de sécurité ... les expériences sont réalisées. Mais ça fait partie du travail ... j'ai décidé de me consacrer et je ne m'en lasse pas !

2. 

Complétez avec *par, pour, sur, à côté (de), grâce (à)* et des relatifs.

a. Voici la raison … je ne suis pas d'accord.
b. L'immeuble … nous travaillons abrite le CNRS.
c. Ce sont des échecs … nous avons progressé.
d. Les résultats … il s'appuie sont faux.
e. Son cabinet sera installé non loin du village … nous sommes passés.

3. DVD > *Piste 86*

Écoutez et répondez aux questions en utilisant des pronoms relatifs composés.

*Vous travaillez dans un laboratoire à la pointe de la technologie ? → Oui, le laboratoire **dans lequel** je travaille est à la pointe de la technologie.*

4. 

Composez des phrases avec des éléments de chaque groupe reliés par une combinaison « préposition + relatif ».

a. Le laboratoire… d. Les patients…
b. Le cabinet… e. Les recherches…
c. Les pathologies… f. La découverte…

*Les patients **desquels** il s'occupe sont inquiets.*

nombreux — **bien équipé(s)** — *inquiet(s)* — ***au dernier étage*** — **grave(s)** — **révolutionnaire(s)** — **stressé(s)** — *compliquée(s)* — *passionnante(s)* — **spacieux** — **à la campagne** — ***sympathique(s)*** — *en centre-ville*

Les termes de reprise

Les petits bobos du boulot ne sont pas à négliger car ces troubles cachent souvent des problèmes plus profonds.

• **On peut reprendre un nom ou un groupe nominal grâce à un pronom.**

– Un pronom personnel sujet ou complément : **il(s), elle(s) / le, la, les, se / lui, leur / en, y.**
Cette scientifique est jeune. Elle est brillante. Nous l'admirons beaucoup.

– Un pronom relatif simple ou composé : **qui, que, dont…** / **lequel, laquelle, lesquel(le)s, duquel,** etc. / **ce qui, ce que.**
C'est une expérience dont je me souviendrai toujours.
Elle aime tout ce qui est technologique.

– Un pronom possessif (**le mien, la mienne, les mien(e)s, le nôtre, la vôtre, les leurs,** etc.) ou démonstratif (**celui-ci, celles-là…** / **celui, celle(s), ceux,** + « de » ou pronom relatif / **ceci, cela**).
J'ai reçu mes résultats hier. Ceux-ci sont positifs, à la différence des tiens.
Elle a tant de travail : comment peut-elle assumer tout cela.

• **On peut aussi reprendre un nom ou un groupe nominal avec un adjectif démonstratif : ce (cet), cette, ces + nom.**
Les femmes scientifiques sont de plus en plus nombreuses. Aujourd'hui, ces chercheuses sont présentes dans toutes les disciplines.

• **On peut reprendre une partie de phrase, une ou plusieurs phrases en les résumant à l'aide d'un nom.**
Elle a travaillé sur le procédé de clonage. Ce projet est particulièrement délicat.

• **On peut utiliser un verbe comme *faire* pour reprendre toute une proposition.**
Tu prends le rendez-vous ou tu préfères que je le fasse ?

5. 

Complétez le texte à l'aide des mots suivants.

certains – ces troubles – elles – ce – ils – ce phénomène – qui – son – ceux qui

Les TMS représentent un grave problème de santé au travail partout dans le monde et touchent plusieurs millions de travailleurs en Europe. Au-delà de la souffrance humaine, … sont à l'origine de déficits fonctionnels gênant l'activité professionnelle. … constituent un fardeau économique pour la société. … sont les maladies professionnelles les plus fréquentes. … sont à l'origine d'un important absentéisme. … entraîne une perte d'efficacité pour l'entreprise … doit remplacer les salariés absents et voit … organisation perturbée. Les salariés sont les premières victimes des TMS : … sont atteints connaissent des difficultés de reclassement, … peuvent même perdre leur travail.

☒ à faire

HOMMAGE À MARIE CURIE AU BRÉSIL

Brésil | Rio de Janeiro – du 17 octobre au 30 novembre 2011

À l'occasion de la Semaine de la science et de la technologie au Brésil, Marie Curie sera mise en valeur dans différentes villes grâce à plusieurs manifestations organisées par les services de coopération scientifique et linguistique et le service audiovisuel de l'ambassade de France. Une grande exposition, des conférences, des animations et la projection du documentaire *Marie Curie, au-delà du mythe* permettront de découvrir la vie de cette célèbre scientifique.

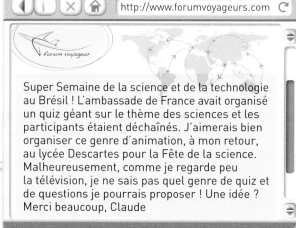

▲ Une conférencière venue spécialement de France pour parler de Marie Curie

http://www.forumvoyageurs.com

forum voyageur

Super Semaine de la science et de la technologie au Brésil ! L'ambassade de France avait organisé un quiz géant sur le thème des sciences et les participants étaient déchaînés. J'aimerais bien organiser ce genre d'animation, à mon retour, au lycée Descartes pour la Fête de la science. Malheureusement, comme je regarde peu la télévision, je ne sais pas quel genre de quiz et de questions je pourrais proposer ! Une idée ?
Merci beaucoup, Claude

Choisir le type de questions pour un quiz

 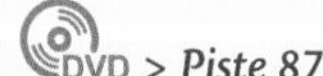 DVD > *Piste 87*

Je lis les deux documents. Pour aider Claude, j'écoute les extraits des jeux et je retrouve ce qu'il faut faire pour gagner dans chaque jeu.

1. *Mots clés*
2. *Mondopardy*
3. *Questions pour un as*

Pour gagner, il faut…

a. écrire la bonne réponse.
b. donner les bons indices.
c. terminer une chanson.
d. répondre à une devinette.
e. poser la bonne question.
f. faire deviner un mot.
g. répondre avant l'autre candidat.

 DVD > *Piste 87*

J'écoute à nouveau les extraits des jeux et je retrouve les règles pour chacun d'eux.

a. *Mots clés* b. *Mondopardy* c. *Questions pour un as*

1. Les deux candidats doivent trouver le plus vite possible la réponse à une devinette. L'animateur donne les informations des plus générales aux plus précises.
2. L'objectif du candidat est de deviner puis de faire deviner à son coéquipier un mot grâce à un ou plusieurs mots « indice ». Un mot indice attend un mot en réponse.
3. Chaque candidat choisit un thème et doit retrouver la question qui correspond à chaque réponse donnée par l'animateur.

J'envoie un courriel à Claude pour lui présenter les différents types de questions et de quiz que j'ai trouvés.

Rédiger les règles d'un jeu

Merci pr ton aide. Autre idée :
jeu de l'oie sur sciences !
Problème : ai pas les règles
mais ai retrouvé vieux papier !
Regarde photo, stp 🙂
C'est bien ça ? Merci
Claude

4 

Je lis le sms et la règle du jeu de l'oie. Puis, je la complète avec les mots proposés avant de la renvoyer à Claude.

arrivée – points – dés – joueur – départ – nombre – couleur – pion – gagnant

Ce jeu se joue avec deux …
Le … de joueurs est illimité.
Chaque …, ou groupe de joueurs, choisit un pion de … différente puis lance les dés une première fois. Celui qui fait le plus grand nombre de … commence.
Les joueurs lancent les dès chacun à leur tour et avancent leur … du nombre de points obtenus.
Attention ! Certaines cases sont spéciales :
N°3 : Le joueur multiplie par deux le chiffre indiqué sur le dé.
N°9 : Le joueur avance de trois cases.
N°16 : Le joueur recule de trois cases.
N°24 : Le joueur retourne à la case ….
N°30 : Le joueur avance d'une case.
Le … est celui qui arrive exactement sur la case …. Si le joueur ne tombe pas exactement sur cette case, il doit repartir en arrière.

Réaliser un quiz géant sur les sciences.

Étape 1 : Tous ensemble, on fait la liste des disciplines scientifiques sur lesquelles porteront les questions (mathématiques, santé, biologie, chimie…).

Étape 2 : On décide ensemble des règles du jeu de notre quiz géant. On les écrit, on les affiche et on les distribue à tous les participants.

Etape 3 : On forme des équipes et on attribue une discipline scientifique à chacune. Chaque équipe choisit le type de quiz qu'elle va utiliser (devinettes, questions fermées ou ouvertes, etc.).

Etape 4 : Chaque équipe prépare son quiz sur sa discipline scientifique et note ses questions sur des petits cartons.

Étape 5 : On mélange tous les cartons et on joue : les équipes s'affrontent. Il est possible d'inviter d'autres classes à participer au quiz géant sur les sciences.

à écrire

Rédiger une lettre de réclamation

Michel TOULOUSE
10 rue des Merles
38000 Grenoble
Tel : 06 63 85 67 74

Top Bureau
35 rue des Messagers
38000 Grenoble

Grenoble, le 3 février 2012

Objet : Non livraison de commande

Madame, Monsieur,

Voilà près de deux semaines que j'ai commandé un fauteuil de bureau sur votre site internet *http://Topbureau.com* Lorsque j'ai passé cette commande, j'ai coché la case « livraison rapide » qui me garantissait une livraison du fauteuil sur mon lieu de travail dans la semaine. Aujourd'hui, j'ai le regret de vous informer que ma commande n'est toujours pas arrivée. Les délais de livraison mentionnés sur votre site n'ont donc pas été respectés.

C'est pourquoi je vous demande de faire le nécessaire pour que ce fauteuil me soit livré dans les plus brefs délais. J'attends également de votre part le remboursement d'une partie des frais de livraison puisque j'avais payé un supplément pour recevoir ma commande au plus tôt, ce qui n'a pas été fait.

Je vous serais reconnaissant de bien vouloir me contacter pour me tenir au courant de l'évolution de ma commande.

Espérant une réponse rapide de votre part, je vous prie de recevoir, Madame, Monsieur, mes salutations distinguées.

Michel Toulouse

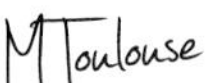

1 Avec votre voisin, complétez le texte avec les mots proposés.

une solution – protester – le destinataire – une lettre officielle – la cause – problème

Une lettre de réclamation est ... qui est envoyée en cas de ... pour réclamer, demander quelque chose ou ... . Elle permet de présenter ... du conflit et de proposer ... pour régler le différend. Une lettre de réclamation doit être envoyée avec accusé de réception (AR) afin d'avoir la preuve que ... a bien reçu le courrier.

2 Parmi les objets possibles d'une lettre, retrouvez ceux qui correspondent à une lettre de réclamation.

a. Demande de facture de téléphone
b. Remboursement d'un produit défectueux
c. Perte d'une valise par la compagnie aérienne
d. Demande de documentation
e. Non livraison d'une commande
f. Confirmation d'une réservation
g. Déclaration de perte de passeport
h. Coupure de ligne Internet

3 Lisez le document et remettez dans le bon ordre les informations données dans la lettre de Michel Toulouse.

a. N°... – Proposition de l'expéditeur pour se faire dédommager
b. N°... – Demande d'informations au destinataire
c. N°... – Présentation détaillée du problème
d. N°... – Demande de l'expéditeur de mettre fin au problème

4 Rédigez une lettre de réclamation en vous aidant de la situation proposée.

Lors de votre dernier voyage en avion, la compagnie aérienne Air Magic a abîmé votre valise toute neuve. Elle est arrivée sur le tapis à bagages coupée en deux et vous avez perdu quelques vêtements. Vous envoyez une lettre de réclamation à la compagnie aérienne pour demander le remboursement de votre valise et de vos vêtements.

Conseils / stratégies

Pour rédiger une lettre de réclamation

La lettre de réclamation est une lettre formelle et, de ce fait, chaque élément occupe une place précise : il faut donc respecter la structure particulière de la lettre formelle. Voir l'exemple donné ci-dessus.

• Pour le corps de la lettre, les différentes parties à développer sont les suivantes :

– Présenter clairement et précisément l'objet du problème.
J'ai commandé un fauteuil de bureau sur votre site Internet...

– Expliquer la situation et les causes du mécontentement.
J'ai le regret de vous informer que ma commande n'est toujours pas arrivée.

– Demander à l'expéditeur de mettre fin au problème.
C'est pourquoi je vous demande de faire le nécessaire.

– Demander au destinataire un dédommagement financier ou autre en contrepartie.
J'attends également de votre part le remboursement d'une partie des frais de livraison.

– Réclamer un suivi du problème par lettre, mail ou téléphone.
Je vous serais reconnaissant de bien vouloir me tenir au courant.

• La formule de politesse doit être adaptée au destinataire.
Espérant une réponse rapide de votre part, je vous prie de recevoir, Madame, Monsieur, mes salutations distinguées.

• **Remarque :** Même s'il s'agit de régler un problème, le ton de la lettre de réclamation doit rester poli, cordial et respectueux. C'est souvent le meilleur moyen d'obtenir réparation rapidement.

☒ à dire ➔ Partager ses difficultés

Alors ?
Le médecin est formel : c'est du stress ...
Ah bon, mais je croyais que vous étiez malade !
BOSS

1   DVD > *Piste 88*

Écoutez le dialogue et choisissez la ou les bonne(s) réponse(s).

a. Quelle est la nature de cette discussion ?
1. un entretien d'embauche
2. une consultation médicale
3. une conversation entre salariés

b. De quoi se plaint la salariée ?
1. de relations difficiles avec son supérieur hiérarchique
2. de son salaire
3. d'une charge de travail trop lourde

c. Quels sont les effets de ce problème sur sa santé ?
1. Anne souffre de TMS.
2. Elle est stressée.
3. Elle souffre d'insomnies.

2   DVD > *Piste 88*

Écoutez à nouveau le dialogue et relevez l'expression utilisée...

a. par Anne pour dire qu'elle ne s'est pas assez investie pour trouver un autre travail et quitter son poste actuel.

b. par Élias qui recommande à Anne d'affronter la réalité, de ne pas se voiler la face.

c. par Élias qui encourage Anne à supporter encore un peu ses difficultés.

3 

Vous vous confiez à un collègue pour lui faire part de vos difficultés professionnelles. Il vous interroge puis tente de vous apporter aide et conseils. Jouez la scène avec votre voisin(e).

Conseils / stratégies

Pour évoquer ses difficultés

- **Exposer ses symptômes, parler de son ressenti.**
Le matin, j'ai envie de rester chez moi...
J'ai souvent des maux de tête.
Je souffre d'insomnies.
- **Identifier l'origine du problème.**
Je suis soumise à des demandes souvent contradictoires.
- **Demander de l'aide, des conseils.**
Je ne sais plus quoi faire... Vous pensez que vous pouvez m'aider ?

Pour venir en aide à quelqu'un

- **Chercher à comprendre.**
Alors, dis-moi ce qui ne va pas.
- **Conseiller et expliquer.**
Il ne faut pas hésiter à en parler à votre chef.
La discussion permet de voir la répartition des tâches.
Privilégie le dialogue en toutes circonstances.
- **Rassurer (en utilisant un ton protecteur et encourageant).**
Ne t'en fais pas. Tout ira mieux très bientôt...

Phonétique

Les consonnes [s] – [z] – [ʃ] – [ʒ]

1.  DVD > *Piste 89*

Écoutez et répétez ces phrases. Repérez les graphies des sons [s] – [z] – [ʃ] – [ʒ].

1. Plusieurs dizaines de jeunes chercheurs sont engagés dans une organisation contre la disparition des espèces menacées de la forêt amazonienne du Brésil.
2. Pour sa santé, il est nécessaire de dépenser de l'énergie en bougeant et en sortant de chez soi ! Choisir des activités sportives est essentiel pour se sentir toujours jeune !
3. Un prix spécial a été décerné en hommage à un célèbre astrophysicien brésilien. Il avait participé à un projet spécial de lancement d'une sonde dans une fusée russe.

2. DVD > *Piste 90*

Écoutez et répétez ces trois phrases.

1. [z] Treize zèbres zigzaguaient sur le gazon du zoo de Zanzibar.
2. [ʃ] Charles cherche un mouchoir chez Charlotte.
3. [ʒ] Un juge âgé sera jugé jeudi à Jaujac.

Semaine 12

B1.2

RENDEZ-VOUS 1

À découvrir
- Exprimer le mécontentement, la désapprobation
- Exprimer l'ignorance

À savoir
- Le monde du travail
- Le subjonctif passé
- Révisions : les pronoms

Profession : serveur de thé dans le grand bazar

RENDEZ-VOUS 2

À découvrir
- Exprimer sa gratitude envers quelqu'un
- Parler de discrimination

À savoir
- La recherche d'emploi
- Le passé simple
- Révisions : modes et temps du verbe

À faire
Organiser un forum des métiers

À écrire, à dire
Rédiger une lettre de motivation

Passer et mener un entretien d'embauche

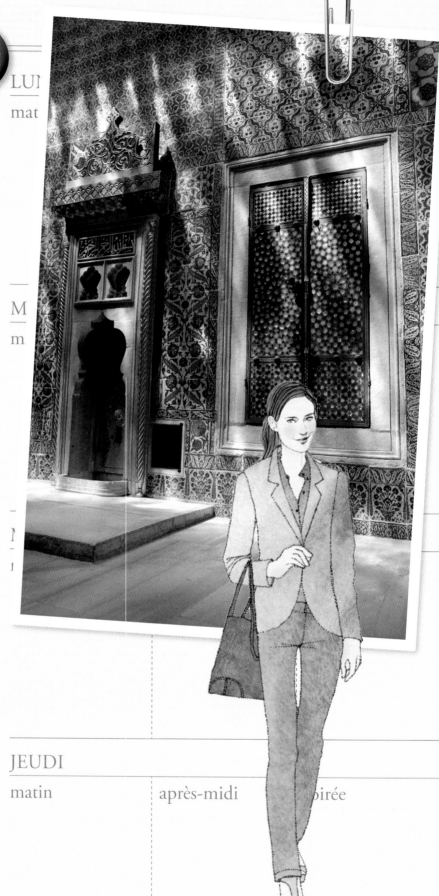

JEUDI

matin | après-midi | soirée

EN TURQUIE

VENDREDI

S.

m

DIM

mati

semaines

1 2 3 4 5 6 7 8 9 10 11 12

Notes

Je peux :

- Utiliser 3 mots familiers pour parler du travail ?
- Donner 3 sigles liés au travail ?
- Définir le mot « discrimination » ?

EXPRIMER LE MÉCONTENTEMENT, LA DÉSAPPROBATION

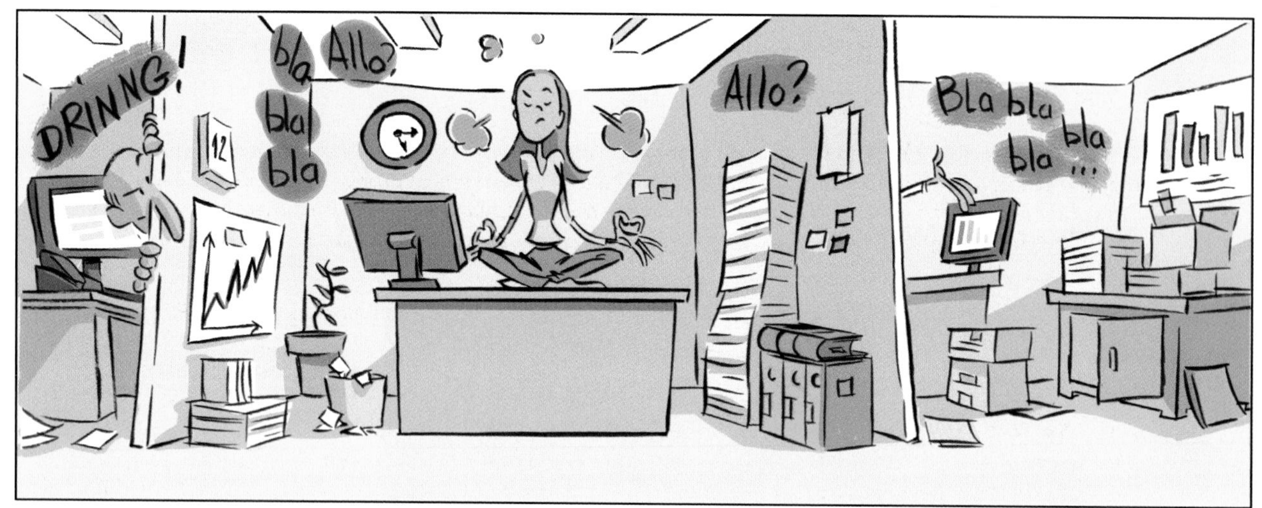

Ce qui nous énerve au travail...

Qu'est-ce qui irrite les salariés sur leur lieu de travail ? C'est la question que leur a posée un célèbre réseau social professionnel. Ils ont enregistré et posté leurs témoignages. Ils parlent de ce qui les met de mauvaise humeur.

1 

Regardez le dessin. Selon vous, quel est le problème de cette salariée ?

2 

Écoutez les témoignages. Quelle est la principale cause de mécontentement évoquée ?

3 

Écoutez à nouveau et retrouvez à quel témoignage correspond chacune des affirmations suivantes.

a. Une salariée est choquée par la tenue vestimentaire de certaines collègues.
b. Un des salariés se plaint des râleurs dans son entreprise.
c. Un salarié déteste les ragots, les bruits de couloirs.
d. Une employée se plaint des réunions trop longues et sans intérêt.
e. Une salariée se plaint des plaisanteries incessantes d'un collègue.
f. Un salarié déplore les vols de nourriture dans le frigo de l'entreprise.
g. Une personne n'aime pas le nouvel aménagement du lieu de travail.

 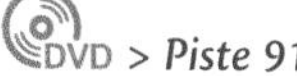

Écoutez à nouveau. Retrouvez, dans les témoignages, les mots ou expressions équivalents.

a. Surprendre quelqu'un qui commet un vol.
b. Une personne qui n'est jamais contente et qui se plaint sans cesse.
c. L'équivalent français de « open space ».
d. Onomatopée qui évoque des bavardages longs et ennuyeux, une suite de paroles sans intérêt.

Exprimer le mécontentement, la désapprobation

Ce que je n'aime pas / je déteste, c'est cette mauvaise habitude.
Ce qui lui déplaît, c'est ce genre de plaisanteries.
L'inconvénient, c'est que nous travaillons dans des bureaux voisins.
Ça m'ennuie / Ça m'agace qu'elle parle si fort.
Je ne comprends pas qu'il insiste.
Tu n'es pas choqué(e) par sa tenue ?
Ça m'énerve de devoir te répéter toujours la même chose.
Elle a horreur de ça !
Ça m'insupporte ! C'est très agaçant !

Et vous, qu'est-ce qui vous insupporte, vous choque sur votre lieu de travail ? Échangez avec votre voisin.

EXPRIMER L'IGNORANCE

http://www.psychologies.com

La Journée de la gentillesse

Le 13 novembre, c'est la Journée mondiale de la gentillesse. Il s'agit de valoriser les petites attentions quotidiennes, d'apporter plus d'écoute et de respect aux autres... Au programme de cette année en France : le monde professionnel. Selon un récent sondage, 60 % des Français ressentent une hausse de l'agressivité dans les rapports humains, notamment au travail. À l'initiative du magazine *Psychologies*, un « Appel à plus de bienveillance au travail » a donc été lancé.

Appel à plus de bienveillance au travail

Nous, dirigeants, managers, salariés, coachs, psys, appelons les acteurs du monde du travail à s'engager sur la voie de la bienveillance. Bienveillance des dirigeants envers leurs collaborateurs, des collaborateurs entre eux et envers l'entreprise. Nous croyons que bienveillance, exigence et performance économique sont indissociables. L'avenir de nos entreprises repose sur notre savoir-faire mais aussi, et surtout, sur notre savoir-être. Nous nous engageons à réfléchir et à dialoguer sur la bienveillance avec nos collaborateurs et partenaires sociaux pour envisager ensemble des actions concrètes et réalistes à mettre progressivement en place parmi les thèmes suivants : donner du sens au travail de chacun, développer la qualité des relations et le mieux vivre ensemble et veiller au bien-être des individus.

Écoutez le témoignage de Marc, chef d'entreprise.

Plus de 250 entreprises ont déjà signé l'appel. Pourquoi pas la vôtre ?
Psychologies magazine, nov. 2011 (www.psychologies.com)

6 

Lisez le chapeau de l'article pour retrouver le nom de cette journée, la date, l'initiateur, le principe, le programme et l'appel lancé pour cette année.

a. Nom de la journée
b. Principe
c. Date
d. Au programme de cette année
e. Initiateur
f. Appel lancé

Lisez l'article et dites si les affirmations sont vraies ou fausses.

a. La bienveillance en entreprise est au centre de cet appel.
b. Seule l'équipe dirigeante doit faire preuve de bienveillance.
c. Bienveillance et performance économique sont indépendantes.
d. L'avenir de l'entreprise est uniquement basé sur le savoir-faire.
e. Il s'agit d'envisager des actions concrètes et réalistes.
f. Veiller au bien-être des individus est l'une des actions à mettre en place.

8 

Avec votre voisin, vous décidez de participer à la Journée mondiale de la gentillesse. Qu'allez-vous faire ? Comment allez-vous passer cette journée ?

Exprimer son ignorance
Le directeur n'était pas du tout au courant.
Je ne savais pas s'il y avait des problèmes particuliers.
Tu n'as aucune idée de ce que ressentent tes employés ?
Les employés ne connaissaient pas ce problème.
Je n'en sais rien ! Aucune idée !
Dommage qu'il n'ait pas réagi.

  > *Piste 92*

Écoutez le témoignage de Marc et associez les éléments pour faire des phrases.

a. Je n'étais pas du tout au courant de...
b. Je ne savais pas si/s'...
c. Je ne savais pas pourquoi...
d. Je n'avais aucune idée de ce que...
e. Je ne connaissais pas vraiment...

1. l'ambiance était tendue.
2. les employés pouvaient ressentir sur le lieu de travail.
3. il y avait des problèmes particuliers dans mon entreprise.
4. la nature des relations entre les employés et l'entreprise.
5. la Journée de la gentillesse.

Vocabulaire

Le monde du travail

1. 

Lisez puis retrouvez dans les bulles de la bande dessinée les termes correspondant aux définitions puis expliquez la situation.

a. Contrat à durée déterminée.
b. Période d'apprentissage ou de perfectionnement en entreprise qui permet d'acquérir de nouvelles compétences professionnelles.
c. Temps pendant lequel une fonction est assurée par un remplaçant, le titulaire étant indisponible.
d. Contrat à durée indéterminée.

Dans mon open-space, © James, Éditions Dargaud

2. DVD > *Piste 93*

Écoutez le dialogue et relevez les mots familiers utilisés pour désigner :

a. une entreprise
b. un emploi
c. le directeur des ressources humaines
d. le travail (activité)
e. le fait d'être licencié
f. le patron / le PDG
g. le fait de travailler
h. des jours de repos supplémentaires attribués dans le cadre de la réduction du temps de travail hebdomadaire (35 heures)

3.

Associez chaque profession à une catégorie socioprofessionnelle.

a. employé de mairie	1. artisan
b. plombier	2. commerçant
c. réceptionniste	3. agriculteur
d. directeur du marketing	4. employé
e. éleveur	5. cadre
f. boulanger	6. fonctionnaire

4. 

Observez les cartes promotionnelles. Retrouvez l'activité de chaque entreprise puis expliquez la signification des expressions utilisées pour présenter chaque salarié.

a. prévisions météorologiques
b. commerce de proximité
c. fabrication de préparations pour desserts
d. découpe, conditionnement et commerce de viande
e. conception, fabrication et installation d'équipements de haute technologie
f. génie électrique, maintenance, courants forts et faibles

Le subjonctif passé

- On le forme à l'aide de **être** ou **avoir** au **subjonctif présent** et du **participe passé** du verbe.
- On l'utilise pour évoquer une action accomplie dans le passé ou l'avenir.

Il faut que tu aies terminé ce rapport pour demain matin.
Je suis heureux que tu sois venu / venue.

- On trouve ce temps après des expressions très courantes pour exprimer notamment la surprise, la satisfaction, la désapprobation ou encore le regret.

C'est bizarre qu'il ne soit pas encore arrivé.
Je suis content(e) que vous ayez passé des congés agréables.
Ça m'ennuie qu'il n'ait pas répondu à mon courriel.
Dommage que nous ayons manqué la dernière réunion !

- On l'utilise aussi après le superlatif.

C'est l'assistant le plus inefficace que j'aie jamais vu.

Révisions : les pronoms

Les pronoms sujets et les pronoms toniques
- je, tu, il/elle/on, nous, vous, ils/elles
- moi, toi, lui, elle, soi, nous, vous, eux, elles

Les pronoms compléments directs et indirects
- me, te, le, la, nous, vous, les
- me, te, lui, nous, vous, leur, y, en

Les pronoms possessifs et démonstratifs
- le mien, la mienne, les mien(ne)s / le tien, la tienne, les tien(ne)s / le sien, la sienne, les sien(ne)s / le nôtre, la nôtre, les nôtres / le vôtre, la vôtre, les vôtres / le leur, la leur, les leurs
- celui-ci, celui-là / celle-ci, celle-là / ceux-ci, ceux-là / celles-ci, celles-là / ceci, cela, ça

Les pronoms relatifs simples et composés
- qui, que, où, quoi, dont, ce qui, ce que, ce dont, ce à quoi...
- lequel, laquelle, lesquel(le)s / auquel, à laquelle, auxquel(le)s / duquel, de laquelle, desquel(el)s...

Les pronoms indéfinis
- quelqu'un, quelque chose, quelques-un(e)s, certain(e)s, rien, personne, tous, chacun...

1.

Mettez les verbes entre parenthèses au subjonctif passé.

a. C'est drôle que tu (parler) de ça, j'y pensais justement !
b. Je ne vous en veux pas, quoi que vous (dire) de mal sur mon travail.
c. Son discours était si ennuyeux que je suis parti avant qu'il (terminer).
d. Est-il possible que vous (finir) votre rapport ce soir ?
e. Elle doute que l'entretien (se passer) comme tu le prétends.
f. Nous avons patienté à côté en attendant que vous (prendre) une décision.
g. Il veut recruter un employé qui (travailler) au moins trois ans à ce poste.
h. C'est dommage qu'il (ne pas savoir) répondre à toutes les questions du DRH.

2.

Dites si ces débuts de phrases expriment la surprise, la satisfaction, la désapprobation ou le regret puis complétez les phrases en utilisant le subjonctif passé.

a. Ça m'ennuie que... / Ça m'agace que... / Je ne comprends pas que...
b. C'est bizarre que... / Je ne comprends pas que... / C'est drôle que...
c. C'est bien que... / Je suis content(e) que... / Ça me fait plaisir que...
d. C'est dommage que... / Dommage que... / C'est bête que... (*familier* = c'est dommage)

3.

Complétez la lettre avec les pronoms proposés.

y – te – nous – le – les miens – rien – certaines – leur – que – lesquels – moi

Salut Aline,

Je t'envoie cette lettre afin de ... donner des nouvelles du bureau et de t'envoyer quelques photos. ... ont été prises à Noël, juste avant ton départ. Toute l'équipe va bien et les projets sur ... nous travaillons en ce moment sont plutôt intéressants. Comme tu ... sais peut-être, Hélène et Jean se sont mariés en mars et nous ... étions tous. Dommage que tu n'aies pas pu venir. C'était un très beau mariage ! Je sais ... tu es très occupée en ce moment avec tes enfants car ... étaient terribles au même âge. Mais, si tu trouves un peu de temps, essaie de passer ... voir. ..., je serai en congé la semaine prochaine mais les filles seront là. ... ne vous empêche d'aller déjeuner ensemble. Demande-... !

J'espère que nous nous verrons bientôt.

Je t'embrasse, Julie

À partager

Profession : serveur de thé dans le grand bazar

LA TURQUIE, CARREFOUR D'ÉCHANGES ÉCONOMIQUES, CULTURELS ET RELIGIEUX

La Turquie est située majoritairement en Asie où se trouve sa capitale Ankara mais une petite partie du pays, 3 %, se trouve en Europe. Le pays a donc toujours fait le lien entre l'Orient et l'Occident, à cheval sur deux continents, sur l'antique route de la soie. La Turquie moderne, fondée sous Mustafa Kemal en 1923, est une république démocratique, constitutionnelle et laïque dont la langue officielle est le turc. Depuis 2005, des négociations pour son entrée dans l'Union européenne sont officiellement en cours.

Découvrez.

 *C'est où ?*

Lisez les trois documents pour retrouver les informations qui se rapportent à la Turquie, à Istanbul et au grand bazar.

La Turquie : ... Istanbul : ... Le grand bazar : ...

a. C'est une véritable ville dans la ville.
b. Sa capitale est Ankara.
c. C'est la métropole de la Turquie.
d. C'est l'un des plus grands marchés couverts au monde.
e. C'est une république démocratique, constitutionnelle et laïque.

Préparez-vous.

 *Quelle particularité ?*

Lisez à nouveau les trois encarts pour répondre à la question posée.

Quelle est la particularité géographique de la Turquie et d'Istanbul ?

Regardez la vidéo.

 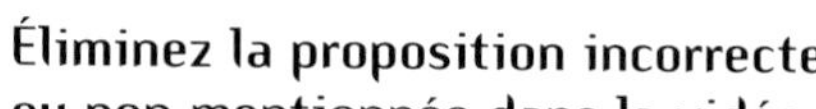 *Quel thé ?*

Éliminez la proposition incorrecte ou non mentionnée dans la vidéo.

a. Le thé est servi dans le grand bazar à Istanbul / dans les couloirs ou en terrasse / directement au client ou au comptoir.
b. Le thé est servi chaud ou froid / avec ou sans sucre / léger ou corsé.
c. Le thé fait partie de la vie quotidienne des Turcs / se boit dès le petit déjeuner / s'achète seulement au grand bazar.

Écoutez.

4 *Un travail facile ?*

Écoutez le reportage et corrigez chaque affirmation.

a. Cevdet Can travaille dans le grand bazar depuis 13 ans.
b. Les serveurs sont toujours assis car ils ne livrent pas le thé aux clients.
c. En moyenne, une personne boit 20 à 25 thés par jour.
d. Cevdet Can travaille avec ses amis.
e. Le comptoir de Cevdet Can lui vient de sa mère qui le tenait de sa grand-mère.

Écoutez.

5 *Qui dit quoi ?*

Retrouvez les propos de chaque personne.

Cevdet Can : ... Seref Bacaci : ... Voix off : ...

a. Les caravanes faisaient halte dans ce caravansérail.
b. Bonne dégustation !
c. Ils sont plus de 800 plateaux ambulants.
d. Le thé, c'est culturel.
e. Les derviches tourneurs en buvaient pour ne pas s'endormir.
f. Fais-moi trois thés !

ISTANBUL, UNE VILLE ENTRE DEUX CONTINENTS

Istanbul est la métropole de la Turquie avec près de treize millions d'habitants recensés. Appelée officiellement Istanbul depuis le 28 mars 1930, la ville a porté d'autres noms durant son histoire : Byzance, au moment de sa fondation puis Constantinople. Elle est inscrite sur la liste du patrimoine mondial de l'Unesco depuis 1985 et compte de nombreux monuments célèbres.

Exprimez-vous.

6 *Un métier traditionnel ?*

Reste-t-il des métiers traditionnels dans votre pays ? Choisissez celui qui vous semble le plus spécifique pour votre pays et présentez-le à la classe. Faites-en une description précise.

LE GRAND BAZAR, MARCHÉ ANIMÉ ET COLORÉ

Avec ses cinquante-huit rues intérieures et ses quatre mille boutiques, le grand bazar d'Istanbul est l'un des plus grands marchés couverts au monde. La partie la plus ancienne date de 1455 et il s'étend sur plusieurs hectares : c'est une véritable ville dans la ville !

Rendez-vous 2 

EXPRIMER SA GRATITUDE ENVERS QUELQU'UN

Tonino Benacquista
Quelqu'un d'autre

Tonino Benacquista
Quelqu'un d'autre

Qui n'a jamais eu envie de devenir « quelqu'un d'autre » ? Celui que l'on a toujours voulu être ? Celui qui n'aurait pas abandonné, en cours de route, ses rêves et ses désirs ? Un soir, dans un bar, deux inconnus se lancent un pari. Ils se donnent trois ans, pas un jour de plus, pour devenir cet « autre ». Mais on ne devient pas quelqu'un d'autre impunément. On risque, pour le pire et le meilleur, de se trouver soi-même. Un chassé-croisé palpitant qui conjugue humour et suspens.

Tonino Benacquista Quelqu'un d'autre

Il quitta son appartement pour s'engouffrer dans la bouche de métro Convention, sortit à Pernety, commanda un café à emporter dans son bistrot habituel et ouvrit sa boutique, Le Cadre bleu, où l'attendait une série de lithographies à encadrer avant la fin de la semaine. En laissant son esprit échafauder une structure complexe afin de concrétiser le pari lancé la veille, ses mains s'attelèrent à la tâche sans avoir besoin d'être commandées.

Blin avait-il jamais aimé son métier ? Il avait voulu être artisan par désir d'indépendance et non par amour des tableaux, de l'encadrement, ni même du bois. Il s'était trouvé une vocation comme on croise une amourette qu'on quittera tôt ou tard. Pendant son stage de documentaliste au cabinet d'arts graphiques du Louvre, il avait rencontré un type qui avait mis au point un système ingénieux pour consulter dessins et pastels sans avoir à les toucher : des Degas, des Boudin, des Fantin-Latour. De fil en aiguille, il avait appris ce que l'on doit savoir sur le métier d'encadreur : un examen lui donna le grade d'ouvrier professionnel. À la suite d'une demande à la direction des Musées de France, on lui proposa un poste au musée d'Orsay, et le tour était joué. Un atelier tout neuf partagé avec un restaurateur, la plus belle vue de Paris, et une spécialisation dans la photographie ancienne. Nadar, Le Gray, Atget et quelques autres lui devaient, aujourd'hui, le repos éternel entre deux feuilles de Plexiglas. Certains de ses collègues avaient une approche presque sensuelle des matériaux, les vernis, le papier, la feuille d'or, et avant tout, le bois. Des experts, des amoureux du bois, les sens en éveil devant un bout de sycomore. Peu à peu, il se rendait à l'évidence : il n'était pas de cette famille-là. […]

Tonino Benacquista, *Quelqu'un d'autre*, © Gallimard.

Aimeriez-vous devenir quelqu'un d'autre ?
Si oui, qui ? Si non, pour quelles raisons ?

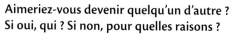

Lisez l'extrait de roman et dites si les affirmations sont vraies ou fausses.

a. Thierry Blin va souvent dans le même bistrot.
b. Il est artisan et travaille dans sa propre boutique.
c. Thierry Blin a une vraie vocation.
d. Comme certains de ces collègues, il se considère expert.
e. Thierry Blin n'aime pas vraiment son métier.

Lisez à nouveau l'extrait proposé pour retrouver les mots correspondant aux indices donnés.

a. C'est précisément la profession de Thierry Blin.
b. Il a fait le sien au cabinet d'arts graphiques du Louvre.
c. Thierry Blin a obtenu ce grade après un examen.
d. C'est avec lui que Thierry Blin partageait son atelier.
e. Celle de Thierry Blin est dans la photographie ancienne.

 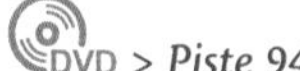 *> Piste 94*

Écoutez le message sur le répondeur de Radio Plus et complétez les phrases.

a. Je souhaite remercier…
b. Merci infiniment pour…
c. Bravo pour…
d. Je ne sais pas comment vous remercier pour…
e. Félicitations pour…

Féliciter, remercier

Je tiens à vous féliciter pour votre nouveau roman.
Félicitations pour votre dernière bande dessinée !
Tous mes compliments pour l'ensemble de votre œuvre !
Chapeau pour votre prix littéraire ! [familier]
Merci mille fois pour ce nouveau livre !
Elle vous remercie de tout son cœur pour cet autographe.
Nous ne savons pas comment vous remercier.
Je vous suis (très) reconnaissant d'avoir lu mon roman.

Vous rencontrez votre écrivain préféré au Salon du livre. Vous le félicitez pour son œuvre et vous le remerciez pour les bons moments passés grâce à ses romans.

PARLER DE DISCRIMINATION

 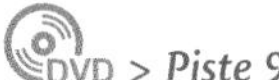 DVD > *Piste 95*

Écoutez la conversation téléphonique et expliquez quel en est l'objet.

  DVD > *Piste 95*

Écoutez à nouveau et notez les critères discriminatoires cités par Marie-Jo.

Demander comment se comporter
Qu'est-ce que je dois dire / faire ?
Qu'est-ce qu'on attend de moi ?
Je voudrais savoir comment me comporter.
Comment ça se passe ?

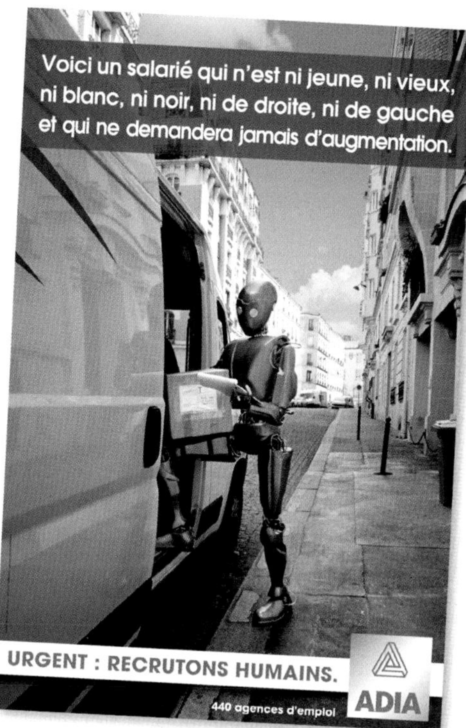

Voici un salarié qui n'est ni jeune, ni vieux, ni blanc, ni noir, ni de droite, ni de gauche et qui ne demandera jamais d'augmentation.
URGENT : RECRUTONS HUMAINS.
440 agences d'emploi
ADIA

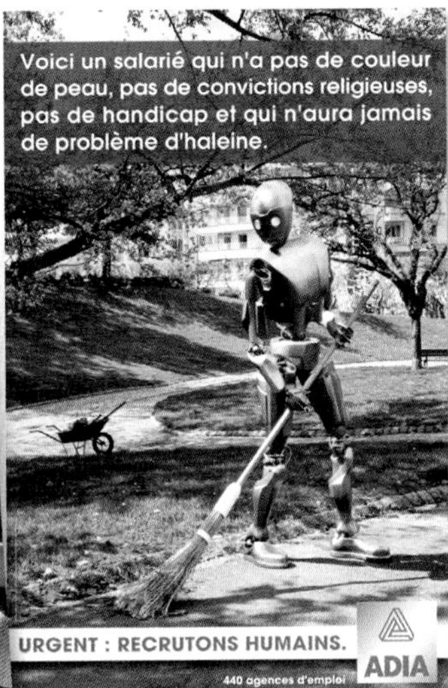

Voici un salarié qui n'a pas de couleur de peau, pas de convictions religieuses, pas de handicap et qui n'aura jamais de problème d'haleine.
URGENT : RECRUTONS HUMAINS.
440 agences d'emploi
ADIA

Voici un salarié sans origine ethnique, sans orientation sexuelle, sans opinion politique et qui ne risque pas de tomber enceinte.
URGENT : RECRUTONS HUMAINS.
440 agences d'emploi
ADIA

Observez les affiches et répondez aux questions.

a. Quelles sont les caractéristiques du salarié décrit dans le texte des affiches ?
b. Quelles fonctions occupe-t-il ?
c. À votre avis, quel est le message de cette campagne ?

Listez les critères discriminatoires (notés dans l'activité 7) dénoncés par chaque affiche.

Que pensez-vous des critères évoqués par les affiches mais qui n'appartiennent pas à la liste de l'activité précédente ?

  DVD > *Piste 96*

Écoutez le spot radio et complétez le texte.

Si l'on veut discriminer un candidat à l'emploi, on peut lui reprocher ses origines, son âge, ses convictions religieuses, son lieu d'habitation, son sexe ou son handicap.
Mais pourquoi ne pas lui reprocher aussi … , la … , son … ou même ses … ? En réalité, on peut lui reprocher tout ce qui fait qu' … . La discrimination, c'est le début de la … .
Chez ADIA, nous pensons que ce qui fait votre différence ce sont vos … .

Mettre en garde, exprimer de la méfiance
Il faut être attentif.
Tu dois être vigilante.
Fait attention !
Les recruteurs ont intérêt à se montrer prudents.
Cette entreprise est soupçonnée de pratiquer la discrimination.
Il faut se méfier des questions pièges.

12 

Votre meilleur ami vient s'installer en France. Il cherche un emploi et vous demande conseil à ce sujet. Vous le mettez en garde contre les discriminations possibles à l'embauche. Jouez la scène avec votre voisin.

Rendez-vous 2 à savoir

Vocabulaire

La recherche d'emploi

Le taux de chômage augmente au troisième trimestre

Au troisième trimestre 2011, le taux de chômage s'établit à 9,7 % de la population active en France – Dom y compris. Pour la France métropolitaine, le taux de chômage s'établit à 9,3 %, soit 2,6 millions de personnes.

Insee

1

2

Les missions de Pôle Emploi :

- l'accueil et l'inscription des demandeurs d'emploi
- le versement des allocations des demandeurs d'emploi indemnisés
- l'accompagnement de chaque demandeur d'emploi dans sa recherche d'emploi jusqu'à son placement
- l'orientation et la formation des demandeurs d'emploi
- la prospection du marché du travail en allant au-devant des entreprises
- l'aide aux entreprises dans leurs recrutements
- l'analyse du marché du travail

4

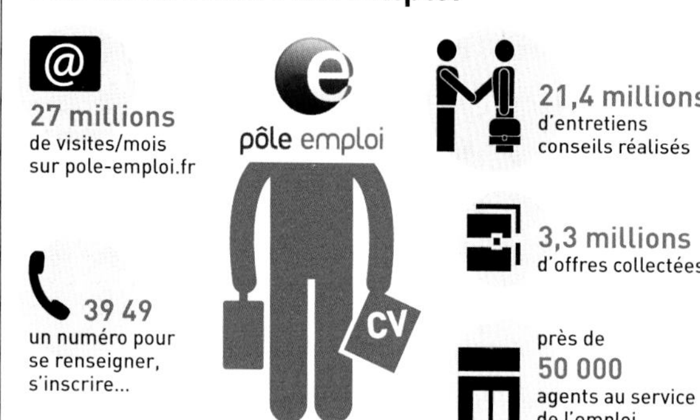

3

1. 

En vous aidant des documents 1 et 2, associez chaque mot à son contraire.

le chômage – un employeur – les demandeurs d'emploi – une allocation – le travail – la population active – un candidat – un salaire

2. 

À partir des documents 2 et 3 et des mots proposés, complétez la présentation de Pôle Emploi.

aux chômeurs – des offres d'emploi – un établissement – des services – aux entreprises

Pôle Emploi est ... administratif public qui propose des services aux demandeurs d'emploi et ... . Cet organisme permet ... d'avoir un seul interlocuteur pour la gestion ... et de leurs allocations. Pôle Emploi intervient également à l'international avec ... aux candidats à la mobilité européenne et internationale.

3. 

Lisez le document 4 pour retrouver les noms issus des verbes proposés puis classez-les en deux groupes.

placer – s'inscrire – s'orienter – former – accompagner – verser – prospecter – recruter

a. Mots féminins se terminant par « -tion »
b. Mots masculins se terminant par « -ment »

4. 

Complétez chaque phrase avec l'un des mots retrouvés dans l'activité précédente.

a. J'ai envoyé mon ... à l'université. Je vais étudier la psychologie.
b. Annie veut devenir aide-soignante : elle a débuté une ... à l'hôpital hier.
c. Le Pôle Emploi nous a proposé un ... , une aide pour retrouver du travail.
d. Cette entreprise cherche des ingénieurs alors il commence le ... la semaine prochaine.
e. Comme il est au chômage, il en profite pour changer d' ... , de travail.

Le passé simple

Un examen lui donna le grade d'ouvrier professionnel.
On lui proposa un poste au musée d'Orsay.

• Le passé simple existe surtout à l'écrit. Il est utilisé dans des textes narratifs, littéraires, historiques, des biographies et certains journaux. Il indique une action ponctuelle dans le passé, précisée ou pouvant être précisée.
Tonino Benacquista écrivit ce roman en 2002.

La formation et les caractéristiques du passé simple

• Les verbes en **-er** se forment avec les terminaisons **-ai, -as, -a, -âmes, -âtes, -èrent** ajoutées au radical de l'infinitif.
Il travailla avec un restaurateur.
Tu passas un examen pour obtenir ce poste.

• Les verbes en **-ir** et **-re** se forment avec les terminaisons **-is, -is, -it, -îmes, -îtes, -irent** ajoutées au radical de l'infinitif.
Je pris le métro pour aller au travail.
Nous vendîmes nos vieux polars aux enchères.

• Les verbes en **-ir** et **-re**, dont le participe passé se termine par le son [**y**], se forment avec les terminaisons **-us, -us, -ut, -ûmes, -ûtes, -ûrent** ajoutées au participe passé.
Ils lurent son dernier roman en deux jours.
Vous eûtes le prix Goncourt en 1956.

Attention !
Les verbes irréguliers sont nombreux : **être** et **faire**, **venir** et **tenir**, **voir**, **conduire**...
Il fut un grand écrivain. / Nous fîmes le tour des librairies. / Je vins au Salon du livre deux fois. / Ils tinrent une conversation intéressante. / Tu vis ton auteur préféré.

Révisions : modes et temps du verbe

• Dans la conjugaison, on distingue les modes personnels (indicatif, subjonctif, impératif) des modes impersonnels (gérondif, participe et infinitif).
À chaque mode, correspondent plusieurs temps.

L'indicatif est le mode de la réalité. Il désigne une action, un état présentés comme réel dans le présent, le passé, le futur.		**L'impératif** est le mode du commandement.
Temps simples	**Temps composés**	
Présent Futur simple Imparfait Passé simple	Futur proche Passé récent Passé composé Passé antérieur Futur antérieur Plus-que-parfait	Présent Passé

Le conditionnel exprime en général un fait possible dont la réalisation dépend d'une condition.	**Le subjonctif** présente un fait considéré à travers l'esprit de celui qui parle. Il sert à exprimer une action désirée, douteuse, incertaine.
Présent Passé	Présent Passé (Imparfait) (Plus-que-parfait)

1. 

Lisez la biographie de Tonino Benacquista et retrouvez l'infinitif des verbes soulignés.

Tonino Benacquista vint au monde à Choisy-le-Roi, le 1er septembre 1961. Issu d'une famille d'émigrés italiens, il lut peu et passa son temps libre à regarder des séries policières. Après avoir interrompu ses études, il enchaîna plusieurs petits boulots dont il se servit comme source d'inspiration pour ses premiers romans. Il obtint trois prix littéraires en 1991 pour *La Commedia des ratés* ce qui le fit connaître du grand public. Il délaissa temporairement le genre noir avec *Saga* et *Quelqu'un d'autre*, deux romans qui lui permirent d'entrer dans le club fermé des auteurs à succès. Fort de cette nouvelle notoriété, il multiplia dès lors les projets : scénarios, pièces de théâtre, BD... En 2010, il scénarisa, avec Daniel Pennac, le 74e album de Lucky Luke.

2.

Complétez les phrases avec les propositions.
l'impératif – le passé composé – l'imparfait – le subjonctif

a. ... est un temps qui a pour valeur l'atténuation et la répétition (dans le passé).
b. ... est un mode typique de la communication orale et du style direct utilisé pour donner un ordre.
c. Le ... marque des faits passés, délimités dans le temps.
d. Ce mode est introduit par « que ». Il exprime la subordination, le doute, l'indécision, le fait possible.

3.

Conjuguez au mode et au temps qui conviennent.

a. Nous voudrions qu'il (reprendre) son activité.
b. Je suis sûre que vous (savoir) ce qu'il a dit.
c. Il est important que nous (tenir) nos engagements.
d. Elle est sûre que nous (avoir) raison.
e. Vous craignez que cette conversation ne vous (faire) du tort ?

à faire

Je continue mon périple : je suis à Istanbul pour le Forum annuel des Métiers.
Je dois y parler de ma profession.
On m'a aussi demandé de faire un petit discours d'ouverture pour cet événement. Mais je ne suis pas une excellente communicante, ni une oratrice née ! Je ne sais pas trop par où commencer. Tu trouveras mon brouillon en pièce jointe.
Tu peux me conseiller ? C'est pour demain matin !
Merci d'avance.
Claude

Préparer un discours

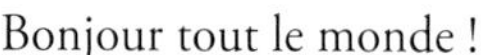

Bonjour tout le monde !
C'est avec beaucoup d'intérêt que je suis à vos côtés aujourd'hui, à l'Institut Français, pour inaugurer le premier Forum des Métiers.
Sans tarder, je voudrais te féliciter chaleureusement, Stéphane.
Vous avez choisi d'organiser ça en restant au plus près du terrain et en associant notamment très largement les professionnels.
Nous connaissons les difficultés que rencontrent certaines filières pour attirer des candidats dans les formations qu'elles dispensent tandis que, dans le même temps, le monde de l'entreprise a besoin de personnes qualifiées.
Certaines professions, nous le savons tous, souffrent d'un déficit d'image et d'attractivité. Il faut y remédier. C'est une des ambitions de ce forum.
J'aimerais que ce plaidoyer pour l'attractivité des formations aux métiers de l'industrie soit entendu et relayé, y compris par les médias ici présents.
Le monde professionnel a radicalement changé. L'image de ce monde doit être dépoussiérée pour que nos jeunes se tournent davantage vers l'avenir avec sérénité. Grâce à ce forum, vous y contribuez.
Je veux ainsi vous renouveler toutes mes félicitations et vous souhaiter une pleine réussite pour ce Forum.
C'est fini. Salut !

1 

Je lis le message de Claude sur le forum et son brouillon. J'ai annoté le texte du discours de Claude. Je reprends les parties soulignées en bleu et j'essaye de les améliorer.

2 

Je lis les conseils trouvés sur Internet et je vérifie que Claude n'a rien oublié.

Pour préparer un discours

1. Déterminer la durée du discours.
   Essayer d'être bref mais efficace.
   Penser à son audience lorsqu'on écrit.
2. Commencer avec une introduction qui établit qui on est, quel est notre but et la raison de notre présence.
3. Organiser le discours en points principaux et les présenter par ordre de priorité.
4. Lier l'introduction, les idées et la conclusion entre elles par des transitions.
5. Écrire une conclusion qui rappelle le but principal.
6. Remercier chaleureusement les organisateurs, les participants pour leur présence à l'évènement et l'ensemble de l'audience pour son écoute lors de l'intervention.

3 

J'envoie un message à Claude pour lui faire part de mes remarques et propositions pour son discours.

EN TURQUIE

Présenter une profession

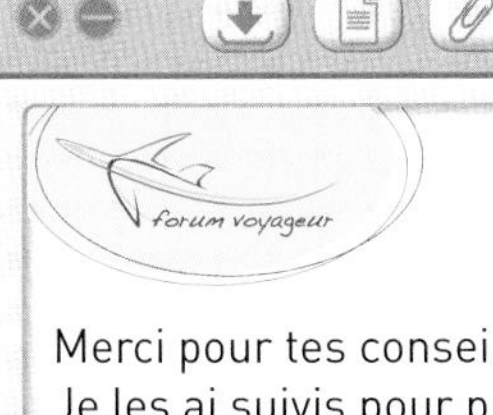

Merci pour tes conseils.
Je les ai suivis pour préparer mon discours puis j'ai aussi suivi mon instinct et j'ai improvisé. Ça s'est très bien passé ! Maintenant, je dois me concentrer sur la présentation de mon métier pour le salon. J'ai préparé une fiche technique mais je voudrais rendre ma présentation plus vivante, attractive. J'aimerais faire sentir ma passion pour ce métier fascinant. Avec ton regard extérieur, tu pourras peut-être m'aider cette fois encore...
Amitiés,
Claude

fiche tech_biologiste_marin

fiche tech_biologiste_marin.doc

Définition du métier : le biologiste marin étudie des mammifères marins et leur écosystème. Il s'efforce de préserver et/ou d'établir l'équilibre écologique du milieu marin en fonction des changements de son écosystème.

Principales tâches :
- Observer les propriétés vitales de certains organismes aquatiques.
- Faire des analyses de l'eau et du milieu physique afin de comprendre comment le milieu affecte les organismes aquatiques.
- Faire des inventaires de la flore et de la faune aquatique.
- Travailler avec d'autres spécialistes afin de trouver de nouvelles méthodes pour gérer la flore et la faune marine.
- Aménager et « rénover » des habitats pour les organismes marins.
- Rédiger des publications, assister et donner des conférences.

Organisation du travail : horaire fixe mais forte probabilité d'heures supplémentaires.

Environnement social et physique : travail individuel (réflexion ou observation) et travail en équipe. Qualités de communicateur requises (production de rapports de communications lors de conférences). Travail dans des conditions climatiques variées ; en intérieur (travail de recherche et laboratoire), en extérieur (échantillonnage sur le terrain).

Formation/qualification : niveau universitaire de deuxième cycle au minimum.

Employeurs : aquariums, centres de recherche et de développement scientifiques, instituts gouvernementaux, universités...

En m'aidant du message de Claude et de la fiche technique, je prépare une présentation du métier de biologiste marin.

Organiser un Forum des métiers.

Étape 1 : Tous ensemble, on répertorie les métiers connus ou représentés dans le groupe et/ou on fait des recherches documentaires sur certains métiers.

Étape 2 : On se répartit les rôles des professionnels en fonction des connaissances et des résultats de recherches de chacun. On écrit et on répète les interventions.

Étape 3 : Par petits groupes, on prépare un discours d'inauguration pour le forum puis on délibère pour choisir le meilleur.

Étape 4 : On transforme la salle de cours en salle d'exposition : on matérialise des stands pour chaque profession ou catégorie socioprofessionnelle représentée au moyen d'affiches, de panneaux visibles et attractifs, de slogans clairement identifiés.

Étape 5 : On simule le Forum en divisant la classe en deux groupes : pendant que les uns présentent leurs professions, les « visiteurs » circulent parmi les stands. Puis on inverse les rôles.

à écrire

Rédiger une lettre de motivation

ISM interprétariat
recherche
un interprète de langue turque
Région Île-de-France ; CDI – débutant accepté
241 euros par mois / 10 heures (horaires variables)
13e mois versé en décembre

Amitiés Japon
recherche
un interprète japonais-français
Traduction simultanée – bilingue
Tours (37) ; travail intérimaire 1 an – expérience de 6 mois
1 800 à 2 000 euros par mois / 35 heures par semaine

Lisez les deux offres d'emploi et retrouvez à quelle annonce correspondent les informations données.

a. L'entreprise propose 10 heures par mois.
b. L'offre concerne un travail sur Paris.
c. L'annonce propose un contrat en intérim.
d. L'entreprise veut un employé expérimenté.
e. L'annonce propose un plein temps.

Lisez les phrases proposées et reconstituez le corps de la lettre de motivation de Sophie.

a. Depuis mon retour en France, je recherche un poste d'interprète turc-français à plein temps. Comme mentionné dans mon CV, j'ai un peu d'expérience dans le domaine de la traduction simultanée et travailler dans une entreprise reconnue et aussi diversifiée que la vôtre me permettrait de pouvoir continuer à progresser.

b. Cette annonce a suscité mon intérêt car je suis actuellement à la recherche d'un poste d'interprète.
c. En espérant que ma candidature retiendra votre attention, je reste à votre entière disposition pour un entretien.
d. Je vous envoie cette lettre après avoir lu l'offre d'emploi que vous avez publiée sur le site de Pôle Emploi.
e. Pendant deux ans, j'ai suivi les cours de Master en traduction et interprétariat afin d'améliorer mes compétences et j'ai obtenu le niveau C1.
f. Après avoir obtenu mon diplôme à l'ESIT, l'École supérieure d'interprètes et de traducteurs, je suis allée poursuivre ma formation à l'université Istanbul.

Sophie DUMAS
15 avenue Louise
44000 Nantes
Tel : 06 63 85 67 74

Nantes, le 21 janvier 2012

À l'attention de M. LOIRET
Directeur des ressources humaines

Objet : Candidature au poste d'interprète
Pièces jointes : CV

Monsieur,

....

....

Dans l'attente de votre réponse, je vous prie d'agréer, Monsieur, l'expression de mes respectueuses salutations.

Lisez l'autre offre d'emploi et rédigez une lettre de motivation pour cette annonce.

Conseils / stratégies

Pour rédiger une lettre de motivation

La présentation de la lettre de motivation est celle d'une lettre formelle : adresses de l'expéditeur et du destinataire, lieu et date, objet de la lettre et documents joints, formule de politesse adaptée et signature…
→ Voir l'exemple donné ci-dessus.

Pour le corps de la lettre, les différentes parties à développer sont les suivantes :

- **Justifier l'envoi de son courrier.**
  Je vous envoie cette lettre après avoir lu votre offre d'emploi.
- **Mentionner le poste à pourvoir, le type d'offre d'emploi.**
  Cette annonce a suscité mon intérêt car je suis à la recherche d'un poste d'interprète.
- **Présenter ses diplômes, sa formation et son expérience en lien avec le profil de l'offre.**
  Après avoir obtenu mon diplôme à l'ESIT…
  J'ai un peu d'expérience dans le domaine de la traduction simultanée.
- **Montrer sa motivation et son intérêt pour le poste.**
  Particulièrement motivée, je serais ravie de travailler dans votre entreprise reconnue.
  C'est cette expérience que j'aimerais mettre à votre disposition.
- **Parler de ses projets professionnels.**
  Cela me permettrait, sans aucun doute, de pouvoir continuer à progresser.
- **Solliciter un rendez-vous, un entretien.**
  En espérant que ma candidature retiendra votre attention, je reste à votre entière disposition pour un entretien.

Remarque : N'écrivez pas à l'employeur pour demander quelque chose mais bien pour proposer vos services, vos compétences. Aussi, n'oubliez pas de montrer que vous avez les capacités nécessaires pour occuper le poste à pourvoir.

à dire

Passer et mener un entretien d'embauche

1  > *Piste 97*

Écoutez l'entretien et retrouvez les informations.
a. L'identité des interlocuteurs
b. L'entreprise concernée
c. Le niveau d'études du candidat
d. Son expérience professionnelle

2 

Lisez les conseils et stratégies puis imaginez la fin de l'entretien entendu. Jouez la scène avec votre voisin.

3 

Observez le dessin humoristique. À quel conseil de l'encadré correspond-il ?

4 

Formez des binômes et simulez l'entretien d'embauche.
– Ensemble : choisissez un secteur d'activité que vous connaissez et définissez un poste à pourvoir.
– A : vous êtes candidat au poste recherché et vous répondez aux questions du recruteur. Vous lui montrez votre motivation car vous tenez vraiment à obtenir le poste.
– B : vous êtes le recruteur et vous cherchez à cerner le profil du candidat pour être sûr qu'il correspond bien au poste.
– Simulez l'entretien d'embauche.

Conseils / stratégies

Pour passer un entretien d'embauche

- Montrer de l'intérêt pour le poste à pourvoir et pour l'entreprise.
  Je suis abonné à la Tribune *depuis le premier numéro !*
- Donner des réponses précises, complètes, structurées : *Effectivement, j'étais / J'ai commencé au service des achats et j'ai...*
- Construire ses réponses en se basant sur son CV.
  Comme vous avez pu le voir sur mon CV...

– Utiliser des expériences extra-professionnelles pour montrer certaines de vos qualités.
– Ne pas monopoliser le temps de parole (l'entretien doit être un dialogue).
– Reformuler en les synthétisant vos motivations.

Pour mener un entretien d'embauche

- Se présenter (nom et fonction) et annoncer le déroulement de l'entretien.
  Je vous propose de commencer en vous présentant et je vous poserai quelques questions.
- Évaluer les connaissances générales du candidat sur l'entreprise.
  Comment avez-vous connu notre entreprise ?
- Découvrir le candidat en le questionnant notamment sur certains points de son CV.
  D'après votre CV, vous avez fait peu d'études. Pourquoi ?
- Présenter le poste.
- Réserver un moment spécifique aux questions du candidat à la fin de l'échange.

Phonétique

La disparition des sons dans le français familier

Quelques exemples de sons qui disparaissent dans la langue orale familière :
- **Je** peux / **Je** vais → **J'peux** (« j » se prononce [ʃ]) / **J'vais** (« j » se prononce [ʒ])
- Ce que / Ce qui → **C'que / C'qui**
- **Je ne** peux pas / **Je ne** vais pas → **J'peux pas / J'vais pas**
- **Ne** t'inquiète pas → **T'inquiète pas** : « ne » n'est pas dit
- **Tu** as / **Tu** es (+ tous les verbes qui commencent par une voyelle) → **T'as / T'es**
- **Il** y a / **Il** n'y a pas → **Y'a / Y'a pas** : « il » n'est pas dit
- Peut-être → **Peut-êt'** : la fin du mot « re » n'est pas dite

1. DVD > *Piste 98*

Écoutez et répétez ce dialogue en imitant la prononciation familière et l'intonation.
– Tiens, salut Pierre, ça va ?
– Ben, pas mal, mais j'suis super stressé parce que j'ai un entretien d'embauche la s'maine prochaine.
– C'est super ! C'est c'que t'espérais d'puis longtemps, non ?
– Oui, mais c'est pas dans la com comme j'aurais voulu, c'est dans la pub et c'est pas pareil.
– T'inquiète pas ! Si t'arrives à décrocher ce boulot, tu pourras toujours changer après !
– C'est pas si simple ! Là, c'est pour un CDI et c'est pas évident à trouver, surtout en c'moment ! Alors, si ça marche, j'aurais peut-êt' pas envie d'changer tout'suite.
– C'est vrai, t'as raison, mais tu dois tenter le coup et essayer d'être le plus convaincant possible à c'rendez-vous ! Ça t'prouvera qu't'es capable d'y arriver.
– Y'a pas de problème, j'vais faire le max, comme d'hab !

Évaluation B1.2

COMPRÉHENSION DE L'ORAL — 25 points

Vous allez entendre deux fois un enregistrement sonore. Vous aurez tout d'abord 1 minute pour lire les questions. Puis vous écouterez une première fois l'enregistrement. Vous aurez ensuite 3 minutes pour répondre aux questions. Vous écouterez une deuxième fois l'enregistrement. Vous aurez encore 5 minutes pour compléter les réponses.
Répondez en cochant (✓) la bonne réponse ou en écrivant l'information demandée.

Activité 1 DVD > *Piste 99* — 18 points

Objectif : Comprendre un reportage radiophonique.

Vous écoutez un reportage. Lisez les questions, écoutez le document puis répondez.

1. Qu'appelle-t-on « le mal du siècle » ? — 1 point

2. Qu'est-ce qui a provoqué ce « mal du siècle » ? — 2 points

3. D'après le journaliste, qu'est-ce que ce trouble peut provoquer sur l'individu d'un point de vue psychologique ? — 1,5 point
a. du stress
b. de la nervosité
c. des pertes de mémoire

4. D'après Thierry Debuc, ce « mal du siècle » concerne… — 1,5 point
a. toutes les professions.
b. seulement les chauffeurs.
c. seulement les ouvriers du bâtiment.

5. Que regrette le journaliste ? — 2 points

6. D'après le journaliste, quelles sont les conséquences de ce mal si on ne le soigne pas ? — 1,5 point
a. L'hospitalisation sera certaine.
b. La souffrance sera permanente.
c. Le mal reviendra périodiquement.

7. Quel type de soins est-il possible de faire pour soigner ce « mal du siècle » ?
(Deux réponses possibles, une seule attendue.) — 2 points

8. Pour éviter ce trouble, quelle attitude est-il conseillé d'avoir lorsque l'on travaille dans un bureau ? — 1,5 point
a. Se détendre toutes les heures.
b. Marcher un peu pendant quelques minutes.
c. Faire des exercices de kinésithérapie pendant 2 ou 3 minutes.

9. D'après le journaliste, quelle aide apporte la ceinture lombaire ? *(Deux réponses attendues.)* — 2 points

10. Pour un chauffeur, il est important de disposer d'un siège et d'un appui-tête.
Pour quelle raison ? (1,5 point par bonne réponse) — 3 points
a. Un bon siège pour ....
b. Un appui-tête pour ....

Vous allez entendre une seule fois un enregistrement sonore. Vous aurez tout d'abord 1 minute pour lire les questions. Après l'enregistrement, vous aurez 3 minutes pour répondre aux questions.
Répondez en cochant (✓) la bonne réponse ou en écrivant l'information demandée.

Activité 2 DVD > *Piste 100* — 7 points

Objectif : Comprendre un reportage radiophonique.

Vous écoutez un reportage. Lisez les questions, écoutez le document puis répondez.

1. Qui est Alain Monque ? — 1 point

2. Quel pourrait être le titre de l'enquête menée par le quotidien *La Gazette* ? — 1 point
a. Le bonheur au travail.
b. Les relations patrons-employés.
c. Le professionnalisme des travailleurs.

3. D'après l'enquête, qu'est-ce qui est le plus important pour les employés ? — 1 point
a. La reconnaissance de leur travail par leur chef.
b. Les horaires de travail aménagés selon leurs disponibilités.
c. Les bonnes relations professionnelles avec leurs collègues.

4. D'après l'enquête, les Français sont malheureux — 1 point
a. si on leur dit que leur travail est mal fait.
b. si leur patron ne s'intéresse pas à leur travail.
c. s'ils n'ont pas la possibilité de bien faire leur travail.

5. D'après Alain Monque, aujourd'hui… — 1 point
a. Le travail bien fait permet de faire davantage de profit.
b. Les entreprises préfèrent la quantité au travail bien fait.
c. La production massive donne de la motivation aux salariés.

6. Qu'affirment les sociologues à propos du travail mal fait ? — 1 point

7. Pourquoi les patrons seraient-ils moins stressés que leurs employés ? — 1 point
a. Ils déchargent généralement tout leur stress sur leurs employés.
b. Ils sont davantage impliqués dans le bon fonctionnement de l'entreprise.
c. Ils ont une charge de travail moins importante que celle de leurs salariés.

COMPRÉHENSION DES ÉCRITS — 20 points

Pour répondre aux questions, cochez (✓) la bonne réponse ou écrivez l'information demandée.

Activité 1 — 20 points

Objectif : Comprendre un texte informatif.

Lisez le document puis répondez aux questions.

1. Qu'évalue le baromètre Ethicity ? — 1 point

2. Dites si les affirmations suivantes sont vraies ou fausses en cochant la case correspondante et recopiez le passage du texte qui justifie votre réponse
(1,5 point si le choix V/F et la justification sont corrects, sinon aucun point) — 3 points

Évaluation B1.2

http://www.marketingdurable.net/les-francais-et-la-consommation-durable-edition-2011

LES FRANÇAIS ET LA CONSOMMATION DURABLE – ÉDITION 2011

À l'occasion de la semaine du développement durable, qui vient de se terminer, plusieurs résultats d'études sur la consommation responsable viennent d'être publiés. Comme chaque année, l'une des plus attendues est celle du baromètre Ethicity. Réalisé par le cabinet Ethicity et Aegis Media Solutions auprès d'un échantillon de 3 500 personnes, ce baromètre donne un panorama complet sur l'attitude des Français en matière de consommation responsable. Cette année, la tendance s'oriente vers une consommation plus qualitative, avec une priorité donnée à l'individu et ce qui l'entoure, mais également une recherche d'information pour jouer un rôle actif dans ses choix de consommation.

Pour une majorité de Français (54 %), consommer responsable signifie avant tout consommer moins, en réduisant leur consommation globale ou en évitant de consommer des produits ou services superflus. Ils sont cependant 45 % à associer davantage la consommation responsable au fait de consommer autrement, c'est-à-dire de privilégier par exemple les produits locaux, moins polluants ou encore porteurs de labels environnementaux.

On constate, à travers cette étude, que les Français sont, avant tout, très concernés par ce qui les touche de près. Ainsi, lorsqu'on leur demande quels sont les principaux critères qui leur feraient acheter des produits respectueux de l'environnement, c'est l'aspect santé qui arrive en tête avec 36 % des réponses, contre 27 % pour l'aspect préservation de la planète. Il y a également une volonté d'agir au niveau local, puisque pour 51 % des personnes interrogées, un produit leur permettant de consommer responsable doit être fabriqué localement, afin de favoriser le développement de l'emploi local et les économies de transport (carburant et pollution).

Alors que 43 % des Français pensent que les entreprises doivent donner l'exemple, ils sont seulement 37 % à déclarer faire confiance aux grandes entreprises ! De même, seuls 46 % affirment croire les marques quand elles s'engagent dans le développement durable, ce qui prouve qu'on ne croit pas toujours les beaux discours... En revanche, il semble y avoir une vraie recherche de preuves et d'informations concrètes : 75 % des répondants disent avoir confiance dans les produits portant un label de certification sociale et environnementale, et 77 % trouvent que les entreprises ne leur donnent pas assez d'informations sur les conditions de fabrication de leurs produits.

Parmi les informations recherchées en priorité par les consommateurs, on trouve l'origine des matières premières et le lieu de fabrication des produits. Mais même s'ils aimeraient que ce type d'information figure sur les étiquettes, il semble y avoir un gros travail de clarification et de simplification à faire, car 56 % d'entre eux considèrent qu'il est encore difficile de comprendre les informations sur les produits durables. Un vrai défi pour les professionnels du marketing, qui vont devoir apprendre à rendre lisible un sujet souvent complexe. L'expérimentation sur l'affichage environnemental des produits, qui va commencer dès le 1er juillet, permettra sans doute de développer des pistes intéressantes dans ce domaine.

Pour Michèle Pappalardo, commissaire générale au développement durable, qui commentait les résultats de l'étude lors de la conférence organisée pour l'occasion, ces tendances montrent bien que les consommateurs sont conscients de pouvoir agir sur le développement durable à travers leurs modes de consommation. Ils sont prêts à se prendre en main et à consommer mieux, même si c'est avant tout pour eux-mêmes. Et d'un point de vue marketing, quelles conclusions ? Pour Gilles Degroote, consultant chez Ethicity, le message est clair : « Alors que les Français sont en train de reprendre en main leur propre consommation, c'est désormais au tour des marketeurs de se prendre en main et de saisir cette opportunité qui s'offre à eux pour agir à travers leurs marques en faveur d'une consommation plus responsable ! ».

	VRAI	FAUX
a. Les Français privilégient les produits de qualité. Justification :	☐	☐
b. Les Français veulent connaître au mieux les produits qu'ils achètent. Justification :	☐	☐

3. Qu'est-ce qu'une consommation responsable pour une grande partie des Français ? *(Deux explications attendues.)* (1 point/bonne réponse) — 2 points

4. Pour une autre partie des Français, la consommation responsable réside dans l'achat de quel type de produits ? — 1 point
   a. Des produits de saison.
   b. Des produits écologiques.
   c. Des produits ayant un bon rapport qualité-prix.

5. Quelle est la première préoccupation des Français qui oriente leur façon de consommer ? — 2 points

6. Quelle doit être la caractéristique d'un produit responsable ? — 2 points

7. D'un point de vue économique, que doit permettre la production de produits responsables ? — 1,5 point
   a. Une plus ample variété de produits locaux.
   b. La création de nouveaux postes dans la région.
   c. L'augmentation des salaires de producteurs régionaux.

8. Dites si l'affirmation suivante est vraie ou fausse en cochant la case correspondante et recopiez le passage du texte qui justifie votre réponse.
   (1,5 point si le choix V/F et la justification sont corrects, sinon aucun point) — 1,5 point

	VRAI	FAUX
En général, les Français se méfient de la sincérité des entreprises dans leur engagement écologique. Justification :	☐	☐

9. Que regrettent une grande partie des français ? — 1 point
   a. Le manque d'information sur l'origine des produits.
   b. Le nombre peu important de consommateurs responsables.
   c. La multiplication des labels certifiant l'authenticité du produit.

10. Dites si l'affirmation suivante est vraie ou fausse en cochant la case correspondante et recopiez le passage du texte qui justifie votre réponse.
    (1,5 point si le choix V/F et la justification sont corrects, sinon aucun point) — 1,5 point

	VRAI	FAUX
Pour un peu plus de la moitié des Français, les informations données sur l'étiquette des produits sont tout à fait satisfaisantes. Justification :	☐	☐

11. Pour Michèle Pappalardo, les consommateurs… — 1 point
    a. maîtrisent parfaitement les meilleurs modes de consommation.
    b. savent que leur type de consommation a un impact sur l'environnement.
    c. ont encore besoin d'explications sur les façons de consommer responsable.

12. Expliquez avec vos propres mots l'affirmation de Gilles Degroote — 2,5 points

PRODUCTION ÉCRITE — 25 points

Activité 1 — 25 points

Objectif : Écrire une lettre pour convaincre.

Depuis plusieurs mois, nombre de vos collègues se plaignent de maux de dos et de tête. Ils pensent tous que votre environnement de travail doit être révisé et réaménagé afin d'améliorer le confort, la sécurité et la productivité des employés.
En tant de délégué du personnel, vous écrivez une lettre à votre directeur. Vous insistez sur l'importance de ce nouvel aménagement en donnant des arguments convaincants et en illustrant d'exemples concrets exprimés par vos collègues. (250 mots minimum)

Évaluation B1.2

PRODUCTION ORALE — 15 points

Activité 1 :

Objectif : Exprimer une opinion.

Vous dégagez le thème soulevé par le document que vous avez choisi parmi les deux ci-dessous et vous présentez votre opinion sous la forme d'un exposé personnel de 3 minutes environ.
L'examinateur pourra vous poser quelques questions.

Sujet 1 : La France mise sur l'éolien en mer

Le gouvernement français a lancé, en juillet 2011, le premier appel d'offres pour construire 600 éoliennes au large des côtes françaises. Les pouvoirs publics misent sur la création de 10 000 emplois.
La France ne dispose aujourd'hui d'aucune éolienne en mer. Pour rattraper son retard, le gouvernement a lancé son premier d'appel d'offres pour des champs d'éoliennes offshore, c'est-à-dire en pleine mer. Ce programme ambitieux vise à construire 600 éoliennes réparties sur cinq sites au large des côtes de la Manche et de l'Atlantique. Les installations devraient être construites progressivement à partir de 2015. L'objectif est de produire 15 % de l'électricité française grâce à l'énergie éolienne en 2020. Aujourd'hui, l'éolien terrestre fournit moins de 2 % de la consommation française. Cet appel d'offres doit conduire à la création d'une véritable filière industrielle : sites de construction et d'assemblage d'éoliennes, petites et moyennes entreprises sur les zones côtières dans le domaine de la maintenance, les fondations, la construction. Les pouvoirs publics misent sur la création de 10 000 emplois. Bien sûr, ce nouveau marché fait naître une bataille entre les groupes industriels qui veulent contrôler cette énergie renouvelable.
Mais l'éolien reste encore cher. Le consommateur français (via la contribution au service public de l'électricité incluse dans les factures d'électricité) finance un surcoût chiffré à 25 euros par ménage et par an. Le coût n'est pas le seul frein, ce mode de production fournit une énergie fortement variable selon la vitesse du vent, d'où une productivité réduite. Enfin, certaines associations comme « la Fédération Environnement Durable » dénoncent également l'impact important sur les paysages.

Sujet 2 : Mal de dos : révisez vos positions !

Nous y passons huit heures minimum par jour, immobile, tendu(e) et très souvent mal assis(e) : oui, notre bureau est peut-être le pire ennemi de notre dos ! Parce qu'il est mal adapté à notre corps. Parce que notre corps, surtout, n'est pas adapté aux contraintes du travail sur écran.
« L'homme se tient debout depuis quelques millions d'années. Le siège, lui, n'a été inventé que depuis quelques milliers d'années. » Pour Guy Roulier, ancien kinésithérapeute devenu ostéopathe, pas de doute, la position assise est contre nature. La preuve : nous sommes plus fatigués d'avoir passé des heures assis devant un ordinateur qu'après avoir fait une activité physique ! Les pieds, les hanches, la colonne vertébrale mais aussi les yeux ou la mâchoire ont tous un impact sur l'équilibre général du corps. Quand on est debout, cet équilibre « repose sur une zone vraiment restreinte : nos pieds. Pour que la position soit confortable, il faut que l'axe de gravité soit respecté. Ce qui implique que les muscles à l'avant et à l'arrière de notre corps soient tendus de manière parfaitement équilibrés. En cas de déséquilibre, certains muscles vont se rétracter, d'autres être surmenés. Et tous peuvent finir par devenir douloureux. » Mais ce n'est pas tout, « en position assise, tout s'aggrave ! » résume Guy Roulier. Pourquoi ? Parce que nos sièges et notre environnement sont mal ou insuffisamment étudiés pour répondre aux besoins de notre colonne vertébrale. « Pour que l'on soit bien assis, il faudrait que nos chaises ressemblent aux sièges des voitures de course haut de gamme. Avec une assise large et un dossier haut, qui comporterait une bomme lombaire, au niveau du bas des reins, afin qu'elle épouse la forme naturelle de notre corps. » Difficile à exiger au bureau, certes, mais quelques aménagements simples peuvent aider à préserver notre dos.

Index thématique des notions

① Noms ② Verbes ③ Adjectifs, adverbes, locutions et autres

	Semaine et RDV	Thème	Lexique
1	RDV1	Les modes de déplacement :	① Les roues, le guidon, la selle, les freins, une remorque, un porte-bagages, des sacoches, la chaîne, un antivol, les pédales ② Pédaler, faire une chute, crever, réparer un vélo, marcher, prendre le train / l'avion, faire du covoiturage, circuler à vélo
	RDV2	Les bagages :	① Une brosse à dents, un tube de dentifrice, un gel douche, des cotons-tiges, un peigne, une brosse, un rasoir, un déodorant, un sac de couchage, un couteau suisse, un bagage à main, un sac à dos
2	RDV1	L'habitat :	① Une cave, les papiers peints, la peinture, un placard, la surface, un canapé, des coussins ② Emménager, déménager ③ Coquet, spacieux, lumineux, ensoleillé, en bon / mauvais état, joli « comme tout », bien (mal) aménagé / équipé, « moche », sombre, bien situé
	RDV2	Les tâches ménagères :	① L'entretien de la maison, un balai, la poussière, le linge, le repassage, la vaisselle, le bricolage, une tâche, une tache ② Entretenir son logement, passer l'aspirateur, balayer, laver les vitres, sécher le linge, repasser le linge, mettre et débarrasser la table
3	RDV1	Les relations familiales :	① Une famille monoparentale / recomposée / d'accueil, des parents biologiques, un demi-frère, une demi-sœur, des jumeaux, des jumelles ② Élever
	RDV2	Les relations amicales :	① Une association, un bénévole ② S'entendre bien / mal avec, aimer bien, rendre visite
4	RDV1	La télévision :	① Une chaîne, une émission, les informations, une interview, un journaliste, le JT, les nouvelles, un présentateur, un reportage ② Communiquer, s'informer, se tenir au courant
	RDV2	La radio et la presse :	① Une animatrice, une antenne, un auditeur, une caricature, un jingle, un lecteur, un magazine, un quotidien, un micro, une publicité, une rubrique ② Feuilleter, sensibiliser
5	RDV1	L'art :	① Un artiste, une cantatrice, un chef-d'œuvre, un créateur, une exposition, une œuvre d'art, un opéra, le patrimoine, une sculpture, un spectateur, une toile ② Applaudir, assister à, critiquer, juger, restaurer
	RDV2	Autour du roman :	① Une adaptation, un éditeur, une énigme, une intrigue, une nouvelle, une maison d'édition, un polar, un roman, un vernissage
6	RDV1	Le monde associatif :	① Un adhérent, une association, un bénévole, la convivialité, un don, un échange, un engagement, l'entraide, un partenariat, la solidarité, le troc ② Consommer, faire passer un message, partager, produire, rendre service ③ Durable, respectueux
	RDV2	La solidarité et le bénévolat :	① La confiance, un coup de pouce, le pouvoir d'achat, un service, une subvention ② Convier, mettre la main à la pâte, transmettre ③ Charitable, généreux, intergénérationnel, serviable, solidaire
7	RDV1	Le sport : La cause et la conséquence :	① Une finale, une victoire, une défaite, les adversaires, les gagnants, les perdants, un terrain, une rencontre sportive, un entraînement, un carton rouge, le dopage, l'arbitre ② Pratiquer un sport, se dépenser, se défouler, jouer contre, faire match nul, battre, remporter une victoire, se qualifier, être éliminé, s'entraîner ③ Car, à force de, comme, puisque, par conséquent, voilà pourquoi, si / tellement… que

Index thématique des notions

Semaine et RDV		Thème	Lexique
7	RDV2	Nationalité, administration et documents :	① La naturalisation, un certificat de nationalité, le tribunal d'instances, un extrait d'acte de naissance, un acte de mariage, un livret de famille, le ministère des Affaires étrangères ② Faire renouveler une pièce d'identité, faire des démarches, remplir un formulaire, aller retirer son passeport, fournir une série de documents, obtenir une nationalité
8	RDV1	Les études :	① Un Master, le Baccalauréat, un amphithéâtre, une Licence, un résultat, une épreuve, un concours ② Réussir, obtenir, passer, rater, tricher ③ Physique, corporel, bon / mauvais pour la santé
	RDV2	La vie étudiante :	① La cité universitaire, le restaurant universitaire, une chambre universitaire, une bourse ③ Professionnel, public, privé
9	RDV1	La vie politique :	① Une loi, un citoyen, un bureau de vote, un candidat, un électeur, une constitution, une campagne présidentielle, une affiche, un parti, des voix, l'Assemblée Nationale, le Sénat ② Voter, élire, réélire, voter blanc
	RDV2	Les mouvements sociaux : Les sentiments :	① Une manifestation, une « manif », une grève, un défilé, des slogans, des banderoles, des pancartes, un syndicat ② Faire grève, manifester ① L'indignation, la colère, la déception, la fierté, l'étonnement, l'angoisse, le bonheur, la honte, l'inquiétude, l'indifférence ② S'indigner, (se) mettre en colère, (s')énerver, ressentir, éprouver ③ Être : touché, en colère, révolté, choqué, déçu, furieux, fier, étonné, angoissé, inquiet, indifférent, « J'en ai assez », « J'en ai marre », « J'en reviens pas »
10	RDV1	Les énergies renouvelables :	① Un biocarburant, la biomasse, un débat, une éolienne, l'environnement, un ingénieur, un météorologue, un panneau solaire, un projet, une ressource, un secteur ② Analyser, développer, former ③ Hydraulique, photovoltaïque, renouvelable
	RDV2	Le recyclage et les gestes écologiques :	① Un écogeste, un changement, une charte, un déchet, une initiative, un logo, un label, la pollution, le tri ② Économiser, gaspiller, ramasser, récupérer, recycler, réduire ③ Écoresponsable, en faveur de
11	RDV1	Les sciences :	① Un chercheur, un concours, une discipline, une innovation, un lauréat, un phénomène, le progrès, une théorie ② Découvrir, expérimenter, innover, sensibiliser ③ Ludique, à long terme
	RDV2	Un mal, des maux :	① La crève, une dépression, un frisson, l'ergonomie, une pathologie, des palpitations, la prévention, le stress, un symptôme, une victime ② Alerter, prévenir, se faire du souci, rassurer, souffrir, tranquilliser
12	RDV1	Le monde du travail :	① Un bureau paysagé, un collaborateur, un collègue, un dirigeant, un ragot, un remplaçant, le respect, un titulaire, un salarié ② Dialoguer, embaucher, licencier, valoriser ③ Un CDD, un CDI, un PDG, en intérim
	RDV2	La recherche d'emploi :	① Une allocation, un candidat, une campagne, le chômage, un chômeur, la discrimination, un entretien, un employeur, une offre d'emploi ② Prospecter, s'orienter, recruter ③ Vigilant

Auto-évaluation   

	Objectifs communicatifs		Grammaire	
Semaine 1	• Faire des projets, parler de l'avenir (p. 12) : ***Un jour**, je **changerai** de vie. - **J'ai décidé de** déménager.* • Comparer (p. 13) : *C'est **pareil** ! - Ça **revient au même**. - Ça n'a rien à voir !*	☐ ☐ ☐ ☐ ☐ ☐	• Les difficultés du futur simple (p. 14) : *Nous **achèterons**. - Je **paierai**. - J'**enverrai**.* • Le comparatif avec *davantage*, *bien plus* (p. 15) : *Ton frère voyage **bien plus** que toi. - Ah oui, il voyage **davantage** !* • *Bien* et *bon / bonne* (p. 15) : *Tu comprends, c'est **bien.** Si tu parles, c'est **mieux**. - J'aime ça. C'est très **bon**, mais ce sera **meilleur** ce soir.* • Le superlatif (p. 15) : *Chenonceau est **le plus joli** château de la Loire. - C'est Mathieu qui mange **le plus**.*	☐ ☐ ☐ ☐ ☐ ☐ ☐ ☐ ☐ ☐ ☐ ☐
	• Demander et donner des conseils (p. 18) : ***Qu'est-ce que je pourrais** faire ? - **Je te conseille de** visiter... - **À ta place, je** visiterais...* • Donner des instructions (p. 19) : ***Prends** une petite trousse à pharmacie. - **Je vous interdis de** déranger l'équipage. - **Ne soyez jamais** en retard.*	☐ ☐ ☐ ☐ ☐ ☐	• L'impératif présent pour conseiller et interdire (p. 21) : ***Éteignez** vos téléphones portables, s'il vous plaît.* • La place des pronoms avec l'impératif (p. 21) : *Écris-**moi** ! - Ne **te** renseigne pas ! - N'**en** prends pas !*	☐ ☐ ☐ ☐ ☐ ☐
Semaine 2	• Situer dans l'espace (p. 28) : *Le lit **se trouve au milieu de** la pièce. - On peut voir une chaise **entre** les deux lits.* • Caractériser un lieu (p. 29) : *C'est **spacieux**. - C'est **en mauvais état**.*	☐ ☐ ☐ ☐ ☐ ☐	• Les prépositions et les adverbes de lieu (p. 30) : *Il est **dedans**. - **Contre**. - **Dessous**. - **Au-dessus**.* • La place de l'adjectif qualificatif (p. 31) : *Un **nouvel** aspirateur. - J'étais contente de retrouver mon **cher** appartement. - C'est une maison très **chère**.*	☐ ☐ ☐ ☐ ☐ ☐
	• Décrire des comportements quotidiens (p. 34) : ***S'occuper de** l'entretien de la maison. - **Débarrasser** la table.* • Exprimer son accord ou son désaccord (p. 35) : *Je suis **de ton avis**. - Tu **te trompes**.*	☐ ☐ ☐ ☐ ☐ ☐	• La négation (p. 36) : ***Personne ne** m'invite. - Ils **ne** font **ni** le ménage, **ni** la vaisselle.* • Les verbes directs ou indirects et les pronoms (p. 37) : *Vous félicitez souvent votre fille ? Non, je ne **la** félicite jamais. - Votre enfant téléphone **à** ses copains ? Il **leur** téléphone souvent.*	☐ ☐ ☐ ☐ ☐ ☐
Semaine 3	• Raconter au passé (p. 44) : ***Autrefois**, les gens vivaient... - **Un jour**, j'ai découvert... - **À un moment donné**, nous avons vu...*	☐ ☐ ☐	• L'utilisation des temps du passé (p. 47) : *Quand Fanny **était** enfant, elle **dessinait** tout le temps. - Je n'**ai** pas **visité** ce musée avec mes amis car j'y **étais** déjà **allé** deux fois. - J'**ai** bien **compris** la leçon.* • Les verbes acceptant *avoir* ou *être* aux temps composés (p. 47) : *Il **a sorti** son chien à 20 heures hier soir. - Au même moment, son voisin **est sorti** de chez lui.*	☐ ☐ ☐ ☐ ☐ ☐
	• Indiquer l'origine et la durée d'une action (p. 50) : *J'ai pris cette décision **en 2007**. - J'ai recruté 10 membres **en un trimestre**.* • Situer un événement dans le temps (p. 51) : *Ce festival a lieu chaque année **du 20 au 25 août**. - J'y ai participé **l'année dernière**.*	☐ ☐ ☐ ☐ ☐ ☐	• Les prépositions qui expriment le moment (p. 53) : *Avec mes amis, nous nous retrouvons **à** 18h et en général, nous nous quittons **vers** 20h.* • Les prépositions qui expriment la durée (p. 53) : *Ma meilleure amie est restée chez moi **pendant** trois jours. La prochaine fois, elle viendra **pour** une semaine.*	☐ ☐ ☐ ☐ ☐ ☐
Semaine 4	• Exprimer une opinion (p. 66) : ***Selon moi**, le journal de France 3 est le plus intéressant. - **Nous pensons que** cette chaîne diffuse trop de publicité.* • Commenter des données chiffrées (p. 67) : ***Les chiffres indiquent** l'attachement des Français à la radio. - **Une majorité** des personnes interrogées déclare utiliser ce média. - **Ce pourcentage augmente** chaque année.*	☐ ☐ ☐ ☐ ☐ ☐	• Le gérondif (p. 68) : *On regarde la télévision **en rentrant** du travail. - J'écoute les actualités **en prenant** mon petit-déjeuner.* • L'opposition et la concession (p. 69) : *Le rite du JT de 20 heures est immuable **malgré** la multiplication des sources d'information. - **Pourtant**, 31 % des plus diplômés ne le regardent pas ou peu.*	☐ ☐ ☐ ☐ ☐ ☐
	• Présenter des informations (p. 72) : *Voici les sujets que nous allons développer dans ce journal. - Dans quelques instants, retrouvez notre envoyé spécial.* • S'informer (p. 73) : *Comment peut-on expliquer ce phénomène ? - J'aimerais connaître votre opinion. - À votre avis, est-ce utile ?*	☐ ☐ ☐ ☐ ☐ ☐	• L'expression du but (p. 75) : *Le journaliste écrit **pour** informer les lecteurs. - Cet atelier **a pour but de** faire découvrir les métiers de la radio.* • L'interrogation (p. 76) : ***Quelle** est la force de la presse magazine ? - **Que pensez-vous** de ce chiffre ? - **Est-ce qu'**il écoute la radio sur Internet ?*	☐ ☐ ☐ ☐ ☐ ☐

Auto-évaluation   

	Objectifs communicatifs		Grammaire	
Semaine 5	• Exprimer son enthousiasme (p. 82) : *C'est vraiment merveilleux ! - Je trouve ça remarquable ! - Cet opéra me plaît beaucoup.* • Relater un fait divers (p. 83) : *L'agresseur a été arrêté puis livré à la police. - La victime a porté plainte.*	☐ ☐ ☐ ☐ ☐ ☐	• La forme passive (p. 85) : La Joconde ***est surveillée*** *de près et protégée. - Le tableau* ***sera décroché*** *avant la fin de l'exposition.* • Le pronom relatif *dont* (p. 85) : *J'ai vu l'opéra* ***dont*** *je t'avais parlé la fois dernière. - La pièce* ***dont*** *je te parle s'intitule* Le Mariage de Figaro.	☐ ☐ ☐ ☐ ☐ ☐
	• Exprimer un souhait, une volonté (p. 88) : ***J'aimerais*** *vraiment lire ce livre tranquillement. - L'auteur* ***a exigé que*** *la couverture de ce roman soit modifiée.* • Donner ses impressions (p. 89) : ***Nous sommes heureux d'****assister à cet évènement. -* ***Je suis désolé(e) que*** *tu n'aies pas aimé. -* ***Ça me choque qu'****il parte avant la fin.*	☐ ☐ ☐ ☐ ☐ ☐	• Le subjonctif, formation et emplois (p. 90-91) : *J'aimerais* ***que tu lises*** *plus pour* ***que tu puisses*** *découvrir de nouveaux écrivains.*	☐ ☐ ☐
Semaine 6	• Exprimer la peur, l'inquiétude (p. 98) : *Cet homme* ***est angoissé*** *à l'idée qu'il puisse y avoir des OGM dans ses aliments. -* ***De peur qu'****il n'y ait pas assez d'adhérents, ils ont renoncé à ce projet. -* ***Nous craignons*** *une hausse des prix.* • Rapporter des propos (p. 99) : *« Il y a encore beaucoup à faire. »,* ***admettent-ils****. - On leur* ***demande*** *ce qu'ils seraient capables de donner.*	☐ ☐ ☐ ☐ ☐ ☐	• Les usages des pronoms *y* et *en* (p. 100) : *Je m'****y*** *rends tous les jours. - Il n'****en*** *utilise pas pour ses cultures.* • Le discours indirect au présent (p. 101) : *Ils* ***disent qu'****ils n'ont rien à proposer. - Elle me* ***demande si*** *j'appartiens à une association.*	☐ ☐ ☐ ☐ ☐ ☐
	• Exprimer l'obligation, l'interdit (p. 104) : *Le locataire* ***doit*** *participer aux frais de la maison. - Il* ***est indispensable qu'****une relation de confiance s'établisse. - Vous* ***ne devez pas*** *fumer dans la maison. -* ***Il est interdit de*** *rentrer tard le soir.* • Exprimer le regret, formuler des reproches (p. 105) : *Je* ***regrette de*** *ne pas avoir assisté à la fête. -* ***Il aurait mieux valu*** *ne pas leur faire confiance. -* ***Tu aurais pu*** *me prévenir ! -* ***Vous avez tort de*** *les négliger.*	☐ ☐ ☐ ☐ ☐ ☐	• La place des doubles pronoms (p. 107) : *La locataire* ***les lui*** *fait pour l'aider. - Je* ***lui en*** *ai parlé hier. - Il n'****y en*** *a pas ici. - Rends-****la-moi*** *!* • Le conditionnel passé (p. 107) : *Tu* ***aurais pu*** *me prévenir ! - Sans cet imprévu, je* ***serais venu****. - Nous* ***aurions aimé*** *avoir un peu plus de temps.*	☐ ☐ ☐ ☐ ☐ ☐
Semaine 7	• Exprimer la cause (p. 120) : *Puisque les voyages permettent de rencontrer des gens... -* ***Vu que*** *les activités humaines sont mondialisées...* • Expliquer un problème (p. 121) : *Les gens ne vont plus chez les disquaires,* ***c'est la raison pour laquelle****... - Les artistes gagneront* ***tellement*** *peu d'argent* ***que****...*	☐ ☐ ☐ ☐ ☐ ☐	• L'expression de la cause (p. 123) : ***Pourquoi*** *a-t-il perdu la course ?* ***Faute d'****entraînement. -* ***Comme*** *les deux équipes étaient du même niveau, elles ont fait match nul.* • L'expression de la conséquence (p. 123) : *Il veut faire le marathon de New York :* ***par conséquent****, il court pendant une heure chaque jour.*	☐ ☐ ☐ ☐ ☐ ☐
	• Commenter un phénomène (p. 126) : *Auparavant, de telles pratiques* ***étaient rares****. - Beaucoup pensent que* ***ça va cesser un jour****. - De nombreux États* ***luttent contre ces abus****.* • Donner un exemple, apporter une précision (p. 127) : *On peut* ***prendre l'exemple de*** *Zidane qui a joué en Italie. - C'est* ***en fait aussi le cas*** *de mon frère, qui habite à l'étranger.*	☐ ☐ ☐ ☐ ☐ ☐	• Les indéfinis (p. 129) : *Ne dites pas* ***n'importe quoi*** *! -* ***Certaines*** *personnes ont répondu,* ***d'autres*** *ont refusé de répondre. - Est-ce que je peux m'asseoir* ***quelque part*** *? -* ***Tout*** *m'intéresse. -* ***Toutes*** *les choses m'intéressent. - Tu connais* ***tous*** *tes voisins ? Oui, je les connais* ***tous****.*	☐ ☐ ☐
Semaine 8	• Parler de ses études (p. 136) : *Kelly* ***est étudiante*** *en anglais. - Bénédicte* ***a un diplôme de*** *Master. - Olivier* ***est diplômé d'****une grande école d'ingénieurs.* • Exprimer une façon de faire (p. 137) : *Elle écrit* ***avec précision****. - Il m'a regardée* ***bizarrement****. - Il parle* ***en articulant bien****.*	☐ ☐ ☐ ☐ ☐ ☐	• L'accord du participe passé (p. 139) : *Les études que j'ai faites m'ont passionn****ée****. - Amina et Clémence se sont téléphon****é*** *hier.* • Les adverbes en *-ment* : cas particuliers (p. 139) : *Elle répond toujours* ***patiemment*** *aux gens qui l'interrogent* ***agressivement****.*	☐ ☐ ☐ ☐ ☐ ☐
	• Exprimer l'antériorité dans le futur (p. 142) : ***Dans un an****, j'aurai appris... -* ***L'année prochaine****, je me serai inscrit...* • Mettre ses idées en relief (p. 143) : ***C'est*** *exactement l'idée* ***que*** *je défends ! -* ***C'est*** *un constat* ***dont*** *on ne peut que se plaindre.*	☐ ☐ ☐ ☐ ☐ ☐	• La mise en relief (p. 145) : ***C'est*** *mon professeur* ***qui*** *m'a aidé à réussir cet examen ! -* ***Si*** *les étudiants ne disposent pas d'un logement décent,* ***c'est*** *parce que les loyers sont trop chers pour leur budget.* • Le futur antérieur (p. 145) : *Je serai heureux quand j'****aurai eu*** *mon DELF. - Stéphane n'est pas encore là, il* ***se sera perdu*** *dans les couloirs.*	☐ ☐ ☐ ☐ ☐ ☐

Je m'auto-évalue : à la fin de chaque rendez-vous, je lis les objectifs communicatifs et les points de grammaire. Je coche :

- : j'ai tout compris !
- : je retourne à la page indiquée et je relis le tableau.
- : je retourne à la page indiquée et je refais les activités du livre et du cahier d'activités.

	Objectifs communicatifs		Grammaire	
Semaine 9	• Exprimer des rapports temporels entre des actions (p. 152) : *Avant de **voter**, il faut **s'inscrire** sur les listes électorales. - Lorsque le citoyen **est** en vacances, il **peut** voter par procuration. - Après **avoir constaté** l'abstention d'un citoyen, l'État **peut** le sanctionner d'une amende.* • Éviter les répétitions (p. 153) : *La présidence de François Mitterrand a duré 14 ans, **celle de** Jacques Chirac, 12.*	☐ ☐ ☐ ☐ ☐ ☐	• L'expression de l'antériorité, de la simultanéité et de la postériorité (p. 154) : *Il est allé voter juste **avant que** les bureaux ferment. - **Pendant que** De Gaulle était président, la France a connu une grande contestation sociale appelée « Mai 68 ». - **Après avoir** mené une campagne sans fautes, le candidat de l'opposition a été élu.* • Les pronoms démonstratifs : synthèse des usages (p. 155) : *J'écris à quels élus ? À **ceux de** votre département. - Quel bulletin ? **Celui-ci** ou **celui-là** ?*	☐ ☐ ☐ ☐ ☐ ☐
	• Exprimer la déception, l'indignation, la colère (p. 158) : *Je suis **déçu** que le gouvernement ne réagisse pas. - C'est **révoltant** ! - **J'en ai assez** !* • Exprimer l'espoir, la surprise, l'admiration (p. 159) : ***Pourvu qu'**ils se fassent entendre ! - **J'en reviens pas !** - Les manifestants ont un courage **admirable**.*	☐ ☐ ☐ ☐ ☐ ☐	• Structure des phrases avec le subjonctif, l'infinitif ou l'indicatif (p. 161) : *Elle est triste **que tu partes**. - Elle est triste **de partir**. - Elle espère **que tu la comprendras**.* • La nominalisation des adjectifs (p. 161) : *Tu t'es senti **fier** d'avoir eu ton examen ? Oui, j'ai ressenti de la **fierté** ce jour-là.*	☐ ☐ ☐ ☐ ☐ ☐
Semaine 10	• Proposer de rejoindre une équipe, de travailler ensemble (p. 174) : *Que diriez-vous de venir avec nous ? - Et si nous allions à cette réunion ensemble ?* • Faire valoir ses compétences (p. 175) : *Je suis capable de fédérer autour d'un projet. - Nous sommes en mesure de vous donner entière satisfaction.*	☐ ☐ ☐ ☐ ☐ ☐	• Le discours indirect et la concordance des temps au passé (p. 177) : *Elle a dit que ces établissements **proposaient** des formations. - Il a expliqué qu'il **s'était formé** facilement. - Il a confié que les emplois **seraient** plus stables dans ce secteur.*	☐ ☐ ☐
	• Proposer à quelqu'un d'agir (p. 180) : *Je vous invite à éteindre les lumières. - Il faut que nous pensions à recycler les cartouches. - Nous aimerions que ces mesures soient mises en place rapidement.* • Comprendre / Présenter un phénomène de société (p. 181) : *Les entreprises sont **de plus en plus** sensibilisées à l'écologie. - Les actions en faveur de l'environnement **se multiplient**. - Nous avons changé nos habitudes.*	☐ ☐ ☐ ☐ ☐ ☐	• Les homophones grammaticaux (p. 183) : *J'ai parlé à **mes** collègues **mais** il faudra recommencer. - Elle **s'y** rendra **si** elle en a le temps. - Nos collègues trieront **leurs** déchets si nous **leur** expliquons comment faire.* • Les connecteurs logiques (p. 183) : ***Ainsi**, des panneaux solaires ont été installés. - La modification des pratiques concerne **d'abord** le recours à des produits réutilisables.*	☐ ☐ ☐ ☐ ☐ ☐
Semaine 11	• Demander des précisions (p. 190) : *Nous voudrions en savoir un peu plus sur cette fête. - Pourriez-vous m'expliquer plus précisément comment trouver les informations ? - Auriez-vous des détails sur les animations proposées ?* • Formuler des hypothèses (p. 191) : *Au cas où vous n'auriez pas compris, dites-le moi ! - En supposant que l'expérience aboutisse, ce sera une grande avancée.*	☐ ☐ ☐ ☐ ☐ ☐	• Le participe présent et l'adjectif verbal (p. 193) : *Les écoles **ayant** rempli le formulaire pourront participer. - Cette fête propose des expositions **innovantes**. - Elle a eu lieu le mois **précédent**. - Les écoles devront s'inscrire la semaine **précédant** la manifestation.* • Les phrases hypothétiques (p. 193) : *Si tu regardes à droite, tu verras la Grande Ourse.*	☐ ☐ ☐ ☐ ☐ ☐
	• Parler de sa santé (p. 196) : *Je me suis fait mal au dos. - Je ne me sens pas bien. / Je me sens mal. - Il me faut un médicament contre la douleur. - J'ai une cervicalgie.* • Réconforter, rassurer (p. 197) : *Je vous rassure, vous êtes en parfaite santé. - Ne vous faites pas de souci ! Nous allons trouver une solution.*	☐ ☐ ☐ ☐ ☐ ☐	• Les pronoms relatifs composés (p. 198) : *C'est la raison **pour laquelle** je ne suis pas d'accord. - Les résultats **sur lesquels** il s'appuie sont faux.* • Les termes de reprise (p. 199) : *Cette scientifique est jeune. **Elle** est brillante. Nous **l'**admirons beaucoup. C'est **une personne dont** je me souviendrai toujours.*	☐ ☐ ☐ ☐ ☐ ☐
Semaine 12	• Exprimer le mécontentement, la désapprobation (p. 206) : ***Ça m'agace qu'**elle parle si fort. - **Ça m'énerve de** devoir toujours me répéter.* • Exprimer l'ignorance (p. 207) : *Nous ne savions pas pourquoi l'ambiance était tendue. - Je n'en ai aucune idée !*	☐ ☐ ☐ ☐ ☐ ☐	• Le subjonctif passé (p. 209) : *Il faut que tu **aies terminé** demain matin. - Je suis heureux que tu **sois venu**.* • Révisions : les pronoms (p. 209) : *Je sais **que** tu es très occupée avec tes enfants. **Les miens** étaient terribles au même âge. - Si tu trouves le temps, passe **nous** voir.*	☐ ☐ ☐ ☐ ☐ ☐
	• Exprimer sa gratitude (p. 212) : ***Félicitations** pour votre dernier livre ! - **Tous mes compliments** pour l'ensemble de votre œuvre ! - Elle vous remercie beaucoup pour cet autographe. - Je vous suis reconnaissant d'avoir diffusé mon message.* • Parler de discrimination (p. 213) : *Il faut être attentif. - Sois vigilante. - Les recruteurs ont intérêt à se montrer prudents. - Méfiez-vous des questions pièges.*	☐ ☐ ☐ ☐ ☐ ☐	• Le passé simple (p. 215) : *Il **travailla** avec lui. - Il **fut** un grand écrivain. - Ils **tinrent** une conversation intéressante.* • Révisions : modes et temps du verbe (p. 215) : *Il nie **être impliqué** dans cette affaire. - Ils nient que leur oncle **soit impliqué** dans cette affaire.*	☐ ☐ ☐ ☐ ☐ ☐

Transcriptions

Semaine 1 - Au Québec

RDV1 - À découvrir p. 12

2., 3. et 6. - Allez un petit peu de sport. Voici, pour la planète, un grand voyage, un grand tour du monde à vélo que commenceront au printemps deux frères suisses, Axel Long qui termine un Master en géographie et son frère, Étienne, qui fait des études de langues étrangères. Ils aiment tous les deux les voyages et les défis sportifs. Ils se rendront sur les cinq continents à vélo, en passant par Ushuaïa, la ville la plus au sud de la planète et Cap Nord, la plus au nord. Cela fait deux ans qu'ils ont décidé de faire ce voyage, deux ans qu'ils s'y préparent. C'est un voyage qui passera notamment par la France, l'Espagne, le Maroc, l'Amérique du Sud, l'Australie, la Thaïlande, la Turquie, les pays de l'est avant de revenir par le nord de l'Europe, 30 000 kilomètres en tout, en pédalant, mais c'est selon eux la meilleure façon de découvrir le monde. Écoutons Axel.
- J'espère que je vais apprendre des choses sur la façon de vivre des gens. Le vélo, c'est chouette, on pourra rencontrer directement les gens, il n'y aura pas vraiment de barrières.
- Alors le vélo, qu'est-ce qui le caractérise ? C'est le plus écologique de tous les moyens de transport ! Mais ce n'est pas le seul geste vert que feront les deux frères. L'autre aspect écologique, c'est tout le travail de sensibilisation qu'ils réaliseront chez nous après le voyage. Écoutons Étienne.
- Notre objectif, c'est de réussir à discuter du thème de l'environnement avec les gens qu'on rencontrera pendant le voyage : on leur demandera ce qu'ils font pour protéger la planète, on écoutera les conseils qu'ils pourront donner aux gens de chez nous. Voilà, c'est le genre de questions qu'on leur posera pour comprendre ce qui se passe sur la planète entière.

RDV2 - À découvrir p. 19

6. et 7. - Avec nous aujourd'hui Jean-Pierre Armand, globe-trotteur, qui nous livre son expérience du voyage en cargo.
- Alors, le principe du voyage en cargo, c'est en fait de retrouver la notion de temps, de durée, de lenteur, c'est-à-dire qu'au lieu d'aller très très vite d'un point à un autre, là on retrouve la notion de l'introspection. Le voyage en cargo, c'est le voyage en lui-même. Ce n'est pas trop la destination qui compte...
- Combien ça dure une traversée, par exemple, la traversée de l'Atlantique ?
- Alors, je peux vous livrer mon expérience, un des premiers grands voyages que j'ai fait, ça a été Le Havre-New-York. Ça m'a pris 14 jours.
- Et ça coûte combien par jour et par personne ?
- Ah, ça coûte en moyenne entre 90 et 110 euros par personne et par jour.
- Comment se passent les relations avec l'équipage parce qu'on a un équipage composé de marins professionnels, de gens qui s'occupent du bateau et puis on a des passagers comme vous, comment ça se passe ?
- Il est évident que vous aurez l'occasion de rencontrer les marins et de discuter avec eux. Vous apprendrez comment fonctionne un bateau, comment tout est organisé, comment cette énorme machine marche.
- Et ça, c'est possible, on peut visiter le bateau ?
- Complètement, on peut le visiter avec certaines règles mais c'est vrai que vous visiterez la salle des machines, vous verrez comment fonctionne un débarquement de marchandises lorsqu'on arrivera dans un port et tout ça, c'est extrêmement intéressant mais toujours en tenant compte de l'importance de... Comment dirais-je... de ne pas troubler leur travail. Y a des règles à bord qui sont très très précises.
- Lesquelles par exemple ?
- Ben, par exemple, les repas sont d'une ponctualité totale et il y a une autre règle, c'est que le bateau part et n'attend pas les passagers, quand il y a une heure de départ, il y a une heure de départ.

À dire p. 25

1. **a.** Allô bonjour, je suis Adeline, j'habite à Rouen et j'appelle pour dire que j'adore cette chanson, j'écoute en boucle l'album, toutes les chansons me plaisent et, fait rarissime, elles plaisent à toute la famille de mon fils à mon mari en passant par ma fille !!!!!
b. Oui... Olivier de Nice, Ariane Moffat... Alors moi, j'aime bien mais sans plus !!! En tout cas, celle-là !!! Après les autres, je les connais pas !!
c. Allô, je suis Lola de Quimper. *Je veux tout*, c'est ma chanson préférée du moment. Le refrain est entraînant, les paroles sont bien écrites, la fille a une super voix, ça change un peu de ce qu'on entend en ce moment. C'est une chanson qui ne se prend pas au sérieux et ça c'est bien... Et, ah oui, j'allais oublier... Moi aussi, je veux tout !!
d. Allô, moi, c'est Larissa, j'habite à Paris et j'en ai un peu assez d'entendre cette chanson tout le temps à la radio. L'écouter une fois, c'est sympa, mais déjà à la deuxième, on en a marre, c'est toujours la même chose, la mélodie est banale et puis cette voix de gamine m'énerve vraiment.
e. Jacques, Boulogne, souvent je fredonne cette chanson, elle est super !!! C'est vraiment une chanson... qui reste dans la tête... Les cuivres, la musicalité... et cette voix un peu cassée, j'adore !
f. Rita, Montpellier, je voulais juste dire que c'est la chanson qui me met de bonne humeur en ce moment !!

Semaine 2 - En Louisiane

RDV1 - À découvrir p. 29

6., 7. et 8. Voilà, nous voilà dans le studio, voyez, c'est un, c'est vraiment un petit, presque un petit bijou. Une pièce coquette, c'est joli comme tout hein ? Heu, donc dans ce petit studio il y a le bloc cuisine avec les plaques chauffantes, le réfrigérateur à priori, voilà. Donc, tout ça, ça fonctionne. Y a l'avantage d'un petit balcon, voyez, sur le côté sud, là, il y a un peu le bruit de l'avenue, bien entendu mais quand il y a du soleil, c'est agréable. Vous voulez passer sur le balcon ? C'est joli. Voilà et puis sixième étage, on a une vue agréable. Y a des vitres, un double vitrage là qui est très, très efficace mais il y a le chauffage, le chauffage, je cherche le radiateur voilà, chauffage par l'immeuble qui est très... largement suffisant, même un peu trop chaud. Alors ici, ben mademoiselle Morisset a refait toutes ses peintures donc c'est propre, c'est la salle d'eau, la douche, le lavabo, les toilettes dans la même pièce mais tout ça c'est, ça m'a l'air très propre, hein. Ici, le petit, le petit recoin, c'est la mezzanine avec le lit, l'échelle, la petite échelle. Voilà, les moquettes, les papiers sont propres. Alors sous la mezzanine, c'est aménagé vraiment agréablement : il y a une penderie pour les vêtements, un petit rideau devant, c'est très coquet tout ça. Le montant du loyer ici, de tête, c'est 460 euros mensuels chauffage compris, charges comprises, donc c'est le chauffage c'est important. C'est pas mal.

RDV2 - À découvrir p. 34

1. et 2. - Bon alors, Marion, où est-ce que tu habites maintenant ?
- J'habite à Toulouse, dans le nord, à Croix Daurade.
- Oui. Et alors, c'est quoi ? Un appartement ou une maison ?
- C'est une maison où on vit à quatre, donc, où on a quatre chambres.
- Mais quatre, pourquoi quatre ?
- On est quatre colocataires.
- Ah, c'est ça, voilà. C'est pas... c'est pas la famille.
- Non. On vit en colocation. On est... On a tous les quatre 30 ans à peu près.
- Oui. Et au point de vue pratique, enfin comment ça se passe, je sais pas, la cuisine, les courses ?
- Alors, les courses, tout ce qui est sec, aliments secs, on l'achète en commun. On a une caisse commune où on met 50 euros par mois à peu près.
- Et donc il y a quelqu'un qui va au supermarché et...
- Et on va au supermarché, voilà. Alors des fois, on y va par deux, des fois, on y va tout seul. On va acheter ce qui nous manque. Et après, tout ce qui est frais, légumes, viande, etc., vu qu'on n'a pas du tout les mêmes goûts, on fait nos courses nous-mêmes.
- Ah bon. Mais qui est-ce qui cuisine ? Vous cuisinez chacun pour vous ou pour le groupe ?
- Alors, jusqu'à maintenant - ça fait 4 mois, hein - on... on cuisine souvent pour le groupe. Après, ça dépend qui il y a dans le groupe au moment où on cuisine aussi, quoi.
- Oui, oui. Et, je sais pas, côté entretien de la maison ? Parce que c'est une maison quand même.
- Oui, c'est une maison, 2 étage, 120 m^2. Donc c'est une grande maison. Alors, au niveau nettoyage, ça, ça dépend un peu des personnes.
- Oui. Tout le monde n'a pas le même...
- Voilà !
- Les mêmes critères.
- Voilà. Et puis nous, on est... Il y a un garçon et trois filles. Et alors petit à petit, on s'aperçoit que c'est le garçon le plus maniaque.
- C'est vrai ?
- Oui ! Donc c'est lui qui fait le plus le ménage. Mais bon, on tourne. Les parties communes, en tout cas, on les fait tous ensemble, on tourne. Et après, chacun sa chambre, son espace.
- Oui. Et alors, il râle contre les filles ?
- Il râle pas, non, il est pas râleur, ça va ! Il dit rien pour l'instant, ça fait quatre mois, hein ! Peut-être d'ici quelques mois, il dira quelque chose mais pour l'instant, ça va.
- Ah ! D'accord.

RDV2 - À savoir - Vocabulaire p. 36

1. - Bonjour monsieur. Je suis Léa, de l'institut SFE. C'est pour un sondage sur la répartition des tâches ménagères. Vous auriez quelques minutes ?
- Oui, oui.
- Votre foyer est composé de combien de personnes ?
- Quatre : ma femme, mes deux enfants qui ont 14 et 16 ans, et moi-même.
- Chez vous, qui s'occupe le plus du ménage ?
- Oh, vous savez, ça dépend des préférences de chacun, du temps que nous avons. Tout le monde participe. Mais je pense que ma femme préfère passer l'aspirateur et enlever la poussière. Ça l'énerve quand ce n'est pas propre. Moi aussi, souvent, je passe le balai et je lave le sol. Et ce sont mes enfants qui nettoient les vitres, ils n'aiment pas les fenêtres sales et ils sont plus patients que leurs parents !
- Très bien.
- Et qui s'occupe du linge, des lessives ?
- Ça, c'est moi ! Je lance les machines, puis mets le linge dans le sèche-linge. Je repasse aussi parfois. Mais chacun range ses vêtements dans son placard !
- Et pour les courses ?
- Je les fais en général avec ma femme, on va parfois au supermarché, et si on a le temps, on va aussi faire un tour au marché.
- D'accord. Et pour la cuisine ? Vous cuisinez beaucoup ?
- Oui, plutôt. Soit je cuisine avec mon fils, soit ma femme cuisine avec ma fille. Les enfants mettent la table et la débarrassent. Et ceux qui n'ont pas cuisiné font la vaisselle ! Laver, essuyer, à deux, c'est rapide. Nous n'avons pas de lave-vaisselle.

- Et pour le bricolage, les petits travaux ?
- Mon fils n'a que 16 ans mais il se débrouille très bien.
- Eh bien, je vois que vous êtes une famille très organisée. Je vous remercie monsieur.
- Je vous en prie. Bonne continuation !

RDV2 - À savoir - Grammaire p. 37

4. **a.** Range ta chambre.
b. Lave tes vêtements.
c. Demande à ta mère.
d. Invite tes amis.
e. Ne réponds pas à ton père.
f. Aide ton petit frère.
g. Écris à tes enfants.
h. Demande l'autorisation.
i. Donne des conseils à tes parents.

À faire p. 39

4. Allô, c'est Lola, j'espère que tu as reçu notre courriel. On a enfin trouvé la maison de nos rêves, exactement comme on la voulait avec en plus une petite piscine et une cabane dans le jardin. Timothée et moi, on est super contents ! La Louisiane, c'est génial et Baton Rouge, très typique. Par chance, on habite en plein centre, juste à côté d'un golf ! En fait, c'est simple, de nos fenêtres on voit les joueurs puisque, quand tu sors du Howell park, il y a une rue juste en face qui s'appelle Bootsie Drive et nous sommes à l'angle de cette rue et de la Winbourne Avenue. Quand on ne visite pas la ville, j'observe les golfeurs de ma fenêtre... Je vais devenir une vraie spécialiste !! À bientôt !

À dire p. 41

1. et 2. - Agence Domideal, bonjour !
- Bonjour monsieur, je voudrais parler à madame Lucet, s'il vous plaît.
- Oui, je vous mets en relation avec elle. Un instant s'il vous plaît.
- Adeline Lucet, bonjour.
- Bonjour madame, ici Lucie Richet. Je vous rappelle au sujet de votre mail et du logement que vous avez trouvé pour moi.
- Oui, alors il s'agit d'une grande chambre meublée, tout confort, de 30 m², avec un grand canapé convertible, une table et des chaises, une salle de bains-WC. Il y a beaucoup d'espaces de rangement, c'est bien organisé. Et c'est clair, lumineux. Le quartier est calme, il n'y a aucun bruit. De plus, comme je vous l'ai déjà dit, le prix est très raisonnable. Et vous avez accès à une cuisine commune avec les autres résidents.
- Très bien. Quand pourrais-je le visiter ?
- Demain matin, si vous êtes libre.
- D'accord, 10 h 30, ça vous va ?
- Parfait, à demain !

3. - Allô bonjour, pourrais-je parler à Louis Louvier s'il vous plaît ?
- Pardon, mais il n'y a pas de Louis ici. Vous avez dû vous tromper de numéro.
- Mais pourtant, j'ai fait le 07 18 75 44 56.
- Oui, mais mon numéro, c'est le 07 18 75 44 65.
- Ah, désolée, excusez-moi monsieur.
- Il n'y a pas de mal, je vous en prie. Au revoir.
- Excusez-moi encore. Au revoir.

Semaine 3 - En Guyane

RDV 1 - À découvrir p. 45

6., 7., 8. et 9. - Bonsoir, Fanny Michaelis, comment ça va !
- Ça va bien, merci. Bonsoir.
- Fanny Michaelis, on a un petit peu parlé de cette première bande dessinée : *Avant, mon père aussi était un enfant* qui paraîtra à la rentrée. C'est quand même l'occasion d'apprendre aussi un peu à vous connaître, notamment votre parcours éclectique. Ça vous vient d'où, ce, ce goût pour le dessin ? Toute petite, vous griffonniez déjà ?
- Oui, oui, j'ai toujours dessiné. En fait, ma mère m'a initiée au dessin et j'avais droit de, le droit de dessiner dans ma chambre, sur tous les murs, en fait, c'était un peu le, le contrat passé à la maison, sur aucun autre mur dans la maison, sauf dans ma chambre, donc ma chambre était recouverte de gribouillis, de portraits, de dessins, enfin... Et j'ai toujours dessiné, quoi, ça a toujours été...
- Parce que vos parents étaient également artistes ?
- Mes parents, en fait, sont dans le théâtre. Ma mère est metteur en scène, mon père est comédien. Mais ma mère avait fait les Beaux-Arts donc elle avait un passé de plasticienne.
- Fanny Michaelis, c'est la même question tous les soirs. J'aimerais que vous me racontiez une première fois qui a été déterminante pour vous, une rencontre, un maître spirituel, un choc de lecture, n'importe qui, n'importe quoi, c'est vous qui choisissez.
- Ben, en fait, j'ai un peu réfléchi. Euh, c'est une question un peu compliquée pour moi parce que je crois que... une toute première fois, c'est pas souvent la meilleure en fait. Mais je me souviens en tout cas d'une fois, la première fois que je suis montée sur scène, donc c'est à la fois une première fois de théâtre et une première fois de dessin parce que la pr... le premier spectacle de ma mère dans lequel je suis apparue, j'avais 5 ans et demi, et on m'avait demandé de monter sur scène, de finir le spectacle, en dessinant face au public, sur une table sous une petite ampoule. Et, et en fait, j'étais terrorisée, parce que j'avais 5 ans et demi et que j'avais très très peur et que je crois que le dessin pour moi, c'était quelque chose d'intime. Et c'est un souvenir un peu ambivalent parce que... Et je crois que dans ce livre, *Avant, mon père aussi était un enfant*, c'est le, la première fois que j'arrive à partager, tout en laissant du mystère là où il en faut, et en ayant ce plaisir et cette envie de laisser au public la chance de comprendre peut-être ce que je voulais raconter.
- Et c'est sur ce souvenir aux allures de révélations qu'on va conclure notre rendez-vous. Fanny Michaelis, merci d'avoir été avec nous.

RDV 1 - À savoir - Grammaire p. 47

1. **1.** L'an dernier, j'ai eu la chance de visiter la Guadeloupe !
2. J'ai éteint mon ordinateur.
3. J'ai pris l'avion.
4. J'ai mis ma ceinture.
5. Je n'ai pas été malade.
6. Mais j'avais dû prendre un médicament avant de partir.
7. J'ai offert des cadeaux à mes amis.
8. J'ai découvert beaucoup de choses.
9. J'ai couru au bord de la mer deux ou trois fois.
10. J'ai conduit une moto.
11. J'ai lu deux livres.
12. J'ai bu du punch.
13. Il n'a pas plu !
14. Je me suis assis sur la plage.
15. J'ai écrit des cartes postales.
16. J'ai perdu mon porte-monnaie.
17. J'ai voulu apprendre à danser.
18. J'ai suivi un cours de danse.
19. J'ai beaucoup ri !
20. J'ai vécu de très (bons moments !)

RDV2 - À découvrir p. 51

6. Seule, une personne peut changer les choses, mais tous ensemble, nous pouvons changer le monde. Éteignez vos lumières le samedi 26 mars de 20 h 30 à 21 h 30. Rejoignez le WWF pour *Earth Hour* et délivrons ensemble un message d'espoir en faveur de la planète. Nous pouvons le faire pendant 60 minutes, alors qu'attendons-nous pour agir au quotidien ? Ensemble, nos actions deviennent plus grandes. Éteignez vos lumières le samedi 26 mars pour y voir plus clair.

RDV2 - À savoir - Grammaire p. 53

1. - Bonjour Denis.
- Bonjour Antoine, bonjour à tous les auditeurs.
- Que faites-vous le dimanche ? Grasse mat d'abord ?
- Oui, grasse mat tout le temps. On se lève tard, oui j'ai une grande fille, une ado de 14 ans qui se lève encore plus tard que nous. Généralement on se lève tard.
- C'est quoi, 11 h, 11 heures et demie ?
- Oui, entre 11 h et midi. Mon épouse et moi on se lève, on fait un brunch, on adore ça, c'est-à-dire que y a pas de déjeuner le midi chez les Hernandez, alors on va faire deux-trois courses tout en bas de la maison pour faire un brunch.
- Un petit marché ?
- Euh... ouais, parce que le marché, c'est un endroit très sympa. Alors, des fois, c'est avant le brunch, des fois c'est après, des fois ça dépend, y a pas de règle. Et généralement on passe une heure, une heure et demie là-dedans. Et à partir de là, l'après-midi est presque attaqué donc ça peut être une sieste, des copains. Et le dimanche soir, le rituel est immuable, c'est un dîner à trois, c'est d'être tous les trois dans le salon donc assis par terre sur une table basse souvent à regarder le film du dimanche soir et ah oui, jamais rater le journal... le journal de 20 h.

À faire p. 54

1. - Bonjour Patrick.
- Bonjour Pascale.
- On va parler maintenant d'une des plus grandes célébrités de l'histoire de la chanson française.
- Oui, un chanteur marquant, d'abord grâce à sa splendide voix.
- Je suis sûre que la vôtre est presque aussi splendide ! Vous nous chantez quelque chose ?
- *Le travail, c'est la santé, rien faire, c'est la conserver.*
- C'est qui ?
- Henri Salvador ! Vous l'avez reconnu ! Né en 1917 en Guyane, il est mort le 13 février 2008, à l'âge de 90 ans. Jusqu'à la fin, il a chanté en public, devant un public qui connaissait ses chansons par cœur. Et il faut dire que des tubes, il en a eu de nombreux dans son répertoire. On a entendu *Le travail c'est la santé*, qui a marqué le début de son succès dans les années 50 mais il y a aussi, évidemment, *La chanson douce*, vous connaissez ?
- Bien sûr ! *Une chanson douce, que me chantait ma maman, en suçant mon pouce, j'écoutais en m'endormant.* Il a eu beaucoup de succès avec son orchestre. Et là, ce n'est que le début, hein ?
- Eh oui, au début des années 60, c'est grâce à la télé qu'il est devenu un chanteur populaire !
- Il faut dire qu'il était séduisant. Et il avait un rire extraordinaire, non ?
- Oui, j'aurais du mal à l'imiter...
- Mais on le reconnaissait entre mille, hein, ce rire !
- C'est clair ! Et jusqu'à la fin de sa vie, Henri Salvador était encore sur scène ; une semaine avant sa mort, il enregistrait même une émission de radio diffusée le 10 février, soit trois jours avant sa mort, le 13, donc chez lui, à Paris.
- Ça me rappelle sa chanson : *Dans la jungle, terrible jungle, le lion est mort ce soir...*

À dire p. 57

1., 2. et 4. Ce matin, on aborde l'histoire d'un mythe vivant. Dans le monde entier, elle incarne toujours la Française par excellence. Depuis 50 ans, elle nous charme par sa grâce, son charisme, son sourire, son regard, son timbre et sa voix au débit si particulier. Pour vous ce matin, le Fabuleux Destin de la grande Catherine Deneuve. 26 juin 1967, jusqu'à ce jour de printemps, elles étaient deux sœurs inséparables. « Nous sommes deux sœurs jumelles nées sous le signe des gémeaux, mi, fa, sol, la, mi, ré ». Juste après la sortie des *Demoiselles de Rochefort*, sa sœur aînée Françoise Dorléac se tue sur la route. Catherine Deneuve a 23 ans, sa beauté illumine déjà le cinéma mais, à partir de cette date, elle va être toute seule à écrire son fabuleux destin avec ce nom de Deneuve qu'elle s'est choisi. On l'écoute. « Ce n'est pas un vrai pseudonyme, comme quand j'ai commencé à faire du cinéma, ma sœur était déjà actrice et avait gardé son nom, son vrai nom. On ne pouvait pas être toutes les deux sous le même nom au cinéma donc j'ai pris le nom de jeune fille de ma mère ». Une enfance heureuse dans une famille d'acteurs, premier tournage à 16 ans, jolie, polie, intelligente. François Truffaut l'adore. Les metteurs en scène la veulent, elle n'a jamais pris un seul cours de comédie mais sait déjà tout faire. De l'inclassable *Parapluies de Cherbourg* de Jacques Demy à *Belle de jour* de Buñuel en passant par *Répulsion* de Polanski, l'actrice construit sa légende mais sans calcul. Tout juste deux films par an sans jamais hésiter à froisser, au contraire, son image de beauté froide et cérébrale. Les années qui suivent seront florissantes, Catherine Deneuve sait épouser son temps et même parfois le devancer. Et si c'était là le secret de la star la plus discrète du cinéma français ? Un fils avec Roger Vadim, Christian, une fille avec Marcello Mastroianni, Chiara. Des milliers de couvertures de magazines, égérie de la mode, mais Deneuve, depuis toujours ne montre que ce qu'elle veut montrer. Elle se protège et en joue avec le sourire. Le mythe est pourtant de tous les combats, soutien aux sans-papiers, aux dissidents cubains, aux femmes battues. Aussi à l'aise dans la série américaine *Nip Tuck* que pour donner la réplique à Montand dans *Le sauvage*. Deneuve n'a jamais quitté l'écran et touché de près ce rêve qu'elle faisait à 19 ans.

Semaine 4 - À Paris

RDV1 - À découvrir p. 66

1., 2. et 3. - Que pensent les Français des journaux télévisés ?
- J'aime bien M6 parce que ça va assez vite. On regarde les choses les plus importantes en rentrant du boulot et TF1 me plaît aussi. J'aime bien les reportages sur la France en général.
- Personnellement, je regarde le JT sur ARTE tous les soirs en mangeant. Ma fille habite en Allemagne alors ça me permet d'avoir des nouvelles du pays où elle vit.
- Si j'arrive à l'heure, je regarde Canal +, sinon je vais sur BFM TV pour avoir plus d'informations. Je trouve que c'est très pratique parce que les titres passent en boucle et ça me satisfait.
- Pour moi, c'est celui de TF1. C'est celui que je regardais quand j'étais petit avec mes parents mais je pense qu'il manque peut-être de synthèse par rapport au JT de la 6.
- J'ai l'impression que TF1 et France 2 font trop de sensationnel. Si je regarde le journal télé, c'est sur France 3 parce que, selon moi, les journalistes sont un petit peu plus... Enfin, j'aime bien la façon dont les présentateurs présentent le journal.
- Pour moi, le journal de *Télématin* sur France 2, c'est le mieux. J'ai toutes les nouvelles importantes en prenant mon petit déjeuner.
- Quelle serait la durée idéale du journal télévisé ?
- À mon avis, la durée idéale du JT, c'est 20 minutes, pas plus, parce que après, j'ai d'autres choses à faire ! Comme ça, en dînant, j'ai juste l'essentiel !
- Je crois que l'idéal, ce serait un compromis entre les informations de 20 heures qui durent un petit moment et celui de M6 qui est un peu trop court. Il faudrait trouver un intermédiaire.
- La durée idéale ? En ce qui me concerne, je dirais 30 minutes. Ça permet d'avoir de bons reportages et un peu de temps pour des interviews avec des invités.

RDV2 - À découvrir p. 72

2. et 4. - Bonjour. Aujourd'hui, nous sommes en direct de la Cité des sciences et de l'industrie. Voici les sujets que nous allons développer dans ce journal. Dans 5 minutes, retrouvez l'interview du jour.
France info, l'atelier radio
- Parce qu'il nous paraissait important de sensibiliser, dans un monde où les médias sont omniprésents, où les sources d'information sont omniprésentes, de pouvoir sensibiliser les enfants aux métiers de la radio.
- Vous avez travaillé avec plusieurs interlocuteurs ?
- Oui. Pour monter un tel projet, on s'est entouré d'équipes en interne et également d'une équipe pédagogique externe. Pour l'interne, on a fait appel à ce que Radio France sait très bien faire, c'est-à-dire une équipe de chargés de production avec des techniciens puisqu'on offre aux enfants la possibilité de découvrir la radio avec du vrai matériel radio. Pour l'externe, il nous fallait une équipe pédagogique qui ait ce rapport aux enfants, donc, « L'œil à l'écoute », cette association qui travaille avec des adolescents, des jeunes dans les quartiers du département de Seine-Saint-Denis pour faire des émissions de radio. Ce sont des formations qui durent d'une semaine à quinze jours et qui visent à leur redonner confiance à travers le média radio.
- L'atelier radio se déroule ici à la Cité des sciences. Sa présidente est Claudie Haigneré. Vous êtes avec nous aujourd'hui. Bonjour madame.
- Bonjour !

RDV2 - À savoir - Vocabulaire p. 74

2. - Au micro, ce sera Isabelle. Mais il y a aussi Jeanne, Laurence et les autres. Ce sont elles la voix de Fip. Sept filles qui se relaient toutes les 4 heures. À l'antenne, elles interviennent par petites touches. Ce sont « les Fipettes ». L'une des plus célèbres, Kriss, a lancé le style. La radio a été conçue par Pierre Codou et Philippe Garetto, deux anciens de *L'oreille en coin*. Le concept : ne mettre que des voix douces et féminines à l'antenne. Les infos, elles, sont données exclusivement par des voix masculines. Le 5 janvier 1971, naissance de la première radio musicale urbaine, France Inter Paris. Les Parisiens ont longtemps trouvé sur la fréquence les infos trafic. Aujourd'hui, elles ont quasiment disparu de l'antenne. Les animatrices rythment la tranche musicale avec des billets d'humeur, toujours en douceur.
- Puisqu'on a carte blanche pour écrire ce que l'on veut, on garde beaucoup d'actualités, comment dire, culturelles, quels sont nos coups de cœur...
- Et cette liberté, les six programmateurs l'ont aussi en matière de musique. Aucune publicité pour interrompre le flot musical. FIP, c'est 300 titres chaque jour et jamais deux fois le même morceau.
- La recherche, elle, est toujours la même dans la qualité et le choix. Ce qui est le plus, c'est d'avoir des rendez-vous, c'est la musique vivante. Si un concert marche bien, on n'a pas d'impératif horaire, on déborde. Évidemment, c'est un cadeau pour l'auditeur.
- La journée se termine, les embouteillages reprennent. Fip souffle ses 40 bougies et poursuit sa route sereine : 400 000 auditeurs choisissent la fréquence parisienne chaque jour.

À faire p. 77

3. et 4. - Salut Simon !
- Salut !
- Alors, ton voyage Paris-Nantes s'est bien passé ? Tu es bien arrivé ?
- Oui, pas de problème ! Pour une fois, le trajet en train n'a pas été trop long. Ce sondage sur les Français et Internet m'a occupé un bon moment. En fait, avant d'arriver à Nantes, j'ai laissé un message sur le forum « Bien vivre sa retraite ». Je voulais parler des sondages car beaucoup de gens répondent mais tout le monde ne sait pas vraiment comment les médias les utilisent. Malheureusement, je n'ai pas eu le temps de terminer, je suis tombé en panne de batterie !
- Tu n'as plus qu'à trouver une petite terrasse agréable pour terminer ton message !
- Non, impossible ! J'ai rendez-vous avec un ancien élève luthier dans 10 minutes et je rentrerai tard à l'hôtel ce soir. C'est pour cette raison que je te téléphone. Est-ce que tu pourrais le terminer pour moi ? Il est pratiquement fini...
- Oui, bon, pourquoi pas... De quoi est-ce que tu as déjà parlé ?
- OK. J'ai déjà parlé de...
- Attends ! Je prends un stylo pour noter tout ça !
- Alors, j'ai déjà parlé de l'histoire des sondages, de leur valeur, de leur utilisation en politique et en économie et de ce que l'on appelle l'opinion publique... Et aussi des différents types de questions. Il faudrait donc juste résumer ça en guise de conclusion. Tu pourrais t'en charger ?
- C'est possible. Explique-moi ce que tu veux dire précisément et je termine ton message.
- Bon ! Tu n'as qu'à écrire qu'un sondage permet de recueillir l'opinion des gens, que les sondages avec des questions où la réponse est libre reflètent vraiment leur opinion. Il faut ajouter qu'une fois que les lecteurs ont répondu au questionnaire, il faut analyser les réponses, c'est-à-dire dépouiller le sondage pour pouvoir découvrir ce que pensent les gens. Voilà c'est tout !
- Bien, ça devrait aller vite. Pars tranquille, je m'en occupe !
- Merci beaucoup ! Voilà mon bus, je te laisse. À bientôt.
- À bientôt Simon.

À dire p. 79

1. - Comment êtes-vous devenue journaliste ?
- J'ai eu la chance de faire un stage au journal *C332* qui, à l'époque, était un quotidien. Je voulais faire une licence en journalisme mais, avant même d'entamer ces études, j'étais collaboratrice extérieure du journal. Une place s'est libérée pendant le stage, j'ai posé ma candidature et ai été engagée. À l'époque, cela se passait encore comme cela...
- Vous êtes donc devenue journaliste juste après le lycée ?
- Non... En fait, j'avais fait des études d'interprétariat alors que je voulais devenir journaliste. Dans ces années-là, les débouchés en journalisme étaient très incertains. Et je pensais que la connaissance des langues pouvait être très utile pour un journaliste.
- Apparemment, votre sujet préféré est l'Afrique... Pourquoi ?
- Oui, l'Afrique est en effet mon sujet favori parce que je couvre la problématique des pays en voie de développement.
- Pouvez-vous communiquer toutes les informations que vous rapportez ?
- Non, seul un dixième des informations est utilisé dans un premier temps. Cependant, je parviens toujours à écouler mon stock d'informations dans d'autres articles. Mais je n'en dirai pas plus à ce sujet...
- Vous n'avez jamais été tentée d'abandonner le journalisme dans un quotidien pour travailler pour un hebdomadaire ?
- Bien sûr, parce que, dans un hebdomadaire, on peut aller au fond des choses (cela tient à sa périodicité). Mais, on perd aussi le plaisir de devoir réagir rapidement. De temps en temps, je fais un article pour *Le Monde diplomatique*. C'est une toute autre démarche de travailler dans l'optique d'un mensuel.
- Vous avez également participé à des débats télévisés, notamment avec des hommes politiques. Est-ce un autre aspect de votre travail de journaliste ?
- Là, les journalistes sont piégés, surtout dans ce genre de débat. Et c'est un rôle d'autant plus difficile à remplir quand on vient de la presse écrite. Parler à la télévision, intervenir avec à propos, animer une polémique, c'est un métier qui demande une pratique que je n'ai pas.
- En tant que femme, rencontrez-vous des problèmes spécifiques ?
- Professionnellement, il n'y a pas de problème. C'est plutôt au niveau de la vie privée que cela peut poser des problèmes aux femmes : c'est un métier très prenant. Il y a les gens qui vous contactent n'importe quand et cela ne plaît pas toujours à l'entourage.
- À votre avis, quelles qualités sont indispensables pour devenir journaliste ?
- La curiosité, certainement. D'autres qualités seraient une indépendance d'esprit, de l'enthousiasme, un petit grain de folie. Je trouve qu'il faut un peu de fantaisie dans ce métier car il est lié

à l'imagination. Il faut de l'humour aussi, c'est important et ça ne fait jamais de tort aux lecteurs.
- Quel est votre plus mauvais souvenir de journaliste ?
- Je travaillais alors à *La Ville*. Il fallait faire de tout et je n'aimais pas du tout la rubrique pour laquelle je travaillais. Je passais tout mon temps à faire des lignes et des titres. J'ai tenu un mois environ avant d'éclater en sanglots. Heureusement, j'ai changé de poste... sinon j'aurais quitté le métier.

Semaine 5 - À Nantes

RDV1 - À découvrir p. 82

3. et 4. - De l'opéra, le grand public ne connaît généralement que cela : la représentation. Ce décorum impressionne parfois à tel point que beaucoup n'osent même pas franchir la porte des théâtres qui les programment. Pour tenter d'en finir avec cet à priori, 29 opéras organisent pour la cinquième année consécutive un week-end porte ouverte. Au programme : des concerts, des rencontres avec des artistes ou alors comme ici, à l'opéra Bastille, des visites guidées de tout le bâtiment.
- Alors vous voyez ici un petit moniteur, il y en a de chaque côté. Regardez ! Qu'est-ce que vous voyez ? En fait dans la salle de spectacle vous avez une petite caméra, c'est le cas dans tous les théâtres et les opéras, qui filme en permanence la scène.
- Je trouve ça plutôt sympa. Ça permet aux enfants qui font un peu de danse classique de venir voir ce que pourrait être leur vie si jamais ils ont le talent pour. Enfin, moi, je trouve ça assez sympa.
- C'est génial sauf que je trouve qu'il n'y a pas eu assez de publicité.
- Je trouve que c'est une bonne opération. Au niveau de la culture, ça permet d'accéder, pour les jeunes comme moi et les étudiants, gratuitement à la découverte du patrimoine culturel.
- Et pourtant, même sans grand ramdam médiatique, les organisateurs de l'opération espèrent drainer ce week-end au moins 100 000 personnes dont un sur cinq pénètrera dans un opéra pour la première fois de sa vie !
- J'aurais adoré moi, il y a quelques années, quand j'étais étudiante pouvoir rentrer dans tous ces opéras, un peu comme les Journées du patrimoine. J'adore les Journées du patrimoine et là je trouve que « Tous à l'opéra », tous ces beaux opéras qu'on a en France, avoir l'occasion de pouvoir voir les coulisses... Je trouve ça formidable !
- Ça coûte cher, en argent, non. En temps, en investissement, en présence des équipes techniques, bien sûr ! Ça coûte... On compte les heures des gens qui sont là ! Mais quand on fait ce métier, c'est un métier de passion donc finalement quand on aime, on ne compte pas beaucoup.
- Dernières précisions : quelque soit l'investissement des établissements qui participent à cette manifestation, pour le public, ce week-end, tout est gratuit !

RDV1 - À savoir - Grammaire p. 85

1. - Allez hop, tout le monde en voiture ! Ce soir, on va tous à l'opéra !
- Ah bon ? On va voir quoi déjà ?
- On va voir l'opéra dont je vous ai parlé la semaine dernière.
- Ah oui ! C'est l'histoire d'une femme japonaise qui tombe amoureuse d'un soldat américain pendant la guerre. C'est ça ?
- Oui, c'est bien ça. Vous allez voir, c'est magnifique ! Avec votre père, c'est l'opéra que nous préférons.
- Nous l'avons déjà vu plusieurs fois mais ce soir *Madame Butterfly* est joué dans un nouveau théâtre où nous ne sommes pas encore allés. Ce sera l'occasion !
- Super ! Moi qui rêvais d'une soirée jeux vidéo !
- Eh bien, pour une fois, tu passeras une soirée culturelle en famille ! Ça te changera !

RDV2 - À découvrir p. 89

8., 9. et 10. - À la sortie des salles de cinéma...
- Vous savez, il y a une bonne raison pour que les adaptations du roman de Louis Pergaud écrit en 1911 fleurissent en ce moment : 2011 signe en effet le passage des droits du livre dans le domaine public. C'est du business et ça me désole, c'est tout !
- Je préfère le film de Samuell : les personnages sont plus naturels, plus « campagne » si on veut et les enfants ont des faciès beaucoup plus espiègles. Il y a une recherche d'authenticité. L'idée de la fille « lanterne » est superbe. C'est un des films les plus réussis que j'aie vus ces derniers temps. Dommage que l'autre film tombe dans le grand spectacle. C'est trop facile...
- Il faut que le public choisisse une version en connaissance de cause. Les deux films ne visent pas le même public. Yann Samuell joue dans la cour des 6-15 ans et moi, ça m'amuse. Il est en cela plus proche de Louis Pergaud et d'Yves Robert. Dans son film, Christophe Barratier adopte un point de vue plus adulte. Il insère l'intrigue originale de la guerre des boutons dans un contexte historique lourd de sens, la seconde guerre mondiale.
- Le film d'Yves Robert était d'une spontanéité et d'une fraîcheur inégalables. Il date de 1962 et n'a pas pris une ride. C'est la meilleure adaptation d'un roman à l'écran que je connaisse. Quant aux nouvelles adaptations, je ne pense pas que ce soit la peine d'en parler ! Notre Gibus nous dirait tout simplement « Si j'aurais su, j'aurais pas venu ! » : une petite phrase qui restera pour toujours dans notre mémoire...
- Faisons confiance à la distribution : Kad Merad, Gérard Jugnot, Laëtitia Casta, ça me paraît plutôt une bonne mayonnaise ! Ça m'étonnerait qu'on trouve un casting qui puisse égaler celui-là !
- Malgré toute la sympathie que m'inspire l'œuvre d'Yves Robert je ne trouve pas que le film original soit meilleur que les nouveaux. C'est plutôt le contraire. Le film d'Yves Robert prend un sacré coup de vieux et paraît terriblement désuet !!!
- Il n'y a pas photo : *La Nouvelle Guerre* est de loin le film le mieux réalisé. Si vous voulez emmener vos enfants voir un film où il y ait de belles images, quelque chose qui ne soit pas trop violent, c'est parfait... mais si vous cherchez un film qui vous fasse réfléchir, laissez tomber !...
- Je suis étonnée que ces deux nouveaux réalisateurs imaginent qu'ils vont faire oublier la réalisation d'Yves Robert. Ils se mettent en difficulté dès le départ. Il vaudrait mieux qu'ils choisissent d'autres sujets de film pour montrer leur originalité...

RDV2 - À savoir - Vocabulaire p. 90

2. - Se soûler de mots, s'échapper dans une intrigue haletante ! S'étourdir jusqu'au bout de la nuit, incapable d'abandonner cette histoire sans en connaître la fin. Le roman policier, le roman noir, enfin le polar connaît un succès grandissant. Un genre incontournable au Salon du livre.
- Dès qu'il y a un peu de sang, un peu d'énigme, c'est excitant. C'est des choses qu'on vit tous les jours. On ne les regarde pas forcément parce que ça fait peur mais quand c'est écrit, et plutôt bien écrit, ça plaît.
- Certaines petites maisons d'édition se sont spécialisées dans le polar. Le sang coule à flot entre les lignes de ses auteurs qui s'amusent à livrer aux lecteurs des héros souvent infréquentables. Les auteurs vedettes de ces éditeurs plongent souvent leur public dans l'effroi. Le polar, ça marche aussi parce que le style des écrivains est à la hauteur. Intrigues ciselées, psychologie des personnages fouillée pour des lecteurs en apnée.
- On part tout de suite dans l'histoire et moi j'ai besoin de ça pour me vider la tête.
- C'est l'occasion de sortir un peu de l'ordinaire, de voir un peu des choses qu'on n'a pas l'habitude de voir.
- Le Salon du livre, c'est donc l'occasion d'aller rencontrer ces auteurs, ces briseurs de nuit qui nous entraînent jusqu'au bout de leur plume dans des univers effroyables, fascinants !

À faire p. 93

6. Si j'ai bien compris, ton ami Simon veut organiser une exposition mais il a encore des craintes... Je vais essayer de le rassurer. Alors, tu peux lui dire d'abord que la première chose à faire est de choisir un thème. Le thème doit donner un sens à l'exposition, il doit lier les œuvres exposées entre elles, les rendre complémentaires. Une exposition doit être claire pour bien comprendre la problématique soulevée. La seconde étape est le lieu. Là, pas de règles, il peut exposer dans une galerie comme dans un bar ou tout autre lieu de son choix. Ton ami peut se renseigner auprès des services culturels de sa mairie. Il faut s'y prendre à l'avance pour avoir un lieu et pour bénéficier de sa communication. D'ailleurs, la troisième étape c'est ça : la com-mu-ni-ca-tion ! C'est fondamental : tu auras beau avoir le talent, l'endroit idéal, si personne ne connaît ton existence, l'évènement n'aura pas le succès attendu. L'idéal pour mettre un coup de projecteur, c'est un vernissage. Se rencontrer autour d'un verre est toujours plus agréable ! Les cartons d'invitation devront être envoyés un mois à l'avance pour être sûr que les gens soient disponibles mais, en même temps, qu'ils n'aient pas le temps d'oublier l'événement. Et il ne faut pas oublier non plus le communiqué de presse envoyé à tous les médias locaux. Et il faut aussi profiter d'Internet : partager l'information avec son réseau en publiant l'avancement du projet et en lançant une campagne d'e-mailing qu'on peut également destiner aux associations. Voilà, ce sont les grandes étapes. Donne mon numéro de téléphone à Simon. Qu'il n'hésite pas à me contacter s'il a encore un doute. Bises.

À dire p. 95

1. - Oh, on dirait papa !
- Papa ?
- Oui avec son gros œil.
- Pauvre papa !
- Pourquoi pauvre papa ?
- Quand même...
- C'est un Miró, tu sais combien ça coûte un Miró ?!
- C'est quand même toute la Russie écorchée qu'il a mise dans son bœuf.
- Ah, je t'en supplie Jean-Alain, ne commence pas à faire ton Freud !
- Fragonard, il est mort dans la misère totale.
- Ah, ils ont dû l'avoir pour rien !
- Je n'aime pas les musées. J'aime l'ambiance des musées.
- C'est comme les croissants. J'aime pas les croissants, j'aime l'odeur des croissants.
- L'odeur et l'ambiance, c'est pas pareil Arnaud.
- Pas loin, Maurice.
- Kandinsky c'est le peintre, les Kandinsky ce sont les tableaux, Richard. Kandinsky, les Kandinsky que je ne trouve pas. Les Kandinsky de Kandinsky, je ne sais plus où ils sont. Mais où sont ces Kandinsky de Kandinsky ?!...
- Fauvisme, cubisme, islamisme, pointillisme, c'est vrai qu'on finit par tout confondre !
- C'est un extincteur.
- Non ?
- Je te dis que c'est un extincteur.
- Pas sûr, Françoise.
- Bon, alors, on y retourne.
- Ça, pour moi, tu vois, c'est le cœur du romantisme en peinture.
- J'aime pas.
- Pourquoi ?
- Trop marron.
- Trop marron ?
- Oui, ça me rappelle l'automne.
- L'automne, ce n'est pas marron Micheline.
- Ah bon ?! La nature ne devient pas marron en automne ?

- Mais non, je dirais plutôt qu'elle roussit, qu'elle jaunit, qu'elle se couvre d'or.
- C'est la fête quoi ?
- Oui, on peut éprouver une certaine joie devant toutes ces couleurs flamboyantes.
- Dis donc Laurence, elle est toute petite la *Vénus de Milo*… C'était qui Milo, un nain ? Ah je suis déçu Laurence, déçu… Bon, on va quand même faire une photo pour Jacques, mais on la fera agrandir… Si, on est obligés, elle est trop minus… Ah merde, je suis déçu Laurence, déçu, déçu… !
- J'ai besoin que ce soit sérieux, je n'ai pas besoin de comprendre, mais que ce soit sérieux. Vous voyez, sérieux comme le costume cravate est sérieux. Je ne comprends pas le costume cravate, mais il me tient et je peux marcher dans les magasins, conduire ma voiture, manger avec des amis sans me poser de problèmes, c'est ça le sérieux, on ne se pose plus de problèmes.

À dire - Phonétique p. 95

1. L'art contemporain est présent partout dans le Centre Pompidou. On peut y voir des collections permanentes et des expositions temporaires. Des visites commentées sont souvent proposées aux nombreux visiteurs. Selon l'agenda du musée, on peut assister à des conférences-débats passionnantes. Enfin, et c'est bon à savoir, en devenant adhérent, on peut bénéficier de nombreux avantages.

Semaine 6 - À Bayonne

RDV1 - À découvrir p. 98

2., 3. et 4. - Pour consommer mieux, à défaut du potager dans le jardin, eh bien, il existe les producteurs locaux. Acheter des produits de la région permet de respecter les saisons et d'effectuer un geste écolo car les transports sont réduits. C'est le message que souhaite faire passer le site Internet locavore.com et qui permet de trouver, en quelques clics, les AMAP les plus près de chez vous. Les AMAP sont des Associations pour le Maintien d'une Agriculture Paysanne. Idéalement implantées dans les périphéries des villes, elles proposent de mettre en place une relation durable entre les consommateurs, appelés amapiens, et les fermes productrices de produits locaux, le plus souvent de fruits et légumes. Les maîtres mots de l'AMAP, qui constitue une filière de distribution alternative et responsable, sont « échange, partage, convivialité et solidarité ».
- L'engagement, côté consommateur, est tout d'abord économique à travers l'achat à l'avance d'une partie de la récolte du producteur sur une période définie. Il s'agit donc de faire preuve de solidarité avec l'agriculteur lorsqu'il y a des problèmes dans la production. Au départ, nous craignons que cet engagement financier réduise le nombre d'adhérents mais nous avons dû en refuser !
- Je cultive les légumes, je les plante, je les ramasse, je les livre et grâce à l'AMAP, je vois qui les mange ! Ce partenariat me permet de produire des quantités adaptées à la demande. Je n'ai plus peur du gaspillage puisque quand il reste des légumes, ils sont distribués gratuitement à des associations caritatives qui en ont besoin.
- L'engagement, côté producteur, est moral puisqu'il s'engage à fournir des produits de grande qualité nutritionnelle, environnementale et sociale mais aussi à assurer une transparence sur la vie de son exploitation, sa situation économique, l'origine des produits fournis et les méthodes de production utilisées.
- Je cherchais des produits de la région, des produits frais et bio. Je m'inquiète beaucoup de la présence de pesticides dans ce que je donne à manger à mes enfants alors l'AMAP est la solution idéale pour moi. Je m'y rends tous les 15 jours et j'ai des produits variés et de bonne qualité. Maintenant, je sais ce que je donne à manger à mes enfants !
- Pour moi, être amapien, c'est un véritable engagement. Je ne me sens plus consommateur mais consomm'acteur car je peux décider de ce que je mange, de ce que je mets dans mon assiette. Je suis angoissé à l'idée qu'il puisse y avoir des OGM dans mon assiette et, dans la grande distribution, nous sommes mal informés sur ce sujet. Là, je sais que la personne qui produit les fruits et légumes livrés à l'AMAP n'en utilise pas et qu'elle s'y est engagée sur le long terme. J'ai confiance ! Je participe aussi à la vie de l'association et j'y ai même trouvé de nouveaux amis, qui ont les mêmes combats que moi.
- Les Français sont donc de plus en nombreux à faire le choix d'acheter ce qu'ils mettent dans leurs assiettes directement auprès des producteurs locaux, par l'intermédiaire des AMAP. Certaines régions comptent déjà plus d'une trentaine d'AMAP, qui se sont développées parfois de manière spectaculaire au cours des derniers mois, preuve que la demande, l'exigence - et peut-être la prise de conscience citoyenne - des consommateurs sont de plus en plus importantes. Les Associations pour le Maintien d'une Agriculture Paysanne ont le vent en poupe et de beaux jours devant elles.

RDV2 - À découvrir p. 104

2., 3. et 4. - Se loger dans les grandes villes est souvent un vrai casse-tête pour les jeunes qui poursuivent leurs études. Alors l'association 1 toit pour 2 générations propose aux étudiants un logement gratuit chez des personnes âgées en échange de leur présence ou de petits services. Les objectifs sont les suivants : rompre la solitude des personnes âgées, faciliter le logement étudiant mais surtout recréer des liens intergénérationnels. Antoinette, 80 ans, vivait seule et après quelques chutes dans son jardin, ses enfants décident de déposer un dossier auprès de l'association 1 toit pour 2 générations. Noémie, 21 ans, étudiante en médecine, cherche un logement à partager pour un faible loyer. Elles avaient juste besoin d'un petit coup de pouce et, depuis 4 mois, Noémie a sa chambre chez Antoinette en échange de quelques petits services. Et ça marche ! Peu à peu, les liens se tissent et de véritables échanges se créent ! Le secret : l'association étudie minutieusement chaque dossier pour constituer les binômes.
- On vérifie que la personne a la capacité de s'adapter à l'autre, d'accepter les règles de vie qui sont déjà dans la maison. C'est l'étudiant qui rentre dans la maison donc il est nécessaire qu'il s'adapte au mieux à la personne âgée. Il est indispensable qu'une relation de confiance et de respect s'établisse entre eux et après les choses suivent leur cours.
- Rapidement, la confiance s'est installée entre les deux femmes. Elles se retrouvent le soir pour dîner, pour parler de tout et de rien.
- Noémie m'apporte beaucoup de choses. C'est une présence rassurante dans cette grande maison où je suis seule depuis le décès de mon mari. Et puis, elle est jeune, pleine de vie alors pour moi, c'est stimulant. Elle me fait discuter, elle me pose beaucoup de questions… Elle n'est pas obligée mais on dîne ensemble souvent le soir. On regarde la télé ou on fait des jeux de société avant d'aller se coucher. C'est vraiment agréable ! Depuis qu'elle est là, fini le cafard !
- Noémie a aussi son indépendance et son intimité. Elle doit juste respecter quelques règles dans la maison pour que cette vie à deux fonctionne.
- Quand ils arrivent chez les personnes âgées, ils savent qu'il y a des règles à respecter. Et il y en a de toutes sortes. Chez certains, il est interdit de fumer, d'autres n'autorisent pas la visite d'amis… Nous les leur expliquons et souvent ça ne pose pas de problème. Les locataires sont surtout à la recherche de calme pour se concentrer sur leurs études !
- Ici, j'ai une chambre près de mon université avec tout le confort et le calme dont j'ai besoin. Tout est à disposition. Je peux faire ma lessive, mon repassage… dans une grande maison avec un beau jardin ! Pour Antoinette, je suis présente le soir et je l'aide dans les tâches quotidiennes comme la vaisselle, les repas, des petits trucs. Entre nous, comme on vit ensemble, il y a de l'affection. On s'attache forcément. On partage beaucoup de choses… Quand ma famille me manque, je lui en parle et ça va mieux !
- Le logement intergénérationnel semble donc être une solution enrichissante aux problèmes de logement étudiant et d'isolement des personnes âgées. L'association 1 toit pour 2 générations a constitué 270 binômes en 3 ans et ne compte pas s'arrêter là !

RDV2 - À savoir - Vocabulaire p. 106

3. - Durant une période de chômage, j'ai eu envie d'utiliser ce temps de manière intelligente : me rendre utile, servir une cause qui me tient à cœur et rester active. J'ai rencontré une petite association locale qui protège l'environnement. Le projet associatif était très intéressant mais ils n'avaient pas les moyens de se faire connaître et de communiquer sur leurs actions. Étant graphiste de formation, je leur ai fait bénévolement un logo, un site Internet et je continue à leur faire des affiches pour leur communication. Cela m'a permis acquérir de nouvelles compétences, de rajouter une ligne à mon CV et une page à mon book ! Et tout ça dans la bonne humeur !
- Je suis intermittent du spectacle et j'ai toujours eu des périodes de travail et des périodes d'inactivité. Depuis quelques mois, j'ai découvert l'association MIAA à Paris. Nous partons à deux en voiture et parcourons un itinéraire précis afin de rencontrer les personnes qui vivent dans la rue. Ils acceptent bien volontiers un repas chaud, un shampoing, un vêtement avec sourires et remerciements. Certains nous parlent de leurs difficultés, nous racontent des bribes de leur vie…, ça m'aide à relativiser mes problèmes personnels. Les gens les plus démunis nous donnent souvent une belle leçon de vie.
- Ma découverte du bénévolat est très ancienne. Étudiante, j'avais envie de passer des vacances « utiles aux autres ». Je suis tombée sur l'APF (Association des Paralysés de France) qui cherchait des accompagnateurs bénévoles pour leurs centres de vacances d'été. Je leur ai proposé ma bonne volonté n'ayant aucune formation pour l'animation mais me sentant capable de donner un coup de main pour le quotidien. J'y suis retournée quatre années consécutives ! L'ambiance d'amitié, de partage, la joie de vivre des personnes handicapées qui nous portaient ont fait de ces séjours des moments très forts. Ce sont de loin les meilleures vacances que j'ai passées !
- Après 36 ans d'enseignement, un mari, trois enfants, j'ai pris une retraite anticipée dans la perspective de grandes vacances perpétuelles ! C'était agréable… pendant trois mois ! Et puis une après-midi, je me suis retrouvée dans les bureaux de France Bénévolat. Je voulais être utile et transformer mon expérience en une aide active au sein d'une association. Voilà maintenant trois ans que je fais partie de l'équipe. J'ai découvert un autre monde. Ma vie ne m'avait pas confronté aux plus démunis. Rencontrer des sans-papiers, les écouter, tenter de trouver une association qui veuille les accueillir, ne pas toujours y parvenir, m'a fait prendre conscience que, cette fois, j'étais confrontée à la vraie vie.
- En début d'année, j'ai pris contact avec l'Armée du salut pour faire du bénévolat. Je faisais beaucoup d'activités en dehors de mon travail (sport, musique, sorties, cinéma…) mais j'avais envie de me tourner un peu plus vers les autres… J'ai donc rencontré Cécilia, une dame de 84 ans qui n'habite pas très loin de chez moi. Elle a été hospitalisée pour des gros problèmes de santé… Mon aide consiste à l'emmener se promener dans les jardins avoisinants, à l'aider à faire ses courses ou à rester auprès d'elle à discuter si elle est trop fatiguée pour bouger. Cécilia est très attachante. Elle a beaucoup de choses à raconter : sa vie a été très riche (elle sait piloter des planeurs !). Elle n'hésite pas à parler de son enfance, de ses expériences personnelles, de ses voyages… Nous avons de vrais échanges.
- Je souhaite réconcilier les enfants en grande difficulté avec l'école et leur donner envie d'apprendre. Le programme « Les apprentis sages » me permet de partager des moments privilégiés avec des enfants et de développer mes compétences dans la transmission du savoir. C'est une expérience très enrichissante au cours de laquelle j'apprends beaucoup. Les séances se passent plutôt bien malgré certaines difficultés de concentration. Les enfants sont agréables et se sont habitués à moi. Le contact passe assez bien. Et puis, quand j'arrive, ils m'accueillent avec un grand sourire… Et c'est vraiment gratifiant.

À dire p. 111

1. - Aujourd'hui, rencontre avec Andréa Caro. Qui a initié le projet Sol Violette à Toulouse ?
- Un débat sur les monnaies locales et complémentaires a été proposé dans le cadre de la

Quinzaine de l'économie solidaire en octobre 2009, à l'initiative de deux amoureux du monde solidaire ! À la suite de ce débat, des groupes de discussions se sont formés autour de la volonté de créer une monnaie à Toulouse. Nous avons discuté de nos envies et du projet...
- Quel est le rôle de Jean-Paul Pla et de la ville de Toulouse ?
- Jean-Paul Pla est un militant de l'économie solidaire. Depuis qu'il a été élu adjoint au maire en charge de l'économie sociale et solidaire, il donne de l'impulsion aux projets citoyens. La ville de Toulouse a participé activement à tous les comités de pilotage depuis un an et a finalement alloué un budget de 120 000 euros pour lancer le Sol-Violette en mai 2011.
- Quels sont les objectifs de l'expérimentation du Sol-Violette à Toulouse ?
- Les objectifs sont multiples : une circulation rapide de la monnaie ; la création d'un réseau soutenant le projet ; faire connaître les enjeux financiers et économiques dans notre quotidien ; coopérer à un développement territorial de l'économie solidaire...
- Sur quels critères sont choisis les partenaires du Sol ?
- Nous avons élaboré un formulaire d'agrément constitué de 25 critères : statuts, développement local, actions économiques, actions respectueuses des personnes et de la nature, engagement dans le réseau. Il faut répondre positivement à au moins neuf critères pour obtenir l'agrément provisoire d'un an. Au delà de quinze critères positifs, le partenaire peut prétendre à un agrément de deux ans. Nous inscrivons donc l'agrément dans une démarche de progrès. Nous comptons beaucoup sur la force d'entraînement du réseau ainsi constitué. Les bonnes idées viennent du collectif !
- Comment le Sol Violette concilie l'aspect commercial avec son ambition solidaire ?
- C'est un projet économique mais il n'oublie pas d'intégrer le volet social et le développement solidaire : par exemple, le soutien de la ville permet à 30 familles de bénéficier de 30 Sols pendant six mois pour les inviter à rencontrer les acteurs de l'économie solidaire et de la consommation responsable. Parmi nos cinquante partenaires, nous comptons des épiceries solidaires, trois maisons des chômeurs, un centre social associatif, une MJC, une association d'aide à domicile... Il s'agit d'être accessible à tous. Commercialement, à chaque conversion des euros en Sols, les adhérents gagnent 5 % de pouvoir d'achat en Sol. Et chaque partenaire peut proposer une réduction aux solistes. Quant à l'aspect développement solidaire, les partenaires du Sol peuvent utiliser leurs sols dans le réseau : achat de produits alimentaires, paiement de prestations, etc. Il est même possible de payer une partie des salaires en sols !

Semaine 7 - À Mayotte

RDV1 - À découvrir p. 121

5. et 6. Pourquoi les chevaux de concours hippiques ne sautent-ils pas par-dessus leur enclos ? Je vais commencer par un peu d'actualité sportive. Aujourd'hui, débutent à Luhmuhlen, en Allemagne, les Championnats d'Europe de Concours Complet, c'est jusqu'à dimanche. L'enjeu pour l'équipe de France : se qualifier pour les Jeux olympiques de Londres, en 2012. Les barrières de la plupart des enclos ne dépassent pas 1 m 40. Alors que dans les concours hippiques, il n'est pas rare que les obstacles affichent 1 m 60 ou 1 m 80, voire 2 m 05 au jumping de Nantes. Les chevaux de concours ont donc largement les capacités pour sauter par-dessus les barrières. Et pourtant, ils restent bien sagement dans l'espace qu'il leur est réservé. Évidemment, ces herbivores aiment leur confort et ils apprécient de trouver des compléments alimentaires : des box à la paille fraîche, des mains bienveillantes pour les brosser et curer leurs sabots. Bien sûr, il y a l'instinct grégaire du cheval, qui apprécie la compagnie de ses congénères. L'explication est ailleurs : s'ils ne s'enfuient pas par-dessus leurs barrières, c'est parce que nos champions sont certes entraînés à sauter mais toujours avec une selle et un cavalier pour les guider. Livrés à eux-mêmes, ils n'ont pas le réflexe de bondir. Ils n'imaginent même pas que ce soit possible.

RDV1 - À savoir - Grammaire p. 123

4. **1.** En décembre dernier, ma sœur a beaucoup travaillé c'est pourquoi elle a pu aller au ski.
2. Karim s'est cassé la jambe car il a fait une chute de cheval.
3. Ils ont été si rapides en bobsleigh qu'ils ont gagné la médaille.
4. Le pilote a demandé le changement des roues de sa voiture pour aller plus vite.
5. Ce gymnaste était mal échauffé donc il s'est fait un claquage.
6. Les supporteurs se sont montrés très enthousiastes, alors les joueurs ont gagné.
7. Je fais du yoga pour me détendre.
8. La mairie a fait construire une piscine olympique, par conséquent les jeunes peuvent s'y entraîner.

RDV2 - À découvrir p. 127

6., 7. et 8. Désormais, pour obtenir le passeport français, un étranger devra passer ce type de test.
- Qu'est-ce qu'on fait vendredi soir ?
- Et si on allait voir un film ?
- Oh, je n'ai pas tellement envie d'aller au cinéma.
- Et si on allait au théâtre ?
- Bonne idée !
Question : Que vont faire ces jeunes vendredi soir ? Réponse à cocher parmi quatre propositions. Quatre-vingts questions en tout, comprenant grammaire et compréhension d'un texte. Jusqu'ici, le niveau requis se limitait à quelques mots. C'est en fait le très classique test de connaissance de français, reconnu à l'international. À partir du 1er janvier, un étranger devra décrocher le niveau B1 oral pour devenir français, c'est-à-dire celui d'un élève en fin de 3e, apte à écouter et prendre part à une conversation. Tous les étrangers sont concernés, à l'exception de ceux qui détiennent déjà un diplôme français, des exigences linguistiques similaires à celles du Royaume-Uni. Mais ce n'est pas la seule nouveauté qui découle de la loi Besson. Les étrangers devront aussi passer un test d'histoire, exemple : « Les Châteaux de la Loire ont-ils été construits à la Renaissance, pendant la Révolution ou au XXe siècle ? » Le ministère de l'Intérieur finalise actuellement le questionnaire.

À faire p. 131

4. En France, la langue de vipère fait plus de victimes que le serpent du même nom. Il y a par an moins de 2 000 morsures. Que faut-il faire toutefois si cela survient ? D'abord, si c'est possible, appeler le SAMU ou les pompiers. Ensuite, et peut-être même d'abord, rassurer le mordu. Certaines personnes sont mortes de crise cardiaque, uniquement par peur même s'il ne s'agissait pas de serpents venimeux. Autre élément rassurant, les morsures sont exceptionnellement mortelles, même en l'absence de soins immédiats, il n'y a qu'un à deux cas par an. Il faut nettoyer soigneusement la plaie à l'eau et au savon, appliquer un antiseptique, une compresse ou un linge propre. La liste de ce qu'il ne faut pas faire est plus longue : n'incisez jamais la plaie et ne cherchez pas à la faire saigner, ne sucez pas la blessure pour aspirer le venin, ne posez pas de garrot sur le membre atteint, ne donnez jamais d'aspirine si la douleur est trop vive, donnez plutôt du paracétamol. Comme toujours, la prévention est préférable, la vipère est sourde et myope mais elle est sensible aux vibrations, donc portez bottes et chaussures montantes face à ce problème qui vous inquiète tant.

À dire p. 133

1., 2. et 3. - Il faut qu'on discute de ce problème de jeunes qui jouent au rugby dans le parc de la résidence, ça devient vraiment compliqué. Vous n'êtes pas de mon avis ?
- Tout à fait, ils sont fatigants ces ados qui jouent au ballon tous les jours dans le parc. Cet espace vert est destiné aux parents et à leurs enfants, aux personnes âgées, ce n'est pas un terrain de sport et je voudrais...
- Alors, moi, je suis d'accord. Ils sont nombreux, et donc, c'est vrai que ça fait beaucoup de bruit !
- Oui, et c'est pour ça que les enfants ne peuvent plus jouer normalement dans le parc ! Hier, par exemple...
- Oui, oui. Désolée de vous interrompre, mais c'est vrai. Du coup, on ne peut plus se promener tranquillement avec son chien.
- D'accord mais laissez-moi m'expliquer. Hier, par exemple, il y avait tellement de papiers et de bouteilles en verre dans le parc que c'était vraiment sale et dangereux !
- Mais arrêtez d'être si négatifs ! Essayez de comprendre pourquoi ils jouent ici ! Vous savez bien que c'est parce que le stade Zidane est en travaux. Faute d'endroit pour se retrouver, c'est ici qu'ils jouent. Et vu qu'il y a du rugby en ce moment à la télé, ça leur donne envie de jouer. Et ils ne sont pas méchants, ces jeunes, ils me disent toujours bonjour.
- Mais je n'ai pas terminé, madame Martin. Comme les jeunes ont besoin de faire sport, il leur faut un endroit pour ça. Je le comprends tout à fait. Mais pas ici !
- Oui, mais s'il vous plaît, monsieur Renard, taisez-vous un peu. Laissez parler madame Martin. C'est à vous madame, qu'est-ce que vous avez à dire ?
- Merci monsieur. Je suis d'accord, il faut trouver une solution. Déjà, il faudrait demander à la ville de mettre plus de poubelles dans ce parc. Et vous, qu'en pensez-vous mademoiselle ?
- Merci de me donner la parole. Peut-être qu'on pourrait définir des horaires spéciaux, à certains moments, les ados pourraient jouer au ballon, à d'autres moments, le parc serait réservé aux gens avec des enfants ou des chiens.
- Excusez-moi, je voudrais proposer une solution plus simple. Il faut leur interdire de jouer dans ce parc, tout simplement.
- Mais non ! Je ne crois pas que ce soit la solution. Pourquoi ne pas demander à la ville de leur ouvrir le stade Chabal, le stade de compétition, de temps en temps ?
- Oui, pourquoi pas ?!
- C'est une très bonne idée !
- Absolument. Je peux faire la lettre de demande si vous voulez.
- Très bien, merci beaucoup !

Semaine 8 - En Thaïlande

RDV1 - À découvrir p. 137

5., 6. et 7. - Dans les classements des universités mondiales, l'Europe n'a pas systématiquement la place qu'elle mérite et c'est en partant de ce principe que l'Union européenne a décidé de lancer son propre classement universitaire. Il s'agit de répondre notamment au classement réalisé annuellement depuis 2003 par l'université de Shanghai. Sa dernière publication en août ne retient que 28 établissements européens dans les 100 premières universités mondiales. Les Européens reprochent à ce classement de limiter excessivement les critères d'évaluation et ils veulent mettre en place des références plus larges avec une cartographie des universités européennes par discipline. Selon Salim Dialo, président de l'Aeres, l'Agence d'Évaluation de la Recherche et de l'Enseignement Supérieur, ces nouveaux critères apporteront un plus à l'étudiant.
- Prenons l'exemple d'un étudiant qui voudrait faire de la chimie mais aimerait plutôt être dans une université du sud de l'Europe. Ce même étudiant aimerait que la vie étudiante soit bien organisée, organisée agréablement et efficacement. Eh bien, il pourrait présenter ses préférences et faire une sorte de classement personnel, c'est-à-dire que « Voilà, compte tenu de ce que je souhaite, de la discipline, de la recherche qui se fait dans telle et telle université, des organisations de la vie étudiante, voilà où finalement je peux faire un choix entre des universités qui répondent à mes attentes. » Mais c'est vrai que c'est très différent de ces

classements aujourd'hui internationaux, qui sont assez partiels, qui ne décrivent en fait qu'un très petit nombre d'universités, je crois qu'il y a 15 à 17 000 universités dans le monde ; les classements internationaux, ils s'intéressent à 4 ou 500 universités, exclusivement. Et c'est vrai qu'une des raisons de cela aussi, c'est que l'Europe et notre pays également, a constaté le succès du programme Erasmus, c'est-à-dire la mobilité des étudiants au sein de l'Europe a été malgré tout très accrue et il faut donc maintenant pouvoir dire aux étudiants au sein de l'Europe : « Ben, voilà qu'est-ce qu'on fait ici, qu'est-ce qu'on fait là. »
- Le futur classement décrira les caractéristiques de chaque université, pas seulement sur les unités de recherche mais aussi sur le logement, les installations de sport pour les étudiants et la proportion de ceux qui ont trouvé un emploi juste après le diplôme. Un test a été réalisé l'an dernier sur 150 universités et l'enquête va porter maintenant sur les autres établissements de l'enseignement supérieur : ils sont approximativement 4 000 en Europe.

RDV1 - À savoir - Grammaire p. 139

2. Isabelle s'est toujours passionnée pour les études. Ses années de lycée, elle les a terminées avec une mention très bien au Bac. Après le Bac, c'est une prépa littéraire qu'elle a choisie. Elle n'était pas sûre d'être sélectionnée mais sa candidature été retenue. Elle s'est donc beaucoup investie dans cette préparation et elle a été prise à Normale Sup. Elle s'est alors tournée vers l'économie et elle a fait une thèse qu'elle a soutenue en novembre dernier. Elle a été engagée comme enseignante dans une université parisienne, c'est la récompense de toutes les compétences qu'elle a acquises.

RDV2 - À découvrir p. 143

5. et 6. - Voici un nouveau débat concernant le sexe des enseignants, surtout dans les petites classes. Y a-t-il trop de femmes et pas assez d'hommes ? Et si on pose la question, c'est que la pédopsychiatre Céline Garabédian la pose, bonjour !
- Bonjour Luc Sentier.
- Merci d'être avec nous, je rappelle que vous êtes spécialiste ou en tout cas que vous avez beaucoup travaillé sur ces différences hommes-femmes. Si, d'une certaine manière vous tirez le signal d'alarme, c'est que vous constatez que les filles réussissent mieux à l'école que les garçons, en tout cas jusqu'à la terminale...
- Oui, c'est une chose que l'on observe depuis 20 ans et c'est tout à fait parallèle d'ailleurs à la surféminisation de l'Éducation nationale. Quelques chiffres : dès le CP, les garçons sont deux fois plus que les filles en difficulté scolaire. À 17 ans, 55 % des filles sont au lycée, il n'y en a plus que 42 % chez les garçons, sur 150 000 jeunes qui sortent chaque année sans diplôme du système scolaire, plus de 100 000 sont des garçons, donc...
- On connaît ces chiffres, qui sont inquiétants, pour vous la cause, en tout cas, une des causes c'est, on va dire l'hyperféminisation de l'Éducation nationale ?
- Alors, pas exactement, pour moi l'une des causes, c'est justement que ça manque d'hommes, c'est surtout ça. Ce n'est pas qu'il y ait trop de femmes, c'est très bien pour la parité mais ce n'est pas normal qu'il n'y ait pas 50 % d'hommes et 50 % de femmes et qu'il y ait en primaire et maternelle plus de 85 %, 85 %, presque 9 membres sur 10 du personnel qui sont des femmes. Est-ce que vous inscririez votre fille, si vous aviez une petite fille dans une école où le personnel serait à près de 90 % masculin ? Non. Eh bien, c'est pareil pour les garçons sans compter que l'école, à la maison, c'est surtout en plus une affaire de femmes et alors en plus quand il y a une séparation, comme c'est les femmes qui ont souvent la garde prioritaire, pour l'enfant, le petit garçon, l'école c'est d'abord de l'ordre du féminin.

RDV2 - À savoir - Grammaire p. 145

1. - Ben... je trouve que c'est une bonne chose. Aller étudier à l'étranger permet de se confronter de façon directe à une culture différente de la sienne... Ce qui est enrichissant, c'est d'élargir sa compréhension du monde grâce aux différences que l'on va rencontrer sur place !
- Malheureusement, très souvent, si les jeunes partent à l'étranger, c'est parce qu'ils veulent s'amuser ou faire la fête, ce qui peut occasionner une perte de temps importante dans leur cursus !
- Moi, je suis partie un an en Chine et je peux vous dire que ce que je regrette c'est d'avoir passé mon temps avec les autres étudiants étrangers. En fait, dans ces grandes villes étudiantes, en général, ce qui est dommage, c'est qu'on ne découvre pas forcément la culture des gens du pays où l'on vit.
- Ce dont je suis sûr, c'est qu'une telle expérience rend plus tolérant des différences entre les peuples et les communautés culturelles. C'est particulièrement précieux pour les étudiants issus de milieux modestes qui n'ont pas eu l'occasion de voyager !
- Pour progresser dans une langue étrangère, mille fois oui ! C'est évidemment l'immersion totale qui est le meilleur moyen de perfectionner la connaissance et la pratique d'une langue. Je me souviens que c'est en partant à l'étranger que j'ai pu étudier des matières qui n'étaient pas enseignées dans mon propre pays ! C'était très profitable.
- Ouais, bof, j'y vois plusieurs inconvénients. D'abord, suivre des cours dans une langue étrangère rend plus difficile la compréhension du contenu. Ensuite, vivre dans certains pays (en Europe, par exemple) peut coûter très très cher. Enfin, ce qui risque d'arriver lorsqu'on est loin de chez soi, c'est qu'on se laisse distraire et qu'on prenne ses études moins au sérieux.

À faire p. 146-147

1., 3. et 5. - Bonjour à tous, vous êtes bien sur Radio Campus, 103.3 FM et c'est votre émission Campus Astuces qui commence ! Philippe aux commandes, secondé par le talentueux Monsieur X, j'ai nommé Xavier, l'auteur de ce merveilleux slogan, on t'écoute Xavier.
- Campus Astuces, on en veut toujours plus !
- Bon, il faut que je te dise, Xavier, toi qui étudies du matin au soir : il y a une vie en dehors des cours.
- Ah oui ?
- Eh oui, c'est le thème d'aujourd'hui. Sport, expérience professionnelle, culture, vie sociale, je dis les rubriques dans le désordre ; les étudiants de cette fac sont hyper actifs en dehors des cours. Quatre exemples aujourd'hui. Tu nous en parles ?
- Premièrement, on écoutera Araya qui est allée au ciné-club et a vu deux comédies. Deuxièmement, on découvrira l'expérience de Jessica : elle a enseigné l'anglais : faciiile, elle est américaine ! Elle a enseigné en Thaïlande. Original... Et puis, troisième partie, on écoutera Amine qui fait partie d'une association d'aide aux étudiants handicapés. Vous faites des sorties ensemble, c'est ça ?
- Oui, carrément !
- Et pour finir, en quatrième partie, on découvrira un sport très cool et qui se développe, le cécifoot. Léa, tu es non-voyante et tu joues dans une équipe de cécifoot. Tu vas nous raconter ça...
- Allez, c'est parti, Araya, c'est à toi !
- Au ciné-club, cette semaine, il y a deux films de 2011, qui seront rediffusés demain. Le premier, c'est *On ne choisit pas sa famille*, une comédie qui raconte une histoire d'adoption en Thaïlande. Comme je suis d'origine thaïlandaise, j'ai cru que j'aimerais mais c'est un peu trop cliché. Le deuxième, *Intouchables*, est vraiment pas mal. Je voudrais vous en parler un peu plus. C'est l'histoire d'un homme riche qui est handicapé. Il engage un jeune homme pour s'occuper de lui. Chacun a des préjugés sur l'autre mais ils apprennent à bien se connaître. Allez le voir, il passe demain encore au ciné-club !
- Merci Araya ! Maintenant, écoutons Jessica qui nous raconte son expérience de prof d'anglais en Thaïlande.
- Oui, je vais vous raconter ça. J'ai fait une formation de prof d'anglais aux États-Unis. Pour mon premier stage, j'ai pu enseigner à Bangkok en Thaïlande. J'ai adoré ça ! C'était dans une école privée de filles. L'école avait pas mal de moyens, j'avais des petits groupes. Et mes élèves étaient géniales ! Elles adoraient jouer, discuter, chanter et elles apprenaient super vite ! J'ai passé d'excellents moments avec elles. En ce moment, je donne des cours à des étudiants français, en plus de ma thèse. C'est super aussi mais plus sérieux.
- Merci Jessica ! Sans transition, Amine, tu nous parles de ton association, Cap+.
- Ouais, c'est une association dans laquelle des personnes valides, comme moi, peuvent faire des activités avec des étudiants handicapés. Par exemple, moi, je m'y suis fait des amis et j'accompagne souvent mes potes qui sont en fauteuils roulants au cinéma, à la piscine...
- Qu'est-ce que tu fais ?
- Ben, à la piscine, par exemple, je les aide à se déshabiller et s'habiller, à entrer dans l'eau. Et après, souvent, on va finir la soirée dans un bar. Normal, quoi. Si vous voulez nous rejoindre, allez voir notre page Internet !
- On la mettra en lien sur le site de l'émission ! Et, pour finir, la championne nous parle, c'est à toi Léa.
- Salut ! Enfin, on a juste gagné un tournoi universitaire...
- C'est déjà ça ! Alors, le cécifoot, c'est quoi ?
- C'est du football, on joue par cinq, quatre non-voyants ou malvoyants et un valide, qui est le gardien. Le ballon fait du bruit donc on peut le repérer et taper dedans ! On a aussi des indications de nos partenaires sur le banc de touche. Voilà, c'est du foot, c'est très convivial et c'est très sympa. Il y a des équipes féminines et masculines. Tout le monde peut participer, rejoignez-vous ! Ou venez nous encourager, je joue au stade Duchamp tous les week-ends.
- On sera là, promis Léa ! Venez nombreux !
- Et voilà, Campus Astuces, c'est fini mais on vous donne rendez-vous la semaine prochaine, parce que..., Xavier...
- Campus Astuces, on en veut toujours plus !
- C'est ça ! Moi, c'est de Thaïlande que je veux plus. Ça m'a donné envie, ces récits. On pourrait presque faire une émission spéciale Thaïlande un de ces jours, non ? Si vous avez des expériences à nous raconter, n'hésitez pas !

À dire p. 149

1. et 2. Bonjour à tous. Lorsque j'étais étudiant, je rêvais de passer une année à l'étranger mais les circonstances ont fait que je n'ai pas pu réaliser ce rêve. C'est pourquoi je voudrais vous parler aujourd'hui des programmes d'échanges universitaires européens pour que vous puissiez vous rendre compte par vous-mêmes de leur utilité et de leur intérêt. En première partie, j'aborderai l'histoire de la création de ces programmes, sortes d'ambassadeurs d'une Europe en pleine création. En deuxième partie, je parlerai des plus connus que sont Erasmus, Socrates, Da Vinci et Lingua. Je vous expliquerai enfin comment bénéficier de ces divers systèmes. Passons, si vous le voulez bien, à la première partie de mon exposé... Une des actions les plus visibles et populaires de l'Union européenne fut sans doute la mise en place des programmes d'échanges universitaires. Depuis 1987 en effet, des milliers d'étudiants ont pu bénéficier du programme Erasmus pour partir étudier dans d'autres pays européens. Ces étudiants ont été en quelque sorte les ambassadeurs d'une Europe en pleine création. Venons-en à ces programmes qui ont su séduire mais qui ne brillent pas toujours par leur clarté. Socrates est le nom choisi par l'UE pour son programme général sur l'éducation. Sous cette appellation, trois grandes actions coexistent. Erasmus est le premier de ces programmes, il porte sur l'enseignement supérieur et englobe beaucoup plus que des échanges d'étudiants. Il encourage aussi la mobilité des enseignants ce qui permet l'échange de connaissances et de techniques d'enseignement à travers l'Europe. Le programme Leonardo da Vinci est le deuxième. Il porte quant à lui sur l'enseignement professionnel et la mobilité dans le cadre de stages dans une entreprise basée à l'étranger.

Ce programme concerne les étudiants en filière professionnelle, technique et scientifique, les jeunes diplômés et les chômeurs. Enfin, le programme Lingua a pour objectif de favoriser l'apprentissage et la diffusion des langues vivantes et s'adresse donc aux étudiants en langue vivante qui se destinent à l'enseignement. En dernier lieu, vous devez vous demander comment bénéficier de ces programmes ? Concrètement, si vous désirez effectuer une année ou six mois d'études dans une université étrangère, vous n'aurez qu'un choix réduit d'établissements. La première étape pour vous consiste donc à vous renseigner sur les opportunités que le bureau des relations internationales peut vous proposer. Une fois que vous aurez choisi votre destination, le bureau s'occupe en règle générale de la prise de contact avec l'établissement partenaire. Vous serez sélectionné sur dossier par le conseiller Erasmus du département de l'université. Attention ! Le nombre de place par université est limité et il faudra bien choisir à l'avance vos cours. Cette opération est fondamentale : si les cours sont mal choisis, vous vous exposez à ne pas recevoir d'équivalences de retour dans votre université d'origine. Comme nous venons de le voir, les programmes d'échanges européens sont nombreux, riches et enrichissants. Il suffit simplement de bien les choisir. Pourquoi partir dans le cadre des programmes européens et pas tout seul ? Comparé à un étudiant qui partirait seul dans un pays étranger pour y faire ses études, l'étudiant qui participe à un programme d'échange européen a de nombreuses garanties. À mon avis, il s'agit là de la meilleure façon de partir étudier à l'étranger.

Semaine 9 - En Australie

RDV1 - À découvrir p. 152

2. et 3. - Faut-il rendre le vote obligatoire en France ? C'est la question que nous nous posons ce matin sur Radio Idées. Avec nous pour y répondre, Yves Calvo, député de Haute-Loire. Yves Calvo, bonjour.

- Bonjour.

- Qu'en est-il aujourd'hui ? Quelle est la législation française à ce sujet ?

- Alors, à l'heure actuelle en France, l'inscription sur les listes électorales est obligatoire, mais le vote ne l'est pas. Or, après avoir constaté une montée du taux d'abstention, certains parlementaires ont déposé des propositions de loi pour rendre le vote obligatoire, voilà pourquoi nous en parlons aujourd'hui.

- Pouvez-vous nous donner des exemples de pays où le vote est obligatoire ?

- Oui, bien sûr. Si on s'intéresse à l'Europe, on est obligés de voter en Belgique, en Grèce, au Liechtenstein, au Luxembourg, dans le canton suisse de Schaffhouse et dans le Land autrichien du Vorarlberg. Dans le monde, le principal pays où le vote est obligatoire est l'Australie mais pour les élections nationales.

- D'accord, alors, comment cela se passe-t-il dans ces pays-là ?

- Eh bien, on y a prévu plusieurs motifs d'abstention et on y facilite le vote par correspondance ou par procuration. Lorsque l'abstention est reconnue, le citoyen est sanctionné d'une amende. Cette amende a un montant variable : elle s'élève à trois francs suisses, environ deux euros, dans le canton de Schaffhouse et à vingt francs suisses, environ treize euros au Liechtenstein, elle est comprise entre 100 et 250 euros pour une première abstention au Luxembourg et se monte à 400 ou 700 euros selon la nature de l'élection dans le Land du Vorarlberg. Il y a d'autres sanctions réservées aux récidivistes ou aux personnes qui ne paient pas l'amende. Ainsi, en Belgique, la loi prévoit que quand les électeurs se sont abstenus quatre fois au cours d'une période de quinze ans, ils sont rayés des listes électorales pour dix ans ! Pendant ce temps, ils ne peuvent recevoir aucune nomination, promotion ou distinction d'une autorité publique.

- Pourrait-on faire de même en France ?

- À vrai dire, nous pensons qu'avant d'obliger les citoyens à voter, il faudrait instaurer la reconnaissance de plusieurs motifs d'abstention et faciliter la possibilité de voter par correspondance ou par procuration.

RDV1 - À savoir - Vocabulaire p. 154

2. En tant que ministre de « la Démocratie, par l'absurde », je confirme qu'à compter de ce jour, députés, sénateurs, ministres et présidents seront désignés par tirage au sort parmi l'ensemble des citoyens majeurs. Le citoyen désigné pour assumer une fonction ne peut la refuser. Les mandats dureront invariablement un an et ne sont pas renouvelables. L'État garantit au mandaté de retrouver son travail à la fin de sa mandature. S'il est patron d'une entreprise, l'État offre à un chômeur la possibilité de le remplacer. Si le mandaté ne se sent pas compétent, il peut sentir tout ce qu'il veut, ce n'est pas recevable. Nous considérons que les responsabilités politiques ne demandent pas de compétences. Si est tiré(e) au sort un homme ou une femme ayant déjà exercé les responsabilités politiques, il lui sera demandé d'oublier ce qu'il a appris lors de cet épisode. Quant à moi, ayant été élu et non tiré au sort, j'annonce ma démission. Elle prend effet à compter du dernier mot de la présente allocution, le mot étant « allocution » donc, dès que j'aurai dit « allocution », on pourra considérer que je ne suis plus ministre de « la Démocratie, par l'absurde », voilà. Fin de l'« allocution ».

RDV2 - À découvrir p. 159

7., 8. et 9. - Nous sommes sur l'esplanade de la Défense à Paris où les Indignés sont installés depuis la semaine dernière. Ils sont là, toutes générations et origines sociales confondues. Débats, discussions avec les passants, animations, ils sont actifs du matin au soir. Bonjour, vous êtes là depuis longtemps ?

- Depuis le début.

- Et qu'est-ce que vous voudriez faire ?

- J'espère qu'on trouvera une solution pour que la démocratie soit novatrice, je souhaite qu'on trouve des choses en écologie, dans les transports, qu'on soit plus écologistes en France, qu'il y ait plus de voies cyclables, qu'il y ait plus de discussions citoyennes, que tout le monde puisse s'exprimer et qu'on réussisse à faire changer les choses. Et en voyant tout ce monde, j'ai bon espoir.

- Mais le soir, vous rentrez chez vous ? C'est étonnant qu'il y en ait qui restent dormir ici sur l'esplanade...

-Oui, oui. Moi je rentre chez moi, parce que... j'ai froid ! Ceux qui restent, je les admire franchement. Mais je reviens tous les matins.

- Et pourquoi vous avez choisi la Défense ?

- Ben avant, on était à Bastille, et on nous a fait partir donc on change d'endroit, on se dit, tiens si on allait là ou là ? Y'a beaucoup de communication. On amène tous à manger pour qu'on meure pas de faim non plus. On apporte des couvertures pour les autres. Et c'est surprenant de voir toute cette solidarité : y'a des gens, des sympathisants qui amènent des couvertures, des choses à manger même s'ils sont pas avec nous aujourd'hui.

- Je peux avoir votre prénom ?

- Monique, j'ai 57 ans.

- Et vous ? Vous les soutenez ?

- Euh, moi, je sais pas trop. Je suis un peu étonnée de les voir là, à discuter. Ils travaillent pas ? Moi, je vais au boulot, j'ai pas trop le temps. En fait, je suis étonnée qu'on ne les fasse pas partir. Mais bon, c'est pas mal non plus qu'ils puissent s'exprimer...

- Moi, je suis là, en fait pour comprendre ce qui les anime. J'en reviens pas de voir leur motivation. J'espère qu'on va parler un peu plus d'eux. C'est bien que vous soyez là en tant que journaliste, c'est important qu'on sache ce qui se passe. Et, par ailleurs, hier quand je suis passé par ici, j'ai entendu un mot qui m'a surpris : au début, ils parlaient d'indignation mais hier, certains ont parlé « d'indign'action », ce qui me plaît beaucoup plus car l'indignation, c'est l'individu qui est indigné, mais qui reste chez lui. Mais avec l'« indign'action », ils sont passés de l'étape de l'indignation simple à l'action, le fait de se réunir, de proposer, c'est déjà dans de l'action qu'ils sont.

- Et qu'est-ce que vous faites dans la vie ?

- Dans la vie, je suis gestionnaire de projets. Et où est-ce qu'on peut l'écouter votre émission ?

- Du lundi au vendredi, de 18 h 55 à 19 heures. « Alors on pense », c'est terminé pour aujourd'hui, mais on espère que vous serez au rendez-vous demain !

RDV2 - À savoir - Vocabulaire p. 160

1.et 2. - Donc bonjour Marie.

- Bonjour.

- Voilà, alors aujourd'hui, on va parler de la grève et des manifestations. Donc, vous allez nous parler un peu de... de tout ça. Donc, vous exercez quelle profession ?

- Je suis professeur des écoles.

- Oui. Vous avez quelle classe ? Enfin, quel âge ont... ont vos élèves ?

- Alors, je travaille en maternelle et mes élèves ont entre 2 et 4 ans.

- Ok. Donc avez-vous déjà fait la grève ?

- Oui ! Depuis que je suis dans l'enseignement, ça va faire bientôt 30 ans, je suis syndiquée et j'ai toujours suivi les mouvements de grève.

- Vous êtes souvent en grève ?

- Souvent... c'est relatif ! Disons que oui, dans l'enseignement, en général, oui... deux ou trois grèves dans l'année. On fait deux ou trois grèves dans l'année.

- Oui, ça... ça dépend des... des événements, non ? De... des événements politiques ?

- Oui, il y a des années où c'est plus que ça.

- Pourquoi vous faites grève alors ?

- Ben, on fait grève, hein, pour défendre nos droits, pour défendre notre carrière, surtout nos salaires aussi. Et puis aussi notre profession et nos conditions de travail. Quand on est contre les suppressions de postes, contre donc l'augmentation des effectifs dans les classes... Voilà, on se bat surtout pour ça.

- Et à chaque fois que vous faites grève, vous allez manifester ou pas ?

- Oui. En général, oui, parce que si on fait grève, c'est pour aller dans la rue et pour revendiquer, sinon... C'est ce qui compte au regard de la réussite de la grève : le nombre de manifestants.

- OK, très bien. Et... Et donc vous êtes pas payée quand vous faites grève ?

- Eh non, quand on fait grève, on nous retire un jour de salaire, bien sûr.

- Évidemment. Et donc est-ce que vous pouvez un peu nous décrire comment se passent les manifestations ?

- Les manifestations, en général, c'est toujours dans une bonne ambiance, hein ! On se retrouve à Marseille.

- Oui.

- On a un parcours défini qui est surveillé par les forces de police. Et puis on défile, on chante, on brandit des pancartes, des banderoles, mais c'est toujours une bonne ambiance, c'est très pacifique.

- Oui, c'est... c'est toujours dans la bonne humeur ?

- Toujours !

- Et donc, pas d'affrontements avec les forces de l'ordre ?

- Jamais de débordements.

- OK, très bien. Merci beaucoup.

À faire p. 162

1. Allô... C'est Madeleine, j'appelle pour te demander un petit service... Avec Julien, on est invités à participer à un cours de socio à l'université de Sydney dans une semaine, tu te rends compte !! On est super contents. Le thème ? Échanges culturels, clichés, partages de nos deux cultures... Alors, nous avons eu une petite idée : nous aimerions connaître les stéréotypes que les gens, en France, ont sur l'Australie et les Australiens. Nous voudrions aussi les proposer aux étudiants pour voir ce qu'ils en pensent ! Pourrais-tu faire un petit sondage autour de toi ? On attend tes résultats. Merci pour ça. À bientôt !

À dire p. 165

1., 2. et 3. - Mesdames, messieurs, ce n'est pas sans espoir que je m'adresse à vous ce soir dans le cadre de notre colloque « Initiatives contre la crise », à la demande de nos aimables organisateurs et en tant qu'expert sociologue. Nous savons tous que nos sociétés contemporaines se caractérisent souvent à l'heure actuelle par leur morosité. Les gens sont tristes, les gens se plaignent, les gens râlent, les gens dépriment. Nos amis politiciens et économistes cherchent des solutions et, j'ose l'espérer, en trouveront. Alors nous, nous aussi, simples individus, nous pouvons agir ! Prenons-nous en main ! Certains d'entre nous créeront des entreprises, d'autres mettront en place des projets sociaux. Je les admire. Mais moi, moi, je resterai bien plus modeste. Ma seule ambition ce soir sera... de vous faire rire. J'espère que vous rirez un peu, je souhaite que vous riiez un peu plus. C'est pourquoi, mesdames et messieurs, je vous propose... un concours de blagues ! Eh oui, de blagues, de plaisanteries, d'histoires drôles ! Et pour cela, je me risquerai le premier à vous raconter quelques plaisanteries qui m'ont fait rire ces derniers temps. Savez-vous comment on appelle un individu qui vit sur le compte des autres, qui profite des autres ?
- Un criminel ! Un escroc !
- Exactement ! Et savez-vous comment on appelle un type qui vit très largement sur le compte des autres ? On l'appelle... un banquier ! Allez, une autre. J'avais arrêté de faire du sport. Mais grâce à la crise, je marche de nouveau. La banque m'a pris ma voiture. Je vous remercie de votre indulgence. Bien, je m'arrêterai là, je ne suis pas un humoriste-né. Mais je vous laisse la parole, un micro va circuler dans la salle !

Semaine 10 - Au Costa Rica

RDV1 - À découvrir p. 175

7. et 8. Je m'appelle Benjamin Viel et si j'ai choisi de travailler dans les énergies renouvelables, c'est parce que pour moi, c'est un secteur d'avenir. Il crée des emplois depuis plusieurs années et va continuer à en créer dans les années à venir. Moi, j'ai décidé de m'y consacrer car ce domaine m'intéresse depuis toujours. Et vous savez, pour défendre un projet pendant plusieurs années, il faut y croire vraiment ! Et mieux vaut être convaincu car un vent de révolte souffle parfois sur certains projets. L'éolien est un sujet qui est soumis constamment à débat donc notre rôle c'est de faire face à tous ces arguments. Il faut savoir convaincre les élus et la population. Le maire d'une petite commune m'a même expliqué une fois qu'il ne voulait pas d'éolienne près de son village car elles empêchaient les vaches d'avoir du lait ! Quand je recrute un nouvel ingénieur pour mon équipe, je cherche une personne qui a évidemment de bonnes connaissances techniques. Mais savoir bien communiquer est la qualité la plus importante à mes yeux. Le comportement est au moins aussi important que les compétences acquises, soit en université, soit en école d'ingénieur car nous sommes en contact avec des personnes très différentes qu'il faut rassembler autour d'un même projet. En fait, il faut savoir de quoi on parle sur tous les dossiers, être polyvalent. Et ce, depuis la recherche du site idéal pour implanter de nouvelles éoliennes jusqu'à la signature du permis de construire. Si l'éolien vous intéresse et si vous avez envie de voir la vie en vert, c'est le bon moment ! Alors bon vent !

RDV2 - À découvrir p. 180

2. et 4. Bonjour à tous ! Comme vous le savez certainement, notre équipe avait pour mission de trouver différents moyens pour réduire nos déchets au bureau. Pour beaucoup d'entre nous, nous le faisons déjà à la maison mais maintenant, il est temps de le faire au bureau avec des gestes simples. Il est temps de protéger l'environnement ici aussi. Tout d'abord, je vous propose de réduire le nombre de nos impressions et de n'imprimer que les documents, les courriels dont nous avons vraiment besoin. Si l'impression est nécessaire, au lieu d'utiliser des feuilles blanches, vous devez recourir à du brouillon ou imprimer recto verso. Ensuite, il faut que nous pensions à recycler les cartouches d'encre des imprimantes et le papier. Bientôt, nous allons acheter des cartouches réutilisables qui peuvent se remplir plusieurs fois et, pour le papier, j'espère que vous n'avez pas oublié que vous deviez le mettre dans les poubelles jaunes pour le recyclage. Je vous invite bien entendu à éteindre les lumières en quittant une pièce vide. Comme chez vous ! Afin de faire plus d'économies d'énergie, des minuteries seront installées prochainement dans les couloirs. Je voudrais également que nous abandonnions les gobelets en plastique, même si les nôtres sont en plastique végétal. Les distributeurs seront donc enlevés et des tasses individuelles seront mises à votre disposition prochainement. Enfin, pour économiser l'eau, pensez à ne pas la laisser couler inutilement quand vous voulez vous laver les mains et à bien refermer les robinets quand vous avez terminé. Ce qui est valable chez vous, l'est aussi au bureau. Nous aimerions que ces mesures soient mises en place rapidement afin que nous puissions faire des économies tout en protégeant notre planète ! Merci à tous pour votre participation active.

RDV2 - À savoir - Vocabulaire p. 182

2. - C'est vrai qu'on parle beaucoup d'environnement mais c'est quand même important d'être présent, je pense, sur le terrain et d'apporter sa contribution.
- Alexis ne manque pas de ressources, normal puisqu'il travaille dans une ressourcerie. Une quoi ? Avouez que vous êtes un peu interloqué.
- Je travaille pour une association qui s'appelle L'interloque qui travaille au niveau de l'écocitoyenneté sur l'environnement et sur le recyclage. Donc moi, l'objectif de mon travail c'est de travailler sur de la récupération et de trouver des filières pour des matières ou des objets qui seraient jetés et d'essayer de leur donner une seconde vie.
- Véritable magicien écolo au service de l'anti-gaspillage, le technicien du réemploi sauve donc des ordures matériaux et objets dont des entreprises ou des particuliers veulent se débarrasser.
- Ça peut être des livres, ça peut être de la vaisselle, des vêtements, des appareils électriques... Tout ce qui peut être recyclable ou tout ce qui pour nous paraît intéressant à être utilisé. À part des déchets ménagers, on peut dire qu'on prend tout.
- Alexis procède ensuite au tri des objets : ceux en bon état qui peuvent être revendus tel quel, ceux qui sont abîmés mais réparables et enfin ceux qui doivent être orientés vers une filière de recyclage approprié.

À faire p. 184-185

1. Bonjour ! Je suis encore au Costa Rica quelques jours avant mon départ pour le Brésil et je n'ai malheureusement pas de réseau Internet là où je suis logée. J'aimerais que tu fasses passer un appel sur le forum pour une action qui me tient à cœur, s'il te plaît : ça s'appelle « J'aime un Costa Rica propre ». Tu peux aller sur le site de *Terra Nostra*. Tous les détails y sont, tu verras. Je compte sur toi. À bientôt.

2. Re-Bonjour, c'est Claude ! Merci de me tenir au courant ! Tu peux dire à Mélissa qu'il ne faut pas regretter de ne pas pouvoir venir nous donner un coup de main ici. Il y a déjà certainement beaucoup à faire là où elle est pour économiser l'énergie et les matières premières. Pour cela, les transports en commun et le vélo sont recommandés pour les trajets maison-travail et l'on peut aussi mettre en place un système de covoiturage. On peut réduire la consommation d'énergie en sensibilisant le personnel à éteindre toutes les lampes inutiles, à ne pas laisser les appareils en veille, à éviter les gaspillages en matière de chauffage et de climatisation... Le papier peut être recyclé notamment en faisant appel à des structures de collecte du papier usagé, etc. Bref, il y a vraiment beaucoup à faire ! Dis à Mélissa que dans l'écologie aussi il est bon d'avoir l'esprit d'équipe ! Un de mes amis m'a raconté que dans le laboratoire où il travaillait, ses collaborateurs avaient créé et placé de petites affiches humoristiques près des interrupteurs et des fenêtres : ils rappellent qu'il faut éteindre la lumière en partant et fermer les fenêtres quand on allume le radiateur. Il m'a aussi parlé d'un autocollant coloré à côté de la machine à café, incitant à utiliser le Thermos... Merci encore de relayer mes réponses sur le forum ! À bientôt !

À dire p. 187

1. - Malgré ses technologies, l'homme est fragile. On voit bien ses limites : l'éruption d'un volcan suffit à bloquer la navigation aérienne. Mais, dans une nature respectée et écoutée, aucune raison d'avoir peur. L'être humain veut toujours faire mieux mais la technologie doit aller dans le sens de la nature !
- Comment l'écologie peut-elle éclairer l'innovation technologique ?
- N'importe quelle invention humaine est la bienvenue. La technologie ne constitue aucun problème. C'est plutôt la manière de l'utiliser qui est remise en cause. L'homme devrait prendre exemple sur les plantes et les animaux qui ne vont pas gaspiller leurs ressources, ni émettre des produits toxiques contre eux-mêmes. Si déjà l'homme en faisait autant, un grand pas serait fait ! Nous sommes dans une société du jetable. Il faut inciter les industriels à concevoir des produits durables pour s'attaquer ainsi directement aux problèmes d'épuisement des ressources et de gestion des déchets. Dans les décennies à venir, l'écologie sera centrale dans le parcours professionnel des ingénieurs.
- Quel rôle peuvent jouer les ONG auprès des industriels ?
- L'ONG que je préside ne lutte pas contre les industriels. Au contraire, nous sommes prêts à les aider à prendre les bonnes décisions pour protéger l'environnement. À part les secteurs du nucléaire et de l'armement, nous avons déjà de multiples partenariats. J'ai été vice-présidente du Grenelle de la mer et dans le cadre de ces rencontres internationales, on s'aperçoit que l'on peut s'écouter, discuter... C'est très productif d'avoir des industriels, des représentants de chaque État et des défenseurs de l'environnement autour d'une même table. C'est parfois agité, c'est vrai, mais au Grenelle, dans mon groupe de travail, 80 % des décisions ont été prises à l'unanimité. Toutes les idées proposées n'ont pas abouties mais je suis convaincue que nous ferons mieux la prochaine fois. Qu'en dites-vous ?

À dire - Phonétique p. 187

1. **1.** Pose ce paquet sur le parquet.
2. Tous les jours, je joue.
3. Cette évolution sera une révolution.
4. J'allume et je rallume la lumière.
5. Ma poche est proche de toi.
6. Pour cette phrase, il n'y a qu'une phase.
7. Mais c'est le maire !
8. Une housse avec un dessin d'ours.

Semaine 11 - Au Brésil

RDV1 - À découvrir p. 191

7., 8. et 9. - Nous avons le plaisir de rencontrer aujourd'hui Églantine Villiers, doctorante en physique, l'une des lauréates des bourses lancées sous l'égide de la fondation L'Oréal-Commission française Unesco-Académie des sciences. Bonjour mademoiselle Villiers ! Alors, dites-nous d'abord : quel est votre sujet de recherche ?
- La mécanique quantique. Cette théorie de la physique apparue au début du XXe siècle explique les phénomènes dans le monde de l'infiniment petit, comme celui des atomes.
- Mais à quoi ça sert ?

- Mon travail permet d'abord de tester la théorie quantique. S'il s'avère fructueux à long terme, il pourrait aussi permettre de créer des ordinateurs beaucoup plus rapides et efficaces qu'ils ne le sont aujourd'hui.
- Et comment se passent vos journées de chercheuse ?
- Ma journée se passe en laboratoire. La prise de données et l'analyse font partie de mon travail de recherche. Mais je travaille surtout sur les paramètres techniques de mon expérience et j'ai beaucoup de chance de le faire dans un laboratoire à la pointe des technologies.
- Et si vous n'aviez pas été physicienne, qu'auriez-vous fait ?
- Je suis curieuse de nature et même si je n'avais pas fait de la physique, j'aurais été chercheuse dans un autre domaine. La recherche, c'est depuis toujours pour moi l'occasion de comprendre, d'analyser, d'apprendre. La physique est venue plus tard. C'est en assistant en dernière année de lycée à une conférence d'astrophysique que j'ai eu le déclic pour mon sujet.
- Vous avez un projet de carrière ?
- Si c'est possible, je souhaite continuer à faire de la physique fondamentale. Je veux rester dans la recherche publique.
- Alors, à quoi va vous servir la bourse ?
- La bourse va me permettre d'enrichir mes connaissances dans le domaine de la physique atomique. En participant à des congrès, des colloques et en enrichissant ma bibliothèque avec l'achat de livres d'optique, d'optique quantique et de physique atomique, je resterai au cœur de l'actualité sur les développements de la recherche.
- Si vous deviez donner un conseil aux jeunes qui souhaitent se lancer dans l'aventure d'une carrière scientifique, que leur diriez-vous ?
- Je leur dirais simplement qu'il faut s'engager dans la recherche en sachant le temps et les efforts que ce travail demande. La physique étudie comment le monde fonctionne, elle répond aux questions fondamentales que l'homme se pose depuis toujours. Si quelqu'un se demande « pourquoi ? », alors il doit faire de la recherche. C'est la réponse.
- Pensez-vous que les choses seraient plus faciles dans votre travail si vous étiez un homme ?
- Le métier de physicien est encore aujourd'hui perçu comme un métier d'hommes et les femmes, qu'elles soient étudiantes, enseignantes ou chercheuses, représentent une minorité souvent discriminée. Et puis le domaine dans lequel je travaille est très compétitif. Allier compétition et vie de famille pour une femme n'est pas toujours évident.

RDV1 – À savoir – Vocabulaire p. 192

1. et 2. Je voudrais décrire le travail du scientifique. Vous savez sans doute ce que signifie le mot « poète ». Le mot « poète » est rentré en décadence assez rapidement et il a désigné une sorte de rêveur qui parle d'une certaine manière avec le cœur, dit-on, ou l'imagination, je ne sais quoi. Non, non, pas du tout, « poète » ça ne veut pas dire ça ! « Poète » ça veut dire « créateur », « fabricateur », c'est-à-dire fabricateur de langue. Et lorsque je dis : fabricateur de langue, je prends l'exemple que j'ai pris tout à l'heure de Stendhal qui a créé le mot « tourisme », par exemple, ou d'autres écrivains qui ont créé d'autres mots. Les principaux créateurs de langage sont les scientifiques. Il faut prendre conscience de ça. C'est-à-dire lorsqu'un scientifique découvre un nouveau phénomène astronomique, un nouveau phénomène chimique, un nouveau phénomène physico-chimique ou biochimique, il est obligé d'inventer un mot. Et, à ce moment-là, on s'aperçoit que la différence entre trois inventeurs, par exemple, au dix-septième siècle, en même temps, Pascal, Leibnitz et Newton, inventent le calcul infinitésimal. Mais qui l'a inventé vraiment ? Eh bien, ni Pascal ni Newton parce qu'ils n'avaient pas de bonne création de vocabulaire. Le vrai vocabulaire, c'est Leibnitz qui l'a inventé et, par conséquent, c'est lui qui a inventé le calcul infinitésimal. Pourquoi ? Parce qu'il a su le nommer, il a été le poète de ce langage-là. Et, à partir de lui, on a utilisé son langage à lui parce qu'il avait créé ce vocabulaire.

RDV2 – À découvrir p. 196

2., 3. et 4. - Stress, sédentarité et gestes répétitifs provoquent des douleurs physiques qui peuvent gâcher la vie au bureau. C'est ce que révèlent des études récentes. 54 % des cadres souffrent du dos à cause du travail et 40 % subissent maux de tête ou migraines. Au total, plus des deux tiers se disent « tendus ou crispés à cause de leur travail ». Témoignages et conseils pour combattre ces maux avant qu'ils ne dégénèrent.
- Un matin de mars, j'ai ressenti une forte douleur à l'arrière de la tête. J'ai tout de suite pensé à un accident vasculaire cérébral et suis allée aux urgences de l'hôpital. Le neurologue a diagnostiqué une névralgie d'Arnold, c'est-à-dire des contractures musculaires au niveau du cou qui coincent un nerf. C'est un symptôme classique dans les métiers sédentaires. On m'a donné un médicament pour détendre les muscles et un anti-inflammatoire. Mais ce qui me fait du bien, ce sont des séances chez un chiropracteur. J'en ai déduit que ce problème vient d'une surcharge de travail et d'une mauvaise position. Je passe en effet six à sept heures par jour à taper sur mon clavier et c'était devenu vraiment douloureux. Terminé ! Avec un livre, je surélève mon écran à hauteur du visage et je n'utilise mon ordinateur jamais plus d'une heure trente d'affilée. J'imprime mes conclusions, je les corrige au crayon et je me lève souvent.
- Selon Alain Moffat, professeur d'ergonomie à Paris, « le gros risque, quand on travaille sur écran de façon continue, est de souffrir de lombalgie ou de cervicalgie, deux troubles musculo-squelettiques très répandus ». Il conseille de faire une pause toutes les cinquante minutes, de se lever, de marcher. Comment trouver une bonne position ? Il faut régler la hauteur de sa chaise de telle sorte que les coudes soient à angle droit sur la table. « Le plus important est de poser les avant-bras sur le plan de travail et d'éviter la cassure du poignet », précise l'ergonome. Dans les maux du travail, le stress tient un rôle majeur. Encore faut-il se l'avouer. Écoutons le témoignage de Jean-Michel, 45 ans.
- Mon métier m'oblige à avoir de longues semaines, 60 heures en moyenne. Le stress me tient éveillé. Je soigne mes insomnies en prenant des somnifères.
- Le déni est dangereux : écouter son corps permet d'éviter qu'il envoie des signaux plus forts. Aux premières manifestations de stress, il faut réagir : brûlures d'estomac, troubles alimentaires, tensions musculaires, troubles du sommeil, perte d'énergie, irritabilité… Il faut reconnaître ses limites avant que la situation laisse place à des pathologies plus graves : accident vasculaire cérébral, infarctus cardiaque, dépression… Il faut donc se faire soigner mais aussi en parler : aux collègues ; au médecin du travail ; au comité d'hygiène, de sécurité et des conditions de travail (CHSCT) ; aux délégués du personnel ou syndicaux. Toutes ces personnes ont pour rôle d'alerter la direction d'un fort stress - sans jamais dévoiler qui se plaint.

RDV2 – À savoir – Vocabulaire p. 198

3. - Salut Anne !
- Salut…
- Qu'est-ce qui se passe ? Tu as l'air malade.
- Rien de grave, j'ai un rhume.
- Tu as pris des médicaments ?
- Non, je suis nauséeuse. J'ai juste bu un thé.
- Tu veux que je passe te voir ?
- Non, c'est gentil ! Je vais rester à la maison et ne rien faire.
- Bon, on se voit demain alors ?
- Oui, ça devrait aller mieux. À demain…

RDV2 – À savoir – Grammaire p. 199

3. a. Vous travaillez sur une expérience innovante ?
b. Tu assistes à des séminaires intéressants ?
c. Tu t'es adressé à un médecin compréhensif ?
d. Vous travaillez avec du matériel performant ?
e. Vous dialoguez souvent avec des salariés en difficulté ?

À faire p. 200

1. et 2. - Vous regardez toujours Mots clés. La 2e manche commence… C'est parti !
- En un mot. Grand…
- Petit.
- 1 point.
- En deux mots. Chien…
- Chat.
- Bébé…
- Chiot.
- Très bien. 1 point supplémentaire ! Pour 2 points maintenant.
- En trois mots. Scientifique…
- Chercheur.
- Femme…
- Chercheuse.
- Nobel.
- Marie Curie.
- Bravo ! Bonne réponse !

- Et voici… Mondopardy !!! Quel thème choisissez-vous ?
- Les villes et les fleuves de France.
- Très bien. C'est parti… Paris.
- Quelle ville est traversée par la Seine ?
- Bonne réponse ! Lyon.
- Quelle ville est traversée par le Rhône ?
- Oui ! La Garonne.
- Quel fleuve traverse la ville de Toulouse ?
- Attention ! Plus difficile… Nevers.
- Euh… Quelle ville est traversée par la Seine ! Euh, non ! Je ne sais pas… Je passe !
- Bien ! Candidat suivant !

- Question science dans Questions pour as ! Physicien allemand, né à Ulm en 1879, je reçois le prix Nobel de physique de 1921.
- Gustav Hertz.
- Non ! Je publie la théorie de la relativité restreinte en 1905 et on me connaît surtout pour l'équation E=mc2… Je suis… Je suis…
- Albert Einstein !
- Oui, bravo ! Bonne réponse ! Question mathématiques ! Nombre que l'on représente par une lettre grecque. Je suis le rapport entre la circonférence d'un cercle et son diamètre.
- Pi !
- Bravo ! On peut également me définir comme le rapport entre la superficie d'un cercle et le carré de son rayon. Ma valeur approchée arrondie est de 3,14 Pi ! Bravo !

À dire p. 203

1. et 2. - Oh la la, ça n'a pas l'air d'aller… Dis-moi ce qui t'arrive.
- Voilà plus de 10 ans que travaille ici, dans la même entreprise. Mais depuis que mon chef de service a changé, ma situation est devenue très difficile. Mes proches, ma famille en souffrent, tu sais… J'ai bien sûr envisagé de changer de boulot. J'ai commencé à faire des démarches pour ne pas rester là, comme ça ! Mais je n'ai pas encore trouvé le moyen de changer d'air…
- Mais qu'est-ce qui se passe exactement dans ton service ? Tu as vraiment des problèmes ? Viens t'asseoir et raconte-moi, j'ai quelques minutes avant la prochaine réunion.
- Eh bien, c'est difficile de travailler dans une telle ambiance. J'ai souvent des maux de tête

et je ressens une grande lassitude à cause du manque de sommeil. J'ai des insomnies alors évidemment, le matin, j'ai souvent envie de rester au lit plutôt que d'aller au bureau...
- Tu te sens stressée ?
- Oui, vraiment ! Je ne sais plus à quel moment je fais bien mon travail. Tu sais, je suis soumise sans cesse à des demandes contradictoires. Par exemple, il me dit : « Travaille vite et bien ». Mais quand je respecte les délais, je n'ai pas toujours le temps de faire un travail de bonne qualité. Or, pouvoir se dire « je fais bien mon travail » est essentiel pour la santé, je pense ! Et puis je ne peux pas risquer de me retrouver au chômage, alors je préfère me taire. Je ne sais plus quoi faire... Qu'est-ce que tu en penses ? Comment est-ce que tu réagirais à ma place ?
- Bon, je crois qu'il ne faut pas hésiter à en parler à ton chef. Adopter la politique de l'autruche est rarement la bonne solution ! Ton chef n'évalue pas toujours justement le temps qu'il faut pour faire telle ou telle tâche. Tu es la mieux placée pour en parler. La discussion permettrait de revoir la répartition des tâches, de modifier le planning ou même, pourquoi pas, d'envisager une formation pour que tu développes de nouvelles compétences qui te rendraient plus performante. Mais, sinon, tu prends un peu de temps pour toi, parfois ?
- Oui, je me raisonne et j'essaye de profiter des autres moments, comme ma vie de famille et de mes amis. Et puis, d'ici quelques mois, les choses devraient changer. Mon supérieur hiérarchique a annoncé son départ prochain pour un autre poste...
- Bon, alors prend ton mal en patience et surtout, privilégie le dialogue en toutes circonstances. Tu verras que cela arrange bien des choses ! Apprends aussi à déconnecter, à ne plus penser au travail lorsque tu es en famille ou entre amis. C'est essentiel ! Applique ces quelques conseils très simples et tout ira mieux très vite, je te le promets...

Semaine 12 - En Turquie

RDV1 - À découvrir p. 206-207

2., 3. et 4. - Bonjour, je m'appelle Pierre-Yves. Je travaille dans une grande entreprise et la première chose que je voudrais dire c'est : on ne choisit pas sa famille... ni ses collègues de travail. Leurs petits défauts deviennent rapidement agaçants. Il faut dire que nous travaillons dans un bureau paysager. Avant, nous avions de petits bureaux individuels. Je regrette que nous ayons cédé à cette mode. Depuis, c'est encore plus difficile de supporter un collègue qui se plaint sans cesse, un autre qui hurle au téléphone, les mauvaises blagues du collègue d'en face...
- Moi, ce qui m'énerve vraiment, ce sont les réunions qui s'éternisent, surtout quand chacun y va de sa petite anecdote alors que ça n'a rien à voir avec l'ordre du jour. Hier soir, nous avons terminé la réunion avec deux heures de retard pour cette raison. C'est curieux que personne n'ait réagi... On dirait que certains n'ont vraiment rien d'autre à faire...
- J'ai horreur des indisciplinés qui piquent la nourriture de leurs collègues dans le frigo commun. Vous vous rendez compte, c'est vraiment un manque de respect ! Dommage qu'on n'en ait pas pris un la main dans le sac... Mais le pire, ce qui me déplaît par-dessus tout, ce sont les cancans au bureau : untel a encore changé de voiture, unetelle voudrait bien obtenir le poste de son collègue... J'en passe et des bien pires. Ça, c'est insupportable...
- Bonjour, Ludivine de Paris : je me sens dérangée par la manière dont s'habillent certaines collègues. Nous sommes sur notre lieu de travail, pas en discothèque !...
- Un de mes collègues adore faire des farces et des blagues. L'inconvénient, c'est que je déteste toutes ces idioties qui dérangent mon travail. Je n'arrive pas à lui faire comprendre gentiment que, pour moi, les canulars téléphoniques ou les fausses notes de service, ce n'est absolument pas drôle... D'ailleurs, je suis étonnée qu'il n'ait pas compris tout seul en voyant l'expression de mon visage ! S'il continue comme ça, je crois que je vais devoir me montrer plus directe, voire grossière.
- J'ai horreur des râleurs, des collègues qui se plaignent tout le temps : j'entends des plaintes du style « Je regrette qu'on m'ait changé de service », « C'est pas juste qu'on m'ait confié ce dossier ingérable » ou même « Vous trouvez normal qu'on n'ait pas une place de parking attitrée dans cette boîte ?! » et patati et patata...

9. - Bonjour à tous ! Aujourd'hui dimanche 13 novembre, c'est la Journée de la gentillesse. Au programme cette année : le monde professionnel avec le lancement de l'appel à plus bienveillance au travail. Pour commencer, je vous propose d'écouter le témoignage de Marc, directeur de l'entreprise MaisonChic qui propose des meubles design sur Internet.
- Quand les employés, les délégués du personnel m'ont parlé de la Journée de la gentillesse, j'ai d'abord éclaté de rire. Je n'étais pas du tout au courant et je trouvais ça plutôt ridicule. Qu'est-ce qu'on peut bien faire pendant cette journée ? Et puis, ils ont laissé sur mon bureau cet appel à plus de bienveillance au travail et là, je me suis dit pourquoi pas. Je ne savais pas s'il y avait des problèmes particuliers dans mon entreprise car je suis souvent absent, en déplacement. Parfois, je sentais bien que l'ambiance était tendue mais je ne savais pas pourquoi. Je me suis rendu compte que je n'avais aucune idée de ce que les employés pouvaient ressentir sur leur lieu de travail. Cet appel, que notre entreprise a d'ailleurs signé, a donc été un déclic pour moi. Avant, je ne connaissais pas vraiment la nature des relations entre les employés et l'entreprise. Maintenant, le dialogue est ouvert. Nous sommes en train de régler les problèmes ! Un vrai progrès pour tous !

RDV1 - À savoir - Vocabulaire p. 208

2. - Salut Marco ! Qu'est-ce que tu fais là pendant tes heures de boulot ? T'as pris des RTT ?
- Ben non, pas tout à fait !... J'ai perdu mon job le mois dernier... En fait, j'me suis fait virer. Le boss n'était pas content de moi. Pourtant, tu sais, je bossais vraiment dur...
- T'inquiète pas, tu vas vite retrouver autre chose avec le CV que tu as !
- Tu crois pas si bien dire : j'ai rendez-vous dans une heure avec le DRH de ta boîte !
- Quoi ?! Alors on va peut-être devenir collègues !
- Bon, j'y vais : il faudrait pas que je me pointe en retard à l'entretien...
- Oui, va vite Marco et tu sais ce que je te souhaite...

RDV2 - À découvrir p. 212-213

4. - Bonjour à tous et bienvenus dans notre émission *Les auditeurs ont la parole*. On commence par écouter les messages, divers et variés, que vous avez laissé sur le répondeur de Radio Plus. On écoute Nina...
- Bonjour à tous ! Aujourd'hui, je laisse un message sur le répondeur de Radio Plus car je souhaite remercier l'écrivain Tonino Benacquista. Je suis en congé maternité en ce moment et je dévore ces romans. Merci infiniment, monsieur Benacquista, pour l'ensemble de votre œuvre. Bravo pour vos romans policiers si bien écrits qui me font vivre des aventures passionnantes sans bouger de mon canapé. Je ne sais pas comment vous remercier pour les bons moments passés avec vos polars *La Maldonne des sleepings*, *Trois carrés rouges sur fond noir*, *Les Morsures de l'aube*... et aujourd'hui *Quelqu'un d'autre*. Je ne peux plus m'arrêter ! Et félicitations pour l'adaptation en bande dessinée de *La Commedia des Ratés*, j'ai adoré !

6. et 7. - Allô, ah, salut Marie-Jo ! C'est Mina. Je t'appelle parce que je sais que tu es incollable sur la loi. Je vais passer un entretien d'embauche demain matin chez Aditech...
- Bravo ! Tu l'as enfin décroché cet entretien ! C'est super !...
- Oui, mais on m'a dit que cette entreprise était soupçonnée d'avoir déjà écarté des candidats pour des motifs... euh... disons, qui n'ont rien à voir avec leurs compétences professionnelles. Tu vois ce que je veux dire ?...
- Oh oui, je vois très bien ! C'est une situation assez courante, malheureusement...
- Alors, je voudrais savoir comment me comporter pour que ça marche.
- Écoute, sur la question de la discrimination, la loi est très claire. Plusieurs articles du Code du travail et du Code pénal définissent comment doit se dérouler le recrutement... Le principe, c'est que le recruteur n'a le droit de demander au candidat que des informations qui permettent d'apprécier « sa capacité à occuper l'emploi proposé ou ses aptitudes professionnelles ».
- C'est pas très clair pour moi, qu'est-ce que je dois faire ?
- Mais rien de particulier, juste être vigilante face aux types de questions qu'on te pose.
- Je dois me méfier de quoi exactement ?
- Voilà ce qui n'est pas autorisé : ce sont notamment l'âge, le sexe, l'origine, la situation de famille, l'orientation sexuelle, l'apparence physique, le handicap, l'état de santé, le patronyme, les opinions politiques, les convictions religieuses, l'appartenance à une ethnie, une nation, une race, etc.
- Et qu'est-ce que je dois dire à propos de ma grossesse ?
- La vérité ! Ça ne doit pas jouer contre toi. L'état de grossesse fait partie des critères discriminatoires inscrits dans la loi. Et attention ! C'est sérieux : un recruteur qui effectue le choix de son candidat en fonction d'un de ces critères risque trois ans de prison et 45 000 euros d'amende. Autant dire que les recruteurs ont intérêt à se montrer prudents sur le sujet.

11. Si l'on veut discriminer un candidat à l'emploi, on peut lui reprocher ses origines, son âge, ses convictions religieuses, son lieu d'habitation, son sexe ou son handicap... Mais pourquoi ne pas lui reprocher aussi la manière dont il s'habille, la couleur de ses yeux, son manque d'humour ou même ses problèmes d'haleine ? En réalité, on peut lui reprocher tout ce qui fait qu'il est lui-même. La discrimination, c'est le début de la déshumanisation. Chez ADIA, nous pensons que ce qui fait votre différence ce sont vos compétences.

À dire p. 219

1. - Bonjour, je suis Patricia Blondin, directrice de la *Tribune de l'informatique*. Je vous en prie asseyez-vous.
- Bonjour, je vous remercie.
- Vous postulez donc au poste de directeur commercial, un secteur que vous devez connaître un peu, j'ai cru lire... Vous connaissiez un peu notre société ?
- Oui, je connais bien le produit, je suis abonné à la *Tribune* depuis le premier numéro. On peut dire que je suis un lecteur fidèle !
- Très bien ! Je vous propose de commencer en vous présentant, je vous poserai quelques questions et, enfin, je vous parlerai du poste.
- Bien, comme vous avez pu le voir sur mon CV, je travaillais pour le site de vente en ligne, Informaclic. L'entreprise a fait faillite l'année dernière, avec l'arrivée sur le marché de grands groupes. Elle n'a pas pu faire face à la concurrence.
- Avant Informaclic, vous avez travaillé plusieurs années pour une autre entreprise qui offrait la même prestation...
- Effectivement, j'étais directeur commercial chez Digiplus. J'ai commencé au service des achats et j'ai très vite évolué. Au bout de trois ans, je suis passé au service commercial, pour devenir directeur du service quatre ans plus tard. J'ai pu, à cette occasion, découvrir le fonctionnement de la vente en ligne.
- Très bien et toujours d'après votre CV, vous avez fait peu d'études, vous vous êtes arrêté après avoir obtenu le Bac. Vous ne souhaitiez pas continuer ?
- Eh bien, les événements ont fait que j'ai dû aller gagner subitement ma vie. Je voulais reprendre les études mais j'ai eu par la suite trop de travail pour mener les deux de front.
- Bien, je comprends... Alors, voici en quoi consiste le poste : il s'agit de développer un portefeuille clients pour vendre des pages de publicité dans le mensuel. Votre prédécesseur a très peu développé le réseau et s'est contenté de vivre sur les acquis du passé. Il nous faut maintenant quelqu'un de motivé et disponible.
- Je le suis !

Achevé d'imprimer en Italie par Grafica Veneta
Dépôt légal: Mars 2013 - Collection n° 08 - Édition n° 02
15/5819/6